D1669235

DEMOGRAPHIC BANKING

DEMOGRAPHIC BANKING

Demografische Entwicklung als
Herausforderung für Kreditinstitute

Herausgegeben von
Klaus Juncker und Bernhard Nietert

Fritz Knapp Verlag · Frankfurt am Main

Besuchen Sie uns auch im Internet unter
www.knapp-verlag.de

ISBN 978-3-8314-0819-1

Druck- und Bindearbeiten: A. Hellendoorn KG, Bad Bentheim

Printed in Germany

Vorwort

Das vielleicht sicherste Indiz für Themen, die Menschen bewegen, ist eine Abfrage bei Google: 1,65 Millionen Treffer bei „Finanzkrise und Banken" stehen im Januar 2010 gerade 63.000 bei „Demografischer Wandel und Banken" gegenüber.

Warum also dieses Buch?

Zweifelsohne hat die Finanzkrise kurzfristig starke Auswirkungen auf Unternehmen und Gesellschaft. Aber gerade die jüngsten Treffer von Google legen nahe, Banken fielen bereits in ihr Vor-Finanzkrise-Verhalten zurück; Stichwort: Boni, Stichwort: Risikomanagement. Genau aus diesem Grund wagen wir die Prognose: Das, was die Finanzkrise an Veränderungen zur Folge haben wird, wird viel geringer ausfallen als das, was Banken als Reaktion auf den demografischen Wandel leisten müssen.

Welche Veränderungen makro- oder mikroökonomischer Art zu erwarten sind, welche Anpassungen der Bankstrategie, der Bankgeschäftsfelder (z. B. Kundengruppe Senioren oder Kunden mit Migrationshintergrund) und der Funktionsbereiche der Banken (z. B. Personal oder Risiko Management) dafür bereits heute entwickelt wurden oder welche noch zu entwickeln sind, darauf werden Sie in diesem Buch Antworten und Orientierungshilfen finden.

Weil wir bei der Auswahl der Themen und Autoren besonderen Wert auf Praxisnähe gelegt haben, ist das Buch speziell konzipiert für Mitarbeiter von Banken, Sparkassen und Genossenschaftsbanken. Es wendet sich insbesondere an kleine und mittelgroße Banken, die den demografischen Wandel aktiv mitgestalten wollen.

Wir stehen erst am Anfang des „Demographic Banking" wie wir den Prozess der operativen und strategischen Veränderungen im Finanzsektor als Folge des Älterwerdens der Gesellschaft genannt haben. Je früher wir uns darauf einstellen, desto eher haben wir die Chance, die vor uns liegenden gesellschaftlichen und wirtschaftlichen Herausforderungen zu bewältigen.

Darum dieses Buch.

Marburg, im März 2010

Klaus Juncker und Bernhard Nietert

Inhalt

Kapitel 1: Zukunft des Bankgeschäftes in Zeiten demografischen Wandels

Kapitel 1 betrachtet übergeordnete Aspekte des demografischen Wandels, indem es einen Bogen spannt von einer Charakterisierung des demografischen Wandels in Deutschland über seine Auswirkungen auf Kapitalmärkte und strategische Handlungsmöglichkeiten von Banken bis hin zur Selbsteinschätzung der Banken hinsichtlich ihrer Vorbereitungen auf die Herausforderungen des demografischen Wandels. Kapitel 1 steckt demnach den Rahmen für die weiteren, konkreteren Analysen des Buches ab.

Renate Finke[*]

Allianz Global Investors AG, International Pensions, Senior Pension Analyst

1 Demografie – treibende Kraft für Strukturwandel

1.1 Einleitung

Anfang der Siebziger Jahre des letzten Jahrhunderts lenkte der Bericht des „Club of Rome" zu den „Grenzen des Wachstums"[1] die Wahrnehmung der Öffentlichkeit auf die drohende Überbevölkerung der Erde. Damals lebten 3,69 Milliarden Menschen auf der Erde. Mittlerweile liegt die Zahl der Weltbevölkerung rund 85% höher und wird Mitte dieses Jahrhunderts die 9 Milliarden Grenze überschreiten. Doch nicht mehr die drohende Überbevölkerung steht im Brennpunkt der Berichterstattung über demografische Entwicklungen, vielmehr ist in den Neunziger Jahren des 20. Jahrhunderts die Alterung in den Mittelpunkt des öffentlichen Interesses gerückt.

Von der Alterung der Gesellschaft sind heutzutage in besonderem Maße Japan und Europa betroffen. Aber auch in Asien zeichnen sich vergleichbare Entwicklungen ab, so sieht China die Folgen der rigorosen Ein-Kind-Politik heute mit großer Sorge auf sich zurollen. Innerhalb Europas sind besonders die Entwicklungen in Deutschland, Italien und Spanien von Interesse, denn diese bevölkerungsreichen Länder weisen dramatisch niedrige Geburtenraten auf. In den neuen EU-Mitgliedsländern gingen nach dem Ende der Sowjetunion die Geburtenraten dramatisch zurück und sind immer noch auf sehr niedrigem Niveau. Ein rapider Alterungsprozess der jeweiligen Bevölkerungen ist unvermeidlich und hat deutliche Auswirkungen auf viele Felder von Wirtschaft und Gesellschaft.

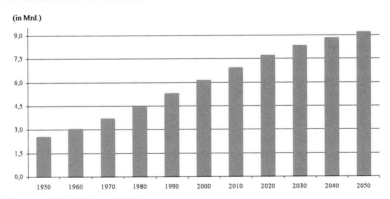

Quelle: in Anlehnung an: United Nations (2008).

Abbildung 1: Weltbevölkerung

---

[*] Der Beitrag spiegelt die Auffassung der Autorin und nicht zwangsläufig jene von Allianz Global Investors wider.

[1] Vgl. Meadows/Meadows/Randers/Behrens (1972).

In Deutschland rief der Bundestag 1992 die Enquete-Kommission „Demografischer Wandel" ins Leben. Sie sollte die Herausforderungen aufzeigen, die die Bevölkerungsentwicklung an die Gesellschaft und Wirtschaft stellen wird, den Handlungsbedarf erfassen und Empfehlungen für politische Entscheidungen geben.[2] Für die Bevölkerung wird der demografische Wandel in erster Linie am Um- und vor allem Rückbau der Sozialsysteme deutlich. In diesem Artikel werden in Abschnitt 2 die Bestimmungsfaktoren der demografischen Entwicklung generell vorgestellt und ein Blick auf die globale Alterung geworfen, um im Weiteren genauer die demografische Entwicklung in Deutschland zu betrachten. Einen Abriss der Auswirkungen des demografischen Wandels im Allgemeinen und auf Finanzdienstleister im Besonderen bietet das abschließende Kapitel 3.

1.2 Demografische Entwicklung

1.2.1 Die doppelte Alterung

Die Bevölkerungsentwicklung eines Landes wird von drei Faktoren beeinflusst: Die Fertilität: Sie wird ausgedrückt als Anzahl der Kinder, die eine Frau im Laufe ihres Lebens zur Welt bringt, wenn die durchschnittliche altersspezifische Geburtenziffer (Anzahl Kinder je Frau im Alter x) in Zukunft unverändert bleibt. Damit die Bevölkerung in einem Land konstant bleibt, muss eine Frau in ihrem Leben rund 2,1 Kinder zur Welt bringen. Sie ersetzt damit sich selbst und ihren Partner. Allerdings wird noch ein „Sicherheitszuschlag" für Kinder hinzu gerechnet, die sich später selbst nicht fortpflanzen können oder vorher versterben.

Des Weiteren bestimmt die Mortalität die demografische Entwicklung. Der medizinische und technische Fortschritt hat sowohl die Säuglings- und Kindersterblichkeit als auch die Alterssterblichkeit in nahezu allen Ländern verbessert. Sie wirkt also an beiden Enden des Lebens. Häufiger wird in diesem Zusammenhang die Lebenserwartung betrachtet. Diese wird ausgedrückt als Anzahl der Jahre, die ein Mensch bei Geburt oder ab seinem bereits erreichten Alter wahrscheinlich erleben wird. Die aktuelle Lebenserwartung ergibt sich aus der jeweiligen Sterbetafel und stellt daher keine wirkliche Prognose dar, sondern ist eher eine Momentaufnahme der altersspezifischen Sterblichkeit in einem Land.

Als dritte Komponente der Bevölkerungsentwicklung eines Landes ist der Wanderungssaldo zu nennen: Neben der natürlichen Bevölkerungsbewegung, die sich aus dem Saldo Geborener zu Gestorbenen ergibt, bestimmen Zu- und Fortzüge aus einem Land die Bevölkerungsentwicklung.

Die ersten beiden Determinanten der Bevölkerungsentwicklung liefern die mittlerweile allseits bekannten Ursachen der Alternden Gesellschaften: ein deutlicher Rückgang der Fertilität gepaart mit einem erfreulichen Anstieg der Lebenserwartung. In Fachkreisen spricht man daher von einer doppelten Alterung.

---

[2] Vgl. Deutscher Bundestag (2002).

1.2.2 Der globale Blick

Die beschriebenen Entwicklungen sind nicht nur in Deutschland zu beobachten, sondern treffen – von wenigen Ausnahmen abgesehen – auf alle Länder der Erde zu. So berichtet die Population Division der UN[3], dass die Weltgeburtenrate von 4,9 Kindern pro Frau vor 50 Jahren auf heute 2,55 Kinder gefallen ist und auch künftig mit weiter fallenden Geburtenraten zu rechnen ist. Im Jahr 2050 werden nur noch 2,02 Kinder pro Frau erwartet. Hält diese Entwicklung an, wird die Weltbevölkerung in der zweiten Hälfte dieses Jahrhunderts anfangen zu schrumpfen.

Auf der anderen Seite hat sich in nahezu allen Ländern die durchschnittliche Lebenserwartung erhöht. Der Effekt ist am Anstieg des Medianalters[4] abzulesen: 1950 lag das Medianalter der Weltbevölkerung noch bei 24 Jahren, stieg bis heute um 4 Jahre, um im Jahr 2050 noch einmal um 10 Jahre auf rund 38 ½ Jahre zuzulegen. Der ungleich stärkere Zuwachs in den nächsten vierzig Jahren hängt mit der steigenden Lebenserwartung der Älteren zusammen. Während in den vergangenen Jahrzehnten vor allem in Entwicklungsländern der Rückgang der hohen Sterberaten von Säuglingen und Kindern noch einen großen Einfluss auf die Bevölkerungsentwicklung hatte, wird künftig die Bedeutung der steigenden Lebenserwartung der Älteren stärker den Aufbau der Bevölkerungspyramide beeinflussen – wie schon heute in den Industriestaaten. Die UN berichtet, dass ein Mann vor gut 50 Jahren gerade mal 45 Jahre, eine Frau 48 Jahre alt wurde. Heute leben Männer und Frauen aber schon durchschnittlich 20 Jahre länger und können bis 2050 noch einmal mit einem um 10 Jahre längeren Leben rechnen.

Der Zuwachs bei der Lebenserwartung auf der einen Seite und sinkende Fertilitätsraten auf der anderen verändern den Altersaufbau der Gesellschaften erheblich. Der Anteil der Älteren im Verhältnis zu denjenigen im Erwerbsalter steigt spürbar in den nächsten Jahrzehnten. Dieser so genannte Altenquotient (Verhältnis der Über-65-Jährigen zu den 15- bis 64-Jährigen) wird sich bei der Weltbevölkerung von heute 12% bis 2050 in etwa verdoppeln.

Das wird auch in Europa der Fall sein, nur ist der Altenquotient hier bereits auf einem ganz anderen Niveau und wird künftig zum Teil dramatisch hohe Werte annehmen. Die EU Kommission rechnet in ihrem neuesten „Ageing Report"[5] mit einem Anstieg von heute 25,4% auf 50% im Jahr 2050 für den Durchschnitt der 27 Mitgliedsländer, wobei sich vor allem Italien, Spanien und Slowenien mit 59% einer deutlich höheren Alterung gegenübersehen. Der Anstieg könnte auch stärker ausfallen, denn in früheren Projektionen wurde der Anstieg der Lebenserwartung tendenziell unterschätzt, wie die EU Kommission in ihrem Bericht anmerkt. Damit könnten die Regierungen ebenfalls die möglichen fiskalischen Belastungen der Alterung unterschätzt haben.

---

[3] Vgl. United Nations (2008).
[4] Das Medianalter ist das Alter, bei dem, bezogen auf die Gesamtbevölkerung, die Anzahl der Leute, die älter als das Medianalter sind, genauso groß ist wie die Anzahl der Leute, die jünger als das Medianalter sind.
[5] Vgl. European Commission (2009).

1.2.3   Deutschland im Fokus

1.2.3.1   Der Blick zurück

Fertilität

Die Determinanten und beschriebenen Trends gelten auch für Deutschland: Die Fertilitätsrate lag laut Statistischem Bundesamt 2007 bei 1,37[6].

Wie im vorherigen Kapitel beschrieben, muss allerdings eine durchschnittliche Frau in ihrem Leben rund 2,1 Kinder zur Welt bringen, damit die Bevölkerung im Land konstant bleibt. Das letzte Jahr, in dem dieser Wert in Deutschland erreicht wurde, war 1970. Ihren höchsten Wert seit dem zweiten Weltkrieg erreichte die Geburtenrate 1964 mit 2,54 (Abbildung 2). Neben der Fertilität ist auch zu beachten, wie viele Kinder in einem Land insgesamt geboren werden. Die zahlenmäßige Besetzung der unterschiedlichen Jahrgänge potenzieller Mütter ist dafür ausschlaggebend. Denn hat sich die Fertilität einmal, wie z. B. in Deutschland, dauerhaft nach unten bewegt, dann genügt ein entsprechender Anstieg auf das alte Niveau nicht, um die Bevölkerungszahl konstant zu halten. Da die Kohorten potenzieller Mütter entsprechend dünner besetzt sind, müsste die Geburtenrate sehr weit über den Wert von 2,1 ansteigen – sieht man einmal von Zuwanderung ab – um in Deutschland die gegenwärtige Bevölkerungszahl von 82,2 Millionen dauerhaft zu halten. Bei einem Anstieg nur etwas über das Niveau von 2,1 dauert es einige Generationen, bis die alte Bevölkerungszahl wieder erreicht wird.

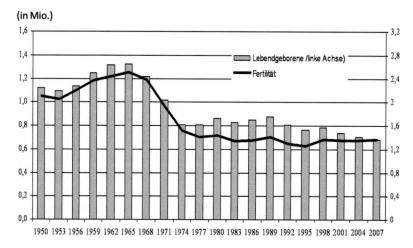

Quelle: Statistisches Bundesamt.

Abbildung 2: Entwicklung der Fertilität in Deutschland

---

[6]   Aktuelle Zahlen zur Fertilität und zu den Geburten, siehe Statistisches Bundesamt
http://www.destatis.de/jetspeed/portal/cms/Sites/destatis/Internet/DE/Navigation/Statistiken/Bevoelkerung/Ge
burtenSterbefaelle/GeburtenSterbefaelle.psml.

Ein Blick auf die Zahl der Geborenen zeigt ein ähnliches Bild wie der auf die Fertilität. 1964, dem Höhepunkt seit 1945, wurden in Deutschland 1,36 Millionen Kinder geboren. 2007 waren es rund 50% weniger (685.000). Allein seit 1990 ist die Zahl der Geborenen um 25% gesunken.

Lebenserwartung

Ein Rückgang der Fertilität, verbunden mit einer sinkenden Anzahl Neugeborener, führt unweigerlich zu einer Alterung der Gesellschaft. Zu wenige Junge rücken nach und das Durchschnittsalter bzw. Medianalter steigt an. Dieser Trend wird noch verstärkt, wenn die Lebenserwartung zunimmt (Abbildung 3). Gegenwärtig liegt die Lebenserwartung in Deutschland bei Geburt für Männer bei 76,89 Jahren und für Frauen bei 82,25 Jahren[7]. Die Zunahme betrug für Männer seit 1970 gut 9,4 Jahre und für Frauen 8,4 Jahre und der Trend zum weiteren Anstieg der Lebenserwartung hält nach wie vor an. Auch die Älteren können sich über eine steigende Lebenserwartung freuen: So betrug beispielsweise die Lebenserwartung der 65-Jährigen 1970 für Männer noch 12,06 Jahre und für Frauen 15,18 Jahre, heute können Männer und Frauen schon damit rechnen, weitere 16,9 bzw. 20,3 Jahre zu leben. Ein so deutlicher Anstieg von 40% bei Männern und einem Drittel bei den Frauen ist z. B. für die Finanzierung zukünftiger Rentenlasten bedeutsam.

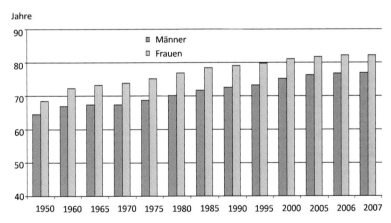

Quelle: Statistisches Bundesamt.

Abbildung 3: Entwicklung der Lebenserwartung

Wanderung

Die Bevölkerungssituation in Deutschland wird neben Geburten und Lebenserwartung in erheblichem Maße von Wanderungsbewegungen mitbestimmt. Fast 681.000 Menschen zogen 2007 (das letzte Jahr, für das diese Daten vorliegen) nach Deutschland zu, ihnen standen rund 637.000 Fortzüge gegenüber. Im Saldo wuchs die deutsche Bevölkerung durch Zuwanderung

---

[7] Vgl. Statistisches Bundesamt (2008b).

um 44.000 Menschen. Die Zahlenreihe des Wanderungssaldos ist starken Schwankungen unterworfen, die u.a. von Änderungen gesetzlicher Regelungen bezüglich des Asylrechts oder anderer Bestimmungen herrühren. 1992 wanderten netto nahezu 800.000 Menschen nach Deutschland zu, 1998 waren es dagegen knapp 50.000.

Die Entwicklung der Bevölkerungszahl ergibt sich aus der Summe des Wanderungssaldos und des Geburten- oder Sterbeüberschusses (Abbildung 4). Da seit 1972 in Deutschland Jahr für Jahr mehr Menschen sterben als geboren werden, ging die Bevölkerungszunahme bis 2002 allein auf die Nettozuwanderung zurück. Seit 2003 reicht die Zuwanderung nicht mehr aus, den Sterbeüberschuss zu kompensieren. Im Jahr 2007 schrumpfte die Bevölkerung um rund 98.400, 2006 gar um 126.100 Menschen. Langfristig wird an dieser Entwicklung ohnehin so gut wie kein Weg vorbeiführen. Selbst ein jährlicher Wanderungsüberschuss von 200.000 Menschen reicht auf Dauer nicht aus, den Bevölkerungsrückgang in Deutschland aufzuhalten.

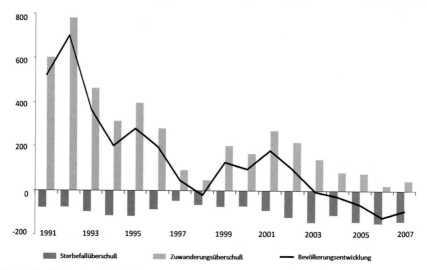

Quelle: Statistisches Bundesamt (2009), Tab. 1.1.

Abbildung 4: Determinanten der Bevölkerungsentwicklung

1.2.3.2   Der Blick nach vorn

Verglichen mit vielen anderen Prognosen sind Bevölkerungsvorausschätzungen relativ sicher. Dies liegt daran, dass sich die maßgeblichen Parameter Fertilität und Sterblichkeit in aller Regel nur allmählich ändern und die wahrscheinlichen Veränderungen in die Prognosen aufgenommen werden können. Am schwierigsten ist die Migration zu fassen. Neben ökonomischen Veränderungen haben auf sie auch regulatorische Maßnahmen starken Einfluss, diese sind allerdings kaum prognostizierbar. Für Deutschland erstellt das Statistische Bundesamt Bevölkerungsprognosen. Der vorliegende Beitrag bezieht sich auf die 11. koordinierte Bevölkerungsvorausberechnung aus dem Jahr 2006[8]. Unterstellt wurden dabei verschiedene Szenarien für

---

[8]   Vgl. Statistisches Bundesamt (2006a).

den zukünftigen Anstieg der Lebenserwartung, unterschiedliche Fertilitätsraten und die Entwicklung der Nettozuwanderung, sodass insgesamt zwölf Varianten vorliegen. Im Folgenden beziehen wir uns immer auf die mittlere Bevölkerungsvariante mit einer Zuwanderung von 200.000. Diese Variante geht von einem Anstieg der Lebenserwartung bis 2050 für Männer auf 83,5 und für Frauen auf 88 Jahre und einer in etwa konstant bleibenden Geburtenrate aus. Abbildung 5 gibt die Bevölkerungsentwicklung Deutschlands im Zeitraum von 1950 bis 2050 unter diesen Annahmen für die Zukunft wieder.

Gemäß diesen Prognosen wird die Bevölkerungszahl weiter schrumpfen. Dieser Prozess setzte 2003 ein, nachdem im Jahr 2002 der höchste Stand mit 82,54 Millionen Menschen erreicht wurde. Im Jahr 2050 werden in der betrachteten mittleren Variante der Bevölkerungsvorausberechnung noch rund 74 Millionen Menschen in Deutschland leben. Fällt die Zuwanderung nur halb so hoch aus, werden es knapp 69 Millionen Menschen sein. Sollte die Lebenserwartung stärker ansteigen als erwartet, in der Vergangenheit war dies regelmäßig der Fall, so verlangsamt sich zwar der Bevölkerungsrückgang, der Trend bleibt jedoch der gleiche. Zu konservative Prognosen der Lebenserwartung vermitteln das Bild einer tendenziell zu jungen Gesellschaft, das dazu führen könnte, dass notwendige Reformen und Politikmaßnahmen dann falsch dimensioniert sein könnten.

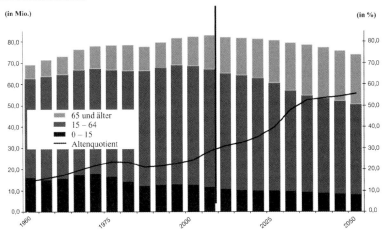

Quelle: Statistisches Bundesamt (2008a), Tab.1, Berechnungen: Allianz Global Investors.

Abbildung 5: Bevölkerungsentwicklung in Deutschland

Abbildung 5 gibt auch Aufschluss über die Entwicklung des so genannten Altenquotienten, der das Verhältnis der 65-Jährigen und älteren zu den 15- bis 64-Jährigen darstellt. Dieser Quotient liegt zurzeit bei rund 30%, d. h. auf 100 Personen in der Altersgruppe 15-64 Jahre kommen im Schnitt 30 Personen über 65 Jahre. Bis 2015 weist dieser Quotient nur einen vergleichsweise moderaten Anstieg auf. Die relativ geburtenschwachen Kriegs- und Nachkriegsjahre sind die Ursache dafür. Erst Mitte der Fünfzigerjahre des letzten Jahrhunderts begann die Zahl der Geburten wieder spürbar anzusteigen. Über etwa 15 Jahre hinweg verzeichnete Deutschland starke Geburtsjahrgänge – heute bezeichnet als Baby-Boomer. Der erste dieser

Jahrgänge - 1955 - erreicht 2020 das Alter von 65 Jahren, bis 2035 erreichen dann die weiteren geburtenstarken Jahrgänge das Alter 65 und der Altenquotient verschlechtert sich stetig auf 52% im Jahr 2035. Da der Altenquotient grob betrachtet das Verhältnis von potenziell erwerbsfähiger Bevölkerung zu den potenziellen Rentnern widerspiegelt, zeigt er die Problematik, die zum Beispiel für die Finanzierung eines umlagefinanzierten Rentensystems, wie es in Deutschland existiert, erwachsen kann.

1.3 Konsequenzen der demografischen Entwicklung

1.3.1 Wirtschaft und Gesellschaft

Immer mehr ältere Menschen werden also immer weniger jungen, erwerbstätigen Menschen gegenüberstehen. Dieser Wandel hat vielfältige Auswirkungen, die in nahezu allen Politikbereichen zu spüren sind. Gravierend wird sich der Wandel auf den Arbeitsmarkt auswirken. Das Erwerbspersonenpotenzial, die Anzahl der Menschen im Alter von 15-64, wird um 20% von heute 54 Mio. auf 42 Mio. im Jahr 2050 sinken. Geht man davon aus, dass die Berufstätigkeit mit dem 20. Lebensjahr beginnt und mit dem 65. endet, so werden ab 2013 Jahr für Jahr mehr Menschen aus dem Erwerbsleben ausscheiden als nachrücken. Am ungünstigsten wird dieses Verhältnis zwischen 2026 bis 2033 ausfallen, wenn die Baby-Boomer in Rente gehen. (Abbildung 6).

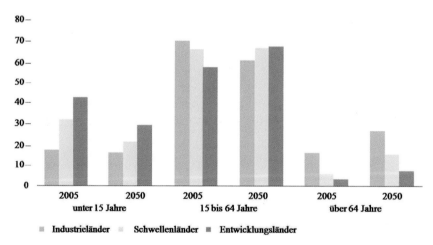

Quelle: Statistisches Bundesamt (2006a), Berechnungen: Allianz Global Investors.

Abbildung 6: Entwicklung des Arbeitskräftepotenzials

Damit wird es tendenziell zu Engpässen auf dem Arbeitsmarkt kommen. Um das Konsumniveau jedoch aufrecht zu erhalten, das wir heute gewöhnt sind, muss die Produktivität der Beschäftigten stärker wachsen als in der Vergangenheit und mehr Menschen, vor allem Ältere, müssen einer Erwerbstätigkeit nachgehen. Höhere Investitionen in Human- und Sachkapital sind notwendig, um das notwendige Produktivitätswachstum sicherzustellen.

Neben dem Arbeitsmarkt sind auch eine Reihe anderer Wirtschaftsbereiche direkt vom demografischen Wandel betroffen. Die veränderte Nachfrage nach Kindergarten- und Schulplätzen hat zum Beispiel Auswirkungen auf die öffentliche Bautätigkeit, die in diesen Bereichen zurückgehen dürfte. Der Wohnungsbau wird von zwei gegenläufigen Trends beeinflusst: Einer abnehmenden Einwohnerzahl steht zumindest noch auf Sicht der nächsten 10 bis 12 Jahre eine erwartete Zunahme der Zahl der Haushalte, vor allem der Ein- und Zwei-Personenhaushalte, gegenüber.[9] Dies spricht tendenziell für eine konstante oder leicht ansteigende Wohnraumnachfrage. Mit einem Nachfragerückgang nach Wohnraum ist daher erst in rund 20 Jahren zu rechnen.

Deutlich negativer als auf den Arbeitsmarkt wirkt die demografische Entwicklung auf die Renten-, Kranken- und Pflegeversicherung. Bei der Rentenversicherung resultieren die Probleme aus dem Umlageverfahren. Der Finanzbedarf eines solchen Systems wird immer von der Höhe der Renten bzw. dem Rentenniveau und dem Verhältnis von Rentnern und Beitragszahlern (Rentnerquotient) bestimmt, unabhängig davon, wie es im Detail ausgestaltet ist. Die Verschlechterung des Verhältnisses von Beitragszahlern zu Rentnern, wie die demografische Entwicklung erwarten lässt, führt jedoch in einen Teufelskreis:

Erhöht man die Beitragsseite, so schwächen die höheren Abgaben die Arbeitnehmer und Arbeitgeber und damit die Leistungskraft der Wirtschaft und schmälern das Wachstum. Setzt man an der Ausgabenseite an, so läuft es direkt auf eine Verringerung des Rentenniveaus hinaus. Auch das ist nur bis zu einem gewissen Grade machbar. Der Staat könnte einspringen und höhere Zuschüsse leisten. Das wiederum belastet in zunehmendem Maße die öffentlichen Haushalte. In ihrem neuesten Bericht zu den fiskalischen Belastungen der Alterung prognostiziert die Europäische Kommission einen Anstieg des Anteils der Rentenausgaben am Bruttoinlandsprodukt um rund 25% von 10,1% heute auf über 12,3% im Jahr 2050.[10] Die Reformen der letzten Dekade in Deutschland aber auch in vielen anderen europäischen Ländern haben ihren Ursprung in dieser Problematik. In Deutschland hat man zum Beispiel an allen vorhandenen Stellschrauben zur Stabilisierung des umlagefinanzierten Rentenversicherungssystems gedreht:

- Die Beitragssätze sind im Zeitverlauf gestiegen,

- der steuerfinanzierte Bundeszuschuss an die Rentenversicherung wurde erhöht,

- durch die Rentenreformen 2001 und 2004, die die Rentenanpassungsformel änderten (Riester-Faktor und Nachhaltigkeitsfaktor), wird sukzessive das Rentenniveau reduziert und

- durch die Anhebung der Regelaltersgrenzen (Rente mit 67) wurde das Verhältnis von Rentnern zu Beitragszahlern günstiger gestaltet.

---

[9] Vgl. Statistisches Bundesamt (2007).
[10] Die neue Projektion weist für viele Länder bereits eine Verbesserung im Vergleich zu den Berechnungen von 2006 auf. Das hat unter anderem mit der Einführung von parametrischen Reformen in vielen Ländern der EU zu tun; vgl. European Commission (2009), S. 119 ff.

All dies hat dazu geführt, dass die Gesetzliche Rentenversicherung in Deutschland heute als weitgehend abgesichert gegenüber der demografischen Entwicklung gilt. Allerdings ist dann zukünftig die gesetzliche Rente oftmals nicht mehr als eine Grundsicherung, so dass eine ergänzende kapitalgedeckte Altersvorsorge notwendig ist, wenn man auch im Alter den Lebensstandard sichern will.

Bei der Kranken- und Pflegeversicherung ist ein Anstieg der Kosten im Zuge der zunehmenden Alterung der Gesellschaft nicht aufzuhalten. So sind die Krankheitskosten pro Kopf in der Altersgruppe 65 bis 84 Jahre doppelt so hoch wie für 45- bis 65-Jährige und sogar 3,8 mal so hoch wie für 30 bis 45 Jährige[11]; die Krankheitskosten pro Kopf nehmen in der Altersgruppe der 85-Jährigen und Älteren noch einmal mit dem 2,5-fachen zur nächst jüngeren Altersgruppe deutlich zu. Führt man sich den Zuwachs der 65-Jährigen und Älteren von heute 16,7 Millionen auf 22,3 Millionen im Jahr 2030 vor Augen, so zeichnen sich auch hier Entwicklungen ab, die denen bei der Rentenversicherung an Dramatik nicht nachstehen. Ähnlich ist die Lage der Pflegeversicherung, da das Pflegefallrisiko mit dem Alter steigt und die Zahl der über 80-Jährigen in Deutschland von heute 3,9 Mio. auf 6,3 Mio. im Jahr 2030 und 10,1 Mio. im Jahr 2050 dramatisch ansteigen wird. Der Sachverständigenrat zur Begutachtung der gesamtwirtschaftlichen Entwicklung geht von einer notwendigen Verdreifachung des Beitragssatzes zur Pflegeversicherung bis 2030 aus[12].

Vor diesem Hintergrund sind Einschnitte in die bestehenden Leistungen der Sozialversicherung abzusehen. In dem Maße aber, in dem sich der Staat zurückzieht, steigt die Verantwortung des Einzelnen für seine soziale und finanzielle Absicherung.

1.3.2 Finanzdienstleister

Die Finanzbranche kann von der beschriebenen Entwicklung profitieren. Der Einzelne, der sich gegen „allgemeine Lebensrisiken" und ihre unerwünschten finanziellen Folgen eigenverantwortlich absichern muss, kann solche Kosten jedoch auf individueller Ebene schwer kalkulieren. Hier müssen Banken und Versicherungen ihre Aufgabe wahrnehmen, indem sie Risiken ihrer Kunden übernehmen. Dabei ist an individuelle, aber auch betriebliche Altersvorsorge zu denken.

Altersvorsorgeprodukte im Besonderen stellen damit ein herausforderndes Geschäftsfeld für Finanzdienstleister dar. Nicht nur die Verschiebung zu höheren Kapitaldeckungsanteilen innerhalb der Sozialversicherungssysteme tragen dazu bei, sondern auch direkt der demografische Wandel. In Deutschland, aber auch generell in Europa bildet die Baby-Boomer-Generation in den nächsten zehn bis fünfzehn Jahren die große Gruppe der 45- bis 65-Jährigen, eine Altersgruppe, die im Laufe eines fortgeschrittenen Berufslebens und wachsender Sparfähigkeit hohe Vermögenswerte ansammeln kann. Diese Altersgruppe hält üblicherweise die größten Vermögenswerte. So verfügten Haushalte in Deutschland mit einem Haushaltsvorstand im Alter zwischen 45 und 55 Jahren über knapp ein Viertel des Geldvermö-

---

[11] Vgl. Statistisches Bundesamt (2006b), S. 28.
[12] Vgl. Sachverständigenrat zur Begutachtung der gesamtwirtschaftlichen Entwicklung (2005), S. 413.

gens[13], obwohl sie nur ein Fünftel der Bevölkerung stellen. Noch deutlicher ist der Unterschied bei den 55- bis 65-Jährigen. Die Vermögenswerte müssen in Zukunft verstärkt zur Aufpolsterung von Alterseinkommen herangezogen werden. Somit werden die Anforderungen an Finanzdienstleister wachsen, nicht nur den Vermögensaufbau, sondern auch Entsparprozesse zu gestalten und zu begleiten.

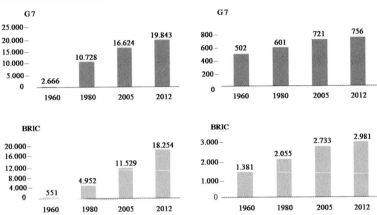

Quelle: Statistisches Bundesamt (2004), Tab. 3.4., Berechnungen: Allianz Global Investors.

Abbildung 7: Verteilung des Bruttogeldvermögens in Deutschland 2003 nach Altersgruppen

Das erstreckt sich nicht nur auf das Finanzvermögen, sondern kann auch Immobilienwerte umfassen. Altersgerechtes Wohnen mit entsprechenden Modernisierungsmaßnahmen und deren Finanzierung oder auch eine „Verrentung" von Immobilienvermögen sind Geschäftsfelder, die weiter an Bedeutung gewinnen werden.

Dabei handelt es sich um beachtliche Vermögenswerte; belief sich doch das Gesamtvermögen der privaten Haushalte Ende 2008 auf etwa 9,5 Billionen Euro[14]. Mit diesen hohen Vermögenswerten, die die Privatanleger über lange Jahre angehäuft haben, sind sie auch anspruchsvoller geworden. Sie haben breiter gefächerte Anlagewünsche und höhere Erwartungen an Renditen und Sicherheiten. Die schweren Börsenturbulenzen im ersten Jahrzehnt des neuen Jahrtausends haben besonders das Thema Sicherheit wieder in den Vordergrund gerückt. Gleichzeitig bleiben die Renditeerwartungen hoch, vor allem in einem Umfeld niedriger Zinsen. Mit diesen Gegensätzen steigen auch die Anforderungen der Kunden an Banken und Versicherungen hinsichtlich der Lösungskompetenz und Beratungsqualität. Professionelles Management ist gefragt, das mit intelligenten Kapitalanlagestrategien unter Assetklassen und internationalen Anlagemöglichkeiten einen optimalen Anlagemix auswählen kann. Dies gilt besonders in einem Umfeld, in dem der Aufbau einer privaten Vorsorge eine wichtige Rolle spielt.

---

[13] Vgl. Statistische Bundesamt (2004), Tab. 3.4.
[14] Ohne Gebrauchsvermögen, Endwerte 2008 Schätzungen von Allianz Global Investors. Das Immobilienvermögen wurde von der Deutschen Bundesbank per Ende 2006 auf 4,8 Billionen Euro beziffert; vgl. Deutsche Bundesbank (2007), S. 25. Das Geldvermögen belief sich Ende 2008 auf 4,41 Billionen Euro nach 4,55 Billionen Euro Ende 2007, vgl. Deutsche Bundesbank (2009).

Der demografische Wandel wird ebenfalls das Firmenkundengeschäft beeinflussen. Es wird Veränderungen auf den Güter- und Dienstleistungsmärkten geben, die zu entsprechendem Wandel in vielen Branchen und Firmen führen und Auswirkungen auf die Finanzbranche haben werden. Die Finanzbranche selbst muss sich auch im Zuge der demografischen Veränderungen als Arbeitgeber neu aufstellen. Sie muss auf die möglichen Engpässe am Arbeitsmarkt reagieren. Unternehmen müssen sich frühzeitig als attraktive Arbeitgeber positionieren, um im Wettbewerb um qualifiziertes Personal bestehen zu können. Aus- und Weiterbildung auch für ältere Arbeitnehmer werden wichtige Faktoren sein, die eigene Wettbewerbsfähigkeit zu erhalten.

1.4 Fazit

Deutschland hat keine Zeit mehr. Die Folgen des demografischen Wandels zeigen sich immer rascher und deutlicher. Der anhaltende Verzicht auf Kinder und die Zunahme der Lebenserwartung sind die bestimmenden Elemente des demografischen Wandels in Deutschland. Wirtschaft und Gesellschaft müssen sich darauf einstellen. Während die Rentenversicherung nach den Reformen der letzten Jahre schon weitgehend „zukunftsfest" umgestellt worden ist, besteht noch Handlungsbedarf in der Kranken- und Pflegeversicherung. Leistungen, die früher vom Staat finanziert werden konnten, müssen zukünftig stärker vom Individuum selbst übernommen werden. Für die Finanzdienstleister bietet dieser Strukturwandel viele Chancen.

Literatur

DEUTSCHE BUNDESBANK (2007): „Vermögensbildung und Finanzierung im Jahr 2006", Monatsberichte, 59. Jahrgang, Nr. 6, Juni 2007.

DEUTSCHE BUNDESBANK (2009): „Gesamtwirtschaftliche Finanzierungsrechnung 2008", Mai 2009.
http://www.bundesbank.de/statistik/statistik_wirtschaftsdaten_tabellen.php.

DEUTSCHER BUNDESTAG (2002): „Demographischer Wandel – Herausforderungen unserer älter werdenden Gesellschaft an den Einzelnen und die Politik", Schlussbericht der Enquête-Kommission , Drucksache 14/8800, 2002.

EUROPEAN COMMISSION (2009): „The 2009 Ageing Report: economic and budgetary projections for the EU-27 Member States (2008-2060)", European Economy, 2 (2009).

MEADOW D., MEADOWS, D. L., RANDERS, J. und BEHRENS, W. W. (1972): „Die Grenzen des Wachstums – Bericht des Club of Rome zur Lage der Menschheit", Deutsche Verlags-Anstalt, München 1972.

SACHVERSTÄNDIGENRAT ZUR BEGUTACHTUNG DER GESAMTWIRTSCHAFTLICHEN ENTWICKLUNG (2005): „Jahresgutachten 2005/2006", Wiesbaden 2005, S. 413.

STATISTISCHES BUNDESAMT: „Bevölkerung und Erwerbstätigkeit, Natürliche Bevölkerungsbewegung", Fachserie 1, Reihe 1.1, verschiedene Jahrgänge.

STATISTISCHES BUNDESAMT (2004): „Wirtschaftsrechnungen, Einkommens- und Verbrauchsstichprobe 2003, Geldvermögensbestände und Konsumentenkreditschulden privater Haushalte", Fachserie 15, Heft 2, Wiesbaden 2004.

STATISTISCHES BUNDESAMT (2006a): „11. koordinierte Bevölkerungsvorausberechnung – Annahmen und Ergebnisse", Wiesbaden 2006.

STATISTISCHES BUNDESAMT (2006b): „Gesundheit – Ausgaben, Krankheitskosten und Personal 2004", Wiesbaden 2006.

STATISTISCHES BUNDESAMT (2007): „Entwicklung der Privathaushalte bis 2025, Ergebnisse der Haushaltsvorausberechnung 2007", Wiesbaden 2007.

STATISTISCHES BUNDESAMT (2008a): „Bevölkerung und Erwerbstätigkeit", Bevölkerungsfortschreibung, Fachserien 1, Reihe 1.3., Wiesbaden 2008.

STATISTISCHES BUNDESAMT (2008b): „Bevölkerung und Erwerbstätigkeit", Sterbetafel Deutschland 2005/07, Wiesbaden 2008.
http://www.destatis.de/jetspeed/portal/cms/Sites/destatis/Internet/DE/Content/Statistiken/
Bevoelkerung/GeburtenSterbefaelle/Tabellen/Content100/SterbetafelDeutschland,
templateId=renderPrint.psml

STATISTISCHES BUNDESAMT (2009): „Bevölkerung und Erwerbstätigkeit", Wanderungen, 2007, Fachserie 1, Reihe 1.2., Wiesbaden 2009.

UNITED NATIONS (2008): „World Population Prospects: The 2008 Revision, Median Variant", Population Division of the Department of Economic and Social Affairs of the United Nations Secretariat.
http://esa.un.org/unpp/index.asp

Hans-Jörg Naumer

Leiter Kapitalmarktanalyse, Allianz Global Investors KAG

2 Investmentchance Demografie

2.1 Demografie und Biographie

2.1.1 Länger leben und jünger bleiben

Obwohl wir es jeden Tag um uns herum erfahren, ist es uns doch oft nicht bewusst: Viele Männer erreichen ein deutlich höheres Alter als 76 Jahre und viele Frauen werden älter als 81. Trotzdem verwechseln wir gerne die hier zitierte durchschnittliche Lebenserwartung bei Geburt mit unserer tatsächlichen Lebenserwartung. Denn: Mit zunehmendem Alter steigt die Lebenserwartung. Anders ausgedrückt: Je mehr Jahre wir zählen, desto mehr Jahre haben wir hinter uns gebracht in denen andere, die in die Gesamtstatistik eingehen, vorzeitig verstorben sind. Sterbewahrscheinlichkeiten wurden überlebt. Beispiel: Ein heute 40-jähriger Mann, der noch zu den Endausläufern der „Babyboomer" gehört, hat bereits eine Lebenserwartung von 86 Jahren. Hat er erst mal das (ehemalige) Rentenalter 65 erreicht, kann er erwarten, knapp 89 Jahre alt zu werden.[1]

Bei Frauen sieht das ähnlich aus. Beispiel: Eine heute 29-jährige Frau hat nach den Daten der Deutschen Aktuarvereinigung eine Lebenserwartung von 92 Jahren und mit 65 von knapp 94 Jahren. Der „Lebensabend" ist ein voller Lebensabschnitt![2] Udo Jürgens hat Recht. Übertragen auf das neue Renteneintrittsalter kann er singen: „Mit 67 Jahren, da fängt das Leben an."

Der Trend hinter der Lebenserwartung ist dabei weiter steigend. Demografiewissenschaftler gehen davon aus, dass pro Dekade die Lebenserwartung um 2,5 Jahre steigt. James Vaupel spricht in diesem Kontext von den „broken limits to life expectancy"[3] und das von ihm geleitete Max-Planck-Institut für demografische Forschung führt gleichzeitig den Begriff des „prospektiven Alters" ein.[4]

Damit ist gemeint: Das chronologische Alter entspricht nicht dem „gefühlten" Alter. „Jung" und „alt" seien relative Begriffe, deren gemeinsamer Bezugspunkt die Lebenserwartung sei. Die verbleibende Lebenserwartung beeinflusse die Entscheidungen von Spar und Investitionsentscheidungen.

Die Biographie des Einzelnen wird damit zur ersten „Investmentchance", die sich aus der demografischen Entwicklung ableitet. Diese „Investmentchance" bezieht die gesamte Lebens-

---

[1] Berechnungen der Deutsche Aktuarvereinigung von 2004, zitiert nach „Länger-Leben-Rechner" der Allianz Lebensversicherung.
[2] Wie hoch die eigene Lebenserwartung ist, welche individuellen Faktoren sie beeinflussen, lässt sich auf www.lebenserwartung.ch sehr schnell nachvollziehen.
[3] Vgl. Vaupel/Oeppen (2002), S. 1029-1031.
[4] Vgl. Sanderso/Scherbov (2006).

spanne des Anlegers in den Anlageprozess mit ein. Daraus sollte u. a. auch folgen, dass ein Anleger selbst in der Rentenphase noch risikoreichere Wertpapiere, wie Aktien, im Depot haben sollte, zum einen weil er über einen lagen, dritten Lebensabschnitt noch einige Schwankungen aushalten kann und zum anderen weil er die zu erwartende höhere Rendite zum Auffüllen der Rentenlücke benötigt.

Produktlösungen wie Beratungsansätze sollten dies berücksichtigen. Das kann im einfachsten Fall mit Lebenszyklusfonds beginnen und sich in einer Beratung nach Lebensphasen fortsetzen.

2.1.2 Das Gebot der Stunde: Zukunftssicherung

Die Hoffnung etwa auf einen demografischen Trendwechsel in der Bundesrepublik, der alle Probleme löst, ist eine trügerische: Demografisch ist es bereits „30 Jahre nach 12"[5]. Selbst wenn es gelänge, die Zahl der Neugeborenen deutlich zu erhöhen – das demografische Loch bliebe. Die Kinder, die über Jahrzehnte nicht geboren wurden, aber morgen gebraucht werden, um die Rentenkassen zu füllen, kämen zu spät auf die Welt.

Eine von Allianz Global Investors veröffentlichte Studie, welche die Rentenreformen der letzten Jahre vor dem Hintergrund der demografischen Entwicklung beleuchtet, kommt zu dem Schluss, dass das Verhältnis der Bruttorente zum letzten Bruttoeinkommen bei allen in der Untersuchung betrachteten Fällen unter 50% liegt.[6]

Zukunftssicherung heißt für die Anleger von heute das Gebot der Stunde. Wenn aber die Gefahr des Rentenlochs im Alter droht, ist da nicht die Frage erlaubt: Kann die demografische Entwicklung nicht auch als „Investmentchance" genutzt werden?

2.2 Globale demografische Trends

Tatsächlich ist „Demografie" kein auf Deutschland beschränktes, nationales Thema, sondern ein global wirkender Trend. Dabei zeichnen sich gemäß der mittleren Variante der Bevölkerungsprognose der Vereinten Nationen aus der Vogelperspektive hauptsächlich zwei Entwicklungen ab (vgl. Abbildung 1):

Bis zum Jahr 2050 wird die Weltbevölkerung weiter wachsen und zwar voraussichtlich um über 40% auf dann über 9 Mrd. Menschen. Lediglich für Europa ist mit einem Rückgang der Bevölkerung zu rechnen. Es kommt zu einer „doppelten Alterung" (vgl. Abbildung 2): Während die Lebenserwartung der Menschen insgesamt weiter steigt, nimmt gleichzeitig der Anteil älterer Menschen an der Weltbevölkerung zu, da die Fertilitätsraten über die Zeit sinken, d. h. die Zahl Neugeborener je Frau abnimmt.

---

[5] Birg (2005), S. 37.
[6] Vgl. Gasche (2009), S. 12.

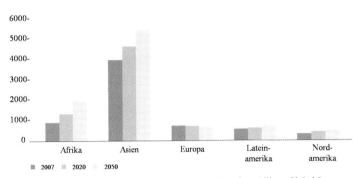

Quelle: UN World Population Prospects (2008), Berechnung: Kapitalmarktanalyse Allianz Global Investors.

Abbildung 1: Demografie – Bevölkerung in Millionen Menschen

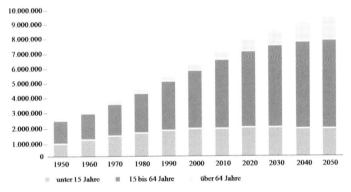

Quelle: UN World Population Prospects (2008), Berechnung: Kapitalmarktanalyse Allianz Global Investors.

Abbildung 2: Entwicklung der Weltbevölkerung nach Altersgruppen (in Millionen) – wachsend und zugleich alternd

Innerhalb dieser Haupttrends kommt es jedoch auf Länderebene zu sehr unterschiedlichen Entwicklungen:

Die Industrieländer wachsen deutlich weniger dynamisch als die Entwicklungs- und die Schwellenländer. Der Anteil der Industrieländer an der Weltbevölkerung nimmt von knapp 19% auf 14% in 2050 ab, jener der Schwellenländer stagniert bei ca. 68%, während die Entwicklungsländer anteilig von knapp 12% auf 19% zulegen (vgl. Abbildung 3).

- Gleichzeitig altern die Industriestaaten mit Abstand am schnellsten. Der Altersdurchschnitt in den Industriestaaten dürfte 2050 bei 46 Jahren liegen. Aktuell liegt er noch bei 39, 1950 lag er noch bei 29 Jahren. In den Schwellenländern steigt er dagegen im gleichen Zeitraum voraussichtlich von 27 auf 39, in den Entwicklungsländern von 19 auf 27.

- Während die Rentner die Welt erobern (vgl. Abbildung 4), werden die Entwicklungs- und Schwellenländern immer mehr zur Werkbank der Welt (vgl. Abbildung 5). Von dort kommt schon heute der Löwenanteil der Bevölkerung zwischen 15 und 64 Jahren, die zumindest statistisch betrachtet mit dem arbeitenden Teil gleichgesetzt wird, und dieser Altersbereich wird bis 2050 noch weiter an Bedeutung gewinnen (vgl. Abbildung 6) – zumindest in absoluten Zahlen.

- Der so genannte „Altenquotient" – er setzt die 65-jährigen und Älteren in Relation zu den 15-64-jährigen – wird zwar weltweit ansteigen, aber die Entwicklung ist in den Industrieländern deutlich dramatischer, da hier der Anteil der Rentner an der Gesamtbevölkerung schneller steigt (vgl. Abbildung 5).

- So wird der Altenquotient in den USA während der nächsten 45 Jahre von 19% auf 34% steigen, in der EU von 26% auf 48% und in Japan von 30% auf 65%.

- Anders Afrika und Asien. In Afrika sollte er von nur 6% auf 10% zulegen, in Asien von 10% auf 27%.

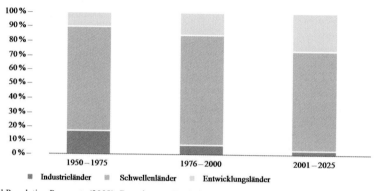

Quelle: UN World Population Prospects (2008), Berechnung: Kapitalmarktanalyse Allianz Global Investors.

Abbildung 3: Anteile am Bevölkerungswachstum 1950 – 2025 – der Beitrag der Industrieländer zum Bevölkerungswachstum schwindet.

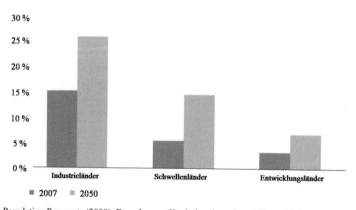

Quelle: UN World Population Prospects (2008), Berechnung: Kapitalmarktanalyse Allianz Global Investors.

Abbildung 4: Bevölkerungsanteil über 64 Jahre nach wirtschaftlichem Entwicklungsstand (in %) - Rentner erobern die Welt

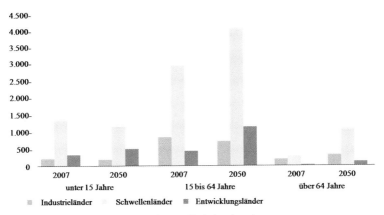

Quelle: UN World Population Prospects (2008), Berechnung: Kapitalmarktanalyse.

Abbildung 5: Altersgruppen nach wirtschaftlichem Entwicklungsstand (in %)

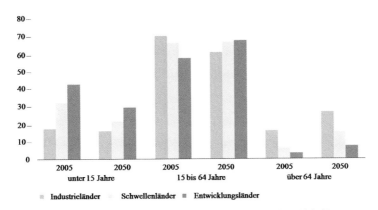

Quelle: UN World Population Prospects (2008), Berechnung: Kapitalmarktanalyse Allianz Global Investors.

Abbildung 6: Altersgruppen nach wirtschaftlichem Entwicklungsstand (in Mio.) – Schwellen-länder sind die globale Werkbank

Während der eine Teil der Welt altert, bleibt der andere Teil vergleichsweise jung und legt an Bevölkerung weiter zu. Verbunden mit einer zunehmenden Wirtschaftskraft steigt er auf. Die zweite Investmentüberlegung, die sich daraus ableitet, heißt: Globaler investieren.

- Teile des Geldes sollten da angelegt werden, wo das Wachstum (heute und) morgen entsteht.

- Das kann im einfachsten Fall mittels eines global anlegenden Portfolios, etwa eines welt-weit investierenden Fonds, geschehen, und/oder

- durch Investitionen in Regionen mit überdurchschnittlichem Wachstumspotenzial, in denen sich die demografische Entwicklung am vorteilhaftesten auswirken dürfte,

- und/oder in Firmen, die ihren Sitz noch in den alternden Ländern haben, deren Absatzmärkte sich aber zu großen Teilen in den aufstrebenden Ländern befinden.

Aber nicht nur das. Unter dem Aspekt des globalen demografischen Trends rücken u. a. auch

- Energie- und Rohstoffwerte, die bei steigender Nachfrage immer knapper werden, ins Blickfeld, sowie

- Biotechnologie- und Pharmawerte, die vor allem von einer älter werdenden Bevölkerung profitieren.

- Da die aufstrebenden Staaten typischerweise von Verstädterung und starkem Wirtschaftswachstum geprägt sind, können auch Investitionen in Infrastruktur und Transport eine Investmentchance darstellen.

2.3 Investmentchancen

2.3.1 BRIC

Im Folgenden sollen einige potenzielle Investmentchancen etwas näher betrachtet werden, die zu den Demografiegewinnern zählen.

Beispiel: BRIC. Eine Anlagephilosophie hinter der sich Brasilien, Russland, Indien und China verbergen. Die Philosophie dieser vier Buchstaben ist schnell erzählt: Brasilien steht für Rohstoffe, Russland für Erdgas und Erdöl, Indien für Software und China für Wachstumshunger und ein riesiges Heer an Konsumenten. Das ist aber noch lange nicht alles. Beeindruckend ist die schiere Bevölkerungszahl dieser vier Länder. 2012 dürfte sie knapp drei Milliarden Menschen betragen.[7]

Zum Vergleich: Die sieben sich selbst als führend bezeichnenden Industrienationen werden es in den nächsten Jahren zusammen auf knapp 750 Millionen Menschen bringen – ein Viertel davon. Während die G7 von 1960 dann um 50% bei der Bevölkerung zugelegt haben, werden die BRIC-Staaten um das Doppelte gewachsen sein. Aber auch das wirtschaftliche Kräfteverhältnis verändert sich weiter (vgl. Abbildung 7).

---

[7] Vgl. UN World Population Prospects (2008), Berechnung: Kapitalmarktanalyse Allianz Global Investors.

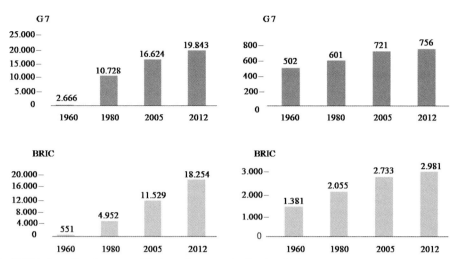

Quelle: GGDC, eigene Berechnungen auf Basis von Prognosen der Dresdner Bank.

Abbildung 7: BIP (Mrd. US$) der BRIC Staaten in realer Rechnung (Preisbasis 1990), Kaufkraft adjustiert und Bevölkerungsentwicklung in Millionen

Erwirtschafteten die G7 1960 mit 2,6 Billionen US-Dollar noch das Fünffache dessen, was die BRIC-Staaten produzierten, dürften sie bis 2012 nur noch um knapp 10% vor den vier BRIC-Staaten in der Wirtschaftsleistung liegen.[8]

Bis dahin sollte das von den Vieren gemeinsam erwirtschaftete Bruttoinlandsprodukt über 18 Billionen US-Dollar betragen (vgl. Abbildung 8). Dabei wurden Inflationseffekte berücksichtigt und ein anhaltender Wachstumstrend für die beiden Ländergruppen unterstellt. Wichtig: Bei dieser Berechnung der Wirtschaftsleistung wurde die tatsächliche Kaufkraft in den jeweiligen Ländern berücksichtigt.

2.3.2 Energie und Rohstoffe

Am Ende der von Bevölkerungs- und Wirtschaftswachstum geprägten Nachfragekette stehen die Rohstoffe. Der Rohstoffbedarf steigt aber nicht nur durch die zahlenmäßig (quantitativ) steigende Weltbevölkerung, es kommt auch zu einem „qualitativen" Wachstum: Mit höherem Wohlstand wird auch der Konsum rohstoffintensiver.

Die Weltbank geht davon aus, dass die Länder mit niedrigem Einkommen in den nächsten Jahrzehnten doppelt so schnell wachsen, wie die Länder mit hohem Einkommen. Der Nachholbedarf ist riesig. Holzschnittartig lässt sich das in konkrete Zahlen fassen: Durchschnittlich kommen auf einen Deutschen pro Jahr sechzehn Kilogramm verarbeitetes Aluminium, auf einen Chinesen nur zwei. Für Kupfer gilt eine ähnliche Relation. Ein Amerikaner verbraucht im

---

[8] Vgl. GGDC, eigene Berechnungen auf Basis von Prognosen der Dresdner Bank 2007 (unveröffentlicht).

Jahr sechsundzwanzig Barrel Öl (das sind über 4.000 Liter), ein Mexikaner etwas mehr als sechs, ein Chinese knapp zwei.[9]

Der rasant gestiegene Pro-Kopf-Verbrauch von Industriemetallen in China zeigt bildhaft wohin die Reise geht (vgl. Abbildung 8). Was der Internationale Währungsfonds für das Land der Mitte erhoben hat, gilt für die aufstrebenden Staaten insgesamt in ähnlicher Weise.

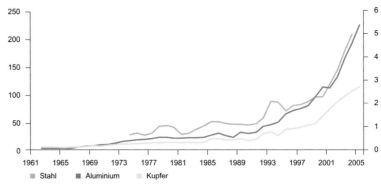

Quelle: IWF (2006), S. 147.

Abbildung 8:   Pro Kopf-Verbrauch einiger Industriemetalle für China (Kilogrößen/Einwohner); Stahl: linke Achse

2.3.3 Knappe Ressource Umwelt

Die „klassischen" Rohstoffe wie Öl, Gas, Industriemetalle u. a. werden immer knapper. Legt man den heutigen weltweiten Verbrauch an fossilen Brennstoffen (Kohle, Erdöl, Erdgas) zugrunde, dann reichen die Weltreserven bei Rohöl vermutlich noch 60 Jahre, bei Erdgas etwa 70 Jahre und bei Kohle über 200 Jahre.[10] Auch macht sich der Klimawandel immer stärker bemerkbar. Was z. B. auffällt ist, dass die Anzahl extremer Wetterbedingungen (Stürme, Hochwasser etc.), die zu entsprechenden Großschäden führten, über die letzten Jahrzehnte kontinuierlich gestiegen ist. Während der 50er Jahre wurden 13 derartige Wetterereignisse gezählt, während der 90er waren es bereits 72.[11] Im doppelten Sinne gilt: Die (Um-)Welt ist nicht genug. Sie wird selbst zur knappen Ressource – und damit direkt oder indirekt zur Investmentchance.

Energie- und Umweltknappheit erzwingen immer stärker den Einsatz nachwachsender Energieträger. Diese haben den Vorteil, dass sie nicht nur das kostbare Erdöl ersetzen, sondern im Idealfall CO_2-neutral wirken: Sie setzen während der Verbrennung gerade so viel CO_2 frei, wie sie zuvor auf dem Weg z. B. zum Biodiesel der Umwelt entzogen haben.

Ein riesiger, wachsender Markt. 2008 beliefen sich die neuen Investitionen in saubere Energie auf weltweit 155 Milliarden US-Dollar. Bis zum Jahr 2030 soll die Nachfrage nach Windkraft

---

[9]   Berechnungen der Kapitalmarktanalyse von 2008 auf Grundlage der Datenbank „Datastream".
[10] Vgl. Dresdner Bank Economic Research (2005), S. 4.
[11] Vgl. Münchener Rückversicherungs-Gesellschaft (2007), S. 49.

um 13,8% zulegen, nach Solarenergie um knapp 21% und nach Bio-Treibstoff um gut 9%, jeweils pro Jahr![12] Der „Wissenschaftliche Beirat der Bundesregierung Globale Umweltveränderungen" geht in einer Szenarioanalyse von einem Ausbau des Anteils erneuerbarer Energien am globalen Energiemix auf 50% bis zum Jahr 2050 aus.[13]

Und: Je knapper die Ressourcen werden, desto wertvoller wird das, was bisher als Abfall bezeichnet wird. Die Wiederverwertung gewinnt an Bedeutung. Das Pro-Kopf-Abfallaufkommen verdeutlicht, was uns an Müllbergen umgibt. Spitzenreiter sind die USA. Für einen Durchschnittsamerikaner entsorgen die kommunalen Müllabfuhren pro Jahr rund 730 kg. Für einen Deutschen müssen sie 590 kg wegschaffen, für einen Japaner 410 kg und für einen Polen 270 kg. Hausmüll ist aber nur eine Ursache des globalen Müllbergs.

Das gesamte Müllaufkommen der OECD-Länder wog zum Jahrtausendwechsel rund 4 Billionen Tonnen. Der Löwenanteil entfiel dabei nicht auf den Haus- (16%), sondern den Industriemüll, der 77% des Gesamtaufkommens ausmachte. Auf die Landwirtschaft entfielen 7%. Der Müllberg dürfte mit dem Bevölkerungs- und Wirtschaftswachstum weiter zunehmen. Nach Schätzungen der OECD sollte das Bruttoinlandsprodukt der von ihr repräsentierten Länder von 1980 bis 2020 um den Faktor 2,4 steigen, während der bei der kommunalen Müllentsorgung anfallende Abfall um den Faktor 2 steigen sollte. Im gleichen Zeitraum dürfte die Bevölkerung in der OECD um 20% zulegen. „Müll" als Wachstumsbranche. Recycling als Investmentthema.[14]

2.3.4 Knappe Ressource: Wasser

Nicht zu vergessen: Wasser. Oberflächlich betrachtet ist Wasser keine knappe Ressource. Denn: Zwei Drittel der Erde sind mit Wasser bedeckt. 1.400 Mio. km 3 Wasser verteilen sich über unseren sprichwörtlich blauen Planeten. Allerdings: Etwas mehr als 97% davon sind ungenießbares Meerwasser, nur ca. 3% sind Trinkwasser. Davon wiederum sind etwa zwei Drittel als Eis und Schnee in der Antarktis und in Grönland gebunden – und damit nicht verfügbar. Von dem verbleibenden Prozent ist der überwiegende Teil verschmutzt. Die Weltbank schätzt, dass letztlich nur 0,01% des gesamten Wassers der Erde Trinkwasser ist.[15]

Schon heute leiden 80 Länder der Welt mit 40% der Weltbevölkerung unter ernsthafter Wasserknappheit. Und die Weltbevölkerung wächst weiter. Allein bis ins Jahr 2020 wird der Wasserbedarf voraussichtlich um 40% zulegen. Zum Vergleich: Von 1900 bis 2000 hat sich der Weltwasserbedarf bereits verzehnfacht. Die Wasserknappheit nimmt weiter zu, gleichzeitig gewinnt die Versorgung mit sauberem Wasser an Bedeutung. Die Ver- und Entsorgung mit Wasser wird mehr und mehr zum Investmentthema. Die Weltbank schätzt, dass sich der Investitionsbedarf allein in den Entwicklungsländern auf jährlich 30 Milliarden US-Dollar beläuft.

---

[12] Vgl. www.bp.com „Our Business and our progress", Mai 2008.
[13] Vgl. Wissenschaftlicher Beirat der Bundesregierung (2003), S. 4.
[14] Vgl. OECD, „Environmental Data 2004", via StatLink auf www.oecd.org, Berechnungen Kapitalmarktanalyse Allianz Global Investors.
[15] Vgl. Weltbank (2004), S. 28.

Damit könnte das Milleniumsziel, bis 2015 den Anteil der Menschen, die keinen ausreichenden Zugang zu Frischwasser haben, zu halbieren, erreicht werden.[16]

2.4 Summa Oeconomica

- Die demografische Entwicklung ist ein globaler Trend: Die Weltbevölkerung wächst und wird älter.

- Dabei kommt es zu divergierenden Entwicklungen: Die Industriestaaten altern schneller als die aufstrebenden Staaten. Gleichzeitig wächst die Bevölkerung dort deutlich schneller und länger weiter als in den „alten" Staaten.

- Während die alternden Staaten („ageing societies") als Produktionsstandort an Bedeutung verlieren dürften, gewinnen die „rising societies", die aufstrebenden Länder.

- Zum stärkeren demografischen Wachstum kommt in der Regel ein gegenüber den Industriestaaten deutlich stärkeres Wirtschafts- und damit Wohlstandswachstum.

- Beides verbindet sich zu einer quantitativ wie qualitativ steigenden Nachfrage.

- Demografie ist eine Investmentchance, die bei der Beratung des Anlegers über dessen Lebensphasen hinweg beginnt und die sich in Investmentlösungen fortsetzt, die also die „Demografiegewinner" in den Mittelpunkt des Allokationsprozesses rückt.

---

[16] Vgl. Weltbank (2004), S. 28.

Literatur

BIRG, H. (2005): „Der langsame Bremsweg", Frankfurter Allgemeine Zeitung, 4. März 2005, S. 37.

DRESDNER BANK ECONOMIC RESEARCH (2004): „Energie für die Welt von morgen – Trends, Szenarien und Zukunftsmärkte" 2004, S. 4.
http://www.allianz.com/migration/images/pdf/saobj_1066079_energien_neuester_stand1.pdf.

GASCHE, M. (2009): „Erwerbsbiographie- und kohortenspezifische Versorgungsniveaus im Alter", Globaler Trend: Demographie 2009.
http://www.allianzglobalinvestors.de/privatkunden/data/pdf/research/Analysen_u_Trends_Glo baler_Trend_Demographie.pdf.

IWF (2006): „World Economic Outlook 2006", Washington D.C. 2006.

MÜNCHENER RÜCKVERSICHERUNGSGESELLSCHAFT (2007): „Topics Geo 2007", München 2007.

SANDERSON, W. C. und SCHERBOV, S. (2006): „Wir bleiben länger jung, als unsere Geburtstage anzeigen. Das Alter aus der Perspektive der verbleibenden Jahre". Demographische Forschung. Aus erster Hand, Jahrgang 3 (2006), Nr. 2.

UN (2008): „World Population Prospects Revision".
http://esa.un.org/unpp/.

VAUPEL, J. W. und OEPPEN, J. (2002): „Broken Limits to Life Expectancy", Science 296 (2002), S. 1029-1031.
http://www.sciencemag.org/cgi/reprint/sci;296/5570/1029.pdf.

WELTBANK (2004): „World Bank Atlas 2004", Washington D.C. 2004.

WISSENSCHAFTLICHER BEIRAT DER BUNDESREGIERUNG (2003): „Globale Umweltveränderungen", Berlin-Heidelberg 2003.

Ingo Kipker (ikipker@horvath-partners.com)

Partner in der Managementberatung Horváth & Partners;

verantwortlich den Bereich Regional- und Landesbanken

3 Demografischer Wandel und Bankstrategie – Implikationen für Strategien und Geschäftsmodelle von Regionalbanken

3.1 Ausgangssituation: Die demografische Herausforderung

Deutschland wird sich in den kommenden Jahren von Grund auf demografisch verändern. Die geringe Geburtenrate, die steigende Lebenserwartung und nicht ausreichende Einwanderung führen dazu, dass Deutschland schrumpft und vergreist. Im Jahr 2050 werden rund 40% der Bevölkerung älter als 60 Jahre sein (heute sind es rund 25%).[1] Prognosen gehen von einem Bevölkerungsrückgang von 10% bis 25% in den Bundesländern bis zum Jahre 2050 aus. Alleine die arbeitnehmende Bevölkerung wird bis zum Jahre 2040 um rund 39% abnehmen. Regional wird diese Entwicklung zu enormen Verwerfungen führen. Schon heute leiden die neuen Bundesländer, aber auch die klassischen Industriestandorte Ruhrgebiet und Saarland unter massiver Überalterung und Bevölkerungsschwund. Bis 2020 wird über die Hälfte aller deutschen Kreise vom Schrumpfen betroffen sein.[2]

Aktuellen Studien[3] zeigen, dass eine singuläre wirtschaftspolitische Maßnahme allein nicht ausreicht, das Wachstumspotenzial Deutschlands zu sichern. Jeder Einzelne ist gefordert, auf die demografische Herausforderung zu reagieren. Nach der Erfahrung von Horváth & Partners sind noch zu wenige Firmen und Institutionen der wirtschaftlichen und gesellschaftlichen Herausforderungen bewusst, die mit dem demografischen Wandel auf sie zukommt. Dabei betrifft diese Entwicklung insbesondere alle regional fokussierten Unternehmen wie z. B. Regionalbanken, öffentliche Verwaltungen, Energieversorger und öffentlichen Personennahverkehr.

---

[1] Vgl. Kröhnert/Hoßmann/Klingholz (2007), S. 16.
[2] Vgl. Kröhnert/Hoßmann/Klingholz (2008), S. 38.
[3] Vgl. Deutsche Bank Research (2003).

3.2 Bedeutung für Regionalbanken: Handlung überlebensnotwendig!

Regionalbanken – Volks- und Raiffeisenbanken sowie Sparkassen – sind nach Erfahrung von Horváth & Partners vom demografischen Wandel nachhaltig betroffen. Durch das etablierte Regionalprinzip können sie nicht in eine andere Region ausweichen, sondern sind an ihr Marktgebiet gebunden. Mit dem öffentlichen Auftrag bzw. Förderauftrag haben sie sich zur Förderung ihrer Region und regionaler Mitglieder verpflichtet. Und die Kunden der Regional-banken sind wiederum zumeist eher mittelständisch und regional aktiv und somit wiederum dem regionalen Umfeld ausgesetzt. Anders als überregional tätige Finanzdienstleister haben Regionalbanken somit keine Chance, sich auf die Boomregionen in Deutschland zu konzent-rieren und den Schwundregionen den Rücken zu kehren.

Mit Ihren hohen Marktanteilen (zwischen 20% bis 50% je nach Region und Geschäftsfeld) können sie sich auch nicht der regionalen Veränderung entziehen. Ferner ist zu berücksichti-gen, dass die Regionalbank ein Teil des regionalen Wirtschaftsgleichgewichts ist: Mit einer Desinvestitionsstrategie oder restriktiven Kreditpolitik könnte sie den regionalen Niedergang noch beschleunigen und weiter verstärken. Regionalbanken können zwar das Städtemarketing unterstützen, aber durch regionale Förderung den Trend nicht aufhalten! Von einer aktiven Wirtschaftspolitik ist regionalen Instituten auch aus Risiko- und Größenabwägungen abzura-ten. Daher können Sparkassen und Genossenschaftsbanken sich der demografischen Entwick-lung ihrer Region nicht entziehen und müssen auf die Entwicklung frühzeitig reagieren[4].

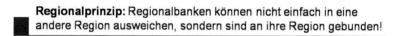
Regionalprinzip: Regionalbanken können nicht einfach in eine andere Region ausweichen, sondern sind an ihre Region gebunden!

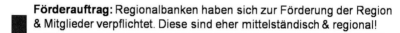
Förderauftrag: Regionalbanken haben sich zur Förderung der Region & Mitglieder verpflichtet. Diese sind eher mittelständisch & regional!

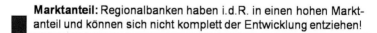
Marktanteil: Regionalbanken haben i.d.R. in einen hohen Markt-anteil und können sich nicht komplett der Entwicklung entziehen!

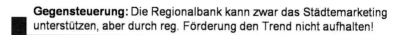
Gegensteuerung: Die Regionalbank kann zwar das Städtemarketing unterstützen, aber durch reg. Förderung den Trend nicht aufhalten!

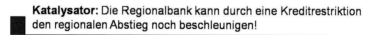
Katalysator: Die Regionalbank kann durch eine Kreditrestriktion den regionalen Abstieg noch beschleunigen!

Regionalbanken können sich der demografischen Entwicklung ihrer Region nicht entziehen und müssen adaptieren!

Quelle: Eigene Abbildung, Horváth & Partners 2009

Abbildung 1: Bedeutung des demografischen Wandels für Regionalbanken

---

[4]   Vgl. Kipker (2006), S. 19 ff.

Auch Regionalbanken in Regionen mit einer positiven Zukunftsprognose haben Transformationsbedarf, denn überregional tätige Banken (Großbanken, Geschäftsbanken) werden ihre Geschäftsaktivitäten gerade in diesen attraktiven Regionen verstärken und für einen intensiveren Wettbewerb sorgen.

3.3 Handlungsfelder für Banken

Aus diesen Überlegungen heraus müssen sich gerade Regionalbanken intensiv mit einer Transformation ihrer Strategie und ihres Geschäftsmodells beschäftigen:

Quelle: Eigene Abbildung, Horváth & Partners 2009.

Abbildung 2: Ausgewählte Handlungsfelder für Regionalbanken

Im Rahmen der strategischen Überlegungen ist je nach Zukunftsprognose zu prüfen, inwieweit langfristig eine Stand-Alone-Position sinnvoll ist oder wie eine Wachstums- oder Schrumpfungsstrategie einzuleiten ist.

Im Rahmen der Filialpolitik ist zu prüfen, welcher Vertriebswege-Mix und welche Filialstruktur die zukünftige Situation am besten berücksichtigt. Im Rahmen des Facility Managements ist zu prüfen, inwieweit eigene Standorte behalten, entwickelt oder verkauft werden müssen. Das Zielgruppen-Management der Zukunft muss effektive Strategien für die Gewinnung und Bindung von zukünftig attraktiver werdenden Kunden wie z. B. Senioren, Jugendlichen und Ethnogruppen entwickeln. Die Risikopolitik muss berücksichtigen, dass Werte von Immobilien in Mitleidenschaft geraten und regional fokussierte Kunden Probleme bekommen könnten. Und schließlich muss das Personalmanagement sicherstellen, dass in einem schrumpfenden Arbeitsmarkt auch zukünftig ausreichend qualifizierte Mitarbeiter zur Verfügung stehen.[5]

---

[5] Vgl. Diedrich (2007), S. 16-18.

Regionalbanken müssen nicht nur selber reagieren, sondern auch Ihre Kunden zu Handlungen (z. B. im Rahmen des Rating Dialogs) animieren.[6]

3.4 Vorgehensmodell zur Vorbereitung auf den demografischen Wandel

Horváth & Partners hat einen ganzheitlichen Ansatz entwickelt, um Finanzdienstleister bei der Vorbereitung und Reaktion auf den demografischen Wandel zu unterstützen.

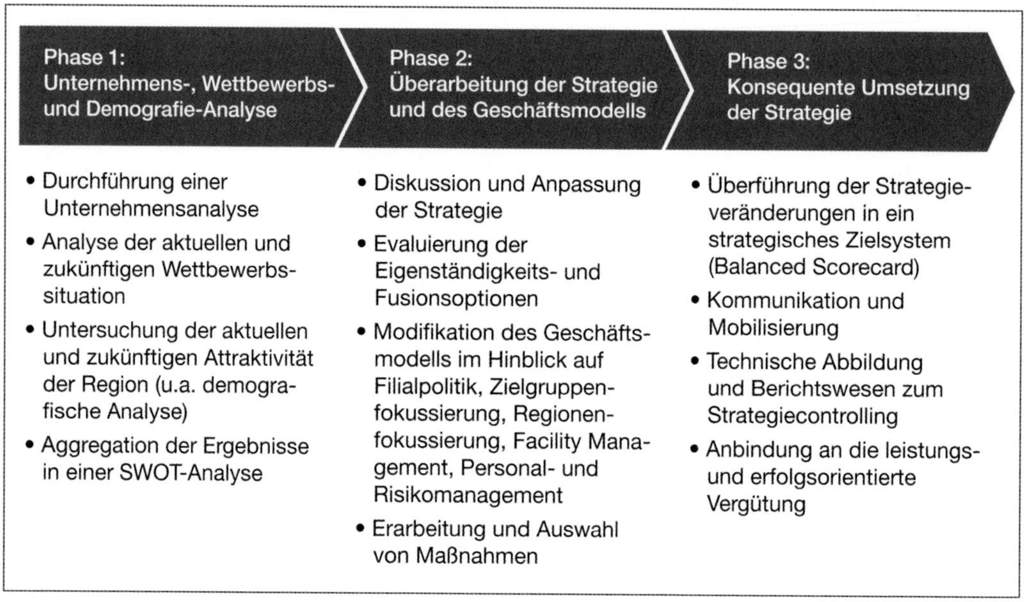

Phase 1: Unternehmens-, Wettbewerbs- und Demografie-Analyse	Phase 2: Überarbeitung der Strategie und des Geschäftsmodells	Phase 3: Konsequente Umsetzung der Strategie
• Durchführung einer Unternehmensanalyse • Analyse der aktuellen und zukünftigen Wettbewerbssituation • Untersuchung der aktuellen und zukünftigen Attraktivität der Region (u.a. demografische Analyse) • Aggregation der Ergebnisse in einer SWOT-Analyse	• Diskussion und Anpassung der Strategie • Evaluierung der Eigenständigkeits- und Fusionsoptionen • Modifikation des Geschäftsmodells im Hinblick auf Filialpolitik, Zielgruppenfokussierung, Regionenfokussierung, Facility Management, Personal- und Risikomanagement • Erarbeitung und Auswahl von Maßnahmen	• Überführung der Strategieveränderungen in ein strategisches Zielsystem (Balanced Scorecard) • Kommunikation und Mobilisierung • Technische Abbildung und Berichtswesen zum Strategiecontrolling • Anbindung an die leistungs- und erfolgsorientierte Vergütung

Quelle: Eigene Abbildung, Horváth & Partners 2009.

Abbildung 3: Vorgehensmodell zur Vorbereitung auf den demografischen Wandel

Dieser Ansatz wurde bereits in mehreren Volksbanken und Sparkassen erfolgreich umgesetzt.[7] Ausgehend von einer detaillierten Analyse der Ausgangssituation und der zukünftigen demografischen Entwicklung in Phase 1, werden Strategie und Geschäftsmodell analysiert und angepasst (Phase 2). Die Handlungsfelder werden im Rahmen eines strategischen Zielsystems (Balanced Scorecard) beschrieben und operationalisiert (Phase 3). Somit wird sichergestellt, dass die notwendigen Reaktionen auf die wirtschaftlichen und gesellschaftlichen Herausforderungen auch tatsächlich konsequent und nachhaltig angegangen werden.

Wichtig erscheint es, den Prozess frühzeitig anzugehen, da einige Maßnahmen ausschließlich langfristig wirken, bzw. bei einigen Entwicklungen nur langfristig entgegen gesteuert werden kann. Die erforderlichen Maßnahmen müssen demnach in Bezug auf ihren Wirkungshorizont untersucht und entsprechend priorisiert werden. Die Umsetzung muss in ein Umsetzungscont-

---

[6] Vgl. Bundesministerium für Bildung und Forschung (2005).
[7] Vgl. Kipker (2006), S. 20-28.

rolling überführt werden. Die kontinuierliche Messung über ein „Demografic Fitness Cockpit" (DFC) stellt sicher, dass das Maßnahmenprogramm sukzessive umgesetzt wird und die wesentlichen Performance Indikatoren eine höhere demografische Fitness anzeigen. Das Top-Management muss im Rahmen einer Projektstruktur regelmäßig über den Status des Transformationsprogramms auf dem Laufenden halten. Die Ziele und Maßnahmen sollten in die Zielvereinbarungen und damit auch in das Anreizsystem der Regionalbank übernommen werden, so dass eine konsequente Umsetzung sichergestellt wird.

3.5 Diskussion ausgewählter Handlungsansätze für Regionalbanken

3.5.1 Die strategische Entscheidung: Stand-Alone vs. Fusion

Für die Regionalbank bedeutet die demografische Analyse die Beantwortung einer Vielzahl von strategischen Weichenstellungen. Folgende grundsätzliche, strategische Optionen stehen Regionalbanken in Schwundregionen zur Verfügung:

- Wachstum durch Marktdurchdringung
- Wachstum durch neue Regionen (bzw. überregionale Angebote)
- Wachstum durch neue (bankfremde) Geschäftsfelder
- Schrumpfung
- Fusion

Ist die Regionalbank in einer Region mit einer schlechten demografischen Prognose aktiv, so muss sie prüfen, ob eine weitere Marktdurchdringung möglich und auch sinnvoll ist. Sparkassen und Volksbanken verfügen bereits heute über die höchsten Marktanteile in ihrer Region. Sparkassen haben sogar teilweise mehr als 50% Marktanteile im Privat- und Firmenkundengeschäft. Eine weitere Marktdurchdringung könnte gleichzeitig die Risiken erhöhen, da die Kundschaft ebenfalls von der regionalen Entwicklung abhängig ist.

Eine weitere Option stellt das Wachstum durch überregionale Ausdehnung dar. Erste Regionalbanken in demografisch schwachen Regionen haben ihre Geschäftsaktivitäten in andere Regionen ausgeweitet. Die Sparkasse Oberlausitz-Niederschlesien hat bspw. auf den demografischen Wandel reagiert und expandiert nach Tschechien. Die Sparkasse betreibt derzeit drei Filialen in Tschechien und hat bisher 2.400 tschechische Kunden gewonnen. Darüber hinaus bauen derzeit einige Regionalbanken ihre Online Banking- und Direktbankangebote aus und nehmen dabei die Gewinnung überregionaler Kunden gerne in Kauf.

Das von Genossenschaftsbanken und Sparkassen etablierte Regionalprinzip wird somit im Rahmen des demografischen Wandels auf eine harte Probe gestellt. Wollen Institute eine Schrumpfung vermeiden, müssen sie in andere Regionen ausweichen. In Spanien hat der demografische Wandel dazu geführt, dass das Regionalprinzip der Sparkassen abgeschafft wurde.[8] Die Verbände (BVR, DSGV) sind daher aufgefordert, Lösungen für Institute in Schwund-regionen zu erarbeiten.

Die Alternative zum Wachstum stellt die Anpassung an die regionale demografische Entwick-lung dar. Für Regionalbanken in Regionen mit einer ungünstigen Prognose bedeutet dass, ei-nen Schrumpfungsprozess zu initiieren. Da sich die Personal- und Sachkosten durch exogene Faktoren jährlich erhöhen, müssen vor allem Mitarbeiter abgebaut und Geschäftsstellen ge-schlossen werden. Dies fällt aber Banken generell nicht leicht, da sie in der Vergangenheit immer nur auf Wachstum ausgelegt waren.

Alternativ können die Regionalbanken nur ihre Preise erhöhen oder die regionale Kundschaft an ihren Kosten beteiligen. In Einzelfällen haben Regionalbanken die Bevölkerung in Städten und Orten an den Kosten einer Filiale beteiligen können. Als generelle Strategieoption dürfte diese Variante allerdings ausfallen, da die dauerhafte Finanzierbarkeit eher fraglich erscheint.

Sollten Regionalbanken mit bankfremden Dienstleistungen und Produkten neue Ertragsquellen erschließen? Dabei kommen u. a. Dienstleistungen und Angebote in Frage die die Nutzung der Geschäftsstellen und Mitarbeiter ermöglicht wie z. B. das Postgeschäft. Problematisch ist, dass die Regionalbank dabei weiterhin in ihrer (demografisch schwachen) Region agiert und als Wettbewerber zu bestehenden, regionalen Dienstleistern auftritt.

Stellt sich heraus, dass ein weiteres Geschäftswachstum in der eigenen Region nicht mehr möglich ist, kann über eine Fusion mit anderen Instituten nachgedacht werden. Um aber in ei-ne andere - deutlich attraktivere Region - über eine Fusion zu gelangen, sind teilweise mehrere und größere Fusionen erforderlich. Darüber hinaus kann auch die Fusion eine Anpassung der Ressourcen nicht ganz vermeiden.

3.5.2 Zielgruppenkonzepte als Antwort auf den demografischen Wandel

Im Rahmen der demografischen Veränderung erhalten einzelne Bevölkerungsgruppen eine stärkere Bedeutung. Diese Bevölkerungsgruppen rücken daher zunehmend in den Mittelpunkt der vertrieblichen Ausrichtung von Banken.

Es ist davon auszugehen, dass folgende Bevölkerungsgruppen durch die demografischen Ver-änderungen an Bedeutung gewinnen werden:

- Senioren (Senioren Banking)
- Jugendliche (Junior Banking)
- Frauen (Lady Banking)
- Bevölkerungsgruppen mit Migrationshintergrund (Ethno Banking)
- Vermögende Privatkunden (Private Banking)[9]

---

[8] In Spanien kam es bereits 1988 zur vollkommenen Aufhebung des Regionalprinzips. Allerdings unterhalten nur wenige Sparkassen ein landesweites Filialnetz.

[9] Dabei ist zu beachten, dass die Zielgruppen in sich sehr heterogen sind und weitere Unterteilungen zwingend erforderlich sind.

Die Banken haben in der Vergangenheit bereits spezifische Zielgruppenkonzepte entwickelt und sich auf die wachsende Bedeutung ausgewählter Kundengruppen eingestellt. Dabei ist ein abgestuftes Vorgehen möglich:

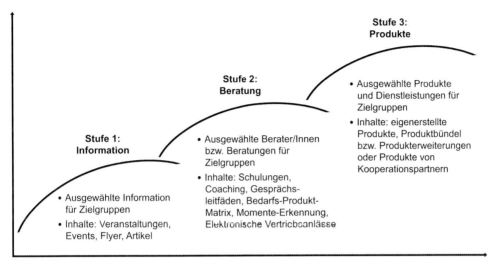

Quelle: Eigene Darstellung, Horváth & Partners 2009.

Abbildung 4: Horváth & Partners-Stufenkonzept Zielgruppenmanagement

In der Stufe 1 werden nur spezifische Informationen für die ausgewählte Zielgruppe entwickelt. Dies können Broschüren, Werbeauftritte, Internetinhalte oder Veranstaltungen für die ausgewählte Zielgruppe sein. Mit Hilfe eines ausgefeilten Marketingansatzes können dabei neue spezifische Zielgruppen angesprochen werden, ohne die generelle Außenwahrnehmung oder den Markenkern zu beeinflussen. D. h. Banken können gezielt Senioren oder Ethnogruppen bewerben, ohne einen Imageverlust bei ihrer bisherigen Stammkundschaft befürchten zu müssen. In der Stufe 2 sind bereits größere Investitionen erforderlich. Die Stufe sieht einen spezifischen Beratungsansatz vor und die Zuordnung oder zumindest Schulung von Beratern in Hinblick auf die Zielgruppe. In der Stufe 3 werden zusätzliche zielgruppenspezifische Leistungen und Produkte entwickelt und der Zielgruppe angeboten. Häufig starten Banken in der Stufe 1 und testen Marktresonanz und Kundenfeedback. Bei erfolgreichem Feedback wird dann häufig die Stufe 2 in einem Piloten gezündet. Fraglich ist, ob die Zielgruppen tatsächlich eigenständige Produkte benötigen. Häufig reicht auch eine Namensänderung (Rebranding) oder die Erweiterung eines Leistungsmerkmals, um die Attraktivität für eine Zielgruppe zu erhöhen.

Die Zielgruppen Frauen und Senioren haben insbesondere für Regionalbanken eine hohe Bedeutung, da sie einen hohen Marktanteil haben und somit auch über einen hohen Anteil an Frauen und Senioren verfügen. Darüber hinaus sprechen Regionalbanken mit ihrem Geschäftsmodell besonders den Bedarf dieser beiden Zielgruppen an.

3.5.2.1 Zielgruppe Senioren: Ein Markt für Regionalbanken

Schon heute haben die Senioren der Industriegesellschaften erhebliche Nachfragemacht auf Güter- wie Dienstleistungsmärkten. Die älteren Kunden werden aber nicht nur immer zahlreicher, sie werden ihr beträchtliches Konsumpotenzial auf Grund ihrer im Wandel begriffenen Wertvorstellungen zukünftig auch stärker ausschöpfen. Zeitgleich schrumpft die Gruppe der jüngeren Konsumenten.[10]

Für Finanzdienstleister ist diese Entwicklung Chance und Risiko zugleich. Einige reagieren bereits, die Mehrheit aber handelt zögerlich oder bleibt ganz untätig. Viele Banken fürchten offenbar, ein mühsam aufgebautes „junges Image" zu zerstören. Die Älteren sind für viele Banken schwierig adressierbare Kunden. Zum einen sind sie eine sehr heterogene Gruppe – ganz im Gegensatz zum stereotypen Bild der „Neuen Alten". Zum anderen müssen bei der Entwicklung von Produkten, die für Ältere attraktiv sind, eine Reihe altersspezifischer Bedürfnisse und Ansprüche beachtet werden. Ein zentrales Hemmnis bei Entwicklung wie Vermarktung solcher Produkte ist die Altersdifferenz zwischen der Zielgruppe und den zumeist jungen Produktentwicklern und Marketingverantwortlichen.

Angesichts der immensen Potenziale, aber auch der großen Hürden im Seniorenmarkt müssen Banken ihre „Demografie-Festigkeit" frühzeitig prüfen: Produkte und Dienstleistungsangebote, Entwicklungsmethoden und Kundenkommunikation sollten in einem strukturierten Prozess hinterfragt werden. Finanzdienstleister müssen sich einer solchen Analyse unterziehen. Für sie gilt es zum einen, ihr Angebot für alternde Privatkunden zu überprüfen; zum anderen sollten sie die Demografie-Festigkeit von Firmenkunden in ihre Ratingsysteme integrieren. Dabei werden Finanzdienstleister wie andere Unternehmen auf Age Diversity unter den eigenen Mitarbeitern sowie auf externe Seniorenexperten aus Wissenschaft und Wirtschaft angewiesen sein.

Die Postbank hat z. B. einen Seniorenbeirat aus der Gruppe der Best Ager bzw. 60plus etabliert. Die Mitglieder des Beirats geben ihre Erfahrungen weiter, bewerten Produktideen und geben Anregungen für neue Produkte, für die Kommunikation und die Beratung von älteren Menschen. Neuerungen aus diesem Beirat sind beispielsweise das Erbentelefon mit Service-Hotline, über die sich Senioren rund um das Thema Erbschaft informieren können, und ein Leitfaden für die Gestaltung von Flyern und Formularen speziell für diese Zielgruppe. Weitere Beispiele für die Zielgruppenorientierung sind: Wohnstift-Filialen, Nachmittage mit Finanzvorträgen für ältere Menschen, Internetauftritte werden speziell auf die Generation 50plus ausgerichtet, Kooperationen mit dem Seniorenportal Atlantis-City und der Deutschen Seniorenliga eingegangen.

---

[10] Vgl. Deutsche Bank Research (2003), S. 1.

3.5.2.2   Zielgruppe Frauen: Hohes Potenzial für Regionalbanken

Frauen sind auf Grund der demografischen Veränderungen eine der wichtigsten Zielgruppen für Banken. Folgende Entwicklungen führen dazu, dass die Zielgruppe Frauen für Banken zukünftig deutlich an Bedeutung gewinnen wird:

- Der Anteil der Frauen in der Bevölkerung steigt sukzessive an, da Frauen in Deutschland über eine signifikant längere Lebenserwartung verfügen.

- Der Anteil der Frauen auf Universitäten überwiegt bereits heute, es davon auszugehen, dass auf Grund der abnehmenden Arbeitspopulation auch der Frauenanteil in Beschäftigtenverhältnissen steigen wird.

- Eine weitere demografische Entwicklung ist der konstante Anstieg der Scheidungsraten. Die gegenwärtige Scheidungsrate ist für Deutschland der vorläufige Gipfelpunkt einer langfristigen Entwicklung. Im Jahr 2005 lag diese Rate (Eheschließungen/Scheidungen) bei rund 51,9%. Frauen sind daher gut beraten, auch in einer Ehe individuell für ihr Alter vorzusorgen.[11]

Beispielsweise belegt eine Studie der Commerzbank,[12] dass es Unterschiede in der Einstellung zu Finanzgeschäften und in der finanziellen Vorbildung zwischen den Geschlechtern gibt. Ferner existieren Frauentypen mit unterschiedlicher Affinität zu Finanzdienstleistungsgeschäften. Frauen bedürfen daher einer modifizierten Form der Kundenbetreuung und -beratung.

Diese Erkenntnis hat dazu geführt, dass Banken sich mit Zielgruppenkonzepten stärker auf die Zielgruppe Frauen einstellen. Um den speziellen Wünschen und Anforderungen ihrer Kundinnen gerecht zu werden, bietet die Basler Kantonalbank ihren weiblichen Kundinnen eine spezielle Bankberatung nur für Frauen an. Im Rahmen des „BKB-Lady-Consult" erhalten Kundinnen eine umfassende Beratung aller Finanzdienstleistungsangebote der Basler Kantonalbank. Kontoführungsfragen, Anlageberatung und Vermögensverwaltung, Kreditgespräche, Erbfragen etc. werden jedoch ausschließlich in Gesprächen von „Frau zu Frau" erläutert, d. h. die Beratung im Rahmen des BKB-Lady-Consult erfolgt nur von Fachberaterinnen der Bank. Die Basler Kantonalbank bietet ihren Kundinnen zusätzlich jährlich stattfindende Veranstaltungen zu ausgewählten frauenspezifischen Themenstellungen an. So wurde z. B. ein Vortrag zu dem Thema „Agieren, statt reagieren – Veränderungen erfolgreich meistern" mit den Schwerpunkten „Die wichtigsten Grundsätze des ehelichen Güter- und Erbrechts" sowie „Planung der (Früh-) Pensionierung" gehalten.

Seit 2003 bietet die Weberbank ihren Kundinnen ein speziell auf die Bedürfnisse der Zielgruppe Frauen konzipiertes Finanzmanagement- und Beratungsangebot an. Ausgewählte Finanzprodukte und eine persönliche Betreuung zählen ebenso zu den angebotenen Leistungen im Rahmen des „Ladies' Office" wie exklusive Veranstaltungen z. B. zu den Themen der Vermögensstruktur, privaten Altersvorsorge, Immobilien und Steuern. Darüber hinaus bietet die Weberbank ihren Ladies-Office-Kundinnen gegen eine jährliche Pauschale einen Extra-

---

[11] Vgl. Bundesministerium für Familie, Senioren, Frauen und Jugend (2008), S. 34 ff.
[12] Vgl. Commerzbank (2003), S. 4-12.

Service an. Zu den Leistungen des Ladies-Office-Spezials zählen z. B. Beratung zu allen Kinderbetreuungsfragen, Vermittlung von Tagesmüttern, Au-pairs und Notmüttern, Angehörigenbetreuung, private Finanzbuchhaltung mit bis zu zwei Bankverbindungen, Korrespondenzen mit Banken und Versicherungen, jährliche Aktualisierung der Vermögensstruktur anhand einer umfassenden Analyse, Führung und Aufbereitung sämtlicher Steuerbelege und monatliche Privat- und Liquiditätsbilanz.

3.6 Restriktionen der Umsetzung

Das Riskante an der demografischen Entwicklung liegt darin, dass sie schleichend vonstatten geht und die Handlungsakteure das Akute der Situation leicht verkennen lässt.

Die notwendigen Maßnahmen müssen demnach langfristig angegangen werden. Problematisch ist, dass die relevanten Investitionen kurzfristig anfallen und größtenteils nicht den aktuellen Handlungsmaximen der Effizienz- und Produktivitätsgewinnung entsprechen. So müsste heute beispielsweise in das Gesundheitsmanagement der Banken oder in die Einsatzflexibilität (Employability[13]) der Mitarbeiter investiert werden. Die Banken haben aber derzeit mit einem hohen Kostendruck zu kämpfen und reduzieren daher ihre Fort- und Weiterbildungskosten. Ferner werden unangenehme strategische Entscheidungen als Folge der demografischen Analyse, wie z. B. Fusion, Outsourcing, Kooperation oder Schrumpfung, häufig herausgezögert oder gar ganz auf die nächste Vorstandsgeneration vererbt. Damit machen Unternehmen die gleichen Fehler wie die Politik, die nicht ausreichend genug auf die demografische Herausforderung reagiert.

Für Regionalbanken kommt eine weitere Determinante erschwerend hinzu. Sie unterstützen durch ihre Kredite und Investitionen maßgeblich die regionale Wirtschaft. Eine Kredit- und Investitionszurückhaltung mit eigenen Personalanpassungen könnte den prognostizierten Rückgang einer Region mit schlechter Demografieprognose noch beschleunigen.

3.7 Resümee und Ausblick

Die demografische Herausforderung ist Fakt. Sie wird Deutschland in den kommenden Dekaden mit noch nie erlebter Wucht treffen. Seit mehr als 30 Jahren liegt die Geburtenrate um rund ein Drittel unter dem eine konstante Bevölkerung sichernden Reproduktionsniveau. Die Elterngeneration wird somit schon seit Langem nur noch zu zwei Dritteln ersetzt. Zusammen mit der steigenden Lebenserwartung führt dies dazu, dass die Bevölkerung Deutschlands in den kommenden Dekaden merklich altert und je nach der Höhe der künftigen Zuwanderungen auch mehr oder weniger stark schrumpft. Dabei werden sich die demografischen Auswirkungen noch etwa bis 2010/15 in engen Grenzen halten. Danach werden sie jedoch drastisch an Dynamik gewinnen, wenn die geburtenstarken Jahrgänge der so genannten Baby-Boomer-Generationen beginnen, in den Ruhestand zu gehen und das Erwerbspersonenpotenzial dadurch dramatisch sinkt.

---

[13] Employability bezeichnet die Aufgabe, die Arbeitsmarktfähigkeit zu erhalten oder herzustellen, um Menschen zu dauerhaftem Lebensunterhalt zu verhelfen.

Diese Entwicklungen werden nicht spurlos an den Banken vorbeigehen. Gerade Regionalbanken müssen sich langfristig auf die demografischen Veränderungen einstellen, da sie auf Grund der regionalen Ausrichtung nicht in national oder international attraktivere Regionen ausweichen können. Dabei stehen Regionalbanken unterschiedliche strategische Optionen von Wachstum bis Schrumpfung zur Verfügung. Dabei kann es keine Musterlösung für alle Institute geben, zu unterschiedlich sind die Entwicklungen und Ausgangssituationen. Wichtig erscheint es vielmehr, die demografische Analyse durchzuführen und individuell die notwendigen strategischen Maßnahmen konsequent umzusetzen.

Literatur

BUNDESMINISTERIUM FÜR BILDUNG UND FORSCHUNG (2005): „Demografischer Wandel - (k)ein Problem! Werkzeuge für betriebliche Personalarbeit", Bonn und Berlin 2005.

BUNDESMINISTERIUM FÜR FAMILIE, SENIOREN, FRAUEN UND JUGEND (2008): „Gender Datenreport", 2008.
www.bmfsfj.de/bmfsfj/generator/Publikationen/genderreport/4-Familien-und-lebensformen-von-frauen-und-maennern/4-7-Trennungen-und-scheidungen/4-7-1-scheidungsraten.html.

CAPGEMINI CONSULTING (2007): „Demographische Trends 2007 – Analyse und Handlungsempfehlungen zum Demographischen Wandel in deutschen Unternehmen", Offenbach 2007.

COMMERZBANK (2003): „Detailauswertung „Frauen" zur Studie Finanzielle Allgemeinbildung in Deutschland", Hamburg 2003.

DEUTSCHE BANK RESEARCH (2003): „Auf dem Prüfstand der Senioren - Alternde Kunden fordern Unternehmen auf allen Ebenen", Frankfurt 2003.
www.dbresearch.de.

DEUTSCHE BANK RESEARCH (2006): „Die demografische Herausforderung - Simulationen mit einem überlappenden Generationenmodell", Frankfurt 2006.
www.dbresearch.de.

DIEDRICH, A. (2007): „Demografischer Wandel – Heute die Weichen für morgen stellen", Banken und Partner (Nr. 07/2007), S. 16-18.

KIPKER, I. (2006): „Demografischer Wandel: Erfolgsrezepte für Strategien und Geschäftsmodelle der Sparkassen", Unveröffentlichter Vortrag auf der 9. Euro Finance Week am 13.11.2006, Frankfurt 2006.

KIPKER, I. (2005): „Lady Banking – Marketinggag oder ernsthafte Zielgruppe?", Unveröffentlichter Vortrag auf der ADG-Vertriebstagung 2005 am 30.11.2005, Montabaur 2005.

KRÖHNERT, S., MEDICUS, F. und KLINGHOLZ, R. (2007): „Die demografische Lage der Nation – Wie zukunftsfähig sind Deutschlands Regionen?", Berlin-Institut für Bevölkerung und Entwicklung, Berlin 2007.

KRÖHNERT, S., HOßMANN, I. und KLINGHOLZ, R. (2008): „Die demografische Zukunft von Europa. Wie sich die Regionen verändern", Berlin-Institut für Bevölkerung und Entwicklung, Berlin 2008.

Kapitel 2: Demografischer Wandel – Die Sichtweise der Verbände

Kapitel 2 enthält die Einschätzungen der Verbände, inwieweit sich der demografische Wandel auf die Geschäftsfelder von Banken auswirkt. Das Interessante an Kapitel 2 besteht darin, dass aus der Schwerpunktsetzung der einzelnen Verbandsbeiträge abzulesen ist, wo Verbände unterschiedliche Chancen und Risiken für ihre Mitglieder sehen.

Manfred Weber
Geschäftsführender Vorstand des Bundesverbandes deutscher Banken

1 Demografischer Wandel aus Sicht der privaten Banken

1.1 Einleitung

Zu den wichtigsten gesellschaftlichen Entwicklungen des 21. Jahrhunderts gehört in Deutschland, wie in anderen Nationen, der demografische Wandel: die Schrumpfung und Alterung der Bevölkerung. Für das Bankgeschäft wird dies nicht ohne Folgen bleiben.

Die längere, gesunde und aktive Lebensspanne vieler Menschen sowie die niedrige Geburtenrate – als Ursachen des demografischen Wandels – münden nicht zwangsläufig in ein negatives Szenario, sondern können auch Chancen und Wachstumspotenziale für Banken bedeuten.

Im Folgenden werden zunächst die demografische Entwicklung sowie deren Ursachen in Deutschland und anderen Ländern der Welt skizziert und die voraussichtlichen Konsequenzen vor allem auf die Wirtschaft und die sozialen System in Deutschland dargestellt. Auf dieser Grundlage wird beleuchtet, mit welchen Folgen für die Banken insgesamt und insbesondere für das Geschäft mit Privatkunden und Unternehmen zu rechnen ist.

Eines gilt es dabei zu berücksichtigen: Für die bevorstehende demografische Entwicklung liegen keine Erfahrungswerte vor, und es sind vielfältige Auswirkungen denkbar, so dass Prognosen zum demografischen Wandel stets in besonderer Weise mit Unsicherheit verbunden sind.

1.2 Der demografische Wandel und seine Folgen für Wirtschaft und Gesellschaft

1.2.1 Deutschland als Vorreiter für einen globalen Trend

Die demografische Entwicklung in Deutschland lässt sich im Wesentlichen mit vier Trends beschreiben: abnehmende Geburtenhäufigkeit, steigende Lebenserwartung und, als Folge davon, sinkende Bevölkerungszahlen und eine alternde Gesellschaft.

Mitte der 1960er Jahre betrug die durchschnittliche Geburtenrate in Deutschland 2,5 Kinder pro Frau. Seitdem ist dieser Wert dramatisch gefallen und liegt mit heute etwa 1,3 Neugeborenen deutlich unter der Reproduktionsrate von 2,1 Geburten je Frau.[1] Gleichzeitig nimmt die Lebenserwartung weiter zu. Statistisch gesehen, haben die Deutschen in den letzten einhundert Jahren dreißig Lebensjahre hinzugewonnen. Aktuell erreichen männliche Neugeborene im

---

[1] Vgl. Statistisches Bundesamt (2007), S. 16.

Schnitt ein statistisches Lebensalter von nahezu 76, weibliche von über 82 Jahren – mit steigender Tendenz.[2]

Im Ergebnis werden bereits seit 1972 jährlich weniger Kinder in Deutschland geboren, als Menschen sterben. Allein ein positiver Wanderungssaldo hat dazu geführt, dass die Bevölkerung in Deutschland in den zurückliegenden Jahrzehnten dennoch gewachsen ist – jedoch nur bis 2003. Dann kehrte sich der Trend um. Aller Voraussicht nach wird die Bevölkerung in unserem Land bis zum Jahre 2050 von heute über 82 auf ca. 70 Millionen Einwohner zurückgehen[3] und die Bevölkerungszahl damit unter das Niveau von 1963 fallen.

Neben die Abnahme der Bevölkerungszahl tritt ein weiterer Trend, deren Auswirkungen noch schwerer wiegen: Die Gesellschaft altert (vgl. Abbildung 1). Bis 2050 wird sich der Altenquotient, der die Zahl der Personen im Rentenalter ins Verhältnis zur Bevölkerung im erwerbsfähigen Alter setzt, nahezu verdoppeln[4]. Es liegt auf der Hand, dass eine derartige Entwicklung sich vor allem massiv auf die staatlichen Renten- und Sozialsysteme auswirkt. Das stellt Wirtschaft und Politik vor große Herausforderungen.

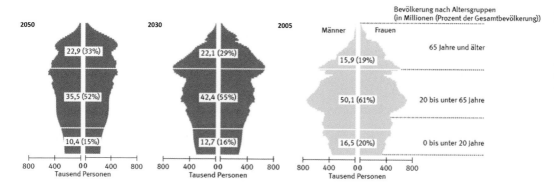

Quelle: Statistisches Bundesamt (2006), S. 18.

Abbildung 1: *Altersaufbau in Deutschland in den Jahren 2005, 2030 und 2050*[5]

Der demografische Wandel ist bei Weitem kein auf Deutschland beschränktes Phänomen. Auch andernorts haben sich die Zunahme des Lebensstandards und verbesserte Bildungschancen für Frauen senkend auf die Geburtenrate ausgewirkt.[6] Mit wenigen Ausnahmen weisen die meisten Industrieländer ähnlich niedrige Geburtenraten wie Deutschland auf.[7] Auch die durchschnittliche Lebenserwartung als zweite Determinante des demografischen Wandels ist in den meisten Ländern der Erde im Verlauf der letzten einhundert Jahre gestiegen. Ausschlaggebend

---

[2] Vgl. Statistisches Bundesamt (2006), S. 7.
[3] Je nach angenommenem Wanderungssaldo (100.000 oder 200.000 Personen pro Jahr) liegt die vorausberechnete Bevölkerungszahl für die „mittlere" Variante bei 69 bzw. 74 Millionen Einwohnern; vgl. Statistisches Bundesamt (2006), S. 15.
[4] Für das Renteneintrittsalter von 65 Jahren.
[5] 2030 und 2050: Variante Untergrenze der „mittleren" Bevölkerung.
[6] Vgl. Brandstätter (2008), S. 21 f.
[7] Vgl. United Nations (2008).

hierfür waren – und sind – im Wesentlichen ein höherer Lebensstandard, günstigere Arbeits- und Umweltbedingungen und eine bessere medizinische Versorgung.[8]

Entgegen dem Trend in Deutschland und vielen anderen Industrieländern wird die Weltbevölkerung dennoch weiter zunehmen – zumindest vorläufig. Zwar wird dieser Zuwachs hauptsächlich in den Entwicklungsländern stattfinden, die bereits heute über 80% der Weltbevölkerung stellen. Dennoch ist auch mit einem leichten Anstieg der Bevölkerungszahl im entwickelten Teil der Welt zu rechnen, verursacht durch die erwarteten positiven Wanderungssalden.[9] Hiervon werden insbesondere die traditionellen Einwanderungsländer USA, Kanada und Australien sowie einige europäische Länder mit historisch bedingtem hohem Migrantenanteil wie Großbritannien, Spanien oder Frankreich profitieren. Gleichwohl führen die weltweit abnehmenden Geburtenraten bei gleichzeitig steigender Lebenserwartung und die damit einhergehende Verlangsamung des globalen Bevölkerungswachstums zu einer Alterung der Weltbevölkerung insgesamt. Anderen Ländern steht der demografische Wandel ebenso bevor – mit einem Unterschied: Deutschland wird er mit als Erstes treffen.

1.2.2 Gesellschaftliche und sozialpolitische Herausforderungen

Der demografische Wandel wird nahezu alle Bereiche der Gesellschaft berühren. Zwei Bereiche verdienen dabei besondere Aufmerksamkeit: die sozialen Sicherungssysteme und das Bildungssystem.

1.2.2.1 Reformbedarf der Altersvorsorge- und Sozialsysteme

Die Absicherung wichtiger Lebensrisiken wie Krankheit, Pflegebedürftigkeit und Einkommensschwäche im Rentenalter wird in Deutschland nach wie vor vom gesetzlichen, auf dem Umlageverfahren beruhenden System beherrscht. So sind beispielsweise rund 90% der Bundesbürger in der gesetzlichen Krankenversicherung versichert, und etwa 80% der Alterseinkommen stammen zurzeit aus dem staatlichen Rentensystem.

Im Gegensatz zu einem kapitalgedeckten System werden in einem Umlageverfahren die laufenden Beiträge nicht angespart, sondern unmittelbar zur Bezahlung der aktuellen Leistungen verwendet. Dies macht das Umlageverfahren anfällig für demografische Entwicklungen: So führen die niedrige Geburtenrate sowie die weiter steigende Lebenserwartung dazu, dass in der gesetzlichen Renten- und in der Pflegeversicherung in den kommenden Jahren immer weniger Beitragszahler einer wachsenden Zahl von Leistungsempfängern gegenüberstehen. Ähnliches gilt für die gesetzliche Krankenversicherung, da auch hier die Versicherungsleistungen im Alter überproportional steigen. Die Konsequenz wären weitere Beitragssatzerhöhungen in diesen drei Sozialversicherungszweigen, was aber angesichts der bereits heute international vergleichsweise hohen Arbeitskostenbelastung ökonomisch nicht mehr zu vertreten und politisch kaum mehr zu vermitteln ist.

---

[8] Vgl. Canton/van Ewijk/Tang (2004), S. 14.
[9] Vgl. United Nations (2008).

Aus diesem Grund muss das Kapitaldeckungssystem gestärkt werden und gegenüber dem Umlageverfahren mehr Gewicht bekommen. Zwar ist auch das Kapitaldeckungsverfahren nicht immun gegen den demografischen Wandel. Die in den letzten Jahren vereinzelt zum Ausdruck gebrachten Befürchtungen, wonach es bei einer schrumpfenden Bevölkerungszahl zu einem dramatischen Verfall der Vermögenspreise – einem so genannten „asset meltdown" – und somit zu erheblichen Einbußen bei der Rendite des angesparten Kapitalstocks kommen würde, sind aber wenig realistisch. Zudem können mögliche Renditeverluste durch eine internationale Diversifikation des Kapitalstocks kompensiert werden. Gerade eine schrumpfende Bevölkerung benötigt einen wachsenden Kapitalstock. Nur so – durch verstärkte Investition in Produktionskapazitäten, aber auch in das Bildungssystem – ist bei sinkenden Erwerbspersonenzahlen die zur Sicherung des Wohlstandsniveaus notwendige Erhöhung der Arbeitsproduktivität zu erreichen.

Zwar lenken die aktuellen Turbulenzen an den internationalen Finanzmärkten verstärkt das Augenmerk auf die Risiken der kapitalgedeckten Altersvorsorge. Unter dem Gesichtspunkt der erreichbaren Rendite besteht jedoch auch unter den gegenwärtigen Umständen kein Zweifel, dass die langfristige Kapitalmarktrendite die eines umlagefinanzierten Systems auf Dauer übersteigt. Da sich die Rendite eines umlagefinanzierten Systems implizit aus der Wachstumsrate der Beitragseinnahmen ergibt, kann diese nur in Zeiten hoher Lohnsteigerungs- bzw. Geburtenraten sowie geringer Arbeitslosigkeit hoch sein. Entsprechende Voraussetzungen sind bereits seit Anfang der 1990er Jahre nicht mehr gegeben und werden auch in Zukunft voraussichtlich nicht eintreten. Langjährige Erfahrungen mit kapitalgedeckten Altersvorsorgesystemen hingegen zeigen, dass Kursschwankungen langfristige Ergebnisse kaum beeinflussen, so dass deren Kapitalmarktrisiken insgesamt begrenzt bzw. beherrschbar sein sollten.

In der gesetzlichen Krankenversicherung müsste – analog zur Alterssicherung – der Leistungskatalog auf eine Basissicherung begrenzt werden. Versicherungslücken wären dann in einem privaten System mit entsprechenden Altersrückstellungen abzusichern. In der Pflegeversicherung ist mittelfristig sogar eine vollständige Kapitaldeckung anzustreben. Da die Beitragspflicht in diesem Versicherungszweig erst seit 1995 besteht und der Beitragssatz deutlich niedriger ist als in den übrigen Versicherungszweigen, wäre hier ein kompletter Systemwechsel durchaus noch möglich.

Da die Sicherung des Lebensstandards im Alter alle Bevölkerungsgruppen gleichermaßen betrifft, sollte der Staat für alle Bürger günstige Rahmenbedingungen für den Aufbau einer privaten Altersvorsorge schaffen und staatliche Anreize nicht auf rentenversicherungspflichtige Beschäftigte beschränken – zumal die Rahmenbedingungen für die private Altersvorsorge von entscheidender Bedeutung sind, um die zwingend benötigte private Vorsorge tatsächlich zu erreichen.

1.2.2.2 Bildung als Wohlstandsfaktor in einer alternden Gesellschaft

Der demografische Wandel erhöht die Anforderungen an das Bildungsniveau der Erwerbstätigen. Denn eine gute berufliche Qualifikation ist eine notwendige Voraussetzung zur Erhöhung der Arbeitsproduktivität in unserer alternden und schrumpfenden Gesellschaft. Unabhängig davon – dies gilt auch in einer demografisch stabilen Gesellschaft – ist Bildung die Basis für Innovationen. Sie stärkt die Wirtschaftskraft und Konkurrenzfähigkeit einer rohstoffarmen Volkswirtschaft, denn mit der Intensivierung des globalen Wettbewerbs nimmt die Bedeutung der Ressource Wissen und des Faktors Humankapital weiter zu.

Das derzeitige Bildungssystem in Deutschland wird diesem Anspruch allerdings nicht gerecht. Im Vergleich mit den USA oder der gesamten EU sind die öffentlichen Gesamtausgaben für Bildung in Deutschland in den letzten Jahren wesentlich langsamer gestiegen. Gemessen an der Wirtschaftsleistung, zählt Deutschland zu den Schlusslichtern unter den Ländern der Europäischen Union.[10]

Hinzu kommt, dass – für manchen überraschend – die Bildungschancen in Deutschland sehr stark vom sozialen, ökonomischen und kulturellen Hintergrund des Elternhauses abhängen. Hierzulande ist – beispielsweise – die Quote der Studienanfänger aus Akademikerfamilien fast viermal höher verglichen mit Kindern aus Elternhäusern ohne Hochschulabschluss[11]; und während insgesamt 8% der Deutschen keinen Schulabschluss erreichen, liegt diese Quote bei Schülern mit Migrationshintergrund bei mehr als 18%[12].

Um die Folgen des demografischen Wandels abzumildern, müssen daher die vorhandenen Defizite im Bildungsbereich dringend beseitigt werden. Dazu zählt eine bessere Ausbildung der Jugend sowie die Fort- und Weiterbildung der abnehmenden Basis von Arbeitskräften in den Jahren der Erwerbstätigkeit. Besonderer Anstrengungen bedarf aber auch die Erhöhung der Bildungschancen für Angehörige von Familien mit Migrationshintergrund. Denn gerade weil die deutsche Bevölkerung schrumpft und altert, sind wir darauf angewiesen, dass Erwerbstätige aus dem Ausland – und insbesondere junge Arbeitskräfte – zuwandern. Und die Bildungsmöglichkeiten für Zuwanderer und deren Kinder sind ein wichtiges Entscheidungskriterium für die Wahl des Einwanderungslandes.

Wichtig ist auch Weiterbildung. Erfahrungsgemäß sinkt die Beteiligung an beruflichen Weiterbildungsmaßnahmen mit steigendem Lebensalter. Weil alterungsbedingt der Anteil älterer Arbeitnehmer an den Erwerbstätigen und auch das Renteneintrittsalter steigen, wird im Jahre 2020 bereits jeder Dritte im erwerbsfähigen Alter älter als 55 Jahre sein. Beschäftigte dieser Altersgruppe nehmen heute aber nur 6% der gesamten Fortbildung in Deutschland wahr.[13] Um die Qualifikation der älter werdenden Erwerbsbevölkerung zu gewährleisten, muss somit auch die Weiterbildung deutlich verbessert werden.

---

[10] Vgl. Statistisches Bundesamt (2006), S. 34.
[11] Vgl. Issersted/Middendorff/Fabian/Wolter (2007), S. 110.
[12] Vgl. Bertelsmann Stiftung (2007), S. 5.
[13] Vgl. Bertelsmann Stiftung (2007), S. 8.

1.2.3 Auswirkungen auf Wirtschaft und Kapitalmärkte

Der bis zum Jahre 2050 prognostizierte Rückgang der Bevölkerung, verbunden mit einer zunehmender Alterung in Deutschland und Europa, wird sich nachhaltig auf die Wirtschaft und den Arbeitsmarkt auswirken. Angebot und Nachfrage der inländischen Wirtschaft, aber auch die Arbeitswelt verändern sich, wenn die Gruppe der Erwerbspersonen immer kleiner und die Beschäftigten im Durchschnitt immer älter werden – und wenn zugleich die Gruppe der Nichterwerbstätigen immer größer wird.

Tendenziell sinkt das in der Volkswirtschaft verfügbare Humankapitalpotenzial, wenn die Bevölkerung im erwerbsfähigen Alter abnimmt und es – darüber hinaus – per Saldo zu Produktivitätsverlusten aufgrund des zunehmenden Durchschnittsalters der Arbeitnehmer kommen sollte; diesem letztgenannten Effekt steht allerdings entgegen, dass das Erfahrungswissen älterer Arbeitnehmer und technischer Fortschritt auch produktivitätssteigernd wirken können. Dem abnehmenden Arbeitskräftepotenzial kann im Übrigen mit einer Steigerung der Erwerbsquote begegnet werden. Hierfür stehen der Politik verschiedene Handlungsoptionen zur Verfügung. Dazu zählen insbesondere der Abbau struktureller Arbeitslosigkeit, das Beschneiden von Vorruhestandsregelungen, das Heraufsetzen des Renteneintrittsalters sowie die Erhöhung der Erwerbsbeteiligung von Frauen.

Daneben können Fortschritte in der Arbeitsproduktivität dazu beitragen, das Wohlstandsniveau auch für den steigenden Anteil Nicht-Erwerbstätiger zu sichern. Die Erfahrungen der Vergangenheit haben gezeigt, dass die Arbeitsproduktivität unter Nutzung des technischen Fortschritts deutlich zu steigern und durch intensive Aus- und Fortbildungsmaßnahmen eine weitere Qualitätserhöhung des Humankapitals möglich ist. Inwieweit die sinkende Risikobereitschaft und Mobilität älterer Arbeitskräfte diesen Produktivitätsgewinnen entgegenwirken, ist ex ante nicht zu bestimmen.

Auch die Zuwanderung qualifizierter Arbeitskräfte aus dem Ausland kann zur Steigerung des knapper werdenden Arbeitskräftepotenzials beitragen. Allerdings hat die Politik in Deutschland – trotz der seit geraumer Zeit absehbaren Entwicklung – es nicht hinreichend verstanden, eine klare migrationspolitische Strategie zu entwickeln und rechtzeitig die Weichen dafür zu stellen, wie mit Zu- (und Ab-)wanderung konzeptionell umzugehen ist. Vielmehr ist seit Jahren zu beobachten, dass hoch- und höchstqualifizierte Deutsche ins Ausland auswandern, wodurch die ohnehin schwierige Situation zusätzlich verschärft wird.

Einzelne Studien haben ermittelt, dass die Altersentwicklung in Deutschland einen durchschnittlichen Rückgang des Wachstums in der Größenordnung von 0,2 bis 0,3 Prozentpunkten pro Jahr bis 2050 hervorrufen könnte.[14] Diese Prognose basiert allerdings auf der wenig realistischen Annahme, dass es zu keiner Anpassung in der Sozialversicherung und in der Arbeitsmarktpolitik kommt. Die Politik ist daher zum Handeln gefordert, um diesen negativen alterungsbedingten Effekten entgegenzuwirken. Dazu zählt, die Ersparnisbildung für die Alterssicherung zu fördern, Maßnahmen zur Anhebung des effektiven Renteneintrittsalters zu ergreifen und eine stärkere Teilnahme älterer Arbeitnehmer am Erwerbsleben zu begünstigen. Unter

---

[14] Vgl. Oliveira Martins/Gonand/Antolin/Maisonneuve/Yoo (2005), S. 5.

diesen Voraussetzungen sind Wachstumsraten des Bruttoinlandsprodukts pro Kopf von etwa 1,5 Prozentpunkten durchaus realistisch,[15] was einer Verdoppelung des Lebensstandards in den nächsten 50 Jahren entsprechen würde. Die Europäische Kommission schätzt, dass das Pro-Kopf-Bruttoinlandsprodukt in der EU bis 2030 durchschnittlich um 1,9% pro Jahr ansteigen wird[16]. Der historische Vergleichswert des Euro-Währungsgebietes für den Zeitraum von 1981 bis 2005 liegt mit 1,75% pro Jahr sogar geringfügig darunter.[17] Tendenziell ist also davon auszugehen, dass die Auswirkungen einer alternden Bevölkerung auf das BIP-Wachstum pro Kopf eher moderat ausfallen werden.

Ein weiterer wesentlicher Faktor für die realwirtschaftlichen Auswirkungen des demografischen Wandels ist die Kapitalakkumulation durch Ersparnisbildung der privaten Haushalte. Nach der Lebenszyklushypothese werden die Ersparnisse der privaten Haushalte mit Eintritt in das Rentenalter tendenziell aufgelöst. Dies führt in der Theorie zu einer abnehmenden Kapitalbildung bei alternden Gesellschaften. Empirische Ergebnisse zeigen allerdings, dass die Sparquote in Deutschland bei den 65- bis 80-Jährigen mit durchschnittlich 7% zwar unter dem Durchschnitt von 10% bis 11% liegt, aber dennoch deutlich positiv ist. Diese Tendenz dürfte auch für künftige Generationen zutreffen, so dass mit einem deutlichen Abfall der Sparquote derzeit nicht zu rechnen ist.[18] Die häufig damit verbundene Befürchtung, der Renteneintritt der Baby-Boomer-Generation könnte zu einem plötzlichen Abzug der Vermögensanlagen führen, um diese für den privaten Konsum einzusetzen, lässt sich also empirisch nicht nachweisen.

Ähnlich verhält es sich mit der Hypothese eines „Asset Meltdown", die ihren Ursprung in der Voraussage eines demografisch induzierten Verfalls der Preise für US-amerikanische Wohnimmobilien hat. Häufig wird diese These auch auf andere Vermögenswerte übertragen und daraus geschlossen, dass es mit dem Rückzug der geburtenstarken Jahrgänge aus dem Arbeitsleben in den Industriestaaten ab den Jahren 2010 bis 2020 zu einem erheblichen Entsparen und infolgedessen zu einem Rückgang der Vermögenspreise kommen werde. Dass diese Entwicklung eintritt, ist jedoch aus verschiedenen Gründen recht unwahrscheinlich. Zum einen spricht vieles dafür, dass mittelfristig nicht nur das Kapitalangebot, sondern auch die Kapitalnachfrage steigt – schon deshalb, weil die alterungsbedingt fehlende Arbeitskraft durch Produktivkapital substituiert wird. In einer globalisierten Welt darf zudem die ausländische Kapitalnachfrage nicht außer Acht bleiben. Zwar ist die zunehmende Alterung der Gesellschaft grundsätzlich ein weltweites Phänomen, doch der zeitversetzte Verlauf der Alterungswellen sichert den deutschen Baby-Boomern ausreichende Möglichkeiten, ihre Vermögenswerte für Zwecke des Alterskonsums mit akzeptabler Rendite zu verkaufen.

---

[15] Vgl. Europäische Zentralbank (2006), S. 24.
[16] Vgl. Europäische Zentralbank (2006), S. 24.
[17] Vgl. Gomez-Salvador (2006), S. 22.
[18] Vgl. Weber (2006), S. 5 f.

Hinzu kommt eine Fehleinschätzung der Größenordnungen und Zeitdimensionen in der Asset-Meltdown-Hypothese. Die Verkäufe der Baby-Boomer werden nicht über Nacht geschehen, sondern können antizipiert, in Investitionsüberlegungen anderer einbezogen und dadurch in ihren Wirkungen gedämpft werden.[19]

Die Auswirkungen der Alterung auf die Kapitalmärkte und die langfristigen Realzinssätze werden voraussichtlich stärker sein als die Folgen für die Wachstumsraten des Bruttoinlandsprodukts pro Kopf. Nach Schätzungen der OECD wird der langfristige Realzins in Deutschland, Frankreich, Japan und den USA bis zum Jahre 2025 um 0,3 bis 0,7 Prozentpunkte zurückgehen.[20] Im Vergleich zu den in der Vergangenheit beobachteten Schwankungen der langfristigen Realzinsen erscheinen diese Auswirkungen zwar verhältnismäßig gering. Angesichts der langen Ansparphase bei der kapitalgedeckten Altersvorsorge können jedoch bereits geringe Veränderungen der Realzinssätze massive Auswirkungen auf künftige Rentenansprüche verursachen. Zwar besteht tendenziell ein positiver Zusammenhang zwischen dem volkswirtschaftlichen Angebot an Arbeitskraft und der Realkapitalrendite. Die Effekte der Alterung der Gesellschaft auf das Arbeitsangebot werden allerdings dadurch stark abgemildert, dass sie unter den Bedingungen integrierter Finanzmärkte und international mobilen Kapitals eintreten.

Schließlich stellt sich die Frage, wie sich der demografische Wandel auf die Wohnimmobilienmärkte auswirkt. Angebot und Nachfrage nach Wohnraum sind nicht so sehr von der Alterung der Bevölkerung betroffen, sondern vielmehr von deren Schrumpfung. Zumindest in den nächsten 10 bis 20 Jahren wird dieser Effekt allerdings gering ausfallen, weil zwar die Zahl der Einwohner sinkt, demgegenüber die Zahl der Haushalte in Deutschland bis 2025 aber geringfügig steigen wird – und zwar hauptsächlich wegen des steigenden Anteils an Ein- bzw. Zweipersonenhaushalten und Kleinhaushalten älterer Personengruppen.[21] Ältere Menschen neigen dazu, wenn irgend möglich in ihrer bisherigen Wohnsituation zu verbleiben, auch wenn die Kinder längst ausgezogen sind, wodurch der Wohnraumbedarf gemessen an der Wohnfläche pro Kopf steigt.

Auch künftig anhalten wird der Trend zum Zuzug aus ländlichen Regionen in die Städte. Dies wird voraussichtlich zu einer wachsenden Spreizung bei Wohnungsnachfrage und Immobilienpreisen – zwischen attraktiven City- und stadtnahen Lagen einerseits und eher weniger attraktiven ländlichen Regionen andererseits – führen. Für eine sehr dynamische Entwicklung des Wohnungsmarktes sprechen außerdem die weiter wachsende Mobilität vieler (jüngerer) Menschen sowie die zunehmende Vielfalt in den Lebensstilen und kulturellen Hintergründen. Dabei kann es durchaus zu lokalen Über- bzw. Unterangeboten mit überregionalen Preisdisparitäten und einem steigenden Investitionsrisiko bei Wohnungskäufen und deren Finanzierung kommen.[22]

---

[19] Vgl. Börsch-Supan/Ludwig/Sommer (2003), S. 5 f.
[20] Vgl. Oliveira Martins/Gonand/Antolin/Maisonneuve/Yoo (2005), S. 61.
[21] Vgl. Börsch-Supan/Ludwig/Sommer (2003), S. 87.
[22] Vgl. Europäische Zentralbank (2006), S. 27.

1.3 Das Bankgeschäft im demografischen Wandel

Die Auswirkungen des demografischen Wandels auf Banken sind vielfältig und haben in unterschiedlicher Weise Einfluss auf das heutige wie das künftige Bankgeschäft. Zum einen sind Banken indirekt von den Folgen des demografischen Wandels betroffen, und zwar durch dessen Auswirkungen auf Volkswirtschaft, Finanzmärkte, Immobilienmärkte und die Zusammensetzung der Portfolios privater Haushalte. Zum anderen werden die nachhaltigen Veränderungen der Kundenstruktur und der damit verbundenen Kundenanforderungen direkte Auswirkungen auf das Produktportfolio von Banken haben – im Privat- wie auch im Firmenkundengeschäft.

1.3.1 Auswirkungen auf Profitabilität und Risikomanagement der Banken

Die mit zunehmender privater Vorsorge zu erwartende Umschichtung der privaten Vermögensanlagen in Produkte der Altersvorsorge wird tendenziell zu Lasten der Spareinlagen bei Banken gehen. Dies, verbunden mit der durch die Altersverschiebung anzunehmenden rückläufigen Sparquote der privaten Haushalte, bedeutet, dass die Refinanzierungskosten für die Banken tendenziell steigen. Hinzutreten dürften zunehmende Personalkosten, die die Cost-Income-Ratio zusätzlich belasten. Denn wenn die Bevölkerung im Durchschnitt älter wird und später in Rente geht, gilt beides auch für die Belegschaften von Banken – und dies führt zu höheren Personalkosten, jedenfalls dann, wenn man davon ausgeht, dass Arbeitnehmer mit zunehmendem Alter typischerweise ein höheres Gehaltsniveau erreichen. Auch die Kosten für Fortbildung dürften zunehmen, um die nötige Produktivität der älteren Arbeitnehmerschaft zu gewährleisten. Verstärkt würde der Kostendruck noch in dem Fall, dass Banken angesichts eines insgesamt knapper werdenden Arbeitskräfteangebots zunehmend um qualifizierte Fachkräfte konkurrieren. Auch Belastungen der Ertragsseite sind wahrscheinlich, weil niedrigere Wachstumsraten aufgrund abnehmender Bevölkerungszahlen zu nachlassender Produktnachfrage und höherem Konkurrenzdruck unter den Anbietern führen dürfte.

Auch alterungsbedingte Veränderungen der Nachfrage nach Bankprodukten können sich in den Bilanzen der Banken niederschlagen. Ein Beispiel hierfür sind Langlebigkeitsrisiken, die durch das vermehrte Angebot von Altersvorsorgeprodukten mit lebenslanger Leistungszusage entstehen könnten. Ein anderes Risiko könnte die zunehmende Volatilität zinsunabhängiger Erträge und deren Korrelation zu potenziellen Schocks im Bereich der Zinserträge sein.

Zudem dürften Banken angesichts des begrenzten Wachstumspotenzials in Deutschland versuchen, sich stärker in Ländern mit prosperierenden Kundenmärkten zu engagieren. Mit solchen internationalen Diversifikationsstrategien gehen aber auch eine Zunahme des Länderrisikos, des politischen Risikos und des Wechselkursrisikos für die jeweilige Bank einher – und dies noch zusätzlich zu den höheren rechtlichen bzw. operativen Risiken in den Ländern mit Bevölkerungswachstum verglichen mit den traditionellen Märkten.

Schließlich dürfte die unterschiedliche Entwicklung der Wohnimmobilienmärkte infolge der zu erwartenden Binnenmigrationstendenzen zu einer zunehmenden Preisstreuung und Preisfluktuation führen. Dies kann ein erhöhtes Besicherungsrisiko insbesondere für kleinere, weniger diversifizierte Hypothekenportfolios bedeuten, was sich in veränderten Konditionen und höheren Rücklagen für Hypothekenausfälle widerspiegeln würde.

1.3.2 Implikationen für das Privatkundengeschäft

Auch das Nachfrageverhalten und die Anforderungen der privaten Kundschaft gegenüber Banken werden sich im Zuge des demografischen Wandels ändern. Kreditinstitute müssen ihr Produktspektrum, ihre Beratungs- und Vertriebskonzepte und ihren gesamten Marktauftritt an einer sich verändernden Kundenstruktur ausrichten.

Für Banken ist diese Anforderung aber nicht grundsätzlich neu. So haben sie beispielsweise in den Zeiten des starken Bevölkerungswachstums in den 1950er und 1960er Jahren ihr Produktspektrum der demografischen Entwicklung angepasst – und beispielsweise ihr Hypothekenkreditgeschäft und die Wohnungsbaufinanzierung ausgeweitet.

Im Privatkundengeschäft dürfte sich der demografische Wandel insbesondere in der Nachfrage nach Krediten für den Konsum und dem privaten Wohnungsbau bemerkbar machen. Mit zunehmendem Alter nimmt die Nachfrage nach Krediten ab, da das mit Eintritt in den Ruhestand regelmäßig sinkende Einkommensniveau die Rückzahlung von Krediten erschwert, andererseits aber das finanzielle Polster auch so groß ist, dass in der Regel kein Fremdkapital benötigt wird. Die Altersabhängigkeit des Konsumentenkreditbestands lässt sich der Einkommens- und Verbrauchsstichprobe des Statistischen Bundesamtes entnehmen (vgl. Abbildung 2). Nach dem 55. Lebensjahr fallen die Konsumentenkreditschulden mit zunehmendem Alter deutlich ab. Zudem begünstigt der zunehmende Anteil der Bevölkerung in den späteren Jahren der Erwerbstätigkeit die Tilgung von Krediten.

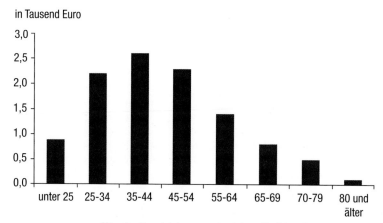

Quelle: Einkommens und Verbrauchsstichprobe 2008, Statistisches Bundesamt (2009), S. 30.

Abbildung 2: Höhe der Konsumentenkreditschulden in Deutschland nach Altersklassen

In dem Maße, wie die altersabhängige Kreditnachfrage fällt, nehmen der Vermögensaufbau und somit die Nachfrage nach Vermögensanlagen und Altersvorsorgeprodukten zu.[23] Seit den frühen 1980er Jahren lassen sich in zahlreichen OECD-Ländern bedeutende Änderungen in der Struktur der Vermögensportfolios privater Haushalte feststellen, im Zuge derer sich der Schwerpunkt von Bankeinlagen auf Investmentfonds, kapitalgedeckte Altersvorsorgeprodukte sowie Aktien und Anleihen verlagert hat.[24] Dieser Trend wird durch die Finanzmarktkrise voraussichtlich spürbar abgebremst, dürfte sich auf längere Sicht aber dennoch fortsetzen – jedoch nur unter der Voraussetzung, dass das bei vielen Kunden gegenwärtig gesunkene Vertrauen in derartige Finanzanlageprodukte zurückgewonnen wird.

1.3.2.1 Altersspezifische Produkte

Vor dem Hintergrund einer zunehmenden Zahl älterer Kunden und der hohen Kaufkraft der heutigen Ruheständler im Vergleich zu früheren Generationen haben Produkte für „Senioren" in vielen Bereichen in den letzten Jahren spürbar an Bedeutung gewonnen.

Deshalb muss es zunächst verwundern, dass die Finanzbranche kaum spezielle Produkte für diese Altersgruppe im Angebot hat. Allerdings ist zu berücksichtigen, dass seniorengerechte Produkte in vielen anderen Branchen vor allem den nachlassenden körperlichen und geistigen Fähigkeiten oder gesundheitlichen Einschränkungen älterer Menschen Rechnung tragen – Mobiltelefone mit großen Tasten oder Bücher in Großdruck, altersgerechte Wohnimmobilien oder Seniorenresidenzen sind Beispiele; teils entstehen und wachsen ganze Branchen auf der Basis des demografischen Wandels, etwa die Anbieter ambulanter Pflegedienstleistungen.

Die allermeisten Finanzprodukte hingegen, sei es ein Girokonto oder ein Rentenpapier, erfüllen für seinen Inhaber den gleichen Zweck, unabhängig davon, in welchem Alter sich der Kunde befindet. Hieraus lässt sich jedoch nicht umgekehrt schließen, dass es nicht auch im Finanzbereich Produkte oder Produkteigenschaften gäbe, die besser oder schlechter zu der altersspezifischen Lebenssituation und den damit verbundenen Bedürfnissen passen und somit stärker von bestimmten Altersgruppen nachgefragt würden. Produkte, die sich ausschließlich an bestimmte Altersgruppen richten, wie zum Beispiel Produkte des Kapitalverzehrs („reverse mortgage", siehe unten) oder Studienkredite, sind jedoch eher die Ausnahme im Produktspektrum der Banken – zumindest bislang.

Durch das weiter sinkende staatliche Rentenniveau steigt die Bedeutung der privaten und betrieblichen Altersvorsorge und damit für den Einzelnen der Bedarf nach Angeboten zur finanziellen Absicherung des Lebensabends. Hierfür werden Annuitätenprodukte zur Absicherung des so genannten „Langlebigkeitsrisikos" künftig von größerem Interesse für Kunden und Banken sein. Dabei bietet sich für Banken die Chance, das Risiko des vorzeitigen Verzehrs des angesparten Kapitals kalkulierbar zu machen und damit in den bislang von den Versicherungsunternehmen dominierten Markt für derartige Produkte einzutreten. Neben Annuitätenprodukten werden auch Produkte benötigt, die es dem Kunden ermöglichen, das angesparte

---

[23] Vgl. Gruber (2003), S. 586.
[24] Vgl. OECD (2005), S. 26.

Kapital oder Teile hiervon auf einmal ausgezahlt zu bekommen. Dies kann zum Beispiel erforderlich sein, um sich in ein Seniorenstift oder ein Pflegeheim einzukaufen.

Vor allem im angelsächsischen Raum – in den USA, Kanada und Großbritannien –, aber zum Beispiel auch in Spanien, erfreuen sich Produkte des Kapitalverzehrs („equity release schemes") bei Senioren zunehmender Beliebtheit; sie könnten auch in Deutschland eine Zukunft haben. Diese Produkte basieren auf dem Prinzip, vorhandene Vermögenswerte in eine (lebenslange) Rentenzahlung umzuwandeln und somit die Liquidität im Alter zu erhöhen.

Die international am häufigsten anzutreffende Variante dieses Produkttypus ist die umgekehrte Hypothek („reverse mortgage"). Hierbei nimmt der Eigentümer einer selbst genutzten und schuldenfreien Wohnimmobilie einen Kredit auf diese auf, aus dem er einen (regelmäßigen) Zahlungsstrom, im Idealfall bis zu seinem Tod, erhält. Die Rückzahlung erfolgt zum Laufzeitende üblicherweise über die Verwertung der Immobilie durch den Kreditgeber. Typischerweise werden die Kreditforderungen ausschließlich aus der Rückzahlung oder der Immobilie ohne Rückgriff auf weiteres Vermögen in der Erbmasse bedient („non-recourse"). Der Wohneigentümer verliert nur dann sein Eigentum, wenn er oder seine Erben den Kredit nicht zurückzahlen.

Warum aber ist es bisher nicht gelungen, derartige Produkte auch in Deutschland zu etablieren? Eine denkbare Hürde ist die zu geringe Marktakzeptanz. Kunden haben häufig den Wunsch, ihren Nachkommen die eigene Immobile zu hinterlassen. Für die Anbieter ist vor allem das einzukalkulierende Langlebigkeitsrisiko des Eigentümers ein bedeutendes Akzeptanzhemmnis. Hinzu kommt die Unsicherheit über die Werthaltigkeit der Immobilie vor dem Hintergrund der langen Laufzeit eines solchen Vertrages. Dies betrifft sowohl generelle Veränderungen des Marktpreisniveaus wie auch Wertminderungen infolge mangelnder Pflege und Instandhaltung des Objekts durch den Eigentümer. Diese Risiken sowie das Zinsänderungsrisiko spiegeln sich im Abzinsungsfaktor bei der Berechnung der (regelmäßigen) Rentenzahlungen wider und führen dazu, dass diese mitunter weit unter den Erwartungen der Eigentümer liegen.

Förderlich für die Einführung von Reverse-Mortgage-Produkten waren im Ausland, vor allem in den USA und in Frankreich, staatliche Anreize zur Erhöhung der Marktakzeptanz – zum Beispiel Deckungszusagen des Staates zur Absicherung des Kunden gegen Zahlungsunfähigkeit der Bank oder zur Absicherung des Kreditgebers gegen das Langlebigkeitsrisikos bzw. das Immobilienpreisrisiko. Nicht zu vergessen ist, dass Deutschland im Vergleich zu diesen Ländern deutlich geringere Wohneigentumsquoten aufweist.[25]

Ob die jüngste Initiative der öffentlichen Förderbanken zur Einführung solcher Produkte in Deutschland Erfolg haben wird, bleibt abzuwarten. Entscheidend wird hierbei nicht nur sein, ob bislang bestehende Vorbehalte der Kunden ausgeräumt werden können, sondern auch, wie groß der finanzielle Druck durch fallende staatliche Rentenleistungen und erhöhte Ausgaben im Alter zum Beispiel für häusliche Pflegedienste sein wird, den der zusätzliche finanzielle Spielraum aus dem eigenen Immobilienvermögen erleichtern kann.

---

[25] Vgl. Initiative Finanzstandort Deutschland (2006), S. 4.

Selbst wenn künftig mehr Bankprodukte auf die speziellen Belange einer älteren Kundengruppe zugeschnitten sein sollten, ist äußert fraglich, ob diese auch als solche beworben würden. Zwar haben Marketingexperten eine Vielzahl von Begriffen entwickelt, um die Bezeichnung der „Senioren" durch einen jünger wirkenden Begriff zu ersetzen – von der „Generation 50 plus" über die „neuen Alten" bis hin zu „Best Ager" oder „Silver Ager". Ergebnisse der Marktforschung zeigen, dass die Kundenansprache bei älteren Zielgruppen anhand des Alters wenig positive Resonanz erzeugt, sondern vielmehr die Adressierung der altersspezifischen Bedürfnisse in den Vordergrund gestellt werden sollte.

1.3.2.2 Vertriebskonzepte

Mit der sich verändernden Kundenstruktur wird es nicht nur darauf ankommen, welche Produkte künftig gefragt sind. Ebenso wichtig wird für Banken die Frage sein, welches die „richtigen" Vertriebskanäle sind. Ältere Kunden im Jahre 2030 werden allerdings nicht mit den heutigen vergleichbar sein. Ein Beispiel: In 20 bis 30 Jahren werden die Kunden die Altersgruppe der über 60-Jährigen stellen, die heute mit zu den stärksten Nutzern des Online Banking zählen (vgl. Abbildung 3). Daneben dürften der gewohnte Umgang mit technischen Neuerungen aufgrund immer kürzer werdender Innovationszyklen sowie die vermehrt bis ins höhere Alter ausgeübte Erwerbstätigkeit dazu beitragen, dass künftige Senioren besser mit modernen Vertriebs- und Servicekanälen umgehen können und sie auch nutzen wollen.

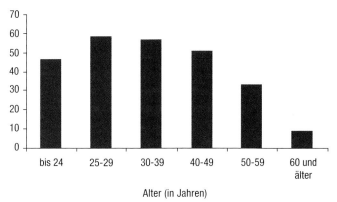

Alter (in Jahren)

Quelle: Repräsentative Meinungsumfrage im Auftrag des Bankenverbandes, April 2008.[26]

Abbildung 3: Nutzung von Online Banking nach Altergruppen

In dem Maße, wie der Zugang zu standardisierten Bankdienstleistungen von zuhause oder unterwegs zunimmt, dürfte der Kunde ein abnehmendes Bedürfnis verspüren, seine Filiale vor Ort aufzusuchen. Ähnliches trifft auf die Bargeldbeschaffung zu. Unter der Annahme eines weiter sinkenden Anteils des Bargelds am Zahlungsverkehr sowie neuer, alternativer Formen des Bargeldbezugs – zum Beispiel per Kartenauszahlung in Verbindung mit dem Einkauf

---

[26] Vgl. Bundesverband deutscher Banken (2008), S. 8.

(„cash back") – könnte auch ein Geldautomat in der Nähe an Mehrwert für den Kunden verlieren, was Auswirkungen auf die von Banken vorzuhaltenden Infrastrukturen hätte.

Dagegen wird gerade die Beratung der Bank weiterhin einen hohen, ja, höheren Stellenwert haben. In diesem Kontext und auch generell müssen sich Banken auch künftig die Frage stellen, wie viel Nähe der Kunde zu seiner Bank wünscht und mit welcher Filialdichte und welchem Filialtypus man den Kunden vor Ort bedienen möchte. Dies schließt nicht aus, dass Banken künftig neue Wege gehen, um der abnehmenden Mobilität ihrer Klientel Rechnung zu tragen. Ein Beispiel, das bereits heute in Einzelfällen praktiziert wird, könnte die Einrichtung von Kleinfilialen in Alterswohnheimen sein.

Der Anspruch der Senioren von morgen an die persönliche Beratung wird noch höher werden, als dies schon heute der Fall ist. Aufgrund der größeren Vermögenswerte dieser Generation, deren Vermögensaufbau nie durch Krieg oder eine Währungsreform beeinträchtigt wurde, wird erheblicher Beratungsbedarf bei der Vermögensanlage bestehen. Auch werden die Kunden vermutlich über mehr Erfahrung hinsichtlich unterschiedlicher Anlageformen verfügen als heute. Vor dem Hintergrund der zurückgehenden Kundenbasis in einer schrumpfenden Bevölkerung wird die Kundenbindung den Banken noch mehr Aufmerksamkeit und Kreativität abverlangen.

Eine Gewichtsverschiebung im Filialgeschäft vom Service auf die Beratung wirkt sich auch auf die Mitarbeiterstrukturen der Banken aus. Der bereits seit mehreren Jahren zu beobachtende Trend zur umfassenden Vermögens- und Finanzberatung wird die Qualifikationsanforderungen an die Mitarbeiter weiter erhöhen. Denn Garant für eine langfristige Kundenbindung ist vor allem das persönliche und vertrauensvolle Verhältnis zwischen Kunde und Berater.

In Anbetracht des zunehmenden Anteils ausländischer Mitbürger werden Banken auch verstärkt über zweisprachige Berater nachdenken müssen. Entgegen der heute bereits anzutreffenden Angebote einzelner Banken, die sich vor allem an die große Zahl der türkischen Mitbürger in Deutschland richten, dürfte aufgrund des höheren Bildungsstandes künftiger Zuwanderergenerationen voraussichtlich eher Englisch als zweite Geschäftssprache gefragt sein.

1.3.3 Perspektiven für das Firmenkundengeschäft

Der demografische Wandel wird sich auch im Firmenkundengeschäft der Banken niederschlagen, speziell in der Unternehmensfinanzierung.

Weil die Bevölkerung in Deutschland und Europa schrumpft, wird sich das Wirtschaftswachstum voraussichtlich verlangsamen. Da dieses – neben dem Zinssatz – der wichtigste Bestimmungsfaktor für die Nachfrage nach Unternehmenskrediten ist, wird die Nachfrage nach Unternehmensfinanzierungen insgesamt tendenziell zurückgehen.

Aber es gibt auch gegenläufige Entwicklungen, etwa bei der Begleitung der Unternehmensnachfolge in mittelständischen Betrieben – ein Problem, das an Brisanz zunehmen wird, wenn die geburtenstarken Jahrgänge in den Ruhestand eintreten. Auf diesem Gebiet – einem Kompetenzfeld der privaten Banken – gibt es schon heute einen erheblichen Beratungsbedarf. Daher dürfte der mit der Unternehmensübergabe typischerweise verbundene Fremdfinanzierungsbedarf die Nachfrage nach Bankkrediten in diesem Bereich steigern.[27]

Für Banken stellt sich die Frage, welche Branchen von der demografischen Entwicklung profitieren und welche eher darunter leiden werden. Unternehmen mit Produkten, die vor allem von jungen Menschen und Familien gekauft werden, weisen ein geringeres Wachstumspotenzial auf – klassische Beispiele sind Spielzeughersteller, Tourismusanbieter für Familienurlaube und Unternehmen im Einfamilienhausbau. Eindeutiger Gewinner der Alterung ist hingegen der Gesundheitssektor, also Pharma- und Biotechnologieunternehmen, Medizintechnikanbieter, Krankenhäuser sowie Gesundheits- und Pflegedienste. Die Hersteller von international handelbaren Gütern werden die demografischen Effekte durch verstärkte Exporte in bevölkerungsreichere Regionen teilweise kompensieren können. Schwieriger wird die Lage für die Anbieter von Produkten und Dienstleistungen, die direkt beim Konsumenten bereitgestellt werden, etwa im Einzelhandel, der Gastronomie oder bei immobiliengebundenen Investitionen wie etwa in Kaufhäuser, Hotels oder Freizeitparks.

Schließlich darf nicht übersehen werden, dass der demografische Wandel – wie bei Produkten der privaten Altersvorsorge – auch im Bereich der betrieblichen Altersvorsorge große Marktchancen für Banken bietet. Hinzu kommt, dass hier im Vergleich zu privaten Altersvorsorgeverträgen Effizienzvorteile in Management und Verwaltung bestehen.

1.4 Fazit

Der demografische Wandel ist ein gesellschaftlicher Megatrend. Er ist weltweit typisch für entwickelte Industrieländer, nicht aufzuhalten und wird Deutschland in den kommenden Jahrzehnten verändern. Seine möglichen negativen Folgen, insbesondere hinsichtlich der Leistungsfähigkeit der staatlichen Sozialsysteme, können durch entschlossenes politisches Handeln deutlich entschärft werden. Hierzu ist es zum einen erforderlich, durch geeignete Maßnahmen das Potenzial der erwerbsfähigen Bevölkerung zu erhöhen, unter anderem durch die Verringerung der strukturellen Arbeitslosigkeit, die Erhöhung des Frauenanteils an der Erwerbsbevölkerung und die Anhebung des durchschnittlichen Renteneintrittsalters. Zum anderen müssen die sozialen Sicherungssysteme durch eine stärkere Kapitaldeckung demografiefest gemacht werden. Schließlich kommt der Investition in Bildung große Bedeutung zu – von der Ausbildung über die Fort- und Weiterbildung bis hin zu den Bildungsangeboten für ausländische Fachkräfte.

Welche Auswirkungen der demografische Wandel auf Banken hat, ist heute noch nicht eindeutig abzusehen. Während sich tendenziell abnehmende Zinsmargen und Ertragseinbußen durch eine rückläufige Kreditnachfrage der privaten Haushalte schmälernd auf die Erträge der Banken auswirken könnten, kann der steigende Bedarf nach Produkten der kapitalgedeckten Altersvorsorge sowie nach speziellen Anlageprodukten zur Vermögensverrentung diese Lücke möglicherweise kompensieren. Banken haben dabei die Wahl, stärker als bisher eigene Produkte zur Darstellung des Langlebigkeitsrisikos zu entwickeln und damit der Versicherungs-

---

[27] Vgl. Müller (2005), S. 35.

wirtschaft ihre bisherige Domäne streitig zu machen oder sich auf den Vertrieb entsprechender Produktangebote Dritter zu beschränken. In jedem Fall bietet sich für Banken die Chance, aus dem künftig steigenden Bedarf nach umfassender Vermögens- und Finanzberatung zusätzliches Ertragspotenzial zu generieren.

Dass die mit der Altersstruktur der Bevölkerung verändernden Anforderungen der Kunden das Geschäft der Banken wesentlich verändern werden, ist hingegen zu bezweifeln. Zum einen ist ein Großteil des Bedarfs nach Bankdienstleistungen vom Alter unabhängig, zum anderen werden die „neuen Alten" von morgen besser gerüstet sein, mit dem technischen Fortschritt im Bankgeschäft mithalten zu können. Vor diesem Hintergrund ist eher davon auszugehen, dass der zunehmende Trend – Beratung in der Filiale, Kontoführung und Service auf direktem Wege – sich auch künftig fortsetzen wird, nicht zuletzt vor dem Hintergrund der abnehmenden Mobilität im Alter.

Auch das Firmenkundengeschäft hält Chancen und Risiken aus der demografischen Entwicklung bereit. Zwar könnte die Unternehmensfinanzierung insgesamt von dem sich verlangsamenden Wirtschaftswachstum negativ betroffen werden. Dennoch bieten sich in anderen Bereichen wie der betrieblichen Altersvorsorge und der Unternehmensnachfolge neue Perspektiven für das Bankgeschäft. Schließlich darf die Entwicklung nicht isoliert betrachtet werden. So werden viele ausländische Märkte besonders für die international aufgestellten privaten Banken in Deutschland neues Wachstumspotenzial bieten. Diese gilt es konsequent zu nutzen, im Firmen- wie im Privatkundengeschäft.

Literatur

BERTELSMANN STIFTUNG (2007): „Bildung voll Leben – Leben voll Bildung – Fakten und Herausforderungen im demographischen Wandel", Berlin/Gütersloh 2007.

BÖRSCH-SUPAN, A., LUDWIG, A. und SOMMER, M. (2003): „Demographie und Kapitalmärkte – Auswirkungen der Bevölkerungsalterung auf Aktien-, Renten- und Immobilienmärkte", Köln 2003.

BRANDSTÄTTER, J. (2008): „International divergierende demographische Entwicklungen und internationale Kapitalbewegungen", Frankfurt/Main 2008.

BUNDESVERBAND DEUTSCHER BANKEN (2008): „Online Banking: Viele Wege führen zur Bank", Inter/esse (5/2008), S. 7-8.

CANTON, E., VAN EWIJK, C., TANG, P. J. G. (2004): „Ageing and International Capital Flows", CPB Document No. 43 (January 2004).

EUROPÄISCHE ZENTRALBANK (2006): „EU Banking Structures", Frankfurt/Main 2006.

GOMEZ-SALVADOR, R., MUSSO, A., STOCKER, M. und TURUNEN, J. (2006): „Labour Productivity Developments in the Euro Area", in: Europäische Zentralbank (Hrsg.): „Occasional Paper No. 53", Frankfurt/Main 2006.

GRUBER, K. (2003): „Ageing Society – Zukunftsszenarien für das Bankgeschäft", Die Bank (2003), S. 584-588.

INITIATIVE FINANZSTANDORT DEUTSCHLAND (2006): „Wohnungsbaufinanzierung in Deutschland: Modern, günstig und sicher", Frankfurt/Main 2006.

ISSERSTEDT, W., MIDDENDORFF, E., FABIAN, G. und WOLTER, A. (2007): „Die wirtschaftliche und soziale Lage der Studierenden in der Bundesrepublik Deutschland 2006 – 18. Sozialerhebung des Deutschen Studentenwerks", Bundesministerium für Bildung und Forschung (Hrsg.), Bonn/Berlin 2007.

MÜLLER, K. (2005): „Auf dem Weg in die alternde Gesellschaft – Strategische Herausforderungen für die Banken"; Die Bank (2005), S. 32-38.

OECD (2005): „Ageing and Pension System Reform – Implications for Financial Markets and Economic Policies, Financial Market Trends – Supplement", November 2005.

OLIVEIRA MARTINS, J., GONAND, F., ANTOLIN, P., MAISONNEUVE, C. DE LA und YOO, K. (2005): „The impact of ageing on demand, factor market and growth", Economics Working Paper No. 240, OECD, Paris 2005.

STATISTISCHES BUNDESAMT (2006): „Bevölkerung Deutschlands bis 2050 – 11. koordinierte Bevölkerungsvorausberechnung", Wiesbaden 2006.

STATISTISCHES BUNDESAMT (2006): „Deutschland in der EU 2006", Wiesbaden 2006.

STATISTISCHES BUNDESAMT (2009): „Wirtschaftsrechnungen – Einkommens- und Verbrauchs-stichprobe, Geld- und Immobilienvermögen sowie Schulden privater Haushalte 2008", Wies-baden 2009.

STATISTISCHES BUNDESAMT (2007): „Geburten in Deutschland", Wiesbaden 2007.

UNITED NATIONS (2008): „World Population Prospects: The 2008 Revision".
www.un.org/esa/population/unpop

WEBER, A. (2006): „Demographie und Kapitalmärkte, Vortrag vor der Zürcher volkswirt-schaftlichen Gesellschaft", Zürich, 10. Januar 2006.
http://www.bundesbank.de/download/presse/reden/2006/20060110_weber_x1y5.pdf

Heinrich Haasis
Präsident des Deutschen Sparkassen- und Giroverbandes

2 Demografischer Wandel aus Sicht der Sparkassen[1]

2.1 Ausgangssituation

Die Auswirkungen des demografischen Wandels in Deutschland sind eine wichtige geschäftspolitische Herausforderung für die Sparkasse-Finanzgruppe. Ausgangspunkt dieses Beitrags ist die Feststellung, dass der demografische Wandel die Regionen Deutschlands unterschiedlich stark treffen wird: Während die eine Hälfte der Kreise und kreisfreien Städte in den nächsten Jahren noch kräftig Einwohner und damit auch Erwerbspersonen hinzugewinnen wird, verzeichnet die andere Hälfte der Regionen des Bundesgebietes deutliche Bevölkerungsverluste.[2]

Die Perspektiven, die sich hieraus für Finanzdienstleister ergeben, hängen davon ab, ob diese „frei beweglich" oder lokal gebunden sind: Die frei beweglichen, überregional agierenden Finanzakteure vollziehen die Wanderungsbewegung ihrer Zielgruppen in die wachsenden, wirtschaftsstarken Regionen nach. Die lokal gebundenen Institute sind hingegen abhängig von der Entwicklung vor Ort. Es kann daher vermutet werden, dass sich der demografische Wandel, und hier speziell Alterung und Abwanderung, vor allem auf die über ein Regionalprinzip mit einem bestimmten Wirtschaftsraum eng verbundenen Regionalbanken auswirkt. Darüber hinaus liegt die Vermutung nahe, dass die demografische Entwicklung Kreditinstitute in schrumpfenden Regionen besonders stark treffen wird.

Die Auswirkungen des demografischen Wandels in Deutschland stellen aus diesem Grund eine wichtige geschäftspolitische Herausforderung für die Sparkassen-Finanzgruppe insgesamt und speziell für die einzelnen öffentlich-rechtlichen regional verankerten Institute dar. Von Interesse hierbei ist, wie stark die demografische Entwicklung – Alterung, Migration, Internationalisierung – die Regionen Deutschlands trifft, welchen Einfluss regionale und demografische Faktoren auf Geschäftätigkeit und Ertragslage von Regionalbanken wie den Sparkassen haben und welche Handlungsansätze zum Umgang mit den Auswirkungen des demografischen Wandels notwendig sind, die es den Sparkassen auch weiterhin ermöglichen, im Rahmen ihres öffentlichen Auftrags als Gestalter regionaler Entwicklungsprozesse aktiv tätig zu sein und die flächendeckende Versorgung der Bevölkerung mit Finanzdienstleistungen zu sichern.

---

[1] Der Aufsatz ist in Zusammenarbeit mit Alexander Conrad, Universität Rostock, entstanden und basiert auf den Forschungsergebnissen des von der Wissenschaftsförderung der Sparkassen-Finanzgruppe e.V. finanzierten Projekts „Banking in schrumpfenden Regionen – Auswirkungen von Alterung und Abwanderung unter besonderer Berücksichtigung der Sparkassen". Die Beschreibungen zur Verzahnung mit der DSGV-Projektarbeit zum Thema „Demografischer Wandel" entstanden in Zusammenarbeit mit Matthias Krause, DSGV.

[2] Vgl. Bundesamt für Bauwesen und Raumordnung (2006), S. 5.

Der Punkt „Demografischer Wandel aus Sicht der Sparkassen" geht auf diese Problemstellung ein. Dabei wird als Erstes der demografische Wandel auf regionaler Ebene bzw. auf Ebene der Geschäftsgebiete der Sparkassen näher untersucht. Anschließend wird analysiert, welche regionalen und demografischen Faktoren besondere Relevanz in Bezug auf die Geschäftstätigkeit und Ertragslage von Sparkassen besitzen. Anhand von Sparkassenzahlen wird der Einfluss der abgeleiteten Größen überprüft und darauf eingegangen, wie sich der demografische Wandel auf diese Faktoren und dann auf die wirtschaftliche Situation der öffentlich-rechtlichen Institute auswirken könnte. Hierauf aufbauend wird unter Berücksichtigung der Ergebnisse aus der bundesweiten Sparkassenbefragung aufgezeigt,[3] wie die Sparkassen dem Thema „Demografischer Wandel" gegenüberstehen.

2.2 Schrumpfende versus wachsende Regionen

Gemäß den Bevölkerungsvorausberechnungen des Bundesamtes für Bauwesen und Raumordnung[4] werden bis zum Jahr 2020 von den heutigen 439 Kreisen und kreisfreien Städten 227 Einwohner verlieren.

Siedlungsstrukturtyp		Merkmal	Kreise					Anteil E**	Altenquotient***	
			gesamt (439)	schrumpfend* (227)					2007	2020
				(1)	(2)	(3)				
Regionstyp I: Agglomerationsräume (Oberzentrum > 300T E oder Dichte > 300 E/km²)										
T1	Kernstädte	> 100T E	43	30	0,69	18%		0,22	46,7	51,7
T2	Hochverdichtete Kreise	> 300 E/km²	44	17	0,38	13%		0,18	46,0	55,2
T3	Verdichtete Kreise	≥ 150 E/km²	39	15	0,38	19%		0,08	46,9	58,9
T4	Ländliche Kreise	< 150 E/km²	23	5	0,21	17%		0,05	42,9	58,7
Regionstyp II: Verstädterte Räume (Dichte > 150 E/km² oder Oberzentrum > 100T E bei Dichte ≥ 100 E/km²)										
T5	Kernstädte	> 100T E	29	24	0,82	22%		0,05	48,7	57,0
T6	Verdichtete Kreise	≥ 150 E/km²	91	42	0,46	34%		0,19	47,5	58,3
T7	Ländliche Kreise	< 150 E/km²	68	36	0,52	24%		0,10	47,5	60,6
Regionstyp III: Ländliche Räume (Dichte < 150 E/km² und ohne Oberzentrum > 100T E; mit Oberzentrum > 100T E und Dichte < 100 E/km²)										
T8	Ländliche Kreise hoher Dichte	≥ 100 E/km²	59	27	0,45	27%		0,08	48,2	59,2
T9	Ländliche Kreise geringer Dichte	< 100 E/km²	43	31	0,72	20%		0,05	48,8	65,3

Quelle: Bundesamt für Bauwesen und Raumordnung (2005). Berechnung und Darstellung in Anlehnung an Conrad (2008).

Tabelle 1: Schrumpfende Kreise unterteilt nach Siedlungsstrukturtypen[5]

---

[3] Vgl. Conrad/Neuberger (2007).
[4] Vgl. Bundesamt für Bauwesen und Raumordnung (2006).

Mit anderen Worten: Gut jede zweite Region schrumpft. Die Spanne des Bevölkerungsrückgangs reicht von wenigen bis hin zu 34%. Hiervon sind die neuen und alten Bundesländer sowie alle Kreistypen, die hoch verdichteten ebenso wie die dünn besiedelten ländlichen, betroffen (vergleiche Tabelle 1).

Die ländlichen Kreise Ostdeutschlands trifft der demografische Wandel aber besonders hart. Hier werden einige Kreise geradezu mit Entvölkerungstendenzen zu rechnen haben (vergleiche Abbildung 1).

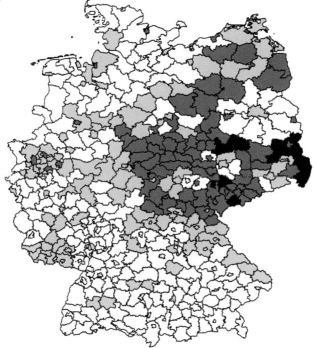

Quelle: Bundesamt für Bauwesen und Raumordnung (2005). Berechnung und Darstellung vgl. Conrad (2008), S. 5.

Abbildung 1: Geographische Lage der schrumpfenden Regionen[6]

Ursächlich für den Bevölkerungsrückgang (Schrumpfung) in den Kreisen sind Alterung und Abwanderung. Bis 2020 wird der durchschnittliche Anteil älterer Menschen in den schrumpfenden (wachsenden) Regionen von heute 27,1% (23,8%) auf 32,6% (28,0%) angestiegen und der Anteil junger Menschen von 17,9% (20,7%) auf 16,2% (18,0%) abgesunken sein.[7]

---

[5] Erläuterungen: * bis 2020 prognostizierte Schrumpfung; (1) = Anzahl schrumpfender Kreise je Typ, (2) = Anteil schrumpfende Kreise je Typ, (3) = Maximalwert für Einwohnerverlust je Typ; ** (E = Einwohner) Anteil E (Gruppe) an der Gesamtbevölkerung in % (2020); *** Durchschnitt: E 60 und älter an den E zwischen 20 und 60.

[6] Anmerkungen: Der Einwohnerindex für das Jahr 2020 wird dargestellt. Je geringer der Index, desto mehr Einwohner wird die Region im Vergleich zu 2002 verlieren (desto dunkler sind die Flächen eingefärbt); weiß = wachsende Kreise.

[7] Vgl. Conrad/Neuberger (2008), S. 4.

Wanderungsbewegungen verstärken den Trend der Überalterung und Schrumpfung. Vor allem die ländlichen, peripheren Regionen haben in den letzten Jahren einerseits deutlich Menschen der Altersgruppe 18 bis 25 (jugendliche Wanderer) und 25 bis 30 Jahre (Wanderung der Familiengründer) verloren. Auf der anderen Seite konnten sie von der Wanderung der Ruheständler, also der älteren Menschen, profitieren (vgl. Abbildung 2).

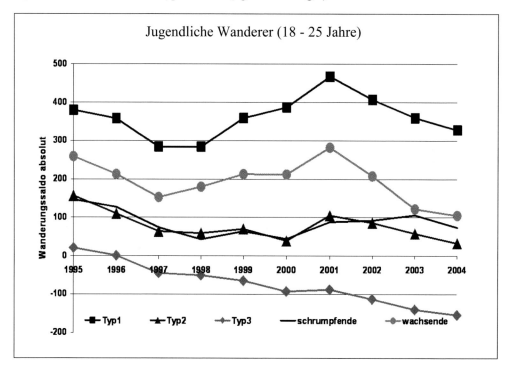

Fortsetzung der Abbildung auf der nächsten Seite

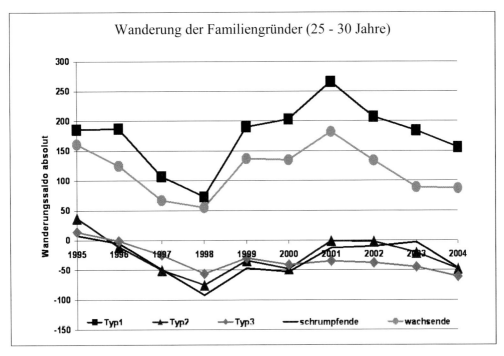

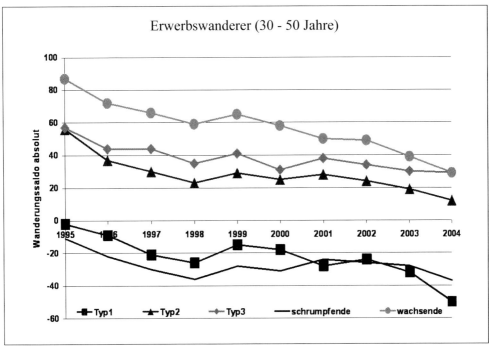

Fortsetzung der Abbildung auf der nächsten Seite

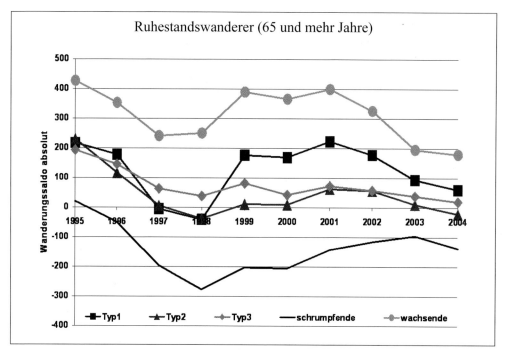

Quellen: Bundesamt für Bauwesen und Raumordnung (2005); Statistische Landesämter (2006); Berechnung und Darstellung
vgl. Conrad (2008), S. 6.

Abbildung 2: Wanderung verschiedener Altersgruppen[8]

Als eine wichtige Ursache für Abwanderung können regionale Unterschiede in der Lebensqualität gesehen werden.[9] Diese definiert sich über verschiedene Faktoren, wobei die regionalen Ausbildungs- und Beschäftigungsmöglichkeiten von großer Bedeutung sind. Die Ausprägung dieser Faktoren ist vor allem mit der wirtschaftlichen Prosperität in der Region verbunden, so dass schließlich ein Zusammenhang zwischen regionaler Wirtschaftskraft und Abwanderung entsteht.[10]

Die Gegenüberstellung von schrumpfenden und wachsenden Regionen zeigt nun, dass erstere
oftmals eine deutlich geringere und letztere in den meisten Fällen eine überdurchschnittlich
hohe Wirtschaftskraft aufweisen. Verantwortlich dafür sind aber weniger Abweichungen in
der Wirtschaftsstruktur als vielmehr Unterschiede in der Produktivität der verschiedenen Sektoren.[11] Ursächlich hierfür ist nicht zuletzt, dass die wachsenden Regionen deutlich besser in

---

[8] Anmerkungen: Werte = durchschnittlicher Wanderungssaldo der Kreise je Regionstyp; schrumpfende bzw.
wachsende = Kreise, die bis 2020 Einwohner verlieren bzw. hinzugewinnen; die Bezeichnung Typ bezieht
sich auf die Regionsgrundtypen (Agglomerationsräume (Typ 1), verstädterte (Typ 2) und ländliche Räume
(Typ 3)) und mit schrumpfende bzw. wachsende sind die Kreise mit Bevölkerungsverlusten bzw. -zuwächsen
gemeint.

[9] Vgl. Kawka (2007), S. 44.

[10] Vgl. OECD (2005), S. 137 ff.

[11] Vgl. Conrad/Neuberger (2008), S. 31 ff.

76

der Lage sind, qualifiziertes Personal an sich zu binden und damit Potenzial für Spezialisierung, als Grundlage für hohe Produktivität, aufzubauen. In der Folge sind die wachsenden Regionen für den demografischen Wandel aber auch für den Übergang von der Industrie- zur Wissensgesellschaft besser aufgestellt: Sie profitieren einerseits von dem aufgrund der Bevölkerungsalterung zunehmenden Anteil älterer berufserfahrener Erwerbstätiger und andererseits von dem breiten Wissen der jungen qualifizierten Menschen.[12]

Ein hohes regionales Fähigkeitspotenzial fördert wiederum die Ansiedlung und Konzentration von Unternehmen, was sich auf die Beschäftigungssituation und damit positiv auf die Arbeitslosigkeit in der Region niederschlägt. Eine geringe Arbeitslosenquote entlastet die Sozialen Sicherungssysteme und in der Folge stehen mehr Ressourcen für die Bewältigung von gesellschaftlichen Herausforderungen, wie z. B. der Bevölkerungsalterung, zur Verfügung. Die regionale Lebensqualität steigt, Abwanderung wird vermieden.[13]

Für die schrumpfenden Regionen ergibt sich hingegen eine Abwärtsspirale, die aber nicht unabwendbar ist. Dies zeigen Initiativen, in deren Mittelpunkt das Aufdecken und Fördern regionaler Potenziale steht. Dabei ist es unerheblich, ob sich nur wenige Kreise um die Herausbildung einer regionalen Identität bemühen, was seinen Ausdruck häufig in einer regionalen Marke findet, oder ob in großräumigen Projekten Maßnahmen zum Umgang mit den Folgen des demografischen Wandels für die Regionalentwicklung festgelegt werden.

Zum Schluss steht jeweils dasselbe Ziel: Die aktive Beeinflussung der Standortattraktivität. Dies bedarf jedoch der dauerhaften Beteiligung aller Regionalakteure. Den Regionalbanken und speziell den Sparkassen kann hierbei eine besondere Bedeutung zugeschrieben werden. Diese ergibt sich aus ihrem Interesse als lokal verankerte Institutionen mit öffentlichem Auftrag an einer ausgewogenen Regionalentwicklung.[14]

Inwiefern die Fähigkeit der Sparkassen, regionale Entwicklungsprozesse aktiv zu gestalten, vor dem Hintergrund der demografischen Entwicklung gefährdet ist, wird nachfolgend näher untersucht. Indem herausgestellt wird, welche regionalen und demografischen Größen die Geschäftstätigkeit und Ertragslage der öffentlich-rechtlichen Kreditinstitute maßgeblich beeinflussen.

2.3 Regionale und demografische Einflüsse – Ableitung und Hypothesen

Wichtige Ansatzpunkte zur Ableitung und Messung regionaler und demografischer Faktoren mit Einfluss auf die Geschäftstätigkeit und Ertragslage von Sparkassen lassen sich in der institutionenökonomischen Untersuchung Wenglers finden, in der am Beispiel der ostdeutschen Sparkassen die Wechselwirkungen zwischen der Tätigkeit kommunaler Kreditinstitute und dem kommunalen Raum für den Zeitraum 1996 bis 2000 empirisch analysiert wurden. Die Kernbereiche der finanzintermediatorischen Tätigkeit wurden hierzu in den Mittelpunkt ge-

---

[12] Vgl. Ragnitz/Grundig/Pohl/Thum/Seitz/Eichler/Lehmann/Schneider (2006), S. 24.
[13] Vgl. Kawka (2007), S. 37.
[14] Vgl. Conrad (2008), S. 7.

stellt und es wurde untersucht, wie diese von zuvor theoretisch abgeleiteten regionalen und demografischen Faktoren beeinflusst werden.[15]

Zur Haupttätigkeit der Sparkassen zählt Wengler (2006) die folgenden Bereiche: die Bereitstellung von Finanzinfrastruktur und das Aktiv- und das Passivgeschäft. Dabei versteht Wengler (2006) aus Sicht der Regionalbanken und speziell der Sparkassen unter der Bereitstellung von Finanzinfrastruktur in erster Linie das Betreiben eines Geschäftsstellennetzes, welches den ökonometrischen Analysen zufolge im Wesentlichen von fünf Faktoren beeinflusst wird:[16] von der Bevölkerungsdichte (+***), dem Pro-Kopf-Einkommen (-***), der regionalen Unternehmensstruktur (-*), von vorhandenen Konkurrenten (= Kreditgenossenschaften, +***) und von der eigenen Unternehmensgröße (+***).[17]

Als zweiten Kernbereich der Geschäftstätigkeit von Regionalbanken stellt Wengler (2006) das Einlagengeschäft heraus und operationalisiert dieses anhand der aggregierten Verbindlichkeiten der jeweils betrachteten Bankengruppe. Die regionalen Faktoren mit einem möglichen Einfluss auf den Umfang des Einlagengeschäfts leitet Wengler aus verschiedenen Theoriegebäuden der Volkswirtschaftslehre ab und ermittelt im Rahmen ökonometrischer Untersuchungen deren praktische Relevanz. Es stellt sich heraus, dass die folgenden zum Teil bereits bekannten Faktoren einen signifikanten Einfluss auf die Verbindlichkeiten der in den neuen Bundesländern tätigen öffentlich-rechtlichen Sparkassen haben: Pro-Kopf-Einkommen (+***), Bevölkerungsdichte (-**), Zweigstellendichte der Sparkassen (+***) und der Anteil der Regionalbevölkerung im Alter von 65 und mehr Jahren (+***).[18]

Schließlich untersuchte Wengler (2006) auch den Einfluss regionaler Größen auf den dritten Kernbereich der Geschäftstätigkeit von Sparkassen der kreditwirtschaftlichen Versorgung der Unternehmen, privaten sowie öffentlichen Haushalte. Nach einer detaillierten Darstellung der Entwicklung der Kreditvergabe in den neuen Bundesländern geht er auf mögliche Faktoren mit Einfluss auf die Kreditvergabe und -nachfrage im Privatkundenbereich ein und begründet seine Vermutung über eine hohe Signifikanz der folgenden Größen: Bevölkerungsdichte (-***), Pro-Kopf-Einkommen (+***), Geschäftsstellendichte der Sparkassen (+***), Altersstruktur der Einwohner (-***), Anteil einkommensschwacher Haushalte (+***), regionale Preise für Bauland (-***), das Eigenkapital des betrachteten Instituts (+***) als Grundlage der Kreditvergabe, sowie die Abschreibungen der Vorperiode (-***), die sich unmittelbar auf die Höhe des Kreditbestandes auswirken.[19]

Auf die aktuelle Relevanz der von Wengler (2006) ermittelten und weiterer Größen geht das Projekt „Banking in schrumpfenden Regionen ..." ein. In Anlehnung an Wenglers (2006) empirische Analysen und Conrad's (2008) modelltheoretischen Untersuchungen werden hierin Hypothesen zur Wirkung der verschiedenen regionalen und demografischen Einflussfaktoren

---

[15] Vgl. Wengler (2006), S. 264.

[16] Das Vorzeichen gibt an, ob es sich um einen „+" positiven oder einen „-" negativen Zusammenhang handelt. Die Sterne geben einen Hinweis auf die Signifikanz des ermittelten Zusammenhangs, wobei „***" für ein maximales Signifikanzniveau von 1%, „**" für eines von 5% und „*" für eines von 10% steht.

[17] Vgl. Wengler (2006), S. 282-284.

[18] Vgl. Wengler (2006), S. 309-317.

[19] Vgl. Wengler (2006), S. 343-353.

abgeleitet und am Beispiel der deutschen Sparkassen überprüft. Dabei steht nicht nur die Relevanz der verschiedenen Faktoren im Mittelpunkt. Es werden auch Überlegungen dazu angestellt, wie der demografische Wandel, hier speziell Alterung und Abwanderung, diese Größen beeinflusst und welche Konsequenzen sich hieraus für die wirtschaftliche Situation der Sparkassen ergeben könnten.

Die Geschäftstätigkeit der Sparkassen wird wie bei Wengler (2006) in die drei Kernbereiche „Bereitstellung von Finanzinfrastruktur, Einlagengeschäft und Kreditvergabe" unterteilt. Während die Bereitstellung von Finanzinfrastruktur die Voraussetzung für das Kredit- und Einlagengeschäft darstellt, bilden letztere Geschäfte die Grundlage für das Erwirtschaften von Erträgen.

Einflussfaktoren	Hyp.	Einflussbereich	vermutete Wirkung	Begründung
Wirtschaftskraft	1.1	Zweigstellendichte	negativ	öffentlicher Auftrag
	2.1	Einlagengeschäft	positiv	steigende Sparleistung und höherer Finanzbedarf mit steigendem Einkommen
	3.1	Kreditgeschäft		
	4.1	Ertragslage		
Einwohnerdichte	1.2	Zweigstellendichte	negativ oder positiv	je nachdem, ob der öffentliche Auftrag oder das Wirtschaftlichkeitsprinzip im Vordergrund steht
	2.2	Einlagengeschäft		
	3.2	Kreditgeschäft		
	4.2	Ertragslage		
Altersstruktur*	1.3	Zweigstellendichte	positiv	öffentlicher Auftrag
	2.3	Einlagengeschäft		Sparverhalten (hohe Sparquote)
	3.3	Kreditgeschäft	negativ	Risikoneigung
	4.3	Ertragslage	positiv	Bedeutung von Spareinlagen
Konkurrenz	1.4	Zweigstellendichte	negativ	öffentlicher Auftrag
	2.4	Einlagengeschäft		
	3.4	Kreditgeschäft		
	4.4	Ertragslage		
Betriebsgröße/ Kapitalausstattung	1.5	Zweigstellendichte	positiv	Wirtschaftlichkeitsprinzip
	3.5	Kreditgeschäft		Grundlage für Kreditvergabe und damit für das Erwirtschaften von Erträgen
	4.5	Ertragslage		
Schrumpfung		Einfluss der Faktoren ist in schrumpfenden Regionen stärker bzw. schwächer		

Quelle: Conrad/Neuberger (2008), S. 75 ff.

Tabelle 2: Regionale und demografische Einflussfaktoren – Hypothesen[20]

Die Vermutung liegt deshalb nahe, dass die regionalen und demografischen Faktoren mit Einfluss auf das Kredit- und Einlagengeschäft auch für die Ertragslage der Regionalbanken eine hohe Relevanz besitzen.[21] Insofern zeigt Tabelle 2 neben den Hypothesen zum Einfluss der

---

[20] Anmerkung: Öffentlicher Auftrag = flächendeckende Bereitstellung von Finanzdienstleistungen, verstärktes Engagement in peripheren und wirtschaftlich schwachen Regionen; * Anteil alter Menschen an der Gesamtbevölkerung der Region.

[21] Vgl. Conrad (2008).

verschiedenen regionalen und demografischen Faktoren auf die Geschäftstätigkeit auch die von Conrad/Neuberger (2008) formulierten Vermutungen über die Wirkungsrichtung der Einflussgrößen auf die Ertragslage der Sparkassen auf. Dabei wird jeweils das Geschäft mit den Privatkunden in den Mittelpunkt gestellt

2.4 Empirische Evidenz für Deutschlands Sparkassensektor

Zur Überprüfung der formulierten Hypothesen verwenden Conrad/Neuberger (2008) zwei Arten von Daten: Regionaldaten, die über die wirtschaftliche und demografische Situation in den betrachteten räumlichen Einheiten informieren und unternehmensbezogene Daten, die Angaben zur wirtschaftlichen Lage der Sparkassen enthalten. Die Regionaldatenbasis setzt sich aus den Zahlen der Datenbanken „Statistik regional"[22] und „INKAR"[23] zusammen. Diese verwenden jeweils dieselbe Raumsystematik, mit der sich Regionen eindeutig identifizieren und in der Folge Daten aus beiden Quellen zusammenführen lassen. Zahlenmaterial des Betriebsvergleichs der Sparkassen des DSGV bilden den Kern der unternehmensbezogenen Daten.

Beide Datenbestände werden schließlich miteinander verbunden, unter der Prämisse, dass sich dabei eine möglichst genaue Gegenüberstellung von regional- und unternehmensbezogenen Daten ergibt. Diese Voraussetzung bestimmt zugleich, auf welche räumliche Untersuchungseinheit bei der Abbildung der Geschäftsgebiete der Sparkassen zurückgegriffen werden sollte. Die Kreise und kreisfreien Städte Deutschlands eignen sich hierfür gut, weil sie in der Vielzahl der Fälle bereits mit dem Geschäftsgebiet der Sparkassen übereinstimmen.

Allerdings gibt es auch Fälle, in denen das Geschäftsgebiet einer Sparkasse mehrere Regionen (Kreise und kreisfreie Städte) umfasst, so dass es mehrere Kreise zu einer größeren Einheit zu aggregieren gilt. Darüber hinaus kommt es auch vor, dass die Geschäftsgebiete mehrerer Sparkassen in der Summe gerade eine Region abbilden, was es notwendig macht, dass mehrere Sparkassen zu einer größeren Einheit zusammengefasst werden.

Dieser Vorgehensweise folgend, ergibt sich ein Datensatz, der für das Jahr 2005 knapp 95% aller Sparkassen und fast 90% der Kreise und kreisfreien Städte Deutschlands umfasst und die Basis für aussagekräftige Untersuchungsergebnisse bildet (vergleiche Tabelle 3).

---

[22] Vgl. Statistische Landesämter (2006).
[23] Vgl. Bundesamt für Bauwesen und Raumordnung (2005).

Verknüpfungsart	Sparkassen	Kreise	Fälle
eine Sparkasse und ein Kreis	176	176	176
eine Sparkasse und x Kreise (i. d. R. x = 2)	44	111	44
y Sparkassen pro z Kreise	218	106	63
Zuordnung/Abgrenzung nicht möglich	14	46	-
fehlende Daten	11	-	-
Summe	463	439	283

Darstellung: Anlehnung an Conrad (2008).

Tabelle 3: Datensatzbeschreibung, Daten beziehen sich auf das Jahr 2005.

Zur Überprüfung der formulierten Hypothesen über die Wirkung der regionalen und demografischen Faktoren auf die Geschäftstätigkeit und Ertragslage schätzen Conrad/Neuberger (2008) auf der Basis der beschriebenen Daten mehrere lineare Regressionsmodelle mithilfe der „Kleinste Quadrate" - Methode. Einen Überblick über die Operationalisierung der hierfür verwendeten abhängigen und unabhängigen Variablen gibt Tabelle 4:

abhängige Variablen	Operationalisierung	unabhängige Variablen	Operationalisierung
Zweigstellendichte	$SPKFil/km^2$	Wirtschaftskraft	Kaufkraft/E
Einlagengeschäft	PrivatEinlagen+Depot/E	Einwohnerdichte	E/km2
Kreditgeschäft	PrivatKredite/E	Anteil alter Menschen	E75+/E
Ertragslage	Zins+Provisionsüberschuss/E	Konkurrenz	KonkurrenzFil/SPKFil
		Sparkassengröße	DBS/E
		Eigenkapital	EK/E
		Schrumpfung	Dummy-Variablen[*]

Quelle: Eigene Darstellung in Anlehnung an Conrad/Neuberger (2008), S. 83 ff.

Tabelle 4: Variablenübersicht [24] [25]

---

[24] Anmerkungen: SPKFil = Sparkassenfilialen, Privat = Einlagen+Depot von bzw. Kredite an Privatpersonen, E = Einwohner, Kaufkraft = DSGV interner Wert für die regionale Kaufkraft, E75+ = Einwohner mit 75 und mehr Jahren, KonkurrenzFil = DSGV interner Wert für die Anzahl der regionalen Konkurrenzfilialen, DBS = Durchschnittliche Bilanzsumme, EK = Eigenkapital. * Es wird ein Strukturbruchmodell der Form $y = b_0 + b_1X_1 + b_2DX_1 + u$ mit D = 1 (und dann für $b_1 + b_2$ für X_1), wenn Region von 1995 bis 2005 geschrumpft ist, sonst D = 0 (und b_1 für X_1) geschätzt.

[25] Die Normierung sowohl der abhängigen als auch der unabhängigen Faktoren mit der regionalen Fläche bzw. Einwohnerzahl ermöglicht den interregionalen Vergleich. Die hierdurch entstehenden Quotienten gehen zudem als logarithmierte Werte in die Schätzgleichungen ein, so dass sich im Rahmen der ökonometrischen Analyse für die verschiedenen unabhängigen Variablen ermittelten Koeffizienten als Elastizitäten interpretieren lassen. Neben der Wirkungsrichtung geben sie an, um wie viel Prozent sich die abhängige Variable erhöht bzw. verringert, wenn sich die unabhängige Variable bei sonst gleichen Bedingungen um ein Prozent erhöht. Die Form der Regressionsgleichungen lehnt sich an die modelltheoretischen Analysen in Conrad (2008) und die empirischen Untersuchungen in Wengler (2006) an.

Tabelle 5 präsentiert die Regressionsergebnisse für den Einfluss der ermittelten regionalen und demografischen Faktoren auf die verschiedenen Bereiche der Geschäftstätigkeit und der Ertragslage Sparkassen. Die Robustheit der Resultate überprüften Conrad/Neuberger (2008) im Rahmen der üblichen Tests.[26]

Einflussgrößen	Wirkung(srichtung) auf Einflussbereiche (n=283)							
	Zweigstellendichte		Einlagengeschäft		Kreditgeschäft		Ertragslage	
	β	$\beta_{schrumpf}$	β	$\beta_{schrumpf}$	β	$\beta_{schrumpf}$	β	$\beta_{schrumpf}$
Kaufkraft	+***	stärker	+***	=	+***	schwächer	+***	=
Einwohnerdichte	+***	=	-**	=	+	=	-	=
Alte Menschen	+***	stärker	+***	=	-*	=	+***	=
Konkurrenz	-***	=	-***	schwächer	-***	+***	-***	schwächer
Betriebsgröße	+***	=						
Eigenkapital					+***	stärker	+***	=

Quellen: DSGV (2005); Statistische Landesämter (2006); Bundesamt für Bauwesen und Raumordnung (2005). Darstellung und Berechnung: Conrad/Neuberger (2008); Conrad (2008).

Tabelle 5: Ergebnisse der multivariaten Analysen für das Jahr 2005[27]

Wie Tabelle 5 zeigt, wirkt sich die Kaufkraft jeweils positiv auf die Bereiche der Geschäftstätigkeit und auf die Ertragslage der Sparkassen aus. Dies spricht für die Gültigkeit der Hypothesen 2.1, 3.1 und 4.1. Hypothese 1.1, die bezogen auf den öffentlichen Auftrag eine stärkere räumliche Präsenz der Sparkassen in relativ ärmeren Regionen erwarten lässt (negativer Zusammenhang wurde vermutet), muss hingegen verworfen werden. Zu beachten gilt, dass die Untersuchung keine Aufwandsposition einbezieht. Wird beispielsweise untersucht, wie sich die unabhängigen Variablen auf den Verwaltungsaufwand je Einwohner auswirken, steht als Ergebnis, dass dieser signifikant positiv von der Kaufkraft abhängt: Sparkassen in relativ reicheren Regionen haben einen vergleichsweise höheren Verwaltungsaufwand je Einwohner. Insofern stellt sich die Ertragssituation für die Sparkassen in den relativ ärmeren Regionen, das sind häufig zugleich die schrumpfenden Regionen, nicht immer schlechter dar. Vor allem dann nicht, wenn sich gleichzeitig die Wettbewerbssituation in den von Abwanderung betroffenen Regionen zugunsten der Sparkassen verbessert. Noch deutlicher wird dieser Zusammenhang bei der Betrachtung der Cost-Income-Ratio (CIR). Hier wird deutlich, dass relativ

---

[26] Es wurden jeweils (White) Heteroskedastizität-konsistente Standardfehler errechnet. Die Störterme wurden auf Normalverteilung hin überprüft. Mithilfe der Varianz-Inflations-Faktoren wurde auf Multikollinearität getestet. Darüber hinaus wurden unterschiedliche Operationalisierungen der unabhängigen Variablen vorgenommen und die Stichprobe in verschiedene Gruppen (z. B. Ost/West, Stadt/Land) unterteilt.

[27] Anmerkungen: + positiver und - negativer Zusammenhang; Signifikanzniveaus *** $p \leq 1\%$; ** $p \leq 5\%$ * $p \leq 10\%$; = kein Unterschied zwischen Regionen, die im Zeitraum von 1995 bis 2005 Einwohner verloren bzw. hinzugewonnen haben; stärker bzw. schwächer: gleiche Wirkungsrichtung, der Koeffizient ist jeweils signifikant aber größer bzw. niedriger. Die Modelle erklären rund 91% der Varianz der Zweigstellendichte der Sparkassen, ca. 75% bzw. 70% des Einlagen- bzw. Kreditgeschäfts und knapp 82% der Variation der Ertragslage der Sparkassen.

reichere Regionen eine höhere CIR aufweisen. Ergebnisse zu diesen Untersuchungen werden in Kürze in einer aktualisierten Fassung des Arbeitspapiers von Conrad (2008) diskutiert.

Dass der öffentliche Auftrag aber dennoch erfüllt wird, zeigen Conrad/Neuberger/Schneider-Reißig (2008) in ihrer Analyse der Zweigstellendichte von Sparkassen und Genossenschaftsbanken: Sparkassen passen ihr Filialnetz aufgrund der starken regionalen Verankerung deutlich an Veränderungen der Kaufkraft an, weisen aber im Vergleich zu den Wettbewerbern weiterhin eine größere räumliche Präsenz in den wirtschaftlich schwächeren Regionen auf.

Die Einwohnerdichte hat einen signifikant positiven Einfluss auf die Zweigstellendichte und einen signifikant negativen Einfluss auf das Einlagengeschäft der Sparkassen. Das bedeutet, dass die öffentlich-rechtlichen Kreditinstitute bei der Gestaltung ihrer Filialnetze betriebswirtschaftliche Aspekte nicht vernachlässigen und sich an das vorhandene Marktpotenzial im umgrenzten Geschäftsgebiet anpassen. Darüber hinaus wird aber auch deutlich, dass Sparkassen in vergleichsweise dünner besiedelten Regionen mehr Einlagen je Einwohner mobilisieren und damit ihrem öffentlichen Auftrag, den Sparsinn und die Vermögensbildung zu fördern, in diesen Regionen in besonderer Weise nachkommen.

Tabelle 5 zeigt außerdem, dass die Einwohnerdichte eher keine Relevanz in Bezug auf die Ertragslage der Sparkassen besitzt. Insofern findet Hypothese 4.2 keine Unterstützung durch dieses Resultat. Grund hierfür könnte die strikte regionale Verankerung sein: Unabhängig von der Einwohnerdichte sind die Sparkassen gezwungen, Erträge zu erwirtschaften, mit denen die eigene Existenz und damit die Möglichkeit, aktiv auf regionale Entwicklungsprozesse einzuwirken, abzusichern sind.

Für die demografische Einflussgröße „Anteil alter Einwohner" zeigt sich ein positiver und signifikanter Einfluss im Bereich der Zweigstellendichte, des Einlagengeschäfts und der Ertragslage. Bezogen auf das Kreditgeschäft ermittelten Conrad/Neuberger (2008) hingegen einen signifikant negativen Einfluss. Demnach berücksichtigen die Sparkassen die Alterung der Bevölkerung bereits bei der Gestaltung ihrer Zweigstellennetze. Dies spricht für die Gültigkeit von Hypothese 1.3.

Darüber hinaus verweist der positive Einfluss eines hohen Anteils alter Menschen in der Region auf die Ertragslage der Sparkassen vor dem Hintergrund des demografischen Wandels auf einen bedeutsamen Vorteil der Sparkassen hin: Die öffentlich-rechtlichen Regionalbanken können von der Bevölkerungsalterung profitieren, wenn es ihnen gelingt, die wachsende Gruppe alter Menschen auch weiterhin an sich zu binden. Dieses Resultat unterstützt die Gültigkeit von Hypothese 2.3.

Zu beachten gilt, dass der positive Einfluss des Anteils alter Menschen vor allem auf die Bedeutung dieser Kundengruppe für das Einlagengeschäft zurückgeführt werden kann. Nach einer jüngsten Studie auf der Grundlage des Sozioökonomischen Panels des DIW haben die heutigen Senioren mehr verfügbares Einkommen als die Jüngeren und sind im Durchschnitt die reichsten Rentner, die es in Deutschland jemals gab.[28] Da sie weniger mobil sind als die Jüngeren, die den privaten Banken in die prosperierenden Regionen folgen, sorgen sie für eine relativ hohe Spartätigkeit in schrumpfenden Regionen und stellen somit eine Chance für die Sparkassen dar.

Für die nachfolgenden Generationen ist aber davon auszugehen, dass das verfügbare Einkommen und die Sparleistung der älteren Menschen zurückgehen, da die heute Jungen aus ihren Beiträgen zur gesetzlichen Rentenversicherung weniger Rente erzielen werden. Dies könnte dadurch kompensiert werden, dass sie ihre Spartätigkeit im Rahmen der privaten Altersvorsorge erhöhen. An dieser Stelle müssen die Sparkassen ansetzen. [29]

Im Hinblick auf die Konkurrenzsituation konnte jeweils ein höchst signifikanter negativer Einfluss auf die Bereiche der Geschäftätigkeit und die Ertragslage der Sparkassen ermittelt werden: Nimmt die Zahl der Konkurrenzzweigstellen relativ zu den Filialen der öffentlich-rechtlichen Institute in einer Region ab, erhöht sich die räumliche Präsenz der Sparkassen. Außerdem mobilisieren die öffentlich-rechtlichen Institute mehr Einlagen, vergeben mehr Kredite und erwirtschaften in der Folge höhere Erträge je Einwohner. Das bedeutet aber auch, dass Sparkassen in denjenigen Regionen stark vertreten und besonders erfolgreich sind, aus denen sich Wettbewerber regelmäßig zurückziehen. Dies könnte eine Chance vor allem für Sparkassen in schrumpfenden Regionen sein, da diese aufgrund ihrer oftmals vergleichsweise geringen Marktattraktivität von Konkurrenten gemieden werden.[30] Die Hypothesen 4.1, 4.2, 4.3 und 4.4 müssen aufgrund dieser Resultate nicht verworfen werden.

Das Geschäftsvolumen je Einwohner stellt eine weitere wichtige Einflussgröße für die räumliche Präsenz der Sparkassen dar und es zeigt sich wie in H1.5 formuliert, ein höchst signifikanter positiver Einfluss. Wengler (2006) ermittelte für die Filialdichte der ostdeutschen Sparkassen für das Jahr 1998 denselben Wirkungszusammenhang und argumentierte in der Folge: „Regionen, deren Sparkassen ein hohes Geschäftsvolumen je Einwohner aufweisen, werden demgemäß besser mit Finanzinfrastruktur versorgt".[31] Bestätigen lassen sich in diesem Zusammenhang auch Hypothese 3.5 und 4.5: Mit steigender Eigenkapitalausstattung bzw. Unternehmensgröße verbessert sich erwartungsgemäß die Fähigkeit der Sparkassen, Kredite zu vergeben, und in der Folge verbessert sich auch die Ertragslage der öffentlich-rechtlichen Institute.

Die Ergebnisse weisen zudem darauf hin, dass Sparkassen in schrumpfenden und wachsenden Regionen überwiegend in gleicher Weise auf die untersuchten regionalen und demografischen Einflussfaktoren reagieren. Bezogen auf die Kaufkraft und den Anteil alter Menschen konnten geringfügige Unterschiede in der Wirkungsstärke ermittelt werden. Demnach haben die Kaufkraft und der Anteil alter Menschen einen stärkeren Einfluss auf die räumliche Präsenz

---

[28] Das Sozioökonomische Panel beruht auf einer Stichprobe von etwa 12.000 Haushalten. Demnach hatten Seniorenpaare im Jahr 2003 durchschnittlich ein verfügbares Haushaltseinkommen von mehr als 20.000 Euro, was 104,5% des durchschnittlichen bedarfsgewichteten verfügbaren Einkommens der Gesamtbevölkerung entspricht, vgl. Grabka/Krause (2005).

[29] Vgl. Conrad/Neuberger (2008), S. 121.

[30] Vgl. Conrad/Neuberger (2008), S. 57 ff.

[31] Wengler (2006), S. 287.

der Sparkassen in schrumpfenden Regionen. Die Relevanz der Kaufkraft für die Kreditvergabe ist hingegen in den von Abwanderung betroffenen Regionen schwächer als in den wachsenden Räumen des Bundesgebiets.

Insofern macht die Analyse, deren Ergebnisse Tabelle 6 zusammenfasst, folgende Punkte deutlich: Die Sparkassen beziehen den Bevölkerungsrückgang und die Alterung bereits in ihre Zweigstellenpolitik ein. Unter Berücksichtigung betriebswirtschaftlicher Gesichtspunkte wird die Filialstruktur an das vorhandene regionale Potenzial angepasst. Der öffentliche Auftrag wird dabei nicht vernachlässigt. Es kann vermutet werden, dass die Alterung der Bevölkerung zukünftig eine noch stärkere Berücksichtigung finden wird.

Einflussfaktoren	Hyp.	Einflussbereich	vermutete Wirkung	ermittelte Wirkung	Hypothese bestätigt?
Wirtschaftskraft	1.1	Zweigstellendichte	negativ	positiv	nicht bestätigt
	2.1	Einlagengeschäft	positiv		bestätigt
	3.1	Kreditgeschäft			bestätigt
	4.1	Ertragslage			bestätigt
Einwohnerdichte	1.2	Zweigstellendichte	negativ oder positiv	positiv	keine eindeutige Aussage dazu möglich, ob der öffentliche Auftrag oder betriebswirtschaftliche Aspekte dominieren
	2.2	Einlagengeschäft		negativ	
	3.2	Kreditgeschäft		n.s.	
	4.2	Ertragslage			
Altersstruktur*	1.3	Zweigstellendichte	positiv	positiv	bestätigt
	2.3	Einlagengeschäft			bestätigt
	3.3	Kreditgeschäft	negativ	negativ	bestätigt
	4.3	Ertragslage	positiv	positiv	bestätigt
Konkurrenz	1.4	Zweigstellendichte	negativ	negativ	bestätigt
	2.4	Einlagengeschäft			bestätigt
	3.4	Kreditgeschäft			bestätigt
	4.4	Ertragslage			bestätigt
Betriebsgröße/ Kapitalausstattung	1.5	Zweigstellendichte	positiv	positiv	bestätigt
	3.5	Kreditgeschäft			bestätigt
	4.5	Ertragslage			bestätigt
Schrumpfung	Einfluss der Faktoren ist in schrumpfenden Regionen stärker bzw. schwächer				nur teilweise bestätigt

Quelle: Conrad/Neuberger (2008), S. 75 ff.

Tabelle 6: Hypothesen und Resultate im Überblick[32]

Die Frage, wie Alterung und Abwanderung die Ertragslage der Sparkassen beeinflussen, lässt sich anhand der Untersuchungsresultate wie folgt beantworten: Eine alternde Bevölkerung hat vorerst einen positiven Einfluss auf die Ertragslage der Sparkassen, wobei diese Wirkung nicht zuletzt auf die Bedeutung älterer Menschen für das Einlagengeschäft und deren heute noch sehr hohe Kaufkraft zurückzuführen ist. Auch von der Verringerung der Bevölkerung geht vorerst eine positive Wirkung aus, besonders dann, wenn hiermit eine Abnahme der Wettbewerbsintensität verbunden ist.

---

[32] Anmerkung: * = Anteil alter Menschen an der Gesamtbevölkerung der Region; n.s. = nicht signifikant bei einem marginalen Signifikanzniveau von 10%.

Wie der Regionalvergleich (vgl. Abschnitt 2.2) deutlich macht, verfügen schrumpfende Regionen aber oft über eine vergleichsweise geringe Wirtschaftskraft. Geht diese mit der Abnahme der Bevölkerung weiter zurück, ergibt sich hieraus eine eindeutige Gefahr für die Ertragslage der Sparkassen. Das gilt umso mehr, als die Wirtschaftskraft (beziehungsweise Kaufkraft) neben der Eigenkapitalausstattung den größten Einfluss auf die Ertragslage der Sparkassen besitzt.

Aus diesem Grund sind vor allem die Sparkassen in schrumpfenden Regionen dazu angehalten, Alterung und Abwanderung in ihre Geschäftspolitik einzubeziehen und sich auf den demografischen Wandel vorzubereiten.

2.5 Handlungsansätze vor dem Hintergrund des demografischen Wandels – Die Sicht der Sparkassen

Wie die Sparkassen dem Thema „demografischer Wandel" gegenüberstehen und welche Verhaltensweisen sie im Umgang mit den daraus entstehenden Folgen als richtig erachten, hat eine von Conrad/Neuberger (2007) durchgeführte schriftliche Befragung aller öffentlich-rechtlich organisierten Sparkassen in Deutschland, die im September und Oktober 2007 mit Unterstützung der Wissenschaftsförderung der Sparkassen-Finanzgruppe e. V. erfolgte, erhellt.[33]

Der demografische Wandel wird von den Sparkassen als Problem erkannt. Die Institute schätzen ein, dass Alterung und Abwanderung die eigene Geschäftspolitik bereits heute deutlich beeinflussen. Für die nächsten 5 Jahre erwarten sie eine steigende Tendenz. Es zeigt sich, dass weniger die Abwanderung als Gefahrenquelle angesehen wird. Vielmehr benennen die Institute die Alterung der Kunden als größtes Problem. Dieses Resultat ist einerseits überraschend, da die Sparkassen zugleich angeben, dass sie die Anzahl der Einwohner und Unternehmen im Geschäftsgebiet als wichtigsten Faktor mit Einfluss auf ihren Geschäftserfolg bewerten. Das gilt umso mehr für Institute in schrumpfenden Regionen. Auf der anderen Seite machen die Antworten die pragmatische Haltung der Institute deutlich:[34] Abwanderung findet statt. Die Sparkassen sehen zwar Möglichkeiten, einen positiven Einfluss auf die Attraktivität des Geschäftsgebiets auszuüben, um der Abwanderung entgegenzuwirken. Doch vor allem erkennen sie die Notwendigkeit sich anzupassen, vorhandene Potenziale, die mit der Alterung der Bevölkerung verbunden sind, zu ermitteln und besser auszuschöpfen.

Dies spiegelt sich deutlich in den Antworten der Institute dazu wider, welche Strategien im Bereich der Produkt-, Distributions- und Mitarbeiterpolitik sie als Reaktion auf eine alternde und schrumpfende Kundschaft für richtig beurteilen.

Hinsichtlich der Produktpolitik werden Maßnahmen als sinnvoll erachtet, die einerseits für eine höhere Produktvielfalt und andererseits für eine spezialisierte Kundenansprache stehen. Circa jede zweite Sparkasse strebt hierzu die Vertiefung des Allfinanzkonzeptes an und das

---

[33] Die Rücklaufquote betrug 25%. Institute aus wachsenden und schrumpfenden Regionen waren ungefähr gleich stark vertreten. Größere Institute sind in der Stichprobe überrepräsentiert.
[34] Vgl. Conrad/Neuberger (2007).

Gros der Institute beurteilt in diesem Zusammenhang die Strategie „mit neuen, attraktiven Produktgruppen gegen die Konkurrenz absetzen" als richtigen Weg. Aus Sicht der Sparkassen bedeutet „spezialisierte Kundenansprache" aber nicht nur die wachsende Gruppe älterer Menschen einzubeziehen. Allen Kunden muss gleichermaßen mit flexiblen, individuell gestaltbaren Spar- und Investitionskonzepten Rechnung getragen werden. Spezialisierung bedeutet aus Sicht der Institute: die jeweilige Lebensweise und -biographie des Kunden bei Ansprache und Beratung zu berücksichtigen.

Drei von vier Sparkassen stimmten der Aussage zu, dass den 55+Jährigen die räumliche Nähe zur Filiale besonders wichtig ist. Es kann vermutet werden, dass dies umso mehr für ältere Kunden in ländlich, dünn besiedelten Räumen zutrifft. Mit Blick auf das Spannungsverhältnis auch in peripheren, wirtschaftsschwachen Gebieten die Versorgung zu sichern und dabei betriebswirtschaftliche Aspekte nicht zu vernachlässigen, stellt sich die Frage nach sinnvollen Maßnahmen im Bereich der Distributionspolitik.

Die Antworten der Sparkassen weisen indes darauf hin, dass sie vor dem Hintergrund einer alternden und schrumpfenden Kundschaft weniger auf die Errichtung neuer als vielmehr auf einen zielgerichteten Ausbau bestehender Strukturen setzen. Das bedeutet in diesem Zusammenhang konkret: bei baulichen und technischen Anpassungen auf die besonderen Bedürfnisse der älteren Kunden einzugehen.[35]

Mit Blick auf die elektronischen Vertriebswege wird die Erweiterung des Online-Banking Angebots als sinnvoller erachtet als eine Ausweitung der Selbstbedienungstechnik. Darüber hinaus wurde das „mobile Banking" also der direkte filialunabhängige Vertrieb als Schlüsselstrategie in diesem Bereich benannt. Mobiles Banking fordert Mobilität und Flexibilität von den Mitarbeitern im heute noch vorwiegend stationären Vertrieb. Diese Strategie betrifft somit gleichsam Distributions- und Mitarbeiterpolitik.

Durch diese und weitere Maßnahmen bereiten sich die Sparkassen auf die anstehenden Herausforderungen einer alternden und schrumpfenden Kundschaft vor. Mit Blick auf eine erste Umfrage, die von Rosar (2007) zu diesem Thema durchgeführt wurde, wird zudem deutlich, dass sich das Aktivitätsniveau bei den Sparkassen in kurzer Zeit messbar erhöht hat. Die befragten Institute informieren sich vermehrt (90%), führen Umfeldanalysen durch (66%), erstellen Szenarien (50%) und richten Projektgruppen ein (26%). Das Augenmerk liegt jeweils auf den Risiken der demografischen Entwicklung für die eigene Geschäftstätigkeit. Die Antworten der Sparkassen weisen außerdem darauf hin, dass die Ergebnisse aus Informations- und Umfeldanalysen verarbeitet und in vielfältiger Weise in die Produkt-, Distributions- und Mitarbeiterpolitik einbezogen werden.[36]

Aus den Resultaten der Umfrage schlussfolgern Conrad/Neuberger (2007), dass sich die Sparkassen durchaus der Gefahren bewusst sind, die mit der demografischen Entwicklung in Verbindung stehen. Alterung und Abwanderung werden aber nicht nur als Bedrohung aufgefasst, sondern als Herausforderungen, auf die es heute bereits zu reagieren gilt. Stärker als bisher

---

[35] Vgl. Conrad/Neuberger (2007).
[36] Conrad/Neuberger (2007).

sind dabei aus Sicht der befragten Sparkassen die Vorteile der regionalen Verankerung und Mitgliedschaft in einem vielseitigen Finanzverbund zu nutzen, beispielsweise durch eine intensive Kooperation der Institute im Verbandsgebiet.

2.6 Handlungsansätze des DSGV

Die Ergebnisse des Forschungsvorhabens „Banking in schrumpfenden Regionen ..." flossen in das DSGV-Projekt „Vorstudie Demografischer Wandel" ein. Ziel dieses Projektes war es, eine koordinierte Vorgehensweise zu entwickeln, bei der im Verbund die notwendigen Handlungsfelder für die einzelnen Sparkassen identifiziert und in der Folge praxisnahe Handlungsansätze angeboten werden. Aus der Vorstudie gingen die nachstehend genannten Folgeaktivitäten hervor:

Entwicklung eines Demografie-Atlases: Das webgestützte Instrument gibt den einzelnen Sparkassen einen Überblick über die demografische Entwicklung im jeweiligen Geschäftsgebiet, wobei auf verschiedene Aspekte (Migration, Alterung, Internationalisierung, allgemeine sozioökonomische Bedingungen etc.) eingegangen wird. Neben der Situationsbeschreibung erhalten die Institute Handlungsoptionen zur Bewältigung des demografischen Wandels aus passenden DSGV-Projekten und gesammelten Erfahrungsberichten von Sparkassen. Der Demografie-Atlas steht ab Herbst 2008 den Instituten und Institutionen der Sparkassen-Finanzgruppe zur Verfügung.

Markt- und Personalsimulation: Während der Demografie-Atlas überwiegend allgemeine Informationen zur demografischen Entwicklung in den Geschäftsgebieten zusammenfasst, erhalten die Sparkassen im Rahmen der Markt- und Personalsimulation die Möglichkeit, spezielle (demografische) Zukunftsszenarien zu betrachten. Das vom Ostdeutschen Sparkassenverband entwickelte Simulationstool soll ausgehend von der simulierten demografischen Entwicklung im Geschäftsgebiet einen Ausblick auf die künftige Geschäftsentwicklung geben. Ergänzend dazu wird eine Personalsimulation bereit gestellt, die vom Rheinischen Sparkassen- und Giroverband entwickelt wurde. Die Simulation bildet die künftige Mitarbeiterstruktur (z. B. hinsichtlich Alterung, Kosten, Qualifikation) in den Geschäftsgebieten ab und ermöglicht den einzelnen Sparkassen ein rechtzeitiges Reagieren.

Das Projekt „Personalwirtschaftliche Aspekte zur Bewältigung des demografischen Wandels" hat das Ziel, das von der DekaBank entwickelte lebenszyklusorientierte Personalkonzept an die Bedürfnisse der einzelnen Sparkassen anzupassen und um weitere Maßnahmen zu ergänzen. Die einzelnen Komponenten werden zu einem „Baukastensystem" zusammengestellt, das schließlich praxistaugliche und passgenaue Instrumente (z. B. Konzepte, Empfehlungen, Best- und Good-Practice-Beispiele) enthält, mit denen die Sparkassen und auch deren Verbundpartner selbstständig und zielgerichtet auf die Herausforderungen der demografischen Entwicklung reagieren können.

Im Herbst 2008 wurde ein Vertriebsprojekt gestartet, das einen systematischen Umgang mit der Zielgruppe der Menschen mit Migrationshintergrund beinhaltet. Neben den geschäftlichen Potenzialen verbindet sich mit diesem Thema auch eine gesellschaftliche Verantwortung. Angesichts der Schrumpfung der deutschen Bevölkerung und der Zunahme der Menschen mit Migrationshintergrund liegt hier eine Chance, Schrumpfungsprozesse zu bremsen. Ein eigenes Konto bei einer Sparkasse zu bekommen, kann dazu ein erster wichtiger Schritt sein. Eine weitere Möglichkeit, die Potenziale von Menschen mit Migrationshintergrund stärker zu nutzen, besteht darin, sie als Mitarbeiter in den Instituten zu integrieren. Die Ergebnisse dieses Projektes sollen in 2009 vorgelegt werden.

Als weiteres Handlungsfeld identifizierte der DSGV im Rahmen seiner Vorstudie eine verstärkte Zusammenarbeit zwischen Sparkassen und Kommunen. Finanzwirtschaftliche Fragestellungen müssen hierbei ebenso thematisiert werden wie die Anpassung der kommunalen Infrastruktur oder die Entwicklung regionalwirtschaftlicher und städtebaulicher Profile. So praktiziert beispielsweise das KommIn-Konzept (Baden-Württemberg) das Angebot von kommunalen und finanziellen Dienstleistungen unter einem Dach. Eine stärkere Zusammenarbeit beim Betrieb der von Sparkassen und Kommunen gemeinsam genutzten Strukturen scheint ebenfalls sinnvoll (z. B. bei IT-Systemen/Strukturen und im Personalbereich).

2.7 Fazit

Der demografische Wandel, speziell Alterung und Abwanderung, begünstigt die Spaltung des Bundesgebietes in schrumpfende und wachsende Regionen, wobei die ersteren bis auf wenige Ausnahmen zugleich zu den vergleichsweise wirtschaftsschwachen Räumen zu zählen sind: So werden ausgehend vom Jahr 2002 nach den Prognosen des Bundesamt für Bauwesen und Raumordnung bis 2020 etwa 227 der 439 Kreise und kreisfreien Städte Deutschlands einen schrumpfenden und oftmals überdurchschnittlich stark alternden Bevölkerungsstand aufweisen. Die Wirtschaftskraft von fast zwei Dritteln der schrumpfenden Regionen reicht an den Bundesdurchschnitt nicht heran.

Ein besonderes Interesse an dieser Entwicklung ist bei den Sparkassen vorhanden, die durch das Regionalprinzip mit ihrem Wirtschaftsgebiet verbunden sind und als öffentlich-rechtliche Kreditinstitute neben der Bestandswahrung einen öffentlichen Auftrag zu erfüllen haben.

Dass die Sparkassen die Gefahren, aber auch die Chancen aus der demografischen Entwicklung erkannt haben, zeigen die Antworten, die im Rahmen der Sparkassenbefragung gewonnen werden konnten. Alterung und Abwanderung werden aber nicht nur als Bedrohung aufgefasst, sondern als Herausforderung und Chance, auf die es heute bereits zu reagieren gilt. Während von der Alterung derzeit noch ein positiver Einfluss ausgeht, stellt sich die Abwanderung einerseits als Problem und als Gefahr für die Ertragslage dar. Vor allem dann, wenn mit dem Bevölkerungsrückgang auch ein Absinken der regionalen Wirtschaftskraft verbunden ist. Andererseits kann sich mit der Schrumpfung aber auch eine Chance für die regional verankerten Sparkassen verbinden: Sie profitieren vom Rückzug der privaten Wettbewerber aus den schrumpfenden oftmals benachteiligten, in die wirtschaftlich prosperierenden Regionen. Passen die öffentlich-rechtlichen Institute ihr Geschäftsmodell an diese veränderten Rahmenbedingungen an, ist ein erfolgreiches Wirtschaften trotz Bevölkerungsrückgangs auch weiterhin möglich.

Die Anpassung der Geschäftsmodelle unterstützt der DSGV mit seiner Vorstudie „Demografischer Wandel" und den daraus resultierenden Folgeaktivitäten. Dabei wird auf praxisnahe Handlungsansätze und die Möglichkeit zur individuellen Anpassung geachtet. Besondere Bedeutung erlangt in diesem Zusammenhang der webbasierte „Demografie-Atlas", der allen Instituten und Institutionen als Orientierungshilfe zur Verfügung steht.

Als Fazit aus den DSGV-Projekten und den wissenschaftlichen Arbeiten steht die Erkenntnis, dass alle Sparkassen, sowohl jene in wachsenden als auch diejenigen in schrumpfenden Regionen, eine Perspektive haben, wenn sie sich rechtzeitig auf die stattfindenden Veränderungen einstellen. Hierbei werden sie von einem starken Verbund, durch eine starke Marke und durch die tiefe regionale Verankerung, die ein kundennahes und deshalb zielgerichtetes Wirtschaften ermöglicht, unterstützt.

Aus Sicht des DSGV und der Sparkassen lässt sich so, trotz einer alternden und schrumpfenden Kundschaft und den damit für die Ertragslage verbundenen Risiken, auch zukünftig die Bereitstellung von Finanzdienstleistungen im Sinne einer flächendeckenden Versorgung und schließlich die Erfüllung des öffentlichen Auftrags sicherstellen.

Literatur

BUNDESAMT FÜR BAUWESEN UND RAUMORDNUNG (2005): „INKAR, Indikatoren und Karten zur Raumentwicklung", Ausgabe 2005, CD-ROM, Bonn 2005.

BUNDESAMT FÜR BAUWESEN UND RAUMORDNUNG (2006): „Kurzfassung Raumordnungsprognose 2020/2050", Bonn 2006.

CONRAD, A. (2008): „Banking in schrumpfenden Regionen - Auswirkungen von Alterung und Abwanderung auf Regionalbanken", Thünen-Reihe Angewandter Volkswirtschaftstheorie, Nr. 94, Universität Rostock 2008.

CONRAD, A. und NEUBERGER, D. (2007): „Ergebnisse zur schriftlichen Sparkassenbefragung im Rahmen des Forschungsprojekts Banking in schrumpfenden Regionen - Auswirkungen von Alterung und Abwanderung auf Regionalbanken unter besonderer Berücksichtigung der Sparkassen", Arbeitspapier, Universität Rostock 2007.

CONRAD, A. und NEUBERGER, D. (2008): „Banking in schrumpfenden Regionen - Gutachten zum Forschungsprojekt", nicht veröffentlichtes Manuskript.

CONRAD, A., NEUBERGER, D. und SCHNEIDER-REIßIG, M. (2008): „Geographic and Demographic Bank Outreach: Evidence from Germany's Three-Pillar Banking System", Thünen-Reihe Angewandter Volkswirtschaftstheorie, Nr. 98, Universität Rostock 2008.

DSGV (2006): „Betriebsvergleich der Sparkassen, interne Kennzahlen", unveröffentlichtes Zahlenmaterial für die Jahre 2001 bis 2005, Berlin.

GRABKA, M. und KRAUSE, P. (2005): „Einkommen und Armut von Familien und älteren Menschen", in: DIW (Hrsg.): „Wochenbericht", 72. Jahrgang, Nr. 9, Berlin 2005.

KAWKA, R. (2007): „Wachstumsregionen in Deutschland – empirische Befunde", in: Köhler, S. (Hrsg.): „Wachstumsregionen fernab der Metropolen – Chancen, Potenziale und Strategien", Akademie für Raumforschung und Landesplanung, Nr. 334, Hannover 2007.

OECD (2005): „Regions at a Glance", OECD Publishing, Paris, Frankreich 2005.

RAGNITZ, J., GRUNDIG, B./POHL, C., THUM, M., SEITZ, H., EICHLER, S., LEHMANN, H. und SCHNEIDER, L. (2006): „Demographische Entwicklung in Ostdeutschland", Forschungsauftrag des BMWi, Projekt Nr. 27/04, Institut für Wirtschaftsforschung Halle (Hrsg.), Halle 2006.

ROSAR, M. (2007): „Chancen und Risiken sind regional unterschiedlich verteilt – Wie reagieren die Sparkassen auf den demographischen Wandel?", in: Betriebswirtschaftliche Blätter (2007), S. 145-147.

STATISTISCHE LANDESÄMTER (2006): „Statistik regional – Daten für die Kreise und kreisfreien Städte Deutschlands", Statistische Ämter des Bundes und der Länder, Ausgabe 2006, DVD-ROM, Düsseldorf 2006.

WENGLER, M. O. (2006): „Wechselwirkungen zwischen der finanzintermediatorischen Tätigkeit kommunaler Kreditinstitute und dem kommunalen Raum – Eine institutionenökonomische und empirische Untersuchung am Beispiel der Sparkassen in den neuen Bundesländern", Institut für Wirtschaftsforschung Halle, Sonderhefte 06/2006, Halle.

Alfred Burkhart
Bundesverband der Volksbanken und Raiffeisenbanken,
Leiter Abteilung Personalmanagement

3 Demografischer Wandel aus Sicht der Volksbanken und Raiffeisenbanken

3.1 Ein altes Thema neu durchdacht: Auf der Suche nach den richtigen Antworten

3.1.1 Lehren aus der Vergangenheit

Wenn erneut ein Werk zur demografischen Entwicklung erscheint und Überlegungen zu deren Auswirkungen zusammengetragen werden, stellt sich automatisch die Frage: Ist in der Vergangenheit in zahlreichen Publikationen nicht bereits alles hierzu geschrieben und gesagt? Welchen Mehrwert sollte ein Beitrag hierzu noch bringen und weshalb sollte der Blickwinkel aus dem Auge der Volksbanken und Raiffeisenbanken auf dieses Thema ein anderer sein, als aus der Perspektive anderer Bankengruppen oder gar anderer Branchen?

Eines der ersten Werke, das sich fundiert mit der strategischen Entwicklung der Finanzbranche auseinandergesetzt hat, die Priewasser-Prognose (Bankenstrategie und Bankenmanagement), bindet bereits 1994 den Demografiefaktor in die Konzeption künftiger Bankstrategien ein. Frank Schirrmachers Buch, das Methusalem-Komplott, verdeutlicht erstmals provokativ und plakativ die Folgen der alternden Gesellschaft und die damit verbundenen Risiken einer Alters-(Kunden-)Diskriminierung.[1] Begibt man sich in Online-Fachverlagen auf die Schlagwortsuche, werden weit über 200 Bücher zum Thema angeboten und in einer bekannten Internetsuchmaschine ergibt die Kombination aus Banken und Demografie eine Trefferanzahl von über 150.000 Beiträgen. Weshalb sollte es somit also erforderlich sein, sich mit diesem Thema erneut zu befassen? Die Antwort mag trivial und paradox klingen: Vielleicht gerade aus den eben genannten Gründen!

Greift man zum Beispiel die Ansätze der Priewasser-Prognose auf, so finden sich darin viele Fakten, begründet auf Basis von Bevölkerungsprognosen der 90er Jahre.[2] So zum Beispiel:

- Nettozuzüge nach Deutschland (2001-2010): 160 TSD p.a.

- Bevölkerungsentwicklung in Deutschland (2010): 80,5 Mio.

---

[1] Vgl. Schirrmacher (2004).
[2] Vgl. Priewasser (1994), S. 33 ff.

- Arbeitslosigkeitsprognosen (2010): 2,87 Mio. – 3,69 Mio.

- Rentnerquotient = Anzahl der Rentner je 100 Beitragszahler (2010): 73,2

Betrachtet man diese Zahlen im Vergleich zu aktuellen Werten, so zeigen heutige Daten ähnliche Tendenzen auf:[3]

- Nettozuzüge nach Deutschland (2007): 44 TSD (weitere Tendenz rückläufig)

- Bevölkerung in Deutschland (2007): ca. 82 Mio.

- Arbeitslosigkeit (2008): 2,99 Mio.

- Rentnerquotient (2007): ca. 60[4]

Hinsichtlich der Prognosen der Vergangenheit ist somit alles im „grünen Bereich". Interessant sind die damals aus der Entwicklung des demografischen Umfelds abgeleiteten Konsequenzen für die Bankenbranche:

- Die Beschaffung von Humankapital wird am Arbeitsmarkt vergleichsweise leicht fallen

- Steigende Anforderungsprofile und Knappheit an verkäuferischen Qualitäten

- Qualitativer Personalengpass

- Schwierigkeiten bei der Finanzierbarkeit der gesetzlichen Rentenversicherung

- Stärkerer Trend zum langfristigen Vorsorgesparen (mit Präferenz im Versicherungs sparen)

Auch hier ergeben sich keine wesentlichen Abweichungen zu dem, was heute als Konsequenzen tatsächlich ausgemacht werden kann.

Wenn diese Schlussfolgerungen und die damit verbundenen Auswirkungen aber bereits 1994 folgerichtig prognostiziert wurden, wenn diese Thematik sowohl von Markt- aber auch Arbeitsmarktforschern in den vergangenen Jahren nachhaltig gestützt wurden, warum laufen viele Banken ca. 15 Jahr später dennoch in die Demografiefalle?

Und weshalb unterläuft dies auch einer Vielzahl von Volksbanken und Raiffeisenbanken, die, zusammen mit den Sparkassen, durch ihre Filialstruktur näher an den Kunden sind als andere Bankengruppen? Die Gründe hierfür liegen in unterschiedlichen Aspekten.

---

[3] Vgl. Destatis: www.destatis.de, Aufruf am 19.12.2008.
[4] Vgl. Deutsche Rentenversicherung (2008), S. 2.

3.1.1.1   Die „Man-müsste-Problematik"

Wenn eine Vielzahl von Publikationen und Informationen zum Thema Demografie den Markt überschwemmt, geht damit die Gefahr der Übersättigung des Themas einher. Penetration mag in manchen Fällen das Bewusstsein schärfen, in anderen Fällen führt diese jedoch auch zu Überdruss und dem berühmten „Zum-einen-Ohr-rein-zum-anderen-Ohr-raus-Effekt".

Wenn man Handeln oder vielmehr ausbleibendes Handeln untersucht, ist die Überleitung zur Motivationspsychologie nicht weit. Vereinfacht dargestellt ist Motivation ein gedankliches Konstrukt für Prozesse, die Verhalten aktivieren sowie dieses hinsichtlich seiner Richtung, Ausdauer und Intensität steuern.

Es lohnt, einen tiefergehenden Blick auf diese Teilaspekte der Definition zu werfen.[5]

- Aktivierung: Motivation bedeutet immer ein Prozess, in welchem Verhalten in Bewegung gesetzt wird.

- Richtung: Die Aktivität wird auf ein bestimmtes Ziel hin gesteuert und bleibt in der Regel so lange bestehen, bis dieses Ziel erreicht oder ein anderes Motiv vorrangig ist.

- Intensität: Die Aktivität kann mehr oder weniger stark, kräftig oder gründlich – kurz: mehr oder weniger intensiv – ausgeführt werden.

- Ausdauer: Zielstrebiges Verhalten kann mehr oder weniger Beständigkeit aufweisen. In der Regel wird die Aktivität aufrechterhalten, auch wenn sich Schwierigkeiten ergeben.

Spannt man den Bogen von diesen Teilaspekten der Motivation zur Handlungsnotwendigkeit, die sich aus den demografischen Rahmenbedingungen ergeben, lässt sich Folgendes vermuten:

Der Aktivierungsgrad der meisten Publikationen, Vorträge oder Konzeptentwicklungen ist relativ gering. Solange einzelne Banken mit allgemeinen Thesen und Aussagen zur Demografie konfrontiert werden, solange Container-Schlussfolgerungen gezogen werden, die die Thematik allumfassend zu erschließen versuchen und damit alle und keinen ansprechen, wird sich die jeweilige Bank nicht veranlasst sehen, auf die Folgen der Demografie zu reagieren und Handlungskonzepte zu entwickeln.

Die Richtung der Handlungsmotivation ist damit schwierig auf ein konkretes Ziel ausrichtbar, denn das Zielbild ist für die einzelne Bank zu unklar. Hinzu kommt, dass Aspekte wie Finanzmarktkrise, Rezessionsgefahr oder auch der zunehmende Wettbewerb die Demografie in der Prioritätenliste nach hinten rücken lässt, weil zeitlich früher bevorstehende Probleme angegangen werden müssen.

Somit ist die Intensität der Bemühungen eher schwächer ausgeprägt, da wirtschaftliche Kräfte und die Ressourcen des Unternehmens in anderen Handlungsfeldern benötigt werden. Letztendlich bedarf es hinsichtlich der Ausdauer eines langen Atems, um den Folgen der Demografie dauerhaft begegnen zu können. Damit einher gehen größere finanzielle Investitionen

---

[5]   Vgl. Domagk/Hein/Hessel/Hupfer/Niegemann/Zobel (2008), S. 339 ff.

und die dauerhafte Bindung personeller Ressourcen im Unternehmen. Zeit und Geld, die viele Unternehmen derzeit für das „schwammige Thema" Demografie nicht aufwenden wollen.

Was bleibt, ist ein „Man-müsste-Lippenbekenntnis", das die Umsetzung nachhaltiger Konzepte entweder erst gar nicht entstehen lässt oder laufende Projekte nur halbherzig trägt.

3.1.1.2 Aus der Perspektive der Jungen

Hand aufs Herz: Wer hätte 1995 den damaligen multimedialen Trends diese Entwicklung prophezeit, wie sie sich in den letzten Jahren tatsächlich vollzogen hat? So waren es eher junge Pioniere und Visionäre, die frühzeitig die technologischen Möglichkeiten für sich entdeckt und vorangetrieben haben.

Wenn an dieser Stelle ein Credo für Innovationsmanagement ausgesprochen wird, gilt dies nicht gleichzeitig für blinden Aktionismus. Sich rechtzeitig mit künftigen Anforderungen auseinanderzusetzen, ist allerdings ein unternehmerisches Mindestmaß, das die Zukunftsfähigkeit eines Hauses mitbestimmt.

Ein recht umfangreiches Werk von Bühler/Hummel/Schuster aus dem Jahr 1997 trägt den Titel „Banken in globalen und regionalen Umbruchsituationen". Das Werk orientiert sich an den strategischen Herausforderungen dynamischer Wandlungsprozesse von Bankunternehmungen.[6] Die Autoren finden sich im Kreis renommierter Wissenschaftler und Führungskräfte der deutschen Kreditwirtschaft. Im Rahmen der Betrachtungen werden unter anderem auch Risikoaspekte des Bankgeschäfts beleuchtet, nicht jedoch demografische Risiken. Auch insgesamt bleiben demografische Rahmenbedingungen unbeachtet. Dies ist kein Einzelfall.

Betrachtet man heutige Expertenmeinungen zum Thema Demografie fällt zudem auf, dass diese selten aus dem Blickwinkel der künftig Betroffenen formuliert werden. Schirrmacher (2004) hat dies für die Zielgruppe 50Plus sicherlich umfassend vorgenommen. In Folge dessen ist die Bankenwelt fieberhaft damit beschäftigt, Marktkonzepte für dieses Kundenklientel zu entwickeln. Wie aber werden die heute 20-jährigen die Zukunft gestalten? Welche Visionen und Vorstellungen haben sie? Wie wird deren Verhalten das soziale, aber auch wirtschaftliche Leben bestimmen? Und sind Banken bereits heute dazu bereit deren Zukunftsansichten zu assimilieren und ihre künftigen Geschäftsmodelle darauf auszurichten? Demografische Betrachtungen gehen damit aber weit über das hinaus, was der Blick auf Bevölkerungsentwicklung oder Bevölkerungsverteilung zu greifen versucht.

3.1.2 Demografie: mehr als nur Bevölkerungsentwicklung

Ein weitergefasster Blick auf die demografische Entwicklung schließt Trends und Einflüsse mit ein, die durch die jungen, nachrückenden Generationen geprägt werden. Exemplarisch sind zu nennen:[7]

---

[6] Vgl. Bühler/Hummel/Schuster (1997).
[7] Vgl. Akademie Deutscher Genossenschaften (2006), S. 91 ff.

- Beschleunigung der Sprache, der technologischen Entwicklung, der Qualifizierung
- Kürzere Produktnutzungszeiten
- Steigende Anzahl von Single-Haushalten
- Zerfließende Geschlechtergrenzen
- Individualisierung und Diversität
- Zunehmende Flexibilisierung
- Salutogenese und Life-Balancing
- Convenience- und Erlebnisorientierung

Bei der Kundengruppe der Volksbanken und Raiffeisenbanken leben derzeit ca. 70% in partnerschaftlichen Beziehungen, nur ca. 17% leben in Einpersonenhaushalten und ca. 60% besitzen privates Wohneigentum. Zahlen, die dem bundesweiten Trend noch positiv entgegenstehen (die dortigen Werte weichen im Schnitt ca. 5% ab).[8] Doch dies wird sicherlich im Zuge allgemeiner, vor allem soziokultureller Veränderungen nicht so bleiben. Künftige Generationen und ihre Vorstellungen von Lebenswelten werden auch die Lebenswelten heutiger – dann älterer – Generationen einschneidend verändern.

Eine Frage ist in diesem Zusammenhang für die Ausrichtung am Markt von entscheidender Bedeutung: Kann es sich eine Bank erlauben, sich lediglich auf die potenziell gewinnbringende, wachsende Gruppe der älteren Menschen zu konzentrieren?

Dies gilt sicherlich nicht für das Geschäftsmodell der Volksbanken und Raiffeisenbanken. In Abbildung 1 wird zwar deutlich, dass nahezu 44% der Kunden bereits heute im Segment 50Plus angesiedelt sind. Und nimmt man die Gruppe der 40- bis 49-jährigen noch hinzu, so beläuft sich die Zahl sogar auf ca. 62%.

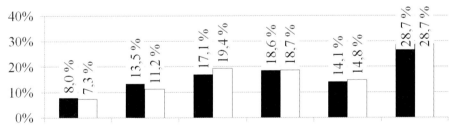

Abbildung 1: Altersstruktur der Kunden

Quelle: Statistisches Bundesamt, TNS Infratest, eigene Berechnungen.

---

[8] Vgl. BVR: Eigene Marktforschung.

Insgesamt ist die Altersstruktur der Kunden der Volksbanken und Raiffeisenbanken jedoch der Altersstruktur der Gesamtbevölkerung recht ähnlich. Das bedeutet, dass die Volksbanken und Raiffeisenbanken zwar auch von den bedeutenden demografischen Veränderungen in Deutschland betroffen sind, ihre Situation aber nicht durch eine besondere Altersstruktur ihrer Kunden wesentlich verschlechtert (oder verbessert) wird.

Gleiches bestätigt sich durch eine Betrachtung des Durchschnittsalters der Kunden der Genossenschaftsbanken über 14 Jahre. Diese liegt nur um 0,7 Jahre oder 8,4 Monate höher als das Durchschnittsalter der Gesamtbevölkerung über 14 Jahre (siehe Abbildung 2).

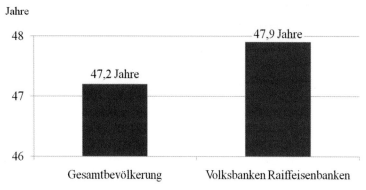

Quelle: Statistisches Bundesamt, TNS Infratest, eigene Berechnungen.

Abbildung 2: Durchschnittsalter der Kunden

Damit zeichnet sich aber auch ein Dilemma in der Ausrichtung der künftigen Geschäftspolitik ab.

Aufgrund der Tatsache, dass Kunden unter 30 Jahren unterrepräsentiert sind, könnte gefolgert werden, sich stärker auf die älteren, potenziell ertragsbringenderen Kunden zu konzentrieren. Für eine solche Argumentation spricht, dass jüngere Kunden häufig ihre Bankverbindung wechseln und die Bemühungen um eine langfristige Kundenbindung durch die Bank deshalb eher in späteren Jahren ansetzen sollten.

Fraglich ist jedoch, ob das Image der regionalen Verankerung und Zuverlässigkeit, welches möglicherweise für junge Kunden heute wenig einladend wirkt, die gleichen Kunden in einigen Jahren dazu bewegen wird, ihr Konto zu einer Genossenschaftsbank zu verlegen.

Will eine Bank deshalb die Zukunftsfähigkeit ihres Hauses sichern, muss der Marktanteil vor allem in den jüngeren Alterssegmenten weiter ausgebaut werden. Und mit einer lebensphasenorientierten, bedarfsorientierten Kundenberatung können dann die Genossenschaftsinstitute ihren Vorteil der Nähe zum Kunden zur Intensivierung einer vertrauensvollen Kundenbindung nutzen.

Das Ziel lautet: mitwachsen mit den jüngeren Kundengruppen, mit ihren Bedürfnissen und mit ihrer sich im Laufe ihres Lebens verändernden Finanzsituationen. In Anlehnung an den Sport könnte man formulieren: Wer Meister werden will, muss neben einem ausgeprägten finanziellen Management unter anderem auch auf eine gute Nachwuchsarbeit setzen, bei Kunden wie bei Mitarbeiterinnen und Mitarbeitern.

Deutlich wird dies auch, wenn man einen Blick auf die Mitglieder der Volksbanken und Raiffeisenbanken wirft. Die Altersgruppen bis 40 Jahre sind hier deutlich schwächer, die darüber deutlich stärker vertreten. Somit besteht in diesem Zielsegment ein unmittelbarer Handlungsbedarf, um der Überalterung der Eigentümerstruktur entgegen zu wirken.

3.2 Veränderungen am Arbeits-, Kapital- und Immobilienmarkt: auf der Suche nach der optimalen Orientierung

Die zu erwartende Schrumpfung der Gesamtbevölkerung und die deutliche Verschiebung der Altersstruktur werden erhebliche Auswirkungen auf die weitere gesamtwirtschaftliche Entwicklung in Deutschland haben. Da die Zahl der Menschen im Erwerbsalter in den nächsten Jahrzehnten erheblich schneller sinken wird als die Bevölkerung, würde dies bei unveränderten alters- und geschlechtsspezifischen Erwerbsquoten bedeuten, dass das Wachstum des Bruttoinlandsprodukts durch die demografische Entwicklung über viele Jahre hinweg deutlich gedämpft würde.[9]

3.2.1 Demografie dämpft Wachstum

Entscheidend für das realisierte Bruttoinlandsprodukt ist aber, wie viele Menschen wie lange und mit welcher Produktivität tatsächlich arbeiten. Politik und Wirtschaft haben also durchaus Einwirkungsmöglichkeiten. Für das tatsächliche Wachstum wird es entscheidend darauf ankommen, ob es gelingt, durch eine deutliche und nachhaltige Verringerung der strukturellen Arbeitslosigkeit, eine Verkürzung der Ausbildungszeiten, die Erhöhung der alters- und geschlechtsspezifischen Erwerbsquoten sowie eine Verlängerung der Wochen- und/oder Lebensarbeitszeit das sinkende Erwerbspersonenpotenzial besser zu nutzen.

Das Wachstum des Bruttoinlandsprodukts hängt aber nicht nur von dem eingesetzten Arbeitsvolumen, sondern auch vom Wissensstand der Erwerbstätigen, vom technischen Fortschritt und vom Kapitaleinsatz ab. Angesichts des drastischen Rückgangs des Erwerbspersonenpotenzials muss allerdings davon ausgegangen werden, dass auch eine Beschleunigung des technischen Fortschritts sowie eine erhöhte Kapitalintensität unter dem Strich den Rückgang des Arbeitsvolumens nicht vollständig kompensieren können. Mit anderen Worten: Die demografische Entwicklung wird den langfristigen Wachstumstrend negativ beeinflussen. Dies bedeutet bei sinkender Bevölkerung nicht zwangsläufig ein Verlust an Wohlstand, d. h. eines Rückgangs des Bruttoinlandsprodukts pro Kopf der Bevölkerung. Aber ein im Trend geringeres gesamtwirtschaftliches Wachstum bedeutet für die Finanzdienstleister, dass der Wettbewerb um den langsamer wachsenden „Kuchen" zweifellos härter wird.

---

[9] Vgl. Kubista (2006).

3.2.2 Branchenstruktur verändert sich

Die demografische Entwicklung lässt aber nicht nur die Wirtschaft langsamer wachsen. Zusammen mit den Effekten der Globalisierung bewirkt sie über die veränderte Nachfrage nach Gütern und Dienstleistungen auch eine massive Veränderung der Branchenstruktur. Generell werden Branchen, die international handelbare Güter und Dienstleistungen herstellen, nicht in gleichem Maße von einem demografisch bedingten Rückgang der Binnennachfrage betroffen sein wie Branchen, die regional- oder ortsgebundene Waren und Dienstleistungen produzieren. Sie haben die Chance, den Ausfall der heimischen Nachfrage durch vermehrte Exportanstrengungen nicht nur zu kompensieren, sondern möglicherweise auch von der nach wie vor steigenden Weltbevölkerung zu profitieren. Dies gilt beispielsweise für die Hersteller von Investitionsgütern.

Die Bereiche Gesundheit und Wellness, Unterhaltung, Kultur sowie Freizeit werden von einer wachsenden Zahl älterer Menschen, die ausreichend Zeit und finanzielle Mittel für einen aktiven Ruhestand haben, profitieren können. Der klassische Einzelhandel, personenbezogene Dienstleistungen (etwa das Friseurhandwerk) oder die Verkehrsindustrie werden langfristig tendenziell unter Druck geraten.

Die mittelständischen Firmenkunden der Genossenschaftsbanken sind also von Nachfrageveränderungen betroffen. Die demografische Entwicklung verteilt hier Chancen und Risiken neu. Dennoch oder gerade deswegen besteht für die Genossenschaftsbanken in wichtigen Geschäftsfeldern des Firmenkundengeschäfts Wachstumspotenzial, nicht zuletzt bei der Begleitung des Strukturwandels. Die Substitution von Bankdarlehen durch Unternehmensanleihen wird zwar zunehmen. Dieser Wandel bleibt gesamtwirtschaftlich gesehen aber eher graduell. Mezzanine Finanzierungsinstrumente werden an Bedeutung gewinnen, Bankkredite werden aber gerade für die kleineren und mittleren Unternehmen das wichtigste Finanzierungsinstrument bleiben. Vor dem Hintergrund des sich abzeichnenden Strukturwandels werden Branchenexpertise und risikoadäquate Bepreisung im Firmenkundengeschäft immer wichtiger.

Die demografische Entwicklung wird aber nicht nur zu einer Verschiebung innerhalb der Branchenstruktur führen, auch die Zahl der Unternehmen und der Selbstständigen wird sinken. So hat beispielsweise das ifo Institut vor Kurzem prognostiziert, dass die Zahl der Selbstständigen, die Mitarbeiter/innen beschäftigen, von derzeit 1,8 Millionen bis zum Jahre 2050 auf 1,3 Millionen sinken wird. Dies entspricht einem Rückgang von fast 30%.[10]

Langsameres Wirtschaftswachstum, tief greifende Veränderungen in der Branchenstruktur, rückläufige Zahl der Selbstständigen – dies alles wird nicht ohne Auswirkungen auf die Struktur der Mitglieder und Kunden der Volksbanken und Raiffeisenbanken und deren Verhalten bleiben. Die demografische Entwicklung wird sich auf Geschäftsmodell, Geschäftsstellendichte, Vertriebskanäle, Produkte und Zielgruppen auswirken.

Wie stark die Auswirkungen in den einzelnen Regionen sein werden, wird entscheidend davon abhängen, wie wettbewerbs- beziehungsweise zukunftsfähig die heimische Wirtschaft und In-

---

[10] Vgl. Kriese (2006), S. 13.

frastruktur ist. Das Berlin-Institut für Bevölkerung und Entwicklung hat in einer umfangreichen Studie 22 Einzelkriterien aus den Bereichen Demografie, Wirtschaft, Integration, Bildung und Familienfreundlichkeit in einer Gesamtnote gebündelt und prognostiziert damit die Zukunftsfähigkeit der 439 deutschen Landkreise und kreisfreien Städte. Diese Studie ist ein sehr guter Einstieg, um sich mit der Frage, wie es um das eigene Marktgebiet bestellt ist, auseinander zu setzen (siehe Abbildung 3).

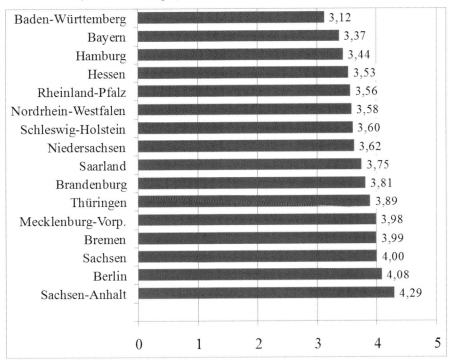

Rangliste nach Noten von 1 (sehr gut) bis 6 (sehr schlecht)

Quelle: Berlin-Institut für Bevölkerung und Entwicklung.

Abbildung 3: Entwicklung der Bundesländer

3.2.3 Gesamtwirtschaftliche Sparquote sinkt

Sparfähigkeit und Sparverhalten sind – wie etwa die Einkommens- und Verbraucherstichprobe des Statistischen Bundesamts (2003) zeigt – durchaus altersabhängig.[11] Wie nun die zu erwartende demografische Entwicklung die Sparquote der privaten Haushalte beeinflussen wird, ist nicht klar zu beantworten, da die theoretischen Zusammenhänge zwischen Sparquote und demografischer Entwicklung nicht eindeutig sind. Vorliegende empirische Untersuchungen lassen jedoch darauf schließen, dass die Sparquote bei einer älter werdenden Bevölkerung insge-

---

[11] Vgl. Forschungsgesellschaft für Gerontologie (2006), S. 6 ff.

samt sinkt. Aber ein Entsparen im Alter, wie vielfach unterstellt wird, ist nach den vorliegenden Untersuchungen nicht zu erwarten.

Nicht nur das Spar- sondern auch die Bereitschaft zur Fremdfinanzierung ist altersabhängig. So nimmt die Bereitschaft, Kredite aufzunehmen, jenseits der 55 deutlich ab.[12] Ob man die heutige Struktur der Verschuldungsbereitschaft der privaten Haushalte so ohne weiteres fortschreiben kann, ist fraglich. Aber die altersbezogenen Anhaltspunkte, die das derzeitige Spar- bzw. Verschuldungsverhalten der privaten Haushalte liefert, deuten darauf hin, dass der Wettbewerb um die zumindest langsamer wachsenden Volumina auf der Aktiv- wie auf der Passivseite härter werden wird und der Margendruck durch aggressive Preispolitik weiter zunehmen dürfte.

3.2.4 Bestandmaßnahmen prägen Baunachfrage

Der Markt für Wohnimmobilien verändert sich in den nächsten Jahren mit deutlichen regionalen Unterschieden. Der Wohnungsneubau dürfte in Zukunft ebenso eine Stagnation erfahren wie das Mietwohnungssegment. In den neuen Bundesländern gibt es hier bereits deutliche Leerstände. Dennoch lässt sich in einigen Bereichen ein Wachstum nicht ausschließen. So könnte eine Steigerung der Energieeffizienz zu vermehrten Bestandsinvestitionen führen.[13]

Wegen der Wanderungsbewegung kommt es je nach Region zu sehr unterschiedlichen Entwicklungen. Folge: Die Preise driften regional stark auseinander. Langfristig ist mit einer rückläufigen Nachfrage und der Gefahr sinkender Preise aufgrund eines aus der demografischen Entwicklung resultierenden Überangebots zu rechnen. Bei der Bewertung der Objekte gewinnen die Zukunftschancen des Standorts gegenüber der Ausgestaltung des Objekts daher stärker an Bedeutung. Bewertungsgrößen wie Wiederverkaufswerte oder Ertragswert werden künftig auch von der lokalen Bevölkerungsdichte und Altersstruktur bestimmt.

3.3 Markt und Wettbewerb: auf der Suche nach den neuen Kunden

3.3.1 Privatkunden

Für langfristige strategische Entscheidungen der Genossenschaftsbanken ist das langfristige Kundenpotenzial der entscheidende Einflussfaktor. Als Grundgesamtheit der Betrachtungen gilt die Gesamtbevölkerung, da die Genossenschaftsbanken Finanzdienstleistungen für eben diese anbieten. Insofern sollte einer Untersuchung der geschäftspolitischen Auswirkungen der demografischen Entwicklung die Struktur der Gesamtbevölkerung sowie deren Veränderung und nicht nur die derzeitige Kundenstruktur zugrunde gelegt werden.

Auf dem sich verändernden Finanzdienstleistungsmarkt könnte für einige Genossenschaftsbanken eine Abkehr vom Prinzip „Alles für Alle" wirtschaftlich lohnend sein. Falls sich einige Genossenschaftsbanken zukünftig verstärkt auf bestimmte Kundengruppen konzentrieren, so

---

[12] Vgl. Statistisches Bundesamt (2003).
[13] Vgl. Gluch (2008).

treffen sie diese Entscheidung auf Basis einer Analyse der denkbaren Zielgruppen. Eine Entscheidung für bestimmte Kundengruppen ist auch in diesem Fall das Resultat einer Untersuchung der Struktur der Gesamtbevölkerung.

Die Bevölkerung in Deutschland wird voraussichtlich noch bis 2013 leicht zu- und anschließend beständig abnehmen, wobei die Geschwindigkeit der Bevölkerungsabnahme zunächst gering ist. Die Entwicklung der Bevölkerungszahl ist aggregiert betrachtet kurz- und auch mittelfristig nicht von geschäftspolitischer Relevanz.

Hinter der Gesamtentwicklung der Bevölkerungszahl verbergen sich allerdings gravierende regionale Unterschiede. So verlieren wirtschaftlich schwache, ländliche Regionen, Städte mit alten industriellen Kernen sowie kleinere Städte schon heute spürbar Einwohner. Dies wird zu weiter wachsenden nationalen Ungleichgewichten führen. Bei den Großstädten gibt es sowohl

Abnahme der Bevölkerung im Zeitraum 2000 bis 2050 in %	
Baden-Württemberg	-9,3
Niedersachsen	-11,5
Berlin	-12,0
Brandenburg	-12,5
Rheinland-Pfalz	-12,5
Nordrhein-Westfalen	-14,0
Schleswig-Holstein	-14,4
Bayern	-16,7
Bremen	-16,8
Sachsen	-17,1
Hamburg	-17,2
Saarland	-17,5
Hessen	-20,9
Thüringen	-23,1
Mecklenburg-Vorpommern	-23,9
Sachsen-Anhalt	-24,4

Quelle: Projektion – Ursprungsdaten: Statistisches Bundesamt, Institut der deutschen Wirtschaft Köln.

Abbildung 4: Bevölkerung 2050: Aderlass in Ostdeutschland

wachsende wie auch schrumpfende Einwohnerzahlen. Insgesamt werden die Deutschen zunehmend in die Ballungsräume ziehen. Die Bedeutung der Metropolregionen als Wirtschaftszentren wird zunehmen. Hierbei ist zu berücksichtigen, dass die Menschen zunehmend nicht mehr in die Stadtkerne, sondern in das Umland der Metropolen ziehen.

Die Prognosen zum Bevölkerungsrückgang der einzelnen Bundesländer zeigen eine Fortsetzung dieser unterschiedlichen Entwicklung (siehe Abbildung 4). So wird bis zum Jahr 2050 für das wirtschaftlich sehr gut positionierte Baden-Württemberg nur ein Minus von rund 9% der Bevölkerung prognostiziert. Für Thüringen, Mecklenburg-Vorpommern und Sachsen-Anhalt dagegen wird bis zur Mitte dieses Jahrhunderts mit einer Bevölkerungsabnahme von fast 25% gerechnet.[14] Bei diesen Zahlen ist zu berücksichtigen, dass nach dem Mauerfall per Saldo schon über 1,3 Mio. Menschen die fünf neuen Länder in Richtung Westdeutschland verlassen haben.

Im vergangenen Jahrzehnt haben rund ein Drittel aller Kreise Bevölkerung verloren, obwohl die Bevölkerungszahl Deutschlands gestiegen ist. Den Berechnungen des Bundesamts für Bauwesen und Raumordnung zufolge, wird sich die Zahl der Schwundkreise bis 2020 etwa verdoppeln.[15] Neben den Regionen in Ostdeutschland und dem Ruhrgebiet stecken auch das Saarland und Südostniedersachsen, Nordhessen und Nordbayern in einem schleichenden, kaum aufzuhaltenden Schrumpfungsprozess.

Die Menschen, insbesondere die jungen Menschen, ziehen dahin, wo es Arbeitsplätze gibt, so dass die demografische Entwicklung der ökonomischen folgt. Eine positive Wanderungsbilanz kann folglich in den Regionen erwartet werden, die überdurchschnittliche Kaufkraft, hohes Wachstum des Bruttoinlandsproduktes und geringe Arbeitslosigkeit aufweisen. Entsprechend ist eine niedrige Wanderungsbilanz in Regionen mit geringer Kaufkraft und hoher Arbeitslosigkeit zu erwarten, wobei die Abwanderung typischerweise in der Gruppe der „jungen Berufstätigen" vonstatten geht. Diese wollen an anderen Orten bessere Bildungs- und Arbeitsplatzchancen nutzen.

3.3.1.1 Handlungsbedarf von der Entwicklung der jeweiligen Region abhängig

Offensichtlich verlangen die regional stark unterschiedlichen demografischen Entwicklungen unterschiedliche Reaktionen der jeweiligen Volksbanken und Raiffeisenbanken. Regionen mit vergreisender Bevölkerung und starkem Bevölkerungsrückgang verlangen andere geschäftspolitische Konzepte als prosperierende Regionen. Die regionale Bevölkerungsentwicklung beeinflusst alle wesentlichen Parameter der einzelnen Bank, sie hat Rückwirkungen auf die Kunden- und Mitgliederstrukturen der Volksbanken und Raiffeisenbanken, auf die Größe und den Zuschnitt der Marktgebiete und die optimale Betriebsgröße, das Geschäftsmodell inklusive Zielgruppen und Produktpolitik, die Vertriebskanäle inklusive der Geschäftsstellennetze,

---

[14] Vgl. Institut der Deutschen Wirtschaft, Internetseite.
[15] Vgl. Klingholz/Kröhnert/Van Olst (2004), S. 22 ff.

auf Vertriebskonzepte, Marketing und Branding sowie auf Anzahl, Alter und Ausbildung der Mitarbeiter/innen.

Zum Beispiel erscheinen Nischenstrategien in sich entleerenden Gebieten ökonomisch fragwürdig, da bei einer kleiner werdenden Zahl potenzieller Kunden versucht werden sollte, einen zunehmend größeren Anteil dieser Kunden zu halten oder neu zu gewinnen. Zudem nehmen die Zahl der Wettbewerber und damit auch die Wettbewerbsintensität in dünner besiedelten Räumen tendenziell ab. Allerdings kann es gerade in sich entleerenden Gebieten dazu kommen, dass bestimmte Kundengruppen – z. B. ältere Menschen – weit überdurchschnittlich vertreten sind. Insofern kann aus dem Bemühen, eine möglichst marktgerechte Geschäftspolitik zu betreiben, gerade eine Konzentration auf diese Kundengruppe resultieren. Das Betreiben einer „Seniorenbank" stellt sich in diesem Fall von außen betrachtet möglicherweise wie eine Nischenstrategie dar, ist faktisch jedoch die Orientierung am Querschnitt der in der Region lebenden Bevölkerung.

Darüber hinaus wird der regionalen Volksbank oder Raiffeisenbank bei starkem Bevölkerungsrückgang möglicherweise nach und nach die Geschäftsgrundlage entzogen. In einem solchen Umfeld ist denkbar, dass benachbarte Genossenschaftsbanken fusionieren, um wieder eine ausreichende Bevölkerungs- und Kundenzahl zu erhalten.

3.3.1.2 Geschäftspolitische Auswirkungen der Alterung der Bevölkerung

Der Altenquotient in Deutschland steigt schon heute spürbar an. Diese Entwicklung wird sich ab ca. dem Jahr 2010 noch beschleunigen. Auch die zunehmende Alterung hat Auswirkungen auf nahezu alle geschäftspolitischen Parameter der Volksbanken und Raiffeisenbanken. Um diese Parameter festzulegen, muss die einzelne Genossenschaftsbank die folgenden Fragen beantworten:

- Bei welchen Kundengruppen hat die Genossenschaftsbank derzeit ihre Marktanteile und wie alt sind diese Kunden?
- Welche Wanderungsbewegungen sind im Marktgebiet zu erwarten?
- Welche Zielgruppen sollten zukünftig im Fokus der Geschäftspolitik stehen?
- Welche Verhaltensänderungen sind bei diesen Zielgruppen zu erwarten?
- Ist das Kunden- bzw. Marktpotenzial auch zukünftig hinreichend groß, um die Existenz der Bank nachhaltig zu sichern?
- Entspricht das Filialnetz den zukünftigen Anforderungen?

Bei den geschäftspolitischen Auswirkungen der Alterung und den damit verbundenen Verhaltens- und Bedarfsänderungen sind zwei Effekte zu unterscheiden:

Zum einen haben ältere Bankkunden andere Anforderungen an ihr Kreditinstitut als Jüngere. Sie verlangen andere Produkte, Dienstleistungen und Zugangswege und wünschen häufig ein anderes Image ihrer Bank. Ein Beispiel für ein neuartiges Produkt ist die Veräußerung von Wohnungen oder Häusern durch ältere Menschen an ihre Bank, wobei der Verkäufer gleichzeitig ein lebenslanges Nutzungsrecht behält. Auf diese Weise kann der Eigentümer den Wert seiner Immobilie zur Sicherung seines Lebensstandards verwenden, ohne auf die Nutzung verzichten zu müssen und ist zudem nicht gezwungen, seine individuelle Lebenserwartung zu „kalkulieren." Ein Beispiel für den veränderten Bedarf ist die geringere Verschuldungsneigung und aufgrund langjähriger Berufstätigkeit auch geringere Verschuldungsnotwendigkeit älterer Menschen. Insofern kann beispielsweise für das Konsumentenkreditgeschäft eine langfristig abnehmende Bedeutung erwartet werden (siehe Abbildung 5).

	Konsumentenkredite in v. H.	Dispositionskredite v. H.	Durchschnittliche Konsumentenkredite in 100 Euro
Haushalte insgesamt	100	100	14
Davon nach dem Alter des Haupteinkommensbeziehers von … bis unter … Jahre			
Unter 25	2,67	3,17	6
25-30	17,64	17,95	19
35-45	33,30	32,40	21
45-55	25,79	24,19	19
55-65	12,85	13,62	11
65-70	3,89	3,81	6
70-80	3,46	4,17	3
80 und mehr	-	0,69	-

Quelle: Einkommens- und Verbraucherstichprobe 2003, Statistisches Bundesamt.

Abbildung 5: Kredite und Alter

Auch langfristige Sparpläne machen am Ende der Erwerbstätigkeit in der Regel keinen Sinn, die Absicherung der Familie ist nicht mehr notwendig, der Erwerb von Immobilien bereits erfolgt. An erster Stelle dürfte beim Kunden somit häufig die Sicherung und Bewahrung des Vermögens stehen.

Die Genossenschaftsbanken müssen sich an eine solche alterungsbedingte Verschiebung der Nachfrage anpassen. Das Ausmaß der Veränderungen ist hierbei naturgemäß in rasch alternden Regionen – dies sind gleichzeitig die Regionen mit Bevölkerungsrückgang – erheblich stärker als in prosperierenden Regionen. Allerdings erfolgen die Veränderungen auf der Marktseite in mäßigem Tempo, so dass auch für die Anpassungen ausreichend Zeit bleibt. Da die Genossenschaftsbanken als dezentrale Einheiten besonders nah am Markt agieren, können sie die Trends auch zeitnah erkennen und angemessene Maßnahmen ergreifen. Andererseits führt die Wahrnehmung der demografischen Entwicklung und der hieraus beispielsweise aus den sozialen Sicherungssystemen resultierenden Veränderungen bei Kunden aller Altersgruppen schon heute zu spürbaren Verhaltensänderungen.

Daraus resultiert für die Finanzwirtschaft in einigen Geschäftsfeldern bedeutendes Wachstumspotenzial. In erster Linie ist naturgemäß die zunehmende Bedeutung der Bereiche Vermögensberatung und Finanzplanung zu nennen. Ein Grund hierfür ist die Vererbung großer Vermögenswerte. So wird sich die Zahl der Haushalte mit einem liquiden Vermögen von über 150.000 Euro und Nettoeinkünften von monatlich über 5.000 Euro in den kommenden Jahren deutlich erhöhen.[16] Aber auch bei den weniger vermögenden Kunden ist die Finanzplanung ein Zukunftsfeld, da die schlechter werdende staatliche Absicherung die Bedeutung der privaten Altersvorsorge massiv erhöht. Der Boom in diesem Geschäftsbereich steht noch bevor. Jüngere Jahrgänge im Erwerbsleben beginnen erst jetzt mit der Altersvorsorge. Generell verlangt der Kunde heute eine langfristig angelegte umfassende Lebenszyklusplanung, die unabhängig von Produkten erfolgt, gleichwohl alle gängigen Bank- und Versicherungsprodukte einschließt. Auch die Bereiche Erben und Stiften gewinnen an Bedeutung. Der Anteil der typischen „Sparbuchkunden" wird demografisch bedingt zurückgehen. Die private Kranken- und Pflegeversicherung ist angesichts der Schwächen der sozialen Sicherungssysteme ein Wachstumsmarkt. Senioren werden – auch in Folge von Erbschaften – häufig höhere Vermögen und eine besseres Finanzwissen besitzen. Entsprechend wird die Erwartung der Kunden an qualifizierte Beratung und Service stetig zunehmen, was gleichzeitig eine erhöhte Bereitschaft zum Wechsel der Bankverbindung nach sich zieht.

Diese Verhaltensänderungen sind im gesamten Bundesgebiet von Bedeutung, denn die aus der Alterung resultierenden Veränderungen etwa im Bereich der Sozialversicherungssysteme betreffen auch die Bürger, die möglicherweise in einer prosperierenden Region mit überwiegend jungen Menschen leben.

Angesichts des spürbar steigenden Anteils von Senioren liegt es für zahlreiche Genossenschaftsbanken sicher nahe, sich in stärkerem Maße als bisher auf die älteren Kunden zu konzentrieren, zumal die ältere Generation stärker als junge Menschen auf Marken und auf Qualität vertraut und in Deutschland schon heute mit 339 Mrd. Euro (bei den über 65-Jährigen) über mehr als 25% der gesamten Kaufkraft verfügt.[17] Senioren werden daher spürbar an Bedeutung gewinnen und an zahlreichen Orten die Hauptzielgruppe darstellen. Es wäre jedoch ein Fehler, die Senioren von morgen in ihren Einstellungen und Verhaltensweisen mit den Senioren von heute gleichzusetzen. Die Rentner von morgen werden sich in ihren Verhaltensweisen spürbar von der heutigen Rentnergeneration unterscheiden. Insbesondere werden sie – auch auf Grund einer besseren Gesundheit – einen insgesamt „jugendlicheren" Lebensstil aufweisen. Zunehmender Individualismus, erhöhte Mobilität oder die ökonomische Emanzipation der Frauen, die – empirisch belegt – einen anderen Umgang mit finanziellen Themen pflegen als Männer,[18] sind weitere Beispiele für gesellschaftliche Trends, die von der Bank von morgen berücksichtigt werden müssen, um langfristig am Markt erfolgreich zu sein. Die genannten

---

[16] Vgl. BVR: eigene Analysen.
[17] Vgl. GfK (2008).
[18] Vgl. Just (2006).

Trends verändern die Zusammensetzung, die Bedürfnisse und die Einstellungen der Kunden in hohem Maße. Und dies nicht nur – wie bereits angeführt – bei der Zielgruppe der älteren Kunden.

Aus dem bisher Geschilderten sind zumindest zwei generelle Schlussfolgerungen zu ziehen. Zum einen erscheint die zunehmende Bedeutung älterer Menschen für das Kundengeschäft unbestritten. Zum anderen hilft die bisherige Kategorisierung der Kunden der Bank bei dem Bemühen, die Kundenbedürfnisse zu erfüllen, nur noch teilweise. Angesichts der immer größeren Heterogenität der Bevölkerung besteht für die Banken vielmehr die Notwendigkeit, sich jenseits der überkommenen Zielgruppen individuell an der konkreten Lebenssituation ihrer Kunden zu orientieren.

3.3.2 Firmenkunden

Die Veränderung der Bevölkerungsstruktur hat auch Auswirkungen auf die Firmenkunden der Volksbanken und Raiffeisenbanken, was wiederum zu Rückwirkungen auf die Geschäftspolitik der Volksbanken und Raiffeisenbanken im Umgang mit dieser Kundengruppe führt.

3.3.2.1 Alterung beinhaltet viele Chancen

Die mittelständischen Firmenkunden sind – genau wie die Genossenschaftsbanken selbst – von Nachfrageveränderungen, welche gleichermaßen Chancen und Risiken beinhalten, betroffen. Mit einem innovativen, an den Bedürfnissen älterer Menschen orientierten Produkt- und Dienstleistungsangebot können neue Kunden gewonnen und Stammkunden gebunden werden. Die zukünftig und auch schon heute bestehenden neuen Marktchancen, die sich aus der demografischen Entwicklung ergeben, werden derzeit häufig noch nicht aktiv genutzt. Eine weitere Chance beruht, wie bereits erwähnt, auf der Kaufkraft der älteren Generation. Wohlstand und Vermögen der älteren Generation werden weiter wachsen. Wie angedeutet, vertraut die ältere Generation stärker auf Marken und Qualität als auf besonders niedrige Preise, was tendenziell ebenfalls eher dem Mittelstand als in Fernost produzierenden Großunternehmen zugute kommt. Auch bestimmte Serviceleistungen können dem Mittelstand gerade bei älteren Kunden helfen, sich von Großunternehmen abzuheben.

3.3.2.2 Wettbewerb um Arbeitskräfte wird sich verschärfen

Der Mittelstand wird auch von der zunehmenden Konkurrenz auf dem Arbeitsmarkt um qualifizierte Arbeitskräfte betroffen sein und muss sich verstärkt um die Sicherung des Fachkräfte- und Nachwuchsbedarfs kümmern. Mittelständische Unternehmen sind hier gegenüber Großunternehmen tendenziell in einer ungünstigeren Position. Bei mittelständischen Unternehmen fehlt darüber hinaus häufig eine Planung für die geordnete Unternehmensübergabe an einen Nachfolger. Der Aspekt der Nachfolgeregelung gewinnt aber angesichts der Vielzahl älterer Unternehmenslenker massiv an Bedeutung und kann die Existenz der Unternehmen bedrohen. Weiterhin wird der deutsche Mittelstand in zunehmendem Maße mit alternden Belegschaften konfrontiert werden. Erforderlich ist somit eine spezielle Organisation der Arbeit sowie der

Personalpolitik. Derzeit fehlen im Mittelstand noch Ansätze für eine altengerechte und gleichzeitig innovationsförderliche Organisation der Arbeit.

Unternehmen, welche die genannten Aktionsfelder vernachlässigen, werden mittel- und langfristig mit Problemen zu kämpfen haben, die von den Genossenschaftsbanken nicht unberücksichtigt gelassen werden können. Gleichzeitig können die Volksbanken und Raiffeisenbanken in diesen Bereichen eine Beratungs- und Dienstleistungsfunktion für ihre Firmenkunden übernehmen, indem sie diese frühzeitig auf die veränderten Rahmenbedingungen hinweisen und Handlungsempfehlungen anbieten.

3.3.2.3   Aussichten für die Genossenschaftsbanken

Obwohl das gesamtwirtschaftliche Wachstum aufgrund der demografischen Veränderungen verhalten bleiben wird, besteht für die Genossenschaftsbanken in wichtigen Geschäftsfeldern des Firmenkundengeschäftes Wachstumspotenzial. Hier ist unter anderem die Kapitalmarktfinanzierung von Unternehmen und die private Infrastrukturfinanzierung (Public Private Partnership) zu nennen.

Die Substitution von Bankdarlehen durch Unternehmensanleihen wird bei größeren Unternehmen zunehmen. Mezzanine Finanzierungsinstrumente gewinnen ebenfalls an Bedeutung. Diese Veränderungen werden gesamtwirtschaftlich gesehen aber eher gering ausfallen, so dass Bankkredite für den Mittelstand das wichtigste Finanzierungsinstrument bleiben werden. Entsprechend werden die Genossenschaftsbanken dem Firmenkundengeschäft auch weiterhin zentrale Bedeutung beimessen. Die risikoadäquate Konditionengestaltung wird jedoch noch stärker in den Mittelpunkt des Handelns rücken.

Die regional stark unterschiedliche Entwicklung ist für Genossenschaftsbanken insbesondere in strukturschwachen Gebieten auch im Firmenkundengeschäft von großer Bedeutung. Insbesondere der teilweise schon zu beobachtende massive Einwohnerverlust hat nicht nur direkte Auswirkungen auf die Genossenschaftsbanken vor Ort, sondern verändert auch die Grundlage für deren Firmenkunden. In Gebieten mit stärkerer Abwanderung sind nahezu alle Dienstleister – Ärzte, Bäcker, Friseure, Klempner und viele mehr – von der schrumpfenden Kundenzahl betroffen.

3.4 Personalarbeit und Beschäftigung: auf der Suche nach den passenden Mitarbeitern/innen

3.4.1   Quantitative Personalplanung

Nach Prognosen des Deutschen Instituts für Wirtschaftsforschung wird das Arbeitskräfteangebot in Deutschland bis 2050 selbst bei jährlicher Zuwanderung von 200.000 Menschen um fast vier Millionen Personen sinken.[19] Das Bundesministerium für Bildung und Forschung rechnet damit, dass es im Jahr 2050 ca. 11 Millionen weniger Erwerbsfähige gibt.[20] Und nach Progno-

---

[19]   Vgl. Deutsches Institut für Wirtschaftsforschung (2000), S. 809 ff.
[20]   Vgl. Bundesministerium für Bildung und Forschung (2005).

sen des Mannheimer Forschungsinstitutes Ökonomie und Demografischer Wandel wird es ca. im Jahr 2035 wieder Vollbeschäftigung geben.[21] Die Erwerbsquote der 55- bis 64-Jährigen lag schon im Jahr 2006 in Deutschland bei nur noch rund 26%[22] und im Jahr 2030 werden 34% der Bürger Deutschlands über 60 Jahre alt sein (siehe Abbildung 6).

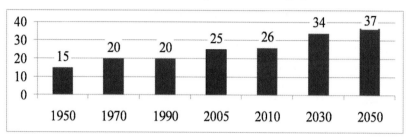

Quelle: Statistisches Bundesamt.

Abbildung 6: Bevölkerungsanteil der über 60-jährigen

Angesichts der Abnahme der Erwerbsbevölkerung und der zunehmenden Alterung der Gesellschaft wird sich die Gesellschaft den Verzicht auf einen großen Anteil älterer Arbeitskräfte nicht mehr leisten können. Somit ist damit zu rechnen, dass das Renteneintrittsalter weiter erhöht wird und dass die Arbeitnehmer auch faktisch zunehmend später in Rente gehen werden.

Richtet man den Blick auf die Mitarbeiterstruktur der Volksbanken und Raiffeisenbanken, so zeigt sich ähnlich wie bei der Kundenstruktur eine zunehmende Alterung der Belegschaft (siehe Abbildung 7).

Altersstruktur in Volksbanken und Raiffeisenbanken	
Strukturzahlen	**2007**
unter 30 Jahre	18,0%
30 bis unter 40 Jahre	25,7%
40 bis unter 50 Jahre	31,0%
50 bis unter 55 Jahre	14,7%
55 Jahre und älter	10,6%

Quelle: Arbeitgeberverband der Volksbanken und Raiffeisenbanken.

Abbildung 7: Altersstrukturen Beschäftigte in Volksbanken und Raiffeisenbanken

Vergleicht man die Werte mit denen des Statistischen Bundesamtes, so sind auch hier nur minimale Abweichungen zu den Zahlen aller sozialversicherungspflichtiger Angestellte in Deutschland festzustellen.

---

[21] Vgl. Baethge/Hübner/Müller-Soares (2005), S. 19.
[22] Vgl. Deutsches Institut für Wirtschaftsforschung (2007), S. 68.

Daraus könnte man folgern, dass Ansätze von Genossenschaftsbanken im Bereich des Personalmanagements kaum merklich von denen anderer Bankengruppen abweichen. Doch dies ist nicht der Fall, denn im Bereich der quantitativen Personalplanung gelten andere Bedingungen, als sie zum Beispiel für Großbanken gelten.

Volksbanken und Raiffeisenbanken rekrutierten in der Vergangenheit einen großen Teil ihrer künftigen Mitarbeiter/innen aus dem Kreise ihrer eigenen Auszubildenden. Derzeit bilden Primärgenossenschaften 11.100 junge Menschen zur Bankkauffrau/zum Bankkaufmann aus. Damit fungieren sie, nach den Sparkassen, als zweitgrößter Ausbildungsbetrieb innerhalb der deutschen Bankenbrache. Nehmen die Geburtenzahlen wie prognostiziert künftig weiter ab, wird dies zu rückläufigen Bewerberzahlen am Ausbildungsmarkt führen. Verschärft wird dieser Arbeitskräftemangel dadurch, dass die Generation der Babyboomer in den Ruhestand eintritt. Dies stellt die Primärgenossenschaften, gerade im beratungs- und damit personalintensiven Kundengeschäft, vor eine große Herausforderung. Denn der Schlüssel zu einer qualitativ hochwertigen Kundenberatung liegt in der Qualifikation, den Potenzialen und den Fähigkeiten der Mitarbeiter/innen. Somit ist es von großer Bedeutung, nicht etwa grundsätzlich personelle Lücken zu schließen, sondern diese Stellen mit den passenden Mitarbeitern/innen zu besetzen. Inwiefern ein Mitarbeiter zu einer Stelle passt, hängt jedoch hauptsächlich vom jeweiligen Anforderungsprofilen der einzelnen Bank und Stelle ab.

In der Vergangenheit mussten sich die Volksbanken und Raiffeisenbanken häufig mit dem Bild der „grauen Maus" abfinden. Zu konservativ, als kleine Bank vor Ort mit kaum Aufstiegs- und Weiterentwicklungsmöglichkeiten ausgestattet, keine Möglichkeiten im Ausland tätig zu sein, waren nur einige der damit verbundenen Attribute. Der Schein trügt jedoch wie so häufig. Mit mehr als 170.000 Mitarbeitern/innen zählt der genossenschaftliche FinanzVerbund zu einem der größten Arbeitgeber Deutschlands. Neben über 1.200 selbstständigen Banken, Zentralbanken, einer Bausparkasse, einer Versicherung, Rechenzentralen, einer Fondsgesellschaft, Hypothekenbanken und einer Leasinggesellschaft sowie mehreren Verbänden und Beratungsgesellschaften und weiteren angeschlossenen Instituten bietet die Finanzgruppe eines der umfassendsten und flexibelsten Beschäftigungssysteme.

Und gerade in der Finanzkrise wurde ein Faktor deutlich, der künftig für einen attraktiven Arbeitgeber mehr an Gewicht gewinnen wird: ein an Werten orientiertes, gefestigtes Geschäftsmodell, das seinen Mitarbeiterinnen und Mitarbeitern ein vertrauensvolles und zukunftsorientiertes Beschäftigungsverhältnis ermöglicht.

Somit stehen die Chancen für die Volksbanken und Raiffeisenbanken nicht schlecht, wenn es um das Werben künftiger Arbeitskräfte geht. Nicht außer Acht bleiben darf dabei, dass es auch hier, wie im Kundengeschäft, starke regionale Unterschiede geben wird. Die Möglichkeit, Mitarbeiterinnen und Mitarbeiter zu rekrutieren aber auch zu binden, hängt nicht zuletzt von einem attraktiven Wirtschaftsstandort ab. Die Schließung dieser regional auftretenden Kapazitätsengpässe stellt in personeller Hinsicht eine der größten Herausforderungen kommender Jahrzehnte dar.

3.4.2 Qualitative Personalplanung

Umso wichtiger gerät der Blick auf die im Unternehmen bereits tätige Belegschaft der Genossenschaftsbanken. Denn die Erwerbsfähigen werden nicht nur weniger und älter. Gleichzeitig ändert sich die Mentalität der Mitarbeiterinnen und Mitarbeiter und die klassische Erwerbsbiographie wird immer seltener. In dieser waren Mitarbeiter/innen teilweise abhängig beschäftigt, hatte ein klares Zeitfenster der Betriebszugehörigkeit, wurden in feste Produktionsabläufe eingeteilt, erlangten eine recht hohe physische und psychische Routine und waren auf eine gewisse Weise austauschbar.

Heute – und dieser Trend wird sich verstärken – sind Mitarbeiter/innen von Unternehmen früher dazu bereit, für einige Zeit aus dem Berufsleben auszuscheiden oder in völlig andere Arbeitsbereiche zu wechseln. Diese zunehmende Flexibilisierung bietet Chancen und Risiken. Einerseits wird es möglich, gut ausgebildete und kreative Menschen auch in höherem Alter noch für anspruchsvolle Aufgaben in der Genossenschaftsbank zu gewinnen. Dies ist insbesondere vor dem Hintergrund steigender Anforderungen im Kundengeschäft erforderlich, bei denen soziale Kompetenz, Kreativität und Souveränität gepaart mit einem angemessenen persönlichen Erfahrungsschatz des Bankmitarbeiters immer mehr an Bedeutung gewinnt. Umgekehrt führen eine zunehmende Beschäftigungsfähigkeit, also die Möglichkeit flexibel andere Berufsoptionen wahrzunehmen, und eine steigende Mobilitätsbereitschaft dazu, dass gute Mitarbeiter/innen nur schwierig über sehr lange Zeit im Unternehmen gehalten und qualifiziert werden können.

Auch hier greifen demografieorientierte Ansätze wesentlich weiter als die Qualifikation älterer Beschäftigter. Das Spektrum umfasst die Bereiche

- Personalmarketing und Personalgewinnung
- Personalentwicklung, Personalbindung und Wissenstransfer
- Work-life-balance und Gesundheitsförderung
- Unternehmenskultur

Damit einher geht eine exakte Analyse der damit verbundenen Personalrisiken. Jede Genossenschaftsbank ist gut beraten,

- die Altersstruktur und ihre künftige Verschiebung,
- die Qualifikationsstruktur der Mitarbeiter/innen hinsichtlich künftiger Anforderungen,
- das Austrittsrisiko der Mitarbeiter/innen und
- das Verhältnis von tatsächlichen Neueintritten und Austritten vergangener Jahre
- zu analysieren und bei Bedarf Gegenmaßnahmen einzuleiten.

Gerade das Thema Unternehmenskultur bildet einen wichtigen Rahmen für Mitarbeiterzufriedenheit und Mitarbeiterengagement und damit letztendlich auch Mitarbeiterbindung. Doch leider schneidet der Bankensektor in fast allen Kulturdimensionen im Branchenvergleich am schlechtesten ab.[23]

Welches Fazit lässt sich daraus ableiten? Einerseits, dass ältere Mitarbeiter/innen intensiver als heute in die betrieblichen Personalmaßnahmen einbezogen werden müssen. Andererseits, dass das Thema Demografie weiterzufassen und auf alle Mitarbeiter/innen auszuweiten ist. Volksbanken und Raiffeisenbanken kommen damit nicht umhin, ihr Personalmanagement insgesamt weiter zu professionalisieren, um für die Herausforderungen des Arbeitsmarktes gewappnet zu sein.

3.5 Zusammenfassung und Ausblick

Aus den bisherigen Ausführungen lassen sich für die Volksbanken und Raiffeisenbanken hinsichtlich der demografischen Entwicklung folgende Schlussfolgerungen ziehen:

- Der demografische Wandel wirkt dämpfend auf das wirtschaftliche Wachstum.
- Die demografische Entwicklung bewirkt über die veränderte Nachfrage nach Gütern und Dienstleistungen eine massive Veränderung der Branchenstruktur.
- Mittelständische Firmenkunden sind von Nachfrageveränderungen betroffen.
- Für die Genossenschaftsbanken besteht in einigen Geschäftsfeldern im Firmenkundengeschäft dennoch Wachstumspotenzial.
- Die strategische Ausrichtung einzelner Volksbanken und Raiffeisenbanken wird von regional unterschiedlichen Auswirkungen der demografischen Entwicklung geprägt.
- Eine Konzentration auf den Markt der 50Plus-Kunden ist notwendig, aber nicht ausreichend. Darüber hinaus besteht die Notwenigkeit, sich unabhängig von einzelnen Zielgruppen individuell an der konkreten Lebenssituation des Kunden zu orientieren.
- Der Wettbewerb um Arbeitskräfte wird sich verschärfen.
- Demografieorientierte Personalarbeit ist ganzheitliche Personalarbeit. Sie greift in alle Teilbereiche des Personalmanagements.
- Eine Man-müsste-Grundhaltung reicht zur Bewältigung der anstehenden Herausforderungen nicht aus. Individuelle Einzelanalysen und konkrete Handlungsansätze gehen vor pauschalisierten Strategieüberlegungen.

---

[23] Vgl. Hauser (2007), S. 16.

Literatur

AKADEMIE DEUTSCHER GENOSSENSCHAFTEN (2006): „Zukunftsradar 2006-2016", Montabaur 2006.

BAETHGE, H., HÜBNER, R. und MÜLLER-SOARES, J. (2005): „Der Methusalem-Profit", Capital 5/2005.

BUNDESMINISTERIUM FÜR BILDUNG UND FORSCHUNG (2005): „Berufsbildungsbericht 2005", Berlin 2005.

BÜHLER, W., HUMMEL, D. und SCHUSTER, L. (1997): „Banken in globalen und regionalen Umbruchsituationen", Stuttgart 1997.

DEUTSCHE RENTENVERSICHERUNG (2008): „Ergebnisse auf einen Blick", 12/2008, Berlin 2008.

DEUTSCHES INSTITUT FÜR WIRTSCHAFTSFORSCHUNG (2000) : „Wochenbericht 48/2000", 2000.

DEUTSCHES INSTITUT FÜR WIRTSCHAFTSFORSCHUNG (2007): „Monatsbericht des BMF 08/2007", 2007.

DOMAGK, S., HEIN, A., HESSEL, S., HUPFER, M., NIEGEMANN, H. M. und ZOBEL, A. (2008): „Kompendium Multimediales Lernen", Heidelberg 2008.

FORSCHUNGSGESELLSCHAFT FÜR GERONTOLOGIE (2006): „Finanzdienstleistungen im Alter", Dortmund 2006.

GFK: Intenetseite
http://www.gfk.com/

GLUCH, E. (2008): „Bestandsmaßnahmen prägen die mittel- und langfristige Baunachfrage", ifo Schnelldienst 61 (05, 2008), S. 20-22.

HAUSER, F. (2007): „Unternehmenskultur, Arbeitsqualität und Mitarbeiterengagement in den Unternehmen in Deutschland", 2007.

INSTITUT DER DEUTSCHEN WIRTSCHAFT: Internetseite
http://www.iwkoeln.de/

JUST, B. (2006): „FrauenVermögen", Frauenwelt, 09/2006.

KLINGHOLZ, R.,KRÖHNERT, S. und VAN OLST, N. (2004): „Deutschland 2020- Die demografische Zukunft der Nation", 2004.
http://www.ihk-nordwestfalen.de/initiative/bindata/GEO-Studie_kompl.pdf.

KRIESE, M. (2006): „Selbständigkeit und Demographischer Wandel", ifo Schnelldienst 59 (13, 2006), S. 10-15.

KUBISTA, B. (2006): „Wandel mit Chancen – Demografie und Genossenschaftsbanken", Bankinformation/Genossenschaftsforum 33 (2006), Nr. 10, S. 12-16, Berlin 2006.

PRIEWASSER, E. (1994): „Die Priewasser-Prognose", Frankfurt 1994.

SCHIRRMACHER, F. (2004): „Das Methusalem-Komplott", München 2004.

STATISTISCHES BUNDESAMT (2003): „Einkommens- und Verbraucherstichprobe", Wiesbaden 2003.

Beate Siewert

Abteilungsdirektorin, Bundesverband Öffentlicher Banken Deutschland (VÖB),

Bereich Fördergeschäft/Corporate Finance

4 Demografischer Wandel aus Sicht des Bundesverbandes Öffentlicher Banken Deutschlands

4.1 Einleitung

Es ist unumstritten, dass der drohende Bevölkerungsrückgang und der für jedermann offenkundig zunehmende Alterungsprozess unserer Gesellschaft zu veränderten Anforderungen für Wirtschaft und Gesellschaft führen werden. Damit verbunden ist die Erkenntnis, dass diese Veränderungsprozesse sich letztendlich auch in den Finanzmärkten niederschlagen und daher zu neuen Herausforderungen für das Bankgeschäft führen. Dabei spielt es zunächst keine Rolle, zu welcher der drei Säulen des deutschen Bankensystems eine Bank gehört. Aus Sicht des Bundesverbandes Öffentlicher Banken Deutschlands (VÖB) stellt sich dennoch ein Unterschied im Umgang der Banken mit den demografisch bedingten Entwicklungen dar. Dieser resultiert aus der spezifischen Mitgliederstruktur des VÖB. So zählen zu seinen Mitgliedsinstituten die Landes- und Förderbanken, deren Anteile ganz oder teilweise von der öffentlichen Hand direkt oder indirekt gehalten werden, oder die besondere aus dem öffentlichen Interesse erwachsende oder im öffentlichen Interesse stehende Aufgaben wahrnehmen.

4.2 Förderbanken in besonderer Verantwortung[1]

Die Gruppe der „Förderbanken" zeichnet dabei aus, dass sie durch ihren öffentlichen Auftrag in besonderer Weise der Abmilderung sozialer und wirtschaftsstruktureller Verwerfungen verpflichtet ist. Folgerichtig nimmt bei dieser Spezialbankengruppe die Auseinandersetzung mit den Folgen des demografischen Wandels eine hohe Priorität ein. Charakteristisch für die meisten Förderbanken ist, dass sie gemäß der föderalen Struktur der Bundesrepublik aufgestellt sind. Ausgenommen die Förderbanken des Bundes – KfW und Landwirtschaftliche Rentenbank, die überwiegend ein grundlegendes Spektrum an Förderaufgaben anbieten – agieren die Landesförderbanken regional in ihrem Bundesland. Das ermöglicht ihnen, gezielter auf die unterschiedliche Intensität der demografischen Veränderungen sowohl hinsichtlich der regionalen Verteilung als auch bezüglich des Zeitpunktes zu reagieren. Das gilt auch für die besondere Herausforderung des Nebeneinanders von wachsenden und schrumpfenden Regionen.

Im Frühjahr 2006 haben die Förderbanken das VÖB-Positionspapier „ Demographie ist Gegenwart – Förderbanken in der Verantwortung" gemeinsam veröffentlicht. Sie beschreiben darin ihr Ziel, den Einsatz der Fördermittel an die demografisch veränderten Rahmenbedin-

---

[1] Für einen Überblick über Förderbanken in Deutschland, vergleiche die Ausführungen im Anhang.

gungen anzupassen und gleichzeitig Förderung noch effizienter zu gestalten. Erste Erfahrungen aus den Bundesländern, die bereits die Auswirkungen des demografischen Wandels spüren, können dabei in die Konzepte einfließen.

Die angestrebten Veränderungen werden sich letztlich in der Gestaltung des Förderzwecks, im jeweiligen Einsatz der Förderinstrumente – vom Zuschuss zum Darlehen bis zu Haftungsinstrumenten – und schließlich auch in den Arbeitsprozessen der Banken niederschlagen. Künftig wird das Fördergeschäft nicht mehr ausschließlich nach Bereichen wie Wirtschaftsförderung, Wohnungsbau oder Infrastrukturförderung aufgeteilt, sondern es werden zunehmend schlüssige bereichsübergreifende Gesamtkonzepte gefordert sein. Damit einhergehend werden sich die Organisationsstruktur und der -ablauf in den Förderbanken verändern.

Die Förderbanken zeigen in ihrem VÖB-Positionspapier vor allem bewährte und zugleich neue alternative Förderansätze in zahlreichen Sektoren auf, die durch die alternde Gesellschaft Veränderungen erfahren werden. Für diese haben die Förderverbände expliziten Handlungsbedarf definiert. Unter anderem werden Produktideen angeregt, die die Effektivität der Förderung erhöhen. Denn es ist zwischenzeitlich Konsens, dass bei Bankprodukten, wie zum Beispiel zinssubventionierten Darlehen, ein effizienterer Einsatz der Gelder gewährleistet ist, als bei der häufig praktizierten Zuschussförderung von Projekten und Investitionen.

4.3 Bevölkerungsrückgang und Alterung definieren Handlungsfelder von morgen

Die 11. koordinierte Bevölkerungsberechnung des Statistischen Bundesamtes konstatiert, dass die Relationen zwischen Alt und Jung sich stark verändern werden. Schon bis Ende 2030 soll die Zahl der ab 65-jährigen um acht Millionen anwachsen. Ein Vergleich der Jahre 2005 mit dem Jahr 2050 geht davon aus, dass der Anteil der Bevölkerung, die jünger als 20 Jahre ist, von 20% auf 15% abnimmt und der Anteil der 65-Jährigen und Älteren von 19% auf über 30% ansteigt.[2]

Entsprechend sinkt auch der Anteil der Bevölkerung im erwerbsfähigen Alter. Diese Alterung der Gesellschaft führt zwangsläufig dazu, dass die älteren Menschen zunehmend Einfluss auf die Nachfrage nehmen werden. Folglich wird sich die Wirtschaftsförderung verstärkt auf Unternehmen konzentrieren, die „demografieeste" Produkte herstellen. Doch die Produktion demografiefester Produkte allein wird in Zeiten der Globalisierung den Wirtschaftsstandort Deutschland nicht sichern. Seine Zukunftsfähigkeit und die seiner Regionen hängt von der Etablierung der so genannten Zukunftsbranchen ab. Neben den erforderlichen Rahmenbedingungen benötigen innovative Unternehmen aufgrund der mit Innovationen verbundenen Risiken und des Investitionsbedarfs eine breite Unterstützung, die nur durch eine geeignete Förderung untermauert werden kann.

Darüber hinaus bedeutet Alterung der Gesellschaft auch, dass die alternden Menschen länger fit bleiben und dem Arbeitsmarkt zur Verfügung stehen. So liegt ein weiterer Fokus der Wirt-

---

[2] Eisenmenger/Pötzsch/Sommer (2006), S. 17-25.

schaftsförderung auf Existenzgründungen durch ältere Menschen. Aber auch Zweit- und Drittgründungen, unabhängig ob durch Alt oder Jung, sollten förderwürdig sein und damit zur Akzeptanz in der Gesellschaft führen. Nach einer Untersuchung der KfW-Mittelstandsbank haben Unternehmensnachfolgen in Deutschland erheblich an Bedeutung gewonnen. Demnach sei weiterhin mit etwa 71.000 Fällen pro Jahr zu rechnen. Diese hohe Zahl wird in erster Linie mit dem altersbedingten Ausscheiden der Gründergeneration des Wirtschaftswunders begründet. Folglich steigt die Bedeutung der Sicherung erfolgreicher Unternehmensnachfolgen, und das trotz, vielmehr wegen, wirtschaftlicher Finanz- und Wirtschaftskrise. Da eine Übertragung des Unternehmens häufig mit hohen Investitionen verbunden ist, die eine erfolgreiche Übernahme erschweren, sehen die Förderbanken in der Erleichterung von Unternehmensnachfolgen durch Bürgschaften, Beteiligungen und Investitionskredite einen weiteren Förderschwerpunkt.

4.4 Lebenslanges Lernen zunehmend gefragt

Aufgrund der Alterung der Bevölkerung verschiebt sich auch die Altersstruktur innerhalb der Gruppe der Erwerbsfähigen zugunsten der Älteren. Zudem werden immer weniger qualifizierte Nachwuchskräfte zur Verfügung stehen, so dass die Innovationsfähigkeit von Unternehmen automatisch sinken müsste. Deshalb muss die Erneuerung zunehmend von älteren Arbeitnehmerinnen und Arbeitnehmern getragen werden. In Folge dessen werden Unternehmen ihr Personalmanagement einschließlich ihrer Aus- und Weiterbildungsstrategien verändern müssen. Sie kommen nicht umhin, sowohl das Potenzial der jüngeren als auch der älteren Erwerbsfähigen auszuschöpfen. Lebenslanges Lernen ist unverzichtbar, diese Erkenntnis muss in der Personalpolitik und in den Menschen verankert werden. Auch dabei kann Förderung neue Anreize setzen. Das gilt insbesondere für Angebote zur beruflichen Weiterbildung und für Umqualifizierungsmaßnahmen bis in das hohe Erwerbsalter, aber auch für Maßnahmen, die die Mobilität und Flexibilität der Arbeitnehmer und ihre Bereitschaft fördern, eine neue berufliche Karriere zu starten.

Grundsätzlich kann Bildungsförderung zusätzliche Akzente setzen und die bildungspolitischen Zielstellungen der Länder umsetzen helfen. Das betrifft die Unterstützung frühkindlicher Bildung, einer Professionalisierung der Ausbildung der Erzieherinnen und Lehrer, der verbesserten Integration ausländischer Kinder bis zur Einführung einheitlicher Bildungsstandards für Kindergärten und Schulen. Außerdem muss die Berufsausbildung sowie Fach- und Hochschulausbildung der Nachfrage der Wirtschaft nach hoch qualifizierten Berufsanfängern besser gerecht werden. Von Vorteil ist, dass in Abhängigkeit von der regionalen Altersstruktur die Schwerpunkte der Bildungsförderung regional unterschiedlich gesetzt werden können.

Gesellschaftlich anerkannt ist die These, dass wissenschaftlich-technischer Fortschritt die Hauptressource für wirtschaftliches Wachstum und Wohlstand ist. Daher müssen die Voraussetzungen für seine Entfaltung in der Breite geschaffen werden und sich nicht nur auf die Wirtschaftsförderung beschränken. Förderung fängt hier bei jungen Talenten an, setzt sich bei der exzellenten wissenschaftlichen Ausbildung an deutschen Bildungseinrichtungen fort, unterstützt Maßnahmen für bessere Forschungsbedingungen und ermöglicht wissenschaftliche

Studien und Projekte. Am Ende dieser Förderkette steht der Wissens- und Technologietransfer in die Wirtschaft.

4.5 Wohnungsbau- und Infrastrukturförderung wachsen zusammen

Im Bereich Wohnungsbau und Stadtentwicklung treten aufgrund der demografischen Entwicklung regionale Disparitäten stärker hervor, wachsende Regionen stehen schrumpfenden gegenüber. Für Förderbanken wächst die Herausforderung, regionale Unterschiede angemessen zu berücksichtigen und flexible Lösungen zu finden. Dabei muss der Einsatz von Fördermitteln noch zielgerichteter erfolgen. Voraussetzung dafür ist die Ablösung kleinräumiger begrenzter Lösungen zugunsten mittel- bis langfristig abgestimmter Konzepte für die Wohnraumversorgung und Stadtentwicklung und parallel dazu eine koordinierte Städte- und Wohnungsbauförderung in den Ländern. Eine lokal fokussierte und isolierte Betrachtungsweise von Wohnungs- und Immobilienmärkten gehört der Vergangenheit an und sollte durch interkommunale und interregionale Stadt- und Regionalentwicklungskonzepte abgelöst werden. Dies bedeutet auch, bei den Überlegungen nicht an den Landesgrenzen Halt zu machen.

In dünn besiedelten und in schrumpfenden Regionen stellt die Aufrechterhaltung der flächendeckenden Bereitstellung von Wasser, Verkehr und Energie eine große Herausforderung für die Kommunen und die mit der Versorgung betrauten Unternehmen dar. Dabei müssen sie vermeiden, dass sich die Kosten der Netze auf immer weniger Bürger über Gebühren verteilen. Geeignete Anpassungsstrategien sollten für den Nutzer sozial verträglich gestaltet und für die Unternehmen wirtschaftlich durchführbar sein. Förderung kann hier auf die Erstellung von Anpassungskonzepten und Lösungsstrategien, aber auch auf direkte Anpassungsmaßnahmen bis hin zum Rückbau ausgerichtet sein. Gleichzeitig ist die Verdichtung städtischer Räume anzustreben.

In der Vergangenheit standen Maßnahmen im Bereich der sozialen und medizinischen Infrastruktur weniger im Mittelpunkt der Förderung. Doch gerade diese Bereiche sind mit den Auswirkungen von Schrumpfung und Alterung der Bevölkerung stark belastet, Fördermaßnahmen werden zwangsläufig einen höheren Stellenwert einnehmen. Unterschiedlichste Modelle, die Pflege-, Gesundheits- und Betreuungsleistungen ermöglichen (Privatpersonen, private Unternehmen, Netzwerke, verschiedenste Kooperationen auch unter Einbindung des kommunalen Bereichs), bedürfen der Erprobung und Unterstützung, um weiterhin das hohe Niveau in diesen Bereichen aufrecht erhalten zu können.

Die genannten Handlungsfelder demonstrieren die Reichweite der demografischen Entwicklung. Die im VÖB organisierten Förderbanken haben sich darauf verständigt, Förderansätze aufzuzeigen, zu diskutieren und zu erproben. Es besteht Konsens darüber, dass in Abhängigkeit von der Ausprägung des demografischen Wandels in der Region die Förderbanken in unterschiedlichem Ausmaß herausgefordert sind. Zudem verlangen diese Unterschiede in der Ausprägung differenzierte Antworten. So werden die erarbeiteten Vorschläge in den Bundesländern sicherlich unterschiedliche Wertungen erfahren. Die Ergebnisse der Zusammenarbeit der Förderbanken im Rahmen des VÖB können in Abhängigkeit der strategischen Schwerpunkte der Länder eingebracht werden. Einige Beispiele für demografisch bedingtes Umdenken im Fördergeschäft weisen die Richtung:

4.6 Brandenburg praktiziert Nachhaltigkeit

Insbesondere für die ostdeutschen Bundesländer liegen die demografischen Umwälzungen nicht in ferner Zukunft, zum Teil müssen sie schon heute die mit gravierenden Bevölkerungsverlusten verbundenen Probleme abfedern. Im Land Brandenburg ist „Demografiefestigkeit" zum Leitbegriff der Landesregierung geworden, insbesondere bei der Ausgestaltung europäischer Förderpolitik. So wird als eine Fördervoraussetzung definiert, dass die Auswirkungen der prognostizierten demografischen Entwicklung und deren Folgen und Erfordernisse auf eine vorgesehene Investition zu berücksichtigen seien. In die Nachhaltigkeitsbewertung von Infrastrukturprojekten ist ein „Demografiecheck" zu integrieren, der eine Markt- und Nutzeranalyse, die Prüfung von Alternativen und eine (vergleichende) Kosten-/Nutzenanalyse beinhaltet. Angesichts der finanziellen Situation der öffentlichen Haushalte dürfen keine weiteren Investitionen subventioniert werden, wenn deren Nutzung wegen Bevölkerungsrückgang und -alterung ungewiss ist und sie in der Folge häufig zu Sanierungs- beziehungsweise Unterhaltskosten führen würden. Dies gilt gleichermaßen für den Verkehrsbereich, den technischen, den wirtschaftsnahen und den sozialen Bereich. Um die Fehlverwendung öffentlicher Mittel zu vermeiden, muss daher die nachhaltige wirtschaftliche Tragfähigkeit von öffentlichen Investitionen durch die InvestitionsBank des Landes Brandenburg unter Berücksichtigung regionaler Bevölkerungsprognosen sorgfältig beurteilt werden.

4.7 Sächsische Konzepte für Dienstleistung in der Fläche

Auch in Sachsen hat die Auseinandersetzung mit der demografischen Entwicklung zu Veränderungen geführt. Seit Juni 2007 werden durch die Sächsische Aufbaubank Projekte und Maßnahmen auf der Grundlage der „Förderrichtlinie Demografie" gefördert. Bei dieser Förderung können kommunale Gebietskörperschaften und Zweckverbände, aber ebenso gemeinnützige Vereine und Verbände Zuschüsse erhalten, um frühzeitig zukunftsfähige sowie finanziell nachhaltige Strukturen in Gebieten mit hoher Schrumpfungsrate und Überalterung der Bevölkerung aufzubauen. Maßnahmen, für die keine anderweitigen Fördermöglichkeiten bestehen, können nun als Pilotprojekte umgesetzt werden. Auf diese Weise werden Hemmnisse für konkrete kreative und innovative Ideen im Umgang mit dem demografischen Wandel beseitigt. Die Palette der förderungswürdigen Projekte und Maßnahmen ist sehr vielfältig. Dazu zählen beispielsweise die Durchführung von regionalen Innovationswettbewerben zur Neuorganisation der Daseinsvorsorge, lokale Projekte zur arbeitsteiligen Wahrnehmung öffentlicher Dienstleistungen von Gemeinden, Konzepte und Projekte, die dem Aufbau mobiler Grundversorgung oder dem Aufbau und der Einführung von „rollenden" Verwaltungsdienstleistungen in dünn besiedelten Räumen dienen, um nur einige zu nennen.

4.8 Nordrhein-Westfalen fördert Wohnen im Alter

In Nordrhein-Westfalen werden seit 2006 mit einem investiven Bestandsförderprogramm erste Lösungsansätze für die aktuellen demografischen und siedlungsstrukturellen Probleme im Wohnungsbestand des Landes angeboten. Angesichts der Alterung in ausgewählten Regionen – wie zum Beispiel Ruhrgebiet und Ostwestfalen – wurde der alters- und behindertengerechte Umbau des Wohnungsbestandes als ein wichtiges Handlungsfeld für die Zukunft definiert. Um die Diskrepanz zwischen dem Bedarf an barrierefreien Wohnungen und der bisher geringen Investitionstätigkeit für diesen Bereich auszugleichen, bietet die Wohnungsbauförderungsanstalt mit dem Förderprogramm „Bestandsinvest" zinsgünstige Darlehen für den Abbau von Barrieren an. Investiert werden kann beispielsweise in die Verbreiterung der Türen, den Einbau eines Liftes, barrierrefreie Zugänge und vieles mehr, und zwar sowohl in Wohnungen als auch in Altenwohn- und Pflegeheimen. Die in der Vergangenheit als Fördervoraussetzungen definierte Mietpreis- oder Belegungsbindung und Einkommensgrenzen sind bei diesem Programm nicht relevant.

Ein anderes Förderbeispiel aus Nordrhein-Westfalen basiert auf der Schätzung, dass als unmittelbare Folge der zunehmenden Alterung der Gesellschaft bis zum Jahr 2020 für das Land 650.000 pflegebedürftige Menschen prognostiziert werden. Mit dieser Entwicklung geht eine starke Beanspruchung der Infrastruktur für pflegebedürftige und behinderte Menschen einher. Seit 2008 bietet die NRW.BANK daher ein spezielles Förderprogramm „Pflege und Betreuung" an. Gemeinnützige Organisationen können für Investitionen in Pflege- und Betreuungseinrichtungen in Nordrhein-Westfalen langfristige Finanzierungen zu zinsgünstigen Konditionen erhalten. Es werden Investitionen im Rahmen der Modernisierung, Sanierung und Umgestaltung von Einrichtungen der Altenpflege, für betreutes Wohnen sowie Wohnheime und Werkstätten für behinderte Menschen gefördert.

4.9 Baden-Württemberg entwickelt neuen Rahmen für Familienförderung

Auch Baden-Württemberg, ein Bundesland, das nach Erkenntnissen des VÖB vom demografischen Wandel bisher noch weniger stark betroffen ist, verfolgt in der Landeswohnraumförderung in den letzten zwei Jahren ein neues Konzept. Aufgrund der Erkenntnis, dass flexible Förderung den Zielstellungen besser gerecht werden kann, wächst die Förderung mit der Familie. Neben den traditionellen zinsverbilligten Darlehen reagiert man mit Optionsdarlehen auf die zu einem späteren Zeitpunkt steigende Kinderzahl. Beabsichtigt beispielsweise ein junges Paar mit einem Kind den Bau eines neuen Hauses oder den Kauf einer gebrauchten Eigentumswohnung und plant weiteren Familienzuwachs, so kann bei der Auswahl der Immobilie der spätere Wohnraumbedarf adäquat berücksichtigt werden. Durch das so genannte Optionsdarlehen erhöht sich das Finanzierungsvolumen. Zunächst werden für diesen Darlehensteil marktübliche Zinskonditionen vereinbart. Wird dann ein Kind geboren oder adoptiert oder eine Dauerpflegschaft übernommen, kann bis zu 6 Jahre nach Abschluss des Darlehensvertrags eine Ergänzungsförderung beantragt werden. Diese führt entweder zu einer entschädigungslosen Sondertilgung und vermindert die Restschuld des Optionsdarlehens oder aber die Belastung aus dem Optionsdarlehens wird durch eine Zinsverbilligung verringert.

Darüber hinaus führen regional unterschiedliche Kosten für ein Eigenheim zu unterschiedlich hohen Förderdarlehen. Dabei ist die Abweichung nicht nur von Ort zu Ort. So werden zusätzliche Anreize für die Investition im Stadtzentrum geschaffen. Liegt das Objekt in einem Ortszentrum gibt es zusätzlich ein zinsverbilligtes Darlehen bis zu 25.000 Euro.

4.10 Demografischer Wandel als Impulsgeber für neue Produkte

Der demografische Wandel in Deutschland stellt die Förderbanken auch vor die Herausforderung, nicht nur über die Anpassung von Programmen, sondern auch über gänzlich neue Produkte nachzudenken. So entstand im Rahmen einer gemeinsamen Arbeitsgruppe beim VÖB ein neues Produktkonzept, das dem Anliegen einer auskömmlichen materiellen Absicherung im Alter gerecht werden soll – die Förder-Immorente. Was ist der Hintergrund?

Zahlreiche Prognosen konstatieren, dass zukünftige Senioren mit Einkommenseinbußen rechnen müssen. Ursächlich dafür sind sinkende Rentenniveaus, unterbrochene Erwerbsbiographien, mangelnde Vorsorge u. a.. Die höhere Lebenserwartung der Menschen verlängert zudem die aktive und damit kostenintensive Ruhestandsphase der Menschen. Andererseits bestehen die privaten Vermögensbestände der Ruheständler insgesamt zu etwa zwei Dritteln aus selbst genutztem Wohneigentum, jedoch können sie hieraus kein Einkommen erzielen und es bisher auch nicht zur Erhöhung des Einkommens kapitalisieren. Da liegt es nahe, dieses Wohneigentum als Liquiditätsquelle im Ruhestand zu nutzen. Die Förder-Immorente bietet hierfür den Ansatz. Sie basiert auf dem Konzept der umgekehrten Hypothek, auf ausländischen Märkten unter dem Begriff Reverse-Mortage bekannt. Ziel ist es, den Wohneigentümer in die Lage zu versetzen, in seinen eigenen vier Wänden zu wohnen und gleichzeitig aus seiner Immobilie – Wohnung oder Einfamilienhaus – ein zusätzliches „Einkommen" zu generieren. Diese Förder-Immorente steht kurz vor der Markteinführung. Jedoch gilt auch hier das Regionalprinzip. Die Förderbanken entscheiden über die Einführung des neuen Produktes in Abhängigkeit von der Förderstrategie ihres Bundeslandes.

Die hier skizzierten Entwicklungen zeigen den einsetzenden Umdenkungsprozess, sie werden sicherlich in der ein oder anderen Form auch in den übrigen Bundesländern Verbreitung finden. Wünschenswert wäre, wenn auch die Förderpolitik auf europäischer Ebene den demografischen Gedanken weiter vertiefen und in die strukturellen Voraussetzungen bei der Verteilung der Mittel einbauen würde. Dies würde gleichzeitig auch dem Ziel der Nachhaltigkeit dienen.

Literatur

EISENMENGER, M., PÖTZSCH, P. und SOMMER, B. (2006): „Bevölkerung Deutschlands bis 2050 – 11. koordinierte Bevölkerungsvorausberechnung", Statistisches Bundesamt in Zusammenarbeit mit den Mitarbeiterinnen und Mitarbeitern der Gruppe VI A des Statistischen Bundesamtes, Wiesbaden, November 2006, S. 17-25.

Anhang

Quelle: Eisenmenger/Pötzsch/Sommer (2006), S. 17-25.

Abbildung 1: Überblick der Förderbanken in Deutschland – Grafik

	Förderbanken auf Bundesebene	8	**I-Bank, Landesbank Baden-Württemberg** Karlsruhe, Stuttgart www.l-bank.de
1	**KfW Bankengruppe** Frankfurt am Main www.kfw.de	9	**LfA Förderbank Bayern** München www.lfa.de
2	**Landwirtschaftliche Rentenbank** Frankfurt am Main www.landwirtschaftliche-rentenbank.de		**Bayerische Landesbodenkreditanstalt** München www.bayern-labo.de
	Förderbanken auf Länderebene	10	**Landesförderinstitut Mecklenburg-Vorpommern – Geschäftsbereich der NORD/ LB -** Schwerin www.lfi-mv.de
1	**Investitionsbank Schleswig-Holstein** Kiel www.ib-sh.de	11	**Investitionsbank Berlin** Berlin www.ibb.de
2	**Bremer Aufbau-Bank GmbH** Bremen www.big-bremen.de	12	**InvestitionsBank des Landes Brandenburg** Potsdam www.ilb.de
3	**Hamburgische Wohnungsbaukreditanstalt** Hamburg www.wk-hamburg.de	13	**Investitionsbank Sachsen-Anhalt – Anstalt der NORD/ LB -** Magdeburg www.lb-sachsen-anhalt.de
4	**NBank Investitions- und Förderbank** Niedersachsen Hannover www.nbank.de	14	**Thüringer Aufbaubank** Erfurt www.aufbaubank.de
5	**NRW.BANK** Düsseldorf/ Münster www.nrwbank.de	15	**Sächsische Aufbaubank - Förderbank** Dresden www.sab.sachsen.de
6	**Investitions- und Strukturbank Rheinland-Pfalz (ISB) GmbH** Mainz www.lsb.rlp.de	16	**Investitionsbank Hessen (IBH)** **Anstalt des öffentlichen Rechts** Frankfurt am Main www.ibh-hessen.de
7	**LTH Landestreuhandbank Rheinland-Pfalz (Ressort der LRP Landesbank Rheinland-Pfalz)** Mainz www.lth-rlp.de		**LTH Landestreuhandstelle Hessen – Bank für Infrastruktur – rechtlich unselbstständige Anstalt in der Landesbank Hessen-Thüringen Girozentrale** Offenbach am Main

Quelle: Eisenmenger/Pötzsch/Sommer (2006), S. 17-25.

Abbildung 2: Überblick der Förderbanken in Deutschland – Übersicht

Kapitel 3: Geschäftsfelder von Banken im demografischen Wandel

Kapitel 3 befasst sich mit den Auswirkungen des demografischen Wandels auf die Geschäftsfelder Firmenkunden und Privatkunden. Es zeigt anhand theoretischer Texte und konkreter Fallstudien auf, wie bestehende Geschäftsfelder gehalten und neue Kundensegmente wie Senioren, Kunden mit Migrationshintergrund, vermögende Privatkunden und der Dritte Sektor erschlossen werden können.

Markus Beumer

Mitglied des Vorstands Commerzbank AG; zuständig für die Mittelstandsbank

1 Auswirkungen des demografischen Wandels auf das Firmenkundengeschäft

1.1 Firmenkundengeschäft im Wandel: Was hat das mit Demografie zu tun?

Das Firmenkundengeschäft der Banken hat sich in den letzten 10 Jahren deutlich verändert. Die Bank- und Kundenmärkte haben sich stark in Richtung stärkerer Ertrags- und Risikosensibilität entwickelt. Mittlerweile basiert beispielsweise jede Finanzierungsentscheidung auf einem internationalen Rating der Banken. Die Folgen dieser Entwicklung sind positiv zu beurteilen. So hat sich die allgemeine Transparenz erhöht, da die Finanzkommunikation zwischen Banken und Unternehmen deutlich intensiver geworden ist. Für die Banken besteht der Vorteil darin, dass die Ausfallwahrscheinlichkeiten von Krediten reduziert und Risiken genauer bepreist werden können. Doch auch auf Seiten der Unternehmen bieten sich Chancen, z. B. bei der Optimierung der Finanzierungsstruktur. Denn der intensivere Dialog geht auch mit der Entwicklung neuer Finanzierungsalternativen einher. Insgesamt sind die Finanzierungskonditionen durch die flächendeckende Einführung von Ratingverfahren risikogerechter geworden.

In den nächsten Jahren wird sich das Firmenkundengeschäft weiter verändern. Für den Mittelstand werden die Themen Finanzierung, Kapitalisierung und Liquiditätssteuerung strategische Bedeutung erlangen, die bis zur „Existenzfrage" reicht. Denn gerade im Zeichen der 2007 eingetretenen Finanzmarktkrise ist klar geworden, dass ganze Marktsegmente austrocknen können. Daher rücken traditionelle Leitlinien wieder in den Vordergrund, sei es das Vorsorge- und Vorsichtsprinzip oder die Vorteile von Stabilität und Verlässlichkeit der Finanzierungsbeziehungen. Das Financial Engineering wird seine Bedeutung aber nicht verlieren. Es wird, im Gegenteil, wichtiger sein denn je. Gleichzeitig ist aber klar, dass die Komplexität von Finanzierungslösungen ihre Grenzen hat. Produkte und Strategien müssen überschaubar und erklärbar bleiben.

Zudem bleibt der Druck aller bekannten Megatrends erhalten. Gerade auch auf diese müssen die Unternehmen passende Antworten finden. An erster Stelle ist hier die starke Abhängigkeit der Firmen von volatilen Güter- und Finanzmärkten zu nennen, ebenso wie von schwankenden Wechselkursen. Zweitens verkürzt die Globalisierung die Reaktionszeiten. In konjunkturell schwierigen Zeiten wirkt sich der scharfe weltweite Wettbewerb besonders schnell und heftig auf die Unternehmen aus. Drittens – und hiermit soll sich der folgende Beitrag auseinandersetzen – wächst insbesondere hierzulande der demografische Druck gerade auf die mittelständischen Betriebe. Das betrifft Produktlinien und Vertriebsstrategien genauso wie die Unternehmensnachfolge. Die Nachfolge zählt – neben der Unternehmensgründung – zu den größten

Herausforderungen im Lebenszyklus eines Unternehmens. Es geht um mehr als den bloßen Übergang von Eigentum und/oder Management. Schließlich kann eine ungelöste Nachfolge im Einzelfall auch die Bonität des Unternehmens negativ beeinflussen, da auch sie ins Kreditrating einfließt. Daher sollte die Nachfolgeplanung nicht ausschließlich auf die (steuer-) rechtliche Optimierung des Erb- oder Schenkungsvorgangs reduziert werden. Eine seriöse Nachfolgeplanung bezieht vielmehr frühzeitig auch den potenziellen Nachfolger und seine Ideen mit ein und stellt das betroffene Unternehmen langfristig entsprechend auf. Mittelstandsorientierte Banken bieten hier nicht nur passende Produkte sondern auch umfassende Beratung an.

1.2 Zahlen und Fakten: Demografie und Mittelstand

Vor dem Hintergrund der alternden und schrumpfenden Bevölkerung in Deutschland gewinnt gerade die Aufgabe der frühzeitigen Nachfolgeplanung weiter an Bedeutung. Schon heute scheitert die Nachfolge zumeist daran, dass kein geeigneter Nachwuchs zur Verfügung steht oder dass keine vernünftige Strategie existiert. Erst dann – und oft auch deswegen – kommen Probleme mit der Finanzierung. Dieser Trend wird in den nächsten Jahren zudem dadurch verstärkt werden, dass die Zahl der Unternehmen steigt, bei denen eine Nachfolge ansteht. Gleichzeitig werden aufgrund der Bevölkerungsentwicklung aber immer weniger Nachwuchskräfte zur Verfügung stehen, was den Druck auf das Nachfolgepotenzial erhöht.

1.2.1 Demografie: Die Bevölkerung altert bis 2050 deutlich

Zur Veranschaulichung der zunehmenden Dringlichkeit reicht es, den Blick auf die Fakten zur demografischen Entwicklung in Deutschland zu richten:[1]:

- Heute werden in Deutschland nur noch halb so viele Kinder geboren wie 1960. Nach mittleren Schätzwerten werden es im Jahr 2050 mit rund 500.000 sogar nur noch etwas mehr als ein Drittel der damaligen Zahl sein.

- Dadurch sinkt die Bevölkerungszahl in Deutschland bis 2050 auf circa 70 Millionen Einwohner. Jedoch hängt diese Zahl auch merklich von den Außenwanderungssaldi ab: Je geringer der Zuzug und je höher die Auswanderung, desto deutlicher sinkt die Zahl noch unter 70 Millionen.

- Außerdem ist die Lebenserwartung bereits drastisch gestiegen und sie steigt weiter. Mittlerweile erreichen männliche Neugeborene ein statistisches Lebensalter von fast 77, weibliche von über 82 Jahren. Wird der Trend fortgeschrieben, könnten die Zahlen bis 2050 auf knapp 85 (Männer) bzw. knapp 90 (Frauen) Jahre steigen.

Diese drei Fakten führen dazu, dass sich der Bevölkerungsaufbau deutlich verändert, denn die Deutschen werden nicht nur weniger, sondern vornehmlich älter. Konnte man 1910 noch die

---

[1] Vgl. Statistisches Bundesamt (2006), S. 13 ff.

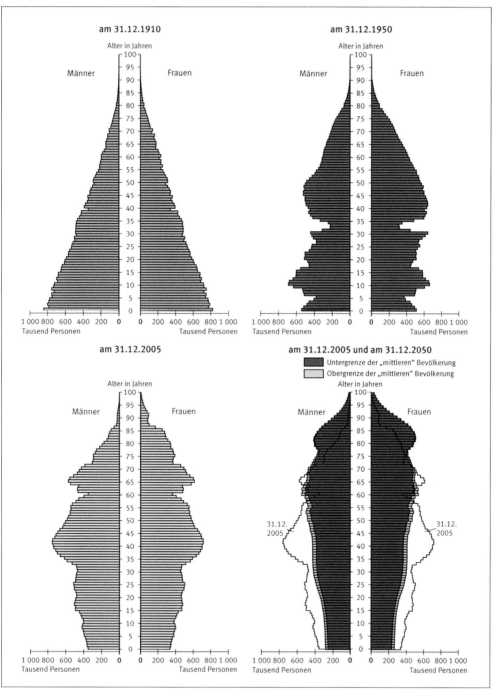

Quelle: Statistisches Bundesamt (2006), S. 16.

Abbildung 1: Altersaufbau der Bevölkerung in Deutschland

klassische Bevölkerungspyramide beobachten (siehe Abbildung 1), werden wir 2050 ein anderes Bild vor Augen haben. Die Altersverteilung wird sich zwar nicht umkehren, aber eher einer ausgefransten Säule ähneln, dem so genannten „Bevölkerungsdöner". Mit den Auswirkungen dieser Entwicklung werden wir zu kämpfen haben. Die Folgen betreffen nicht nur die Sozialsysteme, sondern auch die Realwirtschaft. Einerseits müssen sich Unternehmen auf neue Produkte und Kundengruppen einstellen und sich den steigenden Herausforderungen an die Gewinnung qualifizierter Mitarbeiter stellen. Andererseits stellt sich gerade im deutschen Mittelstand die Frage der Nachhaltigkeit ihrer Gesellschafterstrukturen.

1.2.2 Mittelstand: Baby-Boomer kommen bald ins Rentenalter

Die in den 1950er und 1960er Jahren geborenen Unternehmer, die so genannten Baby-Boomer, erreichen zwischen 2015 und 2025 das Rentenalter. Auf den ersten Blick mag das zeitlich noch weit entfernt sein. Nicht vergessen darf man aber, dass ein erfolgreicher Wechsel an der Spitze eines Unternehmens Zeit braucht. Ein Nachfolger muss gefunden, ausgebildet und durch Praxiserfahrung auf seine zukünftigen Aufgaben vorbereitet werden. Das gilt umso mehr, wenn man berücksichtigt, dass immer noch 74% der Familienunternehmer eine familieninterne Nachfolge bevorzugen.[2] Denn der Ausbildungsweg der nächsten Generation ist deutlich länger als der von bereits erfahrenen Mitarbeitern oder Vertrauten.

Bereits im Jahr 2004 ermittelte das Institut für Mittelstandsforschung in Bonn, dass kurzfristig – konkret: auf Sicht von fünf Jahren – bei einem knappen Fünftel aller mittelständischen Familienunternehmen in Deutschland (Einzelhändler, Handwerksbetriebe und Unternehmen mit Jahresumsätzen über 2,5 Mio. Euro) ein Generationswechsel ansteht.[3] Doch das ist noch eine niedrige Schätzung. Da eine vernünftig vorbereitete Nachfolge mehrere Jahre Planungs- und Vorbereitungszeit braucht, muss der Zeithorizont weiter gefasst werden. Wird hingegen der Zeithorizont, der noch bis zum Übergang auf den Nachfolger bleibt, auf bis zu zehn Jahre beziffert, so bestätigen – laut einer Commerzbank-Umfrage im Jahr 2008 unter 4000 mittelständischen Unternehmen in Deutschland – 45% der Firmen, dass sie bis 2018 ein Nachfolgekonzept umsetzen müssen (siehe Abbildung 2).

---

[2] Vgl. Commerzbank (2008), S. 40.
[3] Vgl. Freund (2004), S. 84.

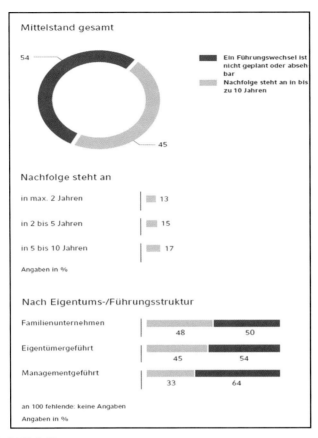

Mittelstand gesamt

54 ···

- Ein Führungswechsel ist nicht geplant oder abseh bar
- Nachfolge steht an in bis zu 10 Jahren

45

Nachfolge steht an

in max. 2 Jahren   13

in 2 bis 5 Jahren   15

in 5 bis 10 Jahren 17

Angaben in %

Nach Eigentums-/Führungsstruktur

Familienunternehmen   48   50

Eigentümergeführt   45   54

Managementgeführt   33   64

an 100 fehlende: keine Angaben

Angaben in %

Quelle: Commerzbank (2008), S. 37.

Abbildung 2: Bedarf des Mittelstands an Unternehmernachfolgern bis 2018

Wird das auf die gut drei Millionen mittelständischen Unternehmen in Deutschland hochge-rechnet, ergibt sich eine beeindruckende Zahl von ungefähr 135.000 Betrieben pro Jahr. Laut Umfrage besteht bei einem Drittel der betroffenen Mittelständler extrem kurzfristiger Hand-lungsbedarf, da die Nachfolge in maximal zwei Jahren vollzogen werden soll. Bei einem wei-teren Drittel beträgt der Zeithorizont immerhin 2-5 Jahre, die restlichen 30% haben noch etwas mehr Zeit (5-10 Jahre). Die Umfrageergebnisse spiegeln noch nicht den Zeitraum wider, in dem die Baby-Boomer in Rente gehen werden. Ab 2020 wird sich das Problem daher deutlich verschärfen.

1.3 Auswirkungen auf den Mittelstand: Nachfolge und Finanzierung

Die geschilderte Situation wirkt sich zweifach auf den Mittelstand aus: einerseits auf die Nachfolgeproblematik selbst, andererseits auf die entsprechenden Finanzierungsaufgaben. Daher ist zunächst zu klären, was die Suche nach einem geeigneten Nachfolger, insbesondere wenn sie familienintern ist, so schwierig macht. Sodann ist aufzuzeigen, welche Instrumente zur Verfügung stehen, um dieses Problem zu lösen und gleichzeitig die Finanzierung der Nachfolge zu sichern.

1.3.1 Unternehmensnachfolge: Suche nach geeigneten Nachfolgern ist schwierig

Beleuchten wir zunächst den ersten Aspekt am Beispiel der Familienunternehmen. Zwar gibt es hier noch immer die Präferenz für den familieninternen Generationswechsel.[4] Aber das Bild des älteren „Firmenpatriarchen", der sein Lebenswerk feierlich an Sohn oder Tochter übergibt, entspricht längst nicht mehr den Realitäten. Die Gründe hierfür sind vielfältig. Hier seien nur zwei Ursachen angeführt: Zum einen sind die heutigen Nachkommen der Unternehmer meist sehr gut – auch international – ausgebildet und weltoffen. Daher lassen sie sich nicht mehr so oft „zu Hause" in die Pflicht nehmen. Zum anderen tut sich der Unternehmer und Alteigentümer eher schwer, sein Lebenswerk aus der Hand zu geben. Oft ist er der Auffassung, dass der jungen Generation die typischen Unternehmertugenden fehlen. Das denken laut Commerzbank-Umfrage 63% der „Firmenpatriarchen".[5] Sie assoziieren mit einer Unternehmerpersönlichkeit traditionelle Werte wie Verlässlichkeit, Kompetenz und Leistungsbereitschaft sowie Weitsicht und Fairness. Weniger wichtig erscheinen ihnen moderne Werte wie Kreativität oder Veränderungs- und Risikobereitschaft. Doch gerade das sind die Leitlinien, auf die sich die jüngere, weltoffene Generation beruft. Diese Diskrepanz verdeutlicht das Konfliktpotenzial bei einer Übergabe.

Noch deutlicher wird dies angesichts der Bewertung der grundsätzlichen Eigenschaften potenzieller Nachfolger der „jungen Generation" durch die Alteigentümer. Abbildung 3 zeigt, wie wichtig verschiedene Eigenschaften sind und wo aus Sicht der Befragten für „junge" Unternehmerpersönlichkeiten noch Defizite bestehen. So haben die Nachfolger aus Sicht der Befragten heute vor allem in punkto Fairness, Weitsicht, Verlässlichkeit und Bescheidenheit noch Nachholpotenzial. Allerdings werden Ihre gute Ausbildung, Leistungsbereitschaft und Durchsetzungskraft anerkannt.

---

[4]   Vgl. PriceWaterhouseCoopers (2008), S. 32.
[5]   Vgl. Commerzbank (2008), S. 44.

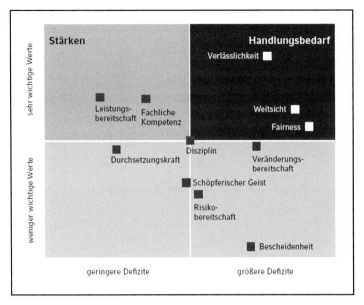

Quelle: Commerzbank (2008), S. 20.

Abbildung 3: Werte einer Unternehmerpersönlichkeit

Insgesamt scheint bei so viel Gegensatz klar zu sein, dass eine Geschäftsübergabe tief greifende Veränderungen des Unternehmens-Charakters zur Folge haben kann. Das bejahen auch zwei Drittel der Befragten in der Commerzbank-Studie. Die Nachfolge-Problematik steht damit, wenn auch knapp, vor Restriktionsfaktoren der Unternehmenstätigkeit wie wirtschaftliche Engpässe und Krisen. Dass eine Übergabe in der Folge hoher Erwartungen und kritischer Einschätzungen auch zum Misserfolg werden kann, liegt auf der Hand. Daher ist es besonders wichtig, sich nicht allein auf emotionaler Ebene mit anstehenden Veränderungen in der Unternehmensführung oder im Gesellschafterkreis zu beschäftigen.

1.3.2 Mittelstandsfinanzierung: Eigenkapital rückt immer mehr in den Blickpunkt

Der zweite, eher rationale Aspekt, an dem die Nachfolge vielfach scheitert, ist die Finanzierung. Welche Nachfolgeform auch gewählt wird, es entstehen oft Kosten. Zum einen sind sie direkter Natur, z. B. durch eine anfallende Erbschaft- oder Schenkungsteuer. Zum anderen entstehen sie indirekt durch den Finanzierungsbedarf, der entsteht, um die optimale Übertragungsform umzusetzen – etwa durch eine entgeltliche Übertragung oder durch zu zahlende Abfindungen – und um das Unternehmen auf die Strategie des Nachfolgers auszurichten. Natürlich ist auf den ersten Blick klar, dass eine langfristige Strategie die Gesamtkosten eventuell sogar senkt. Denn Ad-hoc-Lösungen sind nie optimal und oft sehr teuer. Es ist aber auch von Belang, welche Finanzierungsinstrumente zur Verfügung stehen und wie man persönlich zu ihnen steht.

Grundsätzlich haben Unternehmen gewisse Präferenzen für Finanzierungsarten. Diese Vorlieben sind nicht neu. Laut „Pecking-Order-Theorie"[6] sind die beliebteste Finanzierungsquelle die eigenen Gewinne bzw. – allgemeiner formuliert – die Eigenmittel (Innenfinanzierung). Diese sichern die Unabhängigkeit des Unternehmens und führen zu keinen Fremdkapitalkosten. An zweiter Stelle folgen Kredite, da Fremdkapital immerhin noch die Unabhängigkeit gewährleistet. An letzter Stelle folgt die Finanzierung aus Eigenkapitalmitteln, die durch Hereinnahme von Investoren generiert werden müssen (Außenfinanzierung). Da diese in der Regel Mitspracherechte fordern, ist das die „unbeliebteste" Alternative für Mittelständler.

Die „Pecking-Order-Theorie" bestätigt sich in der Praxis, wie der Blick auf Deutschland zeigt. In Bayern beispielsweise wird die Nachfolge in der Regel durch einen Mix unterschiedlicher Finanzierungsformen realisiert. Neben Eigenmitteln des Nachfolgers (52%) kommen vor allem Bankkredite (22%) zum Einsatz. Die Außenfinanzierung über Beteiligungen ist hingegen unbedeutend. In der Praxis spielen vielmehr auch Fördermittel (27%) eine wichtige Rolle (Zahlen für Unternehmen mit einem Umsatz von unter 1 Mio. Euro).[7]

Darüber hinaus verdeutlicht die beschriebene Finanzierungshierarchie eindrücklich, wie wichtig eine gute Nachfolgeplanung ist. Gehen die betroffenen Unternehmen das Projekt frühzeitig an – bleibt also Zeit zur Planung und zur Prüfung von Alternativen – kann der Einsatz von Fremdkapital minimiert werden. Im Normalfall geht es aber nicht ganz ohne Fremdfinanzierung, schließlich sind die finanziellen Lasten oft nicht unerheblich. Werden aber alle Finanzierungspartner rechtzeitig mit ins Boot genommen, kann die Finanzierungsstruktur des Unternehmens schon weit vor der eigentlichen Nachfolge verbessert werden, vor allem in Bezug auf die Liquiditäts- und die Eigenkapitalstruktur.

Aufwändiger wird es, wenn interne Nachfolge-Regelungen nicht möglich sind. Dann stellt sich die Frage nach Handlungsalternativen. Entweder holt man sich neue Gesellschafter an Bord oder verkauft – als letzte Handlungsoption – das Unternehmen ganz. Im ersten Fall bevorzugen die Alteigentümer laut Commerzbank-Umfrage, dass Mitarbeiter das Management übernehmen (56%, siehe Abbildung 4). Der Spezialfall des „Management-Buy-Outs", d. h. der Verkauf des Unternehmens an bereits bisher engagierte Manager, spielt allerdings in den Überlegungen nur eine überraschend untergeordnete Rolle.[8] Beide Lösungen haben in der Summe den besonderen Reiz, weitgehende Kontinuität zu sichern.

Daneben lassen sich in der Regel auch externe Manager finden, die bereit und in der Lage sind, unternehmerische Verantwortung zu übernehmen. Allerdings wird der Weg des „Management-Buy-In" im Mittelstand noch relativ selten begangen. Im Schnitt prüft ihn nicht einmal

---

[6] Vgl. Myers (1984).
[7] Vgl. Freund/Kayser (2007), S. 49.
[8] Vgl. Commerzbank (2008), S. 40.

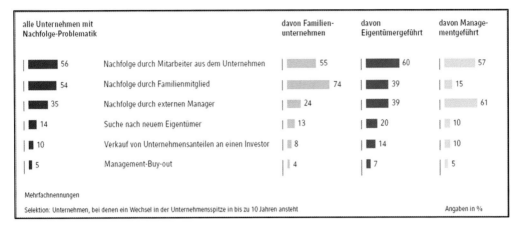

alle Unternehmen mit Nachfolge-Problematik		davon Familienunternehmen	davon Eigentümergeführt	davon Managementgeführt
56	Nachfolge durch Mitarbeiter aus dem Unternehmen	55	60	57
54	Nachfolge durch Familienmitglied	74	39	15
35	Nachfolge durch externen Manager	24	39	61
14	Suche nach neuem Eigentümer	13	20	10
10	Verkauf von Unternehmensanteilen an einen Investor	8	14	10
5	Management-Buy-out	4	7	5

Mehrfachnennungen

Selektion: Unternehmen, bei denen ein Wechsel in der Unternehmensspitze in bis zu 10 Jahren ansteht   Angaben in %

Quelle: Commerzbank (2008), S. 40.

Abbildung 4: Welche Nachfolgealternativen prüft der Mittelstand wirklich?

jedes dritte Unternehmen (30%, Abbildung 4). In Familienunternehmen beträgt die Quote immerhin noch ein Viertel.[9] Die Schwierigkeit dieser Nachfolgelösung ist, dass geeignete Partner zusammenfinden müssen. Das benötigt oft viel Zeit. Hier sind vor allem drei Gründe zu nennen. Erstens müssen die potenziellen Kandidaten voneinander erfahren. Geeignete Hilfen im Such- und Findungsprozess können beispielsweise Nachfolgebörsen sein. Zweitens bestehen, wenn die Interessenten ins Gespräch über eine Nachfolge gekommen sind, Informationsasymmetrien zuungunsten der externen Bewerber. Sie sind deutlich gravierender als beim Übergang z. B. auf die Unternehmerkinder. Schließlich dürfte die Vertrauensbeziehung zwischen Alteigentümer und Nachfolger im Allgemeinen nicht ähnlich eng sein wie im Familienkreis. Drittens haben am „Buy-In" Interessierte häufig Schwierigkeiten, ihre Pläne zu finanzieren. Hier sind wiederum die Banken gefragt.

Allerdings scheitert die externe Nachfolge in den meisten Fällen an den angesprochenen Informationsunterschieden. Einerseits möchte der Alteigentümer sichergehen, dass sein Lebenswerk beim Nachfolger gut aufgehoben ist. Gleichzeitig weiß er aber wenig über die Qualitäten und die wahren Motive des Bewerbers. Der Übergeber muss daher anhand eines geeigneten Konzepts die Fähigkeiten des Nachfolgers „screenen"[10], um die Informationsungleichheit zu überwinden. Andererseits muss der Nachfolger selbst versuchen, geeignete Signale über seine Qualität und seine Absichten auszusenden.[11] Beides ist in der Realität sehr schwer umzusetzen und bringt oft nicht den gewünschten Erfolg. Können die Informationsasymmetrien jedoch nicht glaubhaft überwunden werden, stehen die Verhandlungsparteien vor einem Problem. Im Extremfall ist dann die Feststellung eines für beide Seiten angemessenen Kaufpreises unmöglich.[12] Daher sollte der Unternehmer schon zu Beginn der Nachfolgeplanung ei-

---

[9] Vgl. Commerzbank (2008), S. 40.
[10] Vgl. z. B. Stiglitz (1975).
[11] Vgl. z. B. Spence (1973).
[12] Vgl. Akerlof (1970).

ne objektive Unternehmensbewertung vornehmen lassen. Denn diese bringt die nötige Klarheit und kann helfen, die Übergabe des Unternehmens zu vereinfachen.

Ist keine der diskutierten Optionen möglich, kommen auch externe Beteiligungslösungen wie Private Equity in Betracht. Gerade in Deutschland besteht im Ergebnis aber eine tief gehende Skepsis gegenüber Beteiligungskapital. Mittelständler, vor allem aber Familienunternehmen, meiden diese Form der Finanzierung geradezu systematisch. Nur 10% wollen auch diese Möglichkeit für den Übergang prüfen. Dabei handelt es sich vor allem um solche Unternehmen, denen nur noch wenig Vorbereitungszeit bis zur Nachfolge bleibt.[13] Die Hauptquelle für die fehlende Verbreitung von Private Equity ist die Intransparenz des Angebots.[14] Gerade Familienunternehmen haben es bisher in der Tat schwer, von der Existenz kleinerer und mittelgroßer Kapitalanbieter zu erfahren oder Kontakt mit ihnen aufzunehmen. Es ist also nicht nur nach der Bereitschaft der Unternehmen zu fragen, alternative Wege zu gehen. Vielmehr stellt sich umgekehrt die Frage, inwieweit Private-Equity-Firmen und Banken auf einen entsprechenden Dialog mit dem Mittelstand vorbereitet sind und ihn aktiv suchen.

Außerdem bedeutet Private Equity nicht immer den Totalverkauf des „unternehmerischen Lebenswerks". Vielmehr es gibt genügend Geldgeber, die sich auf Minderheitsbeteiligungen konzentrieren und somit potenziell zum strategischen Partner der Familienunternehmer werden. Außerdem zeigen Praxisberichte, dass Minderheitsbeteiligungen von Private-Equity-Investoren oft auf positive Resonanz stoßen. Mehr als die Hälfte der befragten Unternehmer geben an, „gute" bis „sehr gute" Erfahrungen mit dieser Beteiligungsform gemacht zu haben.[15] Private Equity kann demnach auch mittelstandsgerecht sein und ist daher eine echte Finanzierungsalternative, auch und gerade für die Nachfolge. Denn selbst bei der familieninternen Nachfolge muss der Gesellschafterkreis nicht unbedingt unter sich bleiben. Gerade wenn für die Neuausrichtung des Unternehmens zusätzliches Kapital benötigt wird, können Minderheitsbeteiligungen ebenfalls ein interessanter Weg sein. Daher gehört ein entsprechendes Produkt auch in das Leistungsportefeuille einer verantwortungsvollen Mittelstandsbank.

1.4 Fazit: Nachfolgeberatung braucht einen integrierten Leistungskatalog

Es genügt nicht, wenn sich Unternehmen bei der Nachfolgeplanung auf einzelne Experten verlassen, wie z. B. Steuerberater, Unternehmensberater oder Bank. Es kommt vielmehr darauf an, alle Partner in ein Lösungskonzept einzubinden. Im Umkehrschluss bedeutet das, dass auch Banken einen umfassenden, integrierten Leistungskatalog brauchen, um Unternehmen auf die Nachfolge vorzubereiten. Dieser bezieht externe Experten und ihr Know-How explizit ein. Denn nur so kann die optimale Lösung unter Berücksichtigung aller wichtigen Aspekte gefunden werden. Schließlich ist jede Nachfolgesituation individuell – je nachdem, ob es sich um familien- oder managergeführte Unternehmen handelt, bzw. um Firmen mit zersplitterten Gesellschafterstrukturen oder solche, die nur einen oder zwei Eigentümer haben. In diesem

---

[13] Vgl. Commerzbank (2008), S. 41.
[14] Vgl. Achleitner/Schraml/Tappeiner (2008), S. 29.
[15] Vgl. Achleitner/Schraml/Tappeiner (2008), S. 83.

Zusammenhang ist hervorzuheben, dass die Nachfolge dazu genutzt werden kann, Gesellschafterstrukturen zu straffen.

Insbesondere beim Verkauf an Dritte kommt es darüber hinaus auf eine ganzheitliche, strukturierte und lösungsorientierte Vorgehensweise an. Wissen und Erfahrung zählen dabei ebenso wie der objektive Blick von außen, der oft subjektive Wahrnehmungen der bisherigen Inhaber bereits im Vorfeld korrigiert. Welche Bedeutung die individuelle und solide Vorbereitung mit den Experteams einer Bank besitzt, erkennen viele Unternehmer erst dann, wenn der Interessent bei den Verhandlungen von zahlreichen hoch qualifizierten Unternehmensberatern und Wirtschaftsprüfern begleitet wird. Das kommt nicht von ungefähr, schließlich gilt es bei der Due Diligence eine Vielzahl von Dokumenten aufzubereiten sowie Fragen zu verschiedensten Themengebieten zu beantworten.

Insgesamt kommt es hier vor allem auf Koordination und intelligentes Prozessmanagement an. Die Strukturierung des Gesamtprozesses muss folgende Eckpunkte umfassen: Die Auswahl und Ansprache potenzieller Käufer, die Kommunikation preisrelevanter Informationen, die Bereitstellung der gemeinsam mit Rechtsanwälten und Steuerberatern erarbeiteten Verkaufsdokumente sowie die Begleitung der Verkaufsverhandlungen. Unter dem Strich muss ein stringent gesteuerter Bieterprozess auf die Optimierung des Transaktionsergebnisses zielen.

Das Angebot der Bank zur Unternehmensnachfolge ist allerdings erst dann vollständig, wenn auch die Experten für Börsengänge und Kapitalmarktmaßnahmen einbezogen werden, die sich um Kapitalerhöhungen, Umplatzierungen sowie die Strukturierung und Umsetzung von Übernahmeangeboten oder Aktienoptionsplänen kümmern. Die Konzepte müssen zudem auch eventuelle Anforderungen des möglichen Nachfolgers erfüllen, also eine Finanzierung für den Kauf von Geschäftsanteilen bereitstellen. Nach entsprechender Prüfung gilt es, die Finanzierung so zu strukturieren, dass sie beiden Seiten – Käufer und Verkäufer – gerecht wird. Auch die Umsetzung einer Transaktion bis zur Auszahlung liegt in Händen der Bank; von der Dokumentation über Zahlungen bis zur Sicherheitenverwaltung.

Auch die besonderen Bedürfnisse der Familienunternehmen sind in eine umfassende Nachfolgeberatung einzubeziehen. Für den „Glücksfall" der Weitergabe innerhalb der Familie gilt, dass man ein Unternehmen nicht einfach wie eine goldene Uhr übergibt. Zu den maßgeblichen Voraussetzungen einer reibungslosen Nachfolgeregelung innerhalb der Familie gehört der faire Interessenausgleich zwischen allen Beteiligten. Zentrale Größen sind dabei u. a. der objektiv zu ermittelnde Unternehmenswert, Vorsorge- und Absicherungsansprüche der Familienmitglieder sowie anstehende Unternehmensaufgaben wie Restrukturierungen, Modernisierungen oder anorganisches Wachstum. Modellrechnungen können hier weiterhelfen. Sie zeigen beispielsweise die zu erwartende Steuerlast bei unterschiedlichen Vorgehensweisen wie Vererben, Verschenken oder Verkaufen. Sind schließlich alle Entscheidungen getroffen, stellt sich für den ausgeschiedenen Unternehmer und für eventuell ausbezahlte andere Familienangehörige das angenehmste Problem: Was tun mit dem Ertrag aus der Unternehmensübergabe? Idealerweise werden solche Fragen der Vermögensstrukturierung und -verwaltung sowie eines Stiftungs- oder Nachlassmanagements von der beratenden Bank im Gesamtzusammenhang der Unternehmensübergabe „aus einer Hand" entschieden.

Das führt zu einem klaren Fazit: Individuelle Lösungen ermöglichen es dem Mittelstand, finanziell umfangreichere Vorhaben, insbesondere bei der Nachfolge, in Eigenregie zu gestalten und den geschäftlichen Erfolg nachhaltig sicherzustellen. Wenn Handlungsoptionen, Finanzierungslösungen, rechtliche Konzepte, aber auch die Vermögensaspekte aus einer Hand analysiert werden, lässt sich die jeweils beste Lösung finden. Das gilt umso mehr in Hinblick auf den demografischen Wandel. Denn erst recht bei sinkendem Nachfolge-Potenzial müssen alle Handlungsoptionen bekannt sein, um das bestmögliche Ergebnis für alle Beteiligten zu erreichen.

Literatur

ACHLEITNER, A. K., SCHRAML, S. C. und TAPPEINER, F. (2008): „Private Equity in Familienunternehmen: Erfahrungen mit Minderheitsbeteiligungen", Stiftung Familienunternehmen und Center for Entrepreneurial and Financial Studies, München April 2008.

AKERLOF, G. (1970): „The Market for Lemons: Quality Uncertainty and the Market Mechanism", Quarterly Journal of Economics 84 (1970), S. 488-500.

COMMERZBANK AG (2008): „Wirtschaft im Wertewandel: Unternehmertum und Verantwortung im Mittelstand", 6. Studie der Initiative UnternehmerPerspektiven, Frankfurt am Main, Oktober 2008.

FREUND, W. (2004): „Unternehmensnachfolgen in Deutschland", Institut für Mittelstandsforschung Bonn (Hrsg.): „Jahrbuch zur Mittelstandsforschung 1/2004, Schriften zur Mittelstandsforschung Nr. 106 NF, Wiesbaden 2004, S. 57-88.

FREUND, W. und KAYSER, G. (2007): „Unternehmensnachfolge in Bayern", Gutachten im Auftrag des Bayerischen Staatsministeriums für Wirtschaft, Infrastruktur, Verkehr und Technologie, in: Institut für Mittelstandsforschung Bonn (Hrsg.), IfM-Materialien Nr. 173, Bonn, Mai 2007.

MYERS, S. C. (1984): „The Capital Structure Puzzle", Journal of Finance 39 (1984), S. 575-592.

PRICE WATERHOUSE COOPERS (2008): „Mittelstand: Familienunternehmen 2008", Frankfurt am Main Januar 2008.

SPENCE, M. (1973): „Job Market Signalling", The Quarterly Journal of Economics 87 (1973), S. 355-374.

STATISTISCHES BUNDESAMT (2006.): „Bevölkerung Deutschlands bis 2050 – 11. koordinierte Bevölkerungsvorausberechnung", Wiesbaden November 2006.

STIGLITZ, J. E. (1975): „The Theory of Screening, Education and the Distribution of Income", American Economic Review 65 (1975), S. 283-300.

Emmerich Müller

Bankhaus B. Metzler seel. Sohn & Co. KGaA, Frankfurt am Main,

persönlich haftender Gesellschafter und verantwortlich für das Private Banking

2 Vermögenserhalt über Generationen

2.1 Das Geschäftskonzept des Private Banking

2.1.1 Vermögenssituation privater Haushalte in Deutschland

Der Kapitalstock der Deutschen hat sich seit der Gründung der Bundesrepublik sehr positiv entwickelt. Die Menschen profitieren von einer seit 60 Jahren anhaltenden Friedenszeit, vom Wiederaufbau und vom Wirtschaftswunder: Der heutigen Generation stehen enorme Geldmittel zur Verfügung; das Nettogeldvermögen der privaten Haushalte ist in den vergangenen Jahren auf über drei Billionen Euro gestiegen. Insgesamt gibt es in Deutschland heute schätzungsweise mehr als 800.000 Menschen mit einem liquiden Finanzvermögen von über einer Million Euro.[1]

2.1.2 Charakterisierung Private Banking

Diese Vermögenszahlen illustrieren, warum sich heute fast jedes Finanzinstitut mit einem „Private Banking" schmückt, also mit einer eigenen Abteilung zur Betreuung wohlhabender Privatkunden, insbesondere zur aktiven Verwaltung derer Vermögen. Genauer gesagt zeichnet sich Private Banking durch folgende Charakteristika aus:

Erstens, aktive Vermögensverwaltung. Aktive Vermögensverwaltung im Rahmen des Private Banking ist mehr als ein mit Produkten von der Stange gefülltes Portfolio. Zur Verwaltung großer Privatvermögen bedarf es vielmehr einer umfassenden Strategie, die den Kunden mit all seinen Wünschen und Vorstellungen in den Mittelpunkt stellt und daraus auf den konkreten Bedarf zugeschnittene individuelle Konzepte entwickelt.

Ein zweiter Aspekt im Private Banking ist der Zeithorizont. Es geht nicht darum, für das nächste Quartal die beste Rendite vorzuweisen, sondern um den langfristigen Vermögenserhalt – das heißt nicht für den nächsten Monat oder das nächste Jahr, sondern für die nächsten Jahrzehnte oder Generationen.

Zum Dritten ist für die erfolgreiche Umsetzung des Private Banking ein gewisses Mindestanlagevolumen erforderlich. Dieses liegt z. B. beim Bankhaus Metzler bei rund drei Millionen Euro für eine individuelle Vermögensverwaltung mit Investitionen in Einzeltitel.

---

[1] Vgl. Statistica.com (2009), S. 6.

2.1.3 Private Banking und demografische Entwicklung

Private Banking ist seit jeher die Kunst, jene Risiken zu steuern, die den langfristigen Vermögenserhalt bedrohen. Vor diesem Hintergrund ist das demografische Problem, die Überalterung unserer Gesellschaft, keines, welches das Geschäftsfeld Private Banking vor neue unbekannte Herausforderungen stellt. Im Private Banking müssen keine innovativen Programme vorbereitet werden, die besondere Lösungen anbieten für eine alternde Klientel. Denn die meisten Kunden von Metzler Private Banking haben bereits ein höheres Lebensalter erreicht, sind vielfach selbst Unternehmer, die entweder einen eigenen Betrieb aufgebaut – oder weit häufiger, das Unternehmen bereits selbst von ihren Vorfahren übernommen haben. Das demografische Problem ist bei Familienunternehmern schon sehr frühzeitig präsent, da das eigene Alter und damit das Nachfolgeproblem immer auf ihrer Agenda stehen. Darüber hinaus haben sie in ihrem Leben selbst Erfahrungen mit dem Auf und Ab von Wirtschaftszyklen und -krisen sammeln können und wissen, dass stark tradingorientiertes Handeln nur wenig dazu geeignet ist, Vermögen aufzubauen oder gar nachhaltig zu erhalten. Sie haben durch ihre Lebenserfahrung eine geschärfte Risikosensibilität aufgebaut. Der Wissens- und Erfahrungshorizont der Private-Banking-Kundenberater und der -Kunden ist somit recht ähnlich und erleichtert Gespräche auf Augenhöhe. – In diesem Sinne ist Private Banking ein demografiefester Geschäftszweig.

2.2 Die besondere Aufgabe des Risikomanagements im Private Banking

Die beeindruckenden Zahlen über den Vermögensbestand in Deutschland dürfen jedoch nicht darüber hinwegtäuschen, dass es immer elementare Risiken gab und auch weiter geben wird – nicht nur schwache Konjunktur- und Börsenphasen, sondern auch „echte" Krisen existenzieller Natur. Ein kompetentes Risikomanagement muss deshalb in jedem Fall den Kern der Vermögensverwaltung im Rahmen des Private Banking bilden – nur so kann das wichtigste Ziel, der langfristige Vermögenserhalt, erreicht werden, das heißt: bei einem Anlagehorizont von mindestens zehn Jahren einen Vermögenszuwachs zu erreichen nach Abzug aller Kosten, Steuern und der Inflationsrate.

2.2.1 Definition Risikomanagement

Risikomanagement bedeutet, planvoll mit möglichen Gefahren umzugehen, sie zu analysieren, zu bewerten und ihnen mit Weitsicht zu begegnen, bevor daraus Probleme entstehen. Auf Vermögen bezogen gäbe es allerdings ohne Risiken – in jeder Asset-Klasse – keine Chancen. Dabei ist die Ansicht darüber höchst individuell, welche Risiken noch tragbar sind und welche Chancen damit „erkauft" werden sollen. Ein kompetentes Risikomanagement muss deshalb immer darauf bedacht sein, Chancen und Risiken sorgfältig abzuwägen – im Sinne des Kunden und des langfristigen Vermögenserhalts.

2.2.2 Risikoanalyse als erster Schritt des Risikomanagements

Die Risikoanalyse stellt den ersten Schritt des Risikomanagements im Private Banking dar, da Chancen die Möglichkeit bieten, das Vermögen weiter auszubauen, Risiken aber dazu führen können, das eigene Vermögen zu verkleinern oder im schlimmsten Fall sogar zu vernichten. Die grundlegende Risikoanalyse beginnt am besten mit einem Blick zurück. Denn viele Konstellationen der Vergangenheit können sich in ähnlicher Form in der Zukunft wiederholen. Eine sorgfältige Bewertung historischer Entwicklungen gehört deshalb unbedingt zum Rüstzeug für ein aktives Risikomanagement. – Weil sich die Krisen der Vergangenheit jedoch nicht eins zu eins auf die Zukunft übertragen lassen, muss das aktive Risikomanagement ebenso die gegenwärtige Situation analysieren und sich ein Bild über mögliche Krisenszenarien der Zukunft zu machen.

Grund für das Entstehen von Krisen ist, dass es keine Wirtschaftsentwicklung ohne Übertreibungen, keinen Boom ohne Rezession gibt. Ein erster Erklärungsansatz dafür konzentriert sich auf das menschliche Handeln. Der Mensch verhält sich oft nicht objektiv und rational – und wenn viele Menschen gleichermaßen irrational handeln, kommt es zu Fehlentwicklungen. Menschen sind eben nicht der viel gepriesene „homo oeconomicus". Wenn Menschen Investitionsmöglichkeiten oder Preise kollektiv falsch einschätzen, kommt es zu Preisblasen, die früher oder später platzen müssen. Beispiele dafür sind die Tulpenkrise zwischen 1634 und 1637 oder die japanische Immobilienkrise in den 90er Jahren. Ein zweiter Ansatz konzentriert sich auf externe Einflüsse, die das wirtschaftliche Handeln beeinflussen, beispielsweise wenn sich die Rahmenbedingungen ändern, sei es durch Gesetze, durch die Einführung eines anderen Wirtschaftssystems oder durch Kriege. Beispiel dafür ist die Weltwirtschaftskrise 1929. Ein dritter Erklärungsansatz sind Innovationen, die das Wirtschaftswachstum stimulieren, zum Beispiel die Dampfmaschine, das Automobil, der Elektromotor oder das Internet. Gerade zu Beginn eines neuen Innovationszyklus entstehen stürmische Entwicklungen nach oben. Da aber der Umgang mit diesen Innovationen erst gelernt werden muss, kommt es oft auch zu Fehlinvestitionen und -entwicklungen. Die Krise am Neuen Markt im Jahre 2001 ist ein bekanntes Beispiel dafür.

2.2.2.1 Risikoanalyse der Vergangenheit

Die Weltwirtschaftskrise von 1929

Die wirtschaftliche Entwicklung in Deutschland war niemals stetig, vielmehr war sie durch eine Reihe schwerer Krisen und Strukturbrüche gekennzeichnet, die auch für die privaten Vermögen beträchtliche Auswirkungen hatten. Vor allem die Zeit zwischen den beiden Weltkriegen hatte mit Hyperinflation und Weltwirtschaftskrise katastrophale Folgen für viele private Vermögen.

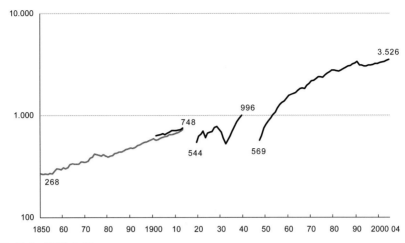

Quelle: Buchheim (1997), S. 93.

Abbildung 1:   Volkseinkommen je Einwohner in (West-)Deutschland 1850–2004 in konstanten Preisen von 1913 (in D-Mark)

Hyperinflation und die Weltwirtschaftskrise in den unruhigen Zeiten der Weimarer Republik stehen für zwei Risiken, die auch heute eine Bedrohung für jedes Vermögen darstellen: Inflation und Deflation.

Die Hyperinflation vernichtete bis zu ihrem Höhepunkt am 20. November 1923 gigantische Werte. Musste man 1914 für einen US-Dollar noch 4,20 Mark ausgeben, waren es am Schluss rund 4,2 Billionen Mark.[2] Alles Vermögen, das nicht in Sachwerte investiert war, ging verloren.

Die Weltwirtschaftskrise war die erste globale Wirtschaftskrise der industrialisierten Welt. Der Börsenkrach an der New Yorker Wallstreet im Oktober 1929 vernichtete Milliardenwerte, die in der Folge für Investitionen und Konsum fehlten. Dieser Einbruch der Nachfrage führte zu enormen Überkapazitäten in der Industrie, eine Entwicklung, die wiederum einen drastischen Preisverfall und in Verbindung mit der dramatischen Geldmengenkontraktion eine Deflation nach sich zog. In der Folge versuchten die einzelnen Nationen, ihre Wirtschaft durch Protektionismus und Währungsabwertungen zu schützen; diese Maßnahmen ließen den Welthandel einbrechen und beschleunigten die Krise weiter. Neben den USA war Deutschland von der Weltwirtschaftskrise besonders betroffen. Die Deflationspolitik der Regierung Brüning verschärfte die Krisenerscheinungen zusätzlich. So halbierte sich die Industrieproduktion bis 1932, Aktien verloren sogar zwei Drittel ihres Wertes. Die Weltwirtschaftskrise hatte auch enorme Auswirkungen auf den Bankensektor: In der zweiten

Phase kam es zum Zusammenbruch nahezu des gesamten deutschen Bankwesens und damit zur Hyperdeflation. Die Banken wurden tagelang, die Börsen sogar monatelang geschlossen.

---

[2]   Vgl. Holtfrerich (1980), S. 14 ff. und S. 315.

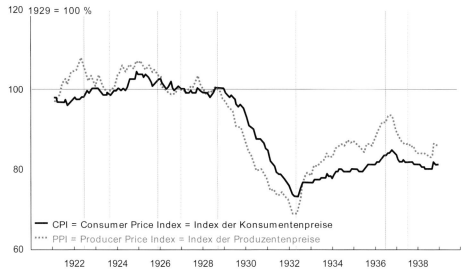

Quelle: Orphanides, Athanasios (2003), S. 30.

Abbildung 2: US-Konsumenten- und Produzentenpreise während der Weltwirtschaftskrise

Risikoanalyse der Vergangenheit: Reflexion in den 90er Jahren in Japan

Ein jüngeres Beispiel für Vermögensrisiken ist Japan, das in den vergangenen 20 Jahren ein turbulentes Auf und Ab der Wirtschaft durchlebte. Die Entwicklung des Nikkei 225 spiegelt die Turbulenzen sehr deutlich wider: Lag der Leitindex der Börse in Tokio 1990 noch bei über 38.000 Punkten, sank er in den folgenden Jahren drastisch und notierte auf seinem Tiefpunkt Mitte 2003 bei nur noch gut 7.600 Punkten. Innerhalb von 13 Jahren verlor der Index so 80% an Wert. Auch die Preise am japanischen Immobilienmarkt brachen um mehr als 70% ein.

Quellen: Thomson Financial Datastream, Bloomberg, Berechnungen Metzler.

Abbildung 3: Inflation und Deflation in Japan

147

Japan durchlief in dieser Zeit eine schwere Wirtschaftskrise. Die staatlich beeinflusste Marktwirtschaft verschlief wichtige Innovationen; starke Überkapazitäten in den Unternehmen hatten einen Preisverfall zur Folge, was wiederum bei gleichzeitig sehr restriktiver Geldmengenpolitik eine Deflationsspirale in Gang setzte. Die Konsumenten erwarteten weiter sinkende Preise und verschoben Ausgaben in die Zukunft; die Unternehmen reagierten wiederum mit Preissenkungen, und die Konsumenten zögerten noch länger. Insgesamt wurden durch die 14 Jahre andauernde Deflation enorme Werte vernichtet.

Der Einbruch der Immobilienpreise während der Krise in Japan zeigt, dass auch Immobilien keine grundsätzlich sichere Investition sind. Denn Immobilien werden üblicherweise zu großen Teilen durch Kredite finanziert; wenn dann im Zuge einer Deflation der Wert der Immobilien sinkt, bekommen viele Eigentümer Probleme, ihre Kredite zurückzuzahlen. Durch den Preisverfall ändern sich die Bewertungsgrundlagen der Banken, sodass die Kreditkonditionen entsprechend angepasst werden müssen. In Japan führte dies in der Summe der Einzelschicksale zu einer Anhäufung von notleidenden Krediten bei Banken und zu Bilanzproblemen bei Versicherungsgesellschaften. Ursache war eine Abwertungsspirale der Vermögensgegenstände, was letztlich den Finanzinstituten selbst große Schwierigkeiten bereitete. Immobilien und Sachvermögen gehören zwar zu einem ausgewogenen Risikomanagement, weil sie insbesondere vor den Risiken der Inflation schützen. Aber alleine reichen sie nicht aus, da sie in Zeiten der Deflation stark an Wert verlieren können.

2.2.2.2 Risikoanalyse der Gegenwart: die Subprime-Krise und ihre Folgen

Mitte 2007 kollabierte der US-amerikanische Wohnimmobilienmarkt und beendete eine mehrjährige stürmische Wachstumsphase am Markt für strukturierte Kredite. Dieser Zusammenbruch führte weltweit bei vielen Finanzinstituten zu Abschreibungen in Milliardenhöhe. Auch wenn in der breiten Öffentlichkeit vor allem die Gier mancher Banker dafür verantwortlich gemacht wird, gehen die Ursachen noch viel tiefer und lassen sich nur schwer auf einen Nenner bringen.

Zu den vielen Puzzlestücken, die diese globale Finanzmarktkrise auslösten, gehört die jahrelange Niedrigzinspolitik vieler Notenbanken. Die US-amerikanische Notenbank Federal Reserve senkte den Leitzins im 21. Jahrhundert gleich zweimal auf schließlich äußerst niedrige 1%: erst um die schwache Wirtschaft nach dem Platzen der New-Economy-Blase im Jahr 2000 zu stützen und dann nach den Terroranschlägen in New York im September 2001. Die japanische Notenbank hält ihren Leitzins zur Stützung der heimischen Wirtschaft seit Jahren nahe null%. Auch die gigantischen US-Dollar-Reserven vieler asiatischer und arabischer Länder verzerrten die globalen Kapitalströme und Finanzmärkte.

Durch die sehr niedrigen Realzinsen standen viele Banken, Versicherungen und Pensionseinrichtungen vor großen Renditeproblemen. Um dennoch den hohen Gewinnerwartungen gerecht zu werden, gingen sie große Risiken ein. So wurden insbesondere in den USA viele Immobilienkredite vergeben, was den Immobiliensektor sehr stark anheizte. Auch Menschen mit niedrigem oder keinem Einkommen, bekamen plötzlich Kredite, obwohl sie eigentlich nicht kreditwürdig waren. Dieser Kreditbereich wird im Fachjargon Subprime-Sektor genannt – der Bereich unterhalb des Prime-Sektors –, der die Kredite mit niedriger Bonität und hohem Ausfallrisiko beinhaltet.

Als von Mitte 2005 bis Mitte 2007 die Zinsen in den USA aufgrund der boomenden Wirtschaft deutlich stiegen, konnten die meisten, oft variabel verzinsten Kredite im Subprime-Sektor nicht mehr bedient werden. Zeitgleich platzte die Immobilienblase in den USA und die Hauspreise sanken auf breiter Front. Zu ähnlichen Entwicklungen kam es auch in Spanien und Irland.

In früheren Zeiten wäre diese Krise mehr oder weniger auf das jeweilige Land begrenzt geblieben, dieses Mal breitete sich die Subprime-Krise jedoch wie ein Lauffeuer aus. Schuld war eine Finanzinnovation: die strukturierten Kreditprodukte. Denn die meisten Finanzinstitute behielten die Subprime-Kredite nicht in den eigenen Büchern, vielmehr bündelten sie tausende Kredite zu forderungsbesicherten Wertpapieren, so genannten „Asset-backed Securities" oder ABS-Papieren. Diese Kreditbündel wurden in Tranchen mit unterschiedlichem Kreditrisiko unterteilt und in einzelnen Tranchen als Anleihen weltweit weiterverkauft. So gibt es Tranchen mit hohem Risiko, die im Idealfall hohe Renditen versprechen sowie Tranchen mit niedrigem Risiko und niedriger Rendite.

Nicht nur Immobilienkredite wurden so verbrieft, sondern auch Kreditkartenforderungen, Konsumentenkredite, Autodarlehen oder Gewerbehypotheken. Häufig kam es auch zu einer mehrfachen Verpackung und Bündelung dieser forderungsbesicherten Wertpapiere hintereinander. Mit dem Platzen der Immobilienblase schwand das Vertrauen in diese Finanzinnovation, und der Markt für strukturierte Kreditprodukte brach zusammen. Viele einst hoch bewertete ABS-Papiere wurden praktisch wertlos. Banken, Versicherungen und Fonds mussten Vermögen im dreistelligen Milliardenbereich abschreiben, die internationalen Börsen erlebten eine deutliche Korrektur. Aus einer Finanzkrise wurde eine weltweite Wirtschaftskrise, von der heute, im Frühsommer 2009, niemand weiß, wie lange sie noch dauern wird, und welche Lehren für die Zukunft daraus zu ziehen sind.

2.2.2.3 Risikoanalyse der Zukunft: der demografische Wandel

Der demografische Wandel ist ein Risiko für die Entwicklung in den nächsten Jahrzehnten, das sich mit einer sehr hohen Sicherheit prognostizieren lässt. Bis zum Jahr 2050 wird sich in allen Industrienationen, mit Ausnahme der USA, die Bevölkerungsstruktur gravierend ändern. Durch den Rückgang der Geburten wird die Bevölkerung in Deutschland in den nächsten 40 Jahren schrumpfen, je nach Prognose und Szenario um 10-15 Millionen Menschen. Gleichzeitig steigt der Anteil älterer Menschen stark an. Dies bringt für die Wirtschaft und damit auch für die Vermögen große Herausforderungen mit sich. Denn derjenige Teil der Bevölkerung, der durch seine Erwerbstätigkeit letztlich den Rest der Bevölkerung mitfinanziert, wird immer kleiner: 1970 kamen auf einen Rentner fünf Beitragszahler, 2003 waren es noch drei, 2030 wird jeder Beitragszahler voraussichtlich einen Rentner alleine finanzieren müssen.[3]

---

[3] Vgl. Börsch-Supan (2006).

Auch die Stützquote, also der Anteil der Erwerbstätigen an der erwachsenen Bevölkerung, wird nach einem kurzen Anstieg in den nächsten Jahren deutlich sinken. Dem produktiven Kern steht dann ein immer größerer Teil der Gesellschaft gegenüber, der nur konsumiert.

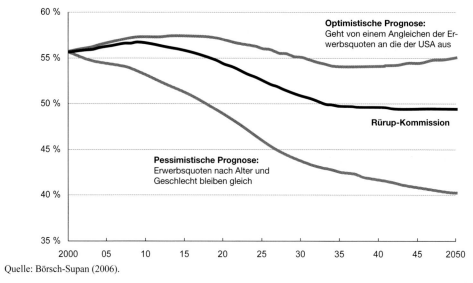

Quelle: Börsch-Supan (2006).

Abbildung 4: Erwerbstätige pro Konsument als Stützquote in Deutschland (Erwerbstätige pro Erwachsene), 2000–2050, in %

Dieser demografische Wandel hat enorme Folgen für die Sozialversicherungssysteme und die Wirtschaftsentwicklung. Durch den Rückgang der Bevölkerung wird die Kaufkraft sinken. Die Binnenkonjunktur könnte nicht unerheblich leiden – mit erheblichen Auswirkungen auf das Wirtschaftswachstum. Selbst nach vorsichtigen Prognosen wird die Wirtschaft jährlich real um einen halben Prozentpunkt weniger wachsen. Was sich zunächst nach wenig anhört, ist jedoch bei einer historischen jährlichen Wachstumsrate des Sozialprodukts von eineinhalb Prozent ein Drittel des jährlichen Wirtschaftswachstums. Wenn Politik und Gesellschaft nicht aktiv dagegen steuern, wird so die Basis des Wohlstandes gefährdet.

Die wahre Brisanz zeigt der demografische Wandel aber erst zusammen mit einer anderen Entwicklung, von der fast alle industrialisierten Ländern betroffen sind: der steigenden Verschuldung der öffentlichen Haushalte. Derzeit beträgt die explizite, also die offizielle Staatsverschuldung in Deutschland rund 1,7 Billionen Euro bis Ende 2009, laut einem Bericht des Bundesfinanzministeriums vom 20. Juli 2009. Zu dieser enormen Summe muss aber auch die so genannte implizite Staatsschuld hinzugerechnet werden, also die Lasten der Sozialversicherung – im Wesentlichen Steuerzuschüsse zur Renten- und Krankenversicherung sowie die Pensionsverpflichtung des Staates gegenüber den Beamten. Derzeit beläuft sich die Summe allein der staatlichen Verpflichtungen auf rund viereinhalb Billionen Euro, das sind 184,9% des Bruttoinlandsprodukts mit Basisjahr 2007.

Insgesamt beträgt die Staatsschuld somit rund sechs Billionen Euro, rund 250% des Bruttoinlandsprodukts. Sie hat sich jüngst weiter drastisch erhöht durch die Neuverschuldung der Bundesregierung für die Konjunkturpakete, die helfen sollen, die Folgen der Weltwirtschaftskrise 2008/2009 abzufedern. Der Staat müsste demnach eigentlich zur Finanzierung umgehend immense Rücklagen bilden oder seine Pensionszusagen ausfinanzieren.[4]

Diese steigende Belastung muss von den kommenden Generationen zusätzlich zur erhöhten Belastung durch die Überalterung der Gesellschaft getragen werden und steht damit nicht für notwendige Investitionen zur Verfügung, was letztlich zur Bürde für die Wirtschaftsentwicklung wird.

2.2.3 Umsetzung der Risikoanalyse im Rahmen der Risikosteuerung

Die Risikoanalyse zeigt: Wer sein Vermögen gegen Krisen absichern möchte, braucht eine langfristige Perspektive, muss weitsichtig agieren und investieren – also strategisch vorgehen. Dies heißt vor allem, die eigene Vermögensbilanz sorgfältig zu prüfen, Risiken und auch die eigene Risikotragfähigkeit zu kennen und vor diesem Hintergrund das Portfolio zu gestalten. Die Verwaltung von Vermögen muss immer langfristig ausgerichtet sein. Nur wer die nachhaltige Vermögensmehrung über kurzfristiges Renditedenken stellt, wird sich lange an seinem Vermögen erfreuen und auch seinen Nachkommen den Start erleichtern. Um das Ziel der nachhaltigen Vermögensmehrung zu erreichen, ist eine strategische Gesamtsteuerung unerlässlich, die durch eine taktische Vermögensallokation ergänzt wird.

2.2.3.1 Strategische Gesamtvermögensallokation

Zunächst geht es um elementare Risiken, die den langfristigen Vermögenserhalt gefährden. Dazu gehören:

- Personenbezogene Risiken
- Inflationsrisiko (Gefahr der Entwertung von Geld- und Nominalwerten)
- Deflationsrisiko (Gefahr der Entwertung von Sachwerten)
- Risiko politischer Veränderungen (zum Beispiel Kriege, Umstürze, Enteignungen).

Die erste Risikokategorie, die personenbezogenen Risiken, umfasst Ereignisse wie schwere Erkrankungen, Konflikte in der Familie oder Probleme bei der Regelung der eigenen Unternehmensnachfolge. Diese Risiken sind höchst individuell und bedürfen daher auch entsprechend individueller Lösungen, zum Beispiel durch Versicherungen oder rechtliche Gestaltungen. Die anderen drei Risiken gelten jedoch in gleichem Maße für alle Vermögensinhaber. Begegnen kann man diesen Risiken allein durch Diversifikation. Strategische Gesamtvermögensallokation bedeutet also Risikostreuung auf mehreren Ebenen. Der erste Schritt dabei ist die Verteilung des Vermögens auf die Vermögensarten Sach- und Nominalvermögen. Letztlich lassen sich alle Vermögensgegenstände in diese Kategorien einordnen. Sach- oder Sub-

---

[4] Vgl. Raffelhüschen/Moog (2009), S. 5.

stanzvermögen sind zum Beispiel Immobilien, unternehmerische Beteiligungen und auch Aktien, denn sie entsprechen einem realen Gegenwert. Bargeld, festverzinsliche Wertpapiere und Lebensversicherungen sind dagegen Nominalvermögen – sie sind immer der Inflationsgefahr ausgesetzt, gewinnen jedoch in einer Deflation an Wert. Beim Substanz- oder Sachvermögen verhält es sich genau umgekehrt: in deflationären Phasen verliert es an Wert, im Falle einer Inflation bietet es Schutz. Auch politische Risiken lassen sich reduzieren – hierfür bietet sich vor allem eine geografische Diversifikation an.

Somit wird man in den genannten Krisenszenarien wie politischen Verwerfungen, Inflation oder Deflation sicher auch Geld verlieren – aber eben nicht das gesamte Vermögen, sondern nur einen Teil. Den anderen Teil kann man zur aktiven Krisenbewältigung nutzen und behält immer das Heft des Handelns in der Hand. Handlungsfähig zu bleiben, Chancen überhaupt nutzen zu können, ist in Krisenzeiten der entscheidende Vorteil.

Im Rahmen einer generationsübergreifenden langfristigen Vermögensplanung ist zu empfehlen, unabhängig von der aktuellen Lage jeweils ein Drittel des Vermögens in Sach- und Nominalvermögen langfristig zu investieren. Das ist die Basisstrategie, die auch unabhängig von aktuellen Marktentwicklungen beibehalten wird.

So banal dieser Rat zur Diversifikation auch erscheint, so schwer ist die Umsetzung in der Praxis. Der Gestaltungsspielraum für die Vermögensaufteilung ist vielfach nur gering, da oft große Teile des Vermögens an das eigene Unternehmen gebunden sind. Zudem führt Diversifikation auf den ersten Blick zu einem vermeintlichen Renditeverzicht. Denn die Vermögensverteilung verhindert Einzelentscheidungen aufgrund kurzfristiger subjektiver Motive wie Steuerersparnis, Renditeoptimierung oder Angst vor Kursschwankungen. Solche Einzelentscheidungen stehen jedoch in der Summe einer langfristig soliden Struktur entgegen. Der langfristig denkende Vermögensinhaber braucht aber eine ruhige Hand, viel Disziplin und einen langen Atem.

2.2.3.2 Markteinschätzung für 2009 von Metzler Private Banking – und die praktischen Auswirkungen auf die taktische Vermögensallokation

Da nur zwei Drittel des Vermögens im Rahmen der strategischen Gesamtvermögensallokation gebunden sind, eignet sich für kurzfristigere taktische Maßnahmen der verbleibende Teil des Vermögens. Das letzte Drittel steht dann für Renditeoptimierungen auf Basis aktueller Einschätzungen zur Verfügung. Das bedeutet konkret vor dem heutigen Hintergrund:

Im Kampf gegen die schwere Finanz- und Wirtschaftskrise haben die Notenbanken und Regierungen der G-20-Staaten mittlerweile unbekanntes Land betreten und ein Experiment historischen Ausmaßes zur Überwindung der Rezession gestartet. Geld und Wirtschaftspolitik wollen in einer Art Joint Venture monetaristische und keynesianische Instrumente „fusionieren" und mit dieser Rezeptur eine Erholung der Weltwirtschaft ermöglichen. Die dem Monetarismus näherstehenden Notenbanken praktizieren eine ultraexpansive Geldpolitik und bedienen sich – neben einer Niedrigzinspolitik – hierzu verstärkt unkonventioneller Maßnahmen wie der so genannten quantitativen Lockerung, also der Ausweitung der Geldmenge. Für die Zutaten aus dem Lager des Keynesianismus sorgt die Wirtschaftspolitik. Staatliche Konjunkturprogramme zur Nachfragestimulierung, als deren Vater der britische Ökonom John Maynard Keynes gilt, erfreuen sich unter Wirtschaftspolitikern jedweder Couleur, aber auch unter den Ökonomen supranationaler Institutionen wie dem Internationalen Währungsfonds (IWF) einer Popularität wie seit einem Vierteljahrhundert nicht mehr. Die beschriebenen Zutaten sind unseres Erachtens notwendig und geeignet, dem „Patienten" Weltwirtschaft wieder auf die Beine zu helfen. Sie tragen vor allem dazu bei, das Risiko einer Deflation zu bannen – oder zu verhindern, dass sich die Deflationserwartungen der Konsumenten und Unternehmen immer stärker manifestieren. Sobald sich jedoch die Wirtschaft zu erholen beginnt und/oder die Banken in den Geldschöpfungsprozess zurückkehren, muss der Schalter expansiver Geld- und Fiskalpolitik umgelegt werden. Ansonsten droht eine Rückkehr der Inflation, die bei einem nachhaltigen Anstieg über die in einer Volkswirtschaft zu tolerierende Höhe von ca. 2% hinaus zwar den Schuldnern hilft, ihre Schulden abzutragen – insbesondere dem Staat –, aber die Entwicklung der Volkswirtschaft langfristig gefährdet.

Auch und gerade für den Anleger in Nominalvermögen, zum Beispiel Termingeld oder Obligationen, stellen inflationäre Perioden sehr viel komplexere Anforderungen in puncto Vermögensmanagement als Perioden stabiler oder gar sinkender Preise, weil der reale Wert von Nominalvermögen in Zeiten der Geldentwertung sinkt. In diesen Phasen bieten Kontoguthaben und Anleihen keinen vollständigen Schutz gegen reale Wertverluste. Sachwerte wie Immobilien, Beteiligungen, Aktien und Edelmetalle können dann ihre Stärke ausspielen. Insbesondere Aktien, die ja eine Beteiligung an der realen Wirtschaft verbriefen und zudem liquide sind, dürften langfristig zu den Gewinnern einer „Inflationierung" zählen. Für sie spricht, dass sie als Teil des privaten Sektors bereits signifikant „wertberichtigt" wurden, während Schuldverschreibungen der öffentlichen Hand bisher im Vergleich zu den realen Werten der Privatwirtschaft nicht nach unten korrigiert worden sind. Allerdings können auch Staaten auf längere Sicht problematische Schuldner werden, wie das jüngste Beispiel Island oder Argentinien Anfang der 1980er-Jahre zeigen.

2.3 Zusammenfassung

Mit einem individuell zugeschnittenen Konzept unterstützt modernes Private Banking seine Kunden bei ihrem Vermögensmanagement. Dabei ist vor allem Ausdauer erforderlich, den einmal getroffenen strategischen Entscheidungen genügend Zeit zur Reife zu geben, sowie die Bereitschaft, den für richtig erachteten Weg zielstrebig und langfristig zu gehen. Durch die langfristige Ausrichtung des Private Banking, die demografischen Risiken Rechnung trägt, und das höheres Lebensalter der Kunden ist Private Banking ein Geschäftszweig, der bereits heute demografiefest ist.

Literatur

BÖRSCH-SUPAN, A. (2006): „Demographie und die Folgen für die Marktwirtschaft: Wirtschaftswachstum, Arbeitsmarkt, Konsumentennachfrage, Kapitalmärkte", Konferenz: Erste Growth-Konferenz, Frankfurt am Main 9. März 2006.

BUCHHEIM, C. (1997): „Einführung in die Wirtschaftsgeschichte", München 1997.

CAPGEMINI und MERRILL LYNCH (2009): „World Wealth Report", 2009.
http://www.de.capgemini.com/m/de/n/pdf_World_Wealth_Report_2009.pdf

HOLTFRERICH, C. (1980): „Die deutsche Inflation 1914-1923. Ursachen und Folgen in internationaler Sicht", Berlin/New York 1980.

RAFFELHÜSCHEN, B. und MOOG, S. (2009): Pressekonferenz der Stiftung Marktwirtschaft „Ehrbarer Staat – die Generationenbilanz" am 8. Juli 2009, Berlin 2009.

STATISTA.COM (2009): „Untersuchung des DSGV 2008".

ORPHANIDES, A. (2003): „Monetary Policy in Deflation: The Liquidity Trap in History and Practice", Finance and Economics Discussion Series, No. 2004-1, Federal Reserve Board, Washington D. C. USA, December 2003.

Klaus Juncker

Honorarprofessor an der Philipps-Universität-Marburg Fachbereich Wirtschaftswissenschaften; ehemals Vorstand für den Geschäftsbereich Mittelstand und Absatzfinanzierung der Deutsche Bank AG

Michael Vilain

Professur für Allgemeine BWL an der Evangelischen Fachhochschule Darmstadt. Gesellschafter und Mitbegründer des gemeinnützigen Forschungs- und Bildungszentrums für Nonprofit-Management GmbH Münster

3 Banken und der Dritte Sektor in Zeiten des demografischen Wandels – eine Bestandsaufnahme

3.1 Einleitung

Vor dem Hintergrund sich ausweitender neuer sozialer, ökonomischer und ökologischer Problemlagen in Zeiten demografischen Wandels ist der weltweite Ruf nach mehr Zivilgesellschaft unüberhörbar geworden. Dabei überkreuzen sich verschiedene Motivlagen: „Im Plädoyer für Zivilgesellschaft drücken sich – neben alter Sozialstaatkritik in neuen Kleidern – insofern auch neue Ansprüche wichtiger Teile der [...] Gesellschaften aus sowie grundsätzliche Ansätze zur Neubestimmung des Verhältnisses von Politik, Gesellschaft und Wirtschaft."[1]

Versucht man im Rahmen der zivilgesellschaftlichen Debatte den Fokus auf die dort tätigen Organisationen zu lenken, die als mögliche Partner und Kunden von Banken identifiziert werden sollen, wird der Blick auf eine neuere Diskussion gelenkt, innerhalb derer „Zivilgesellschaft" erheblich enger gefasst und zwischen den Polen Markt, Staat und Privatsphäre eingeordnet wird. Dieser als „Dritter Sektor"[2] bezeichnete Raum lenkt die Aufmerksamkeit stärker auf die Organisationen und Strukturbesonderheiten bürgerschaftlichen Engagements. Dabei geht es im Wesentlichen um das Vereins-, Genossenschafts- und Stiftungswesen, Fragen der Öffentlichkeit, Partizipation und Interessenvertretung sowie der Dienstleistungsproduktion. Die ökonomische und gesellschaftspolitische Bedeutung dieser Organisationen ist lange Zeit nicht erkannt und vernachlässigt worden: „Da die wissenschaftliche Auseinandersetzung

---

[1] Kocka (2000), S. 20.
[2] Der Begriff des „Dritten Sektors" stammt eigentlich aus den frühen 70er Jahren von Amitai Etzioni, der vor dem Hintergrund des Kalten Krieges eine Annäherung der beiden großen ideologischen Systeme Kapitalismus und Sozialismus konstatierte. Entgegen ihrer eigentlichen Absicht nähere sich danach die Situation in den kapitalistischen Ländern durch steigende Staatstätigkeit und in den sozialistischen Ländern durch eine Zunahme der informellen Wirtschaft zur Versorgung der Bevölkerung mit Gütern an „‚- or, as I see it, they are moving toward a third system, one in which both profit making and administrative principles of organization, production, and distribution are widely used" (Etzioni, 1973, S. 314). Heute wird der Begriff überwiegend zur Beschreibung von Strukturen verwendet, die weder einer reinen Staats- noch Marktlogik folgen.

mit diesen Phänomenen der wirtschaftlichen und gesellschaftlichen Realität über keine Lobby verfügte, entstand im Vergleich mit ähnlichen Disziplinen ein großes Informations- und Wissens-Defizit."[3]

Trotz solcher blinder Flecken werden die Organisationen dieses Sektors immer wieder im Zusammenhang mit der Lösung aktueller Problemlagen genannt. Schlagworte wie „Globalisierung", „Fragmentierung", „Migration", aber eben auch „demografischer Wandel" geben Kunde von neuen Spannungsfeldern, in deren Gefolge sich die Machtrelation des Nationalstaates und der Gesellschaft verändern: „Es hat den Anschein, daß in den letzten Jahren und Jahrzehnten wichtige Machtverschiebungen weg von den Staaten und hin zu wirtschaftlichen und gesellschaftlichen Akteuren (Organisationen und Individuen) stattgefunden haben."[4]

Ausgangspunkt ist dabei der zunehmende Steuerungsverlust des Nationalstaats. Immer häufiger versagen wirtschafts- und sozialpolitische Instrumente angesichts globaler Problemlagen, aber auch undurchschaubarer Entscheidungs- und Verantwortungsstrukturen auf supranationaler Ebene (UNO, EU). Die Dimensionen dieses Befundes sind vielfältig.[5] Während die rasant steigende Staatsverschuldung zukünftig zu einer massiven Einschränkung des finanziellen Handlungsspielraums politischer Entscheidungsträger führt, wird genau dieser bei der Erneuerung der Sozialsysteme dringend gebraucht. Das gilt auch für andere Bereiche wie Umwelt-, Kultur- und Verkehrs- oder Arbeitsmarktpolitik.

Die Ausgliederung der staatlichen Leistungsproduktion an private Anbieter scheint in dieser Situation eine Lösung zu bieten und wird unter den Schlagworten „Privatisierung" oder „Public-Private-Partnership" diskutiert. Doch die Übernahme der staatlichen Güterproduktion durch gewinnorientierte Unternehmen ist problematisch und hat enge Grenzen. Zahlreiche Leistungen haben den Charakter öffentlicher oder meritorischer Güter bzw. werden auf Märkten mit hohen Funktionsdefiziten oder untragbaren negativen externen Effekten angeboten, so dass sich eine Steuerung über den Preis nicht realisieren lässt. Die damit fehlende Anreizstruktur würde dazu führen, dass nicht gewinnbringende Güter gar nicht oder nicht in ausreichender Quantität oder Qualität zur Verfügung ständen (z. B. Gesundheit für alle, Suppenküche oder Kleiderkammer). Was läge da näher, als an Nonprofit-Organisationen (NPO) zu denken, die schon seit über einem Jahrhundert Leistungen produzieren, für die ein Bedarf besteht, die aber weder vom Markt noch vom Staat angeboten werden (können). Als Eigenleistungs-Nonprofit-Organisationen bieten sie diese für ihre Mitglieder, beispielsweise zur Bedarfsdeckung oder in Form von Interessenvertretung an. Von Fremdleistungs-Nonprofit-Organisationen kann gesprochen werden, wenn die Güter zusätzlich Nichtmitgliedern als „gewollten Free-Ridern"[6] oder generell Dritten in einem karitativen Sinne zugute kommen. Sie scheinen somit besonders qualifiziert zur Bereitstellung öffentlicher oder meritorischer Güter. Und in der Tat kann seit einigen Jahren die Tendenz einer „Drittsektorisierung" in Verbindung mit Social Public Private Partnerships (SPPP) konstatiert werden: Vielerorts in der Bundesrepublik haben die

---

[3] Blümle (1996), S. 13. Einzelne Worte sind im Original fettgedruckt.
[4] Maull (1995), S. 312.
[5] Eine recht eingängige Analyse zu ausgewählten Handlungsfeldern findet sich bei Gerlach/Konegen/Sandhövel (1996).
[6] Badelt (1985), S. 59 f.

Bürger die Verantwortung für das kommunale Freibad übernommen. In anderen Gemeinden werden Vereine zu Ausfallbürgen von Bibliotheken, Hallenbädern, Beratungsstellen oder Bürgerzentren. Damit übernehmen insbesondere Vereine Verantwortung für wachsende Anteile der volkswirtschaftlichen Güterproduktion.

Sieht man einmal von einigen Spezialbanken überwiegend aus dem genossenschaftlichen Bereich (z. B. Bank für Sozialwirtschaft, Umweltbank oder die Evangelische Kreditgenossenschaft eG, siehe unten) ab, können die Beziehungen zwischen Nonprofit-Organisationen und Banken überwiegend als schwierig angesehen werden. Dies hängt sicherlich auch mit den sehr unterschiedlichen Bereichslogiken und der wechselseitigen Unkenntnis über die Handlungsbedingungen und -zwänge zusammen. In vielen Fällen fühlen sich Nonprofit-Organisationen in ihren Bedürfnissen nicht ernst genommen oder müssen mit Standardlösungen der gewerblichen Wirtschaft vorlieb nehmen. Mitunter wirken auf der anderen Seite Strukturen und Management in solchen Organisationen auf die Bankenvertreter nicht gerade vertrauenserweckend.

Zugleich gehört der Dritte Sektor mit seinen Organisationen zu den dynamischen Entwicklungsfeldern unserer Volkswirtschaft, welche scheinbar aus jeder Krise weiter gestärkt hervorgehen. Damit stellt sich die Frage, wie Banken diesen Bereich aktuell und zukünftig in ihre Geschäftsfeldplanung einbeziehen können. Dabei soll zunächst untersucht werden, welchen Bedarf Nonprofit-Organisationen an Finanzdienstleistungen haben. Hier spielen die Mission, die konkreten Arbeitsfelder sowie die Rahmenbedingungen, unter denen sie erbracht werden, eine herausragende Rolle. Nonprofit-Organisationen bieten sich jedoch nicht nur als Kunden von Banken an, sondern können auf Grund ihrer spezifischen Besonderheiten ebenfalls als gesellschaftliche Partner auftreten. Im Anschluss wird daher das Kooperationspotenzial zwischen Banken und Nonprofit-Organisationen ausgelotet.

3.2 Der Dritte Sektor in Deutschland als Partner der Banken

3.2.1 Der Dritte Sektor

Wenn vom Dritten Sektor in Deutschland die Rede ist, drängen sich Missverständnisse geradezu auf. So ist dieser spezielle Wirtschaftsbereich nicht etwa mit dem tertiären Sektor der volkswirtschaftlichen Gesamtrechnung zu verwechseln. Geht es in Ersterem um einen deutlich enger definierten Bereich zwischen Markt und Staat mit besonderen Rahmenbedingungen und Handlungslogiken, zielt Letzterer ganz allgemein auf die Dienstleistungswirtschaft in Abgrenzung zur Industrieproduktion und Landwirtschaft ab. Richtig ist dabei, dass ein großer Teil des Dritten Sektors ebenfalls Dienstleistungen produziert. Die Rahmenbedingungen unterscheiden sich zum Teil jedoch deutlich von denen gewerblicher Anbieter.

Auch ist der Dritte Sektor nicht bloße Spielwiese für Idealisten und Engagierte und damit die kleine, weniger ernst zu nehmende Variante echter Dienstleistungsunternehmen. Gerne wurde er in der Vergangenheit mit Kegelverein und Freizeitgestaltung gleichgesetzt. Er ist vielmehr ein bedeutender volkswirtschaftlicher Faktor geworden. Betrachtet man beispielsweise die Beschäftigtenzahlen einiger ausgewählter Organisationen, wird deutlich, dass es sich um beträchtliche Größenordnungen handelt (vgl. Abbildung 1):

Nonprofit-Organisation	Anzahl Beschäftigte
Caritas	rd. 500.000
Diakonie	rd. 435.000
Deutsches Rotes Kreuz	rd. 116.000
ADAC e.V.	rd. 8.000

Quelle: Caritas (2009), DRK (2009), Diakonie (2009), ADAC (2009).

Abbildung 1: Beschäftigtenzahlen ausgewählter Nonprofit-Organisationen

Während Nonprofit-Organisationen beispielsweise in den USA im Rahmen der volkswirtschaftlichen Gesamtrechnung gesondert behandelt werden, hat sich diese Verfahrensweise in Deutschland bisher nicht durchsetzen können. Diesem Umstand ist auch die ungenaue Datensituation geschuldet. Gesicherte Zahlen liegen kaum vor. Dem internationalen Johns Hopkins Comparative Nonprofit Sector Project[7] ist es zu verdanken, dass erste Annäherungen erfolgt sind. Bereits 1995 waren nach vorsichtigen Schätzungen rund 1,4 Mio. Beschäftigte in diesem Bereich tätig.[8] Hochrechnungen zufolge könnte diese Zahl mittlerweile bei 3 Mio. Vollzeitbeschäftigten liegen.[9] Die tatsächliche Zahl dürfte jedoch noch höher sein, bedenkt man, dass einige Organisationsformen wie Gewerkschaften, Parteien und Kirchen in der internationalen Studie nicht berücksichtigt wurden, diese aber in der Bundesrepublik ebenfalls zu den großen Arbeitgebern zählen. Damit beschäftigt der Dritte Sektor deutlich mehr Menschen als die Landwirtschaft, die Versicherungsindustrie oder die Bankenwirtschaft.

3.2.2 Nonprofit-Organisationen als Institutionen des Dritten Sektors

Die Organisationen des Dritten Sektors werden weithin als Nonprofit-Organisationen bezeichnet. Die Bestimmung dessen, was eine Nonprofit-Organisation ist, erweist sich keineswegs als einfaches Unterfangen: „Trotz vielfältiger Definitions- und Abgrenzungsversuche in der wissenschaftlichen Literatur hat sich bislang kein Einvernehmen herausgebildet, wie Nonprofit-Organisationen begrifflich befriedigend gefasst werden können."[10] Zahlreiche weitere Begriffe konkurrieren noch mit der Nonprofit-Organisation. Abgesehen davon, dass es sich bei den Begriffen „Non-Governmental Organisation", „Non-Business-Organisation", „nicht-staatliche" oder „nicht-kommerzielle Organisation" um Negativabgrenzungen handelt, spiegeln sie darüber hinaus eine jeweils eindimensionale Perspektive wider. Denn entweder erfassen sie das Verhältnis zwischen jenen Organisationen und dem Staat oder sie reflektieren die Abgrenzung zwischen Wirtschaft und Drittem Sektor.

---

[7] Vgl. Salamon/Anheier (1996).
[8] Vgl. Zimmer/Priller (2004), S. 54 f.
[9] Vgl. Priller (2006).
[10] Larisch (1999), S. 9.

Es zeigt sich, dass die Aussagen darüber, was der Dritter Sektor und seine Organisationen nicht sind, einfacher zu treffen sind, als ihre Wesensmerkmale im Sinne einer positiven Begriffsbestimmung zu erfassen sind. Das mag insbesondere auch mit dem oben konstatierten empirischen Wissensdefizit zusammenhängen. Ein Versuch, Nonprofit-Organisationen positiv zu fassen, führt zu einer Reihe von Formalkriterien. Nonprofit-Organisationen...[11]

– weisen ein Mindestmaß an formaler Organisation auf.

Sie werden von natürlichen oder juristischen Privatpersonen betrieben und treten überwiegend in der Rechtsform des Vereins, der Genossenschaft und Stiftung, neuerdings auch stärker als gemeinnützige GmbH und seltener als gemeinnützige Aktiengesellschaft in Erscheinung. Kennzeichnend sind damit das Fehlen von Personengesellschaften und die Heterogenität der Rechnungslegungsvorschriften. Mit einer Anzahl von nahezu 550.000[12] ist der Verein die dominante Rechtsform dieses Sektors. Viele dieser neuen Organisationen beschäftigen sich als Fördervereine mit der Finanzierung gesellschaftlich wichtiger Institutionen wie Schulen, Kindergärten, Universitäten, Krankenhäusern etc.

– verfolgen keine primär erwerbswirtschaftlichen Zielsetzungen.

Ausgehend von ihrer Mission, streben sie danach, ihre gesellschaftspolitischen Ziele zu erreichen oder Leistungsbedarfe zu decken. Das bedeutet hingegen nicht, dass sie keine Überschüsse erwirtschaften dürfen. Angesichts des „Gewinnausschüttungsverbotes" bestehen jedoch keine Anreize, dies zum Vorteil einer einzelnen Person oder Gruppe zu tun. Damit ist eine Privatisierung der Gewinne kaum möglich. Vielmehr wird der Überschuss über rigorose steuerrechtliche Vorgaben (beispielsweise das Verbot der Quersubventionierung von wirtschaftlichen Geschäftsbetrieben oder das Gebot der zeitnahen Mittelverwendung steuerbegünstigter Einnahmen) wieder sozialisiert.

– beruhen auf freiwilligen Leistungen.

Mindestens bei der Gründung, überwiegend aber auch beim Betrieb der Organisation schließen sich Freiwillige zusammen, um die Ziele der Organisation voranzubringen. Entsprechend den Daten des zweiten Freiwilligensurveys des Bundesministeriums für Jugend, Frauen, Familie und Soziales, engagieren sich in der Bundesrepublik gut 36% der Bevölkerung.[13] Damit stehen den Organisationen zwischen Markt und Staat nicht nur ein großes Heer an kostengünstiger Arbeitskraft zur Verfügung, sondern auch gesellschaftliche Promotoren der Ziele. Die Motivationslage dieser Menschen unterscheidet sich jedoch deutlich von der der Beschäftigten in der freien Wirtschaft.[14] Insbesondere spielen intrinsische Motive eine größere Rolle. Diese wiederum sind eng mit der Mission und dem Ruf einer Organisation verbunden.

---

[11] Kriterien in Anlehnung an Johns Hopkins Comparative Nonprofit Sector Project; vgl. Salamon/Anheier (1996).

[12] Vgl. V&M Service GmbH (2008), S. 2.

[13] Vgl. Bundesministerium für Familie, Senioren, Frauen und Jugend (2005), S. 9. Die Ergebnisse des dritten Freiwilligensurveys lagen zum Zeitpunkt der Veröffentlichung noch nicht vor.

[14] Vgl. auch Zimmer/Vilain (2005).

– erfüllen unterschiedliche Aufgaben.

Weit verbreitet ist die Vorstellung von Nonprofit-Organisationen als Freizeit- und Gesellig-keitsorganisationen (z. B. Kegelverein oder Skatclub). Richtig daran ist, dass faktisch eine große Zahl der Vereine primär diese Funktion erfüllt. Gleichwohl würde man dem Dritten Sektor nicht gerecht, diesen damit gleichzusetzen. Volkswirtschaftlich relevanter ist der dienstleistungsorientierte Bereich (z. B. Wohlfahrtsverbände, aber auch Kultur- und Sportbe-triebe), der insbesondere große Anteile an den Diensten im Sozial- und Gesundheitsbereich stellt. Daneben stehen Organisationen, die primär anwaltschaftliche Aufgaben erfüllen (advo-cacy groups) und sich für Minderheiten, Umwelt und Naturschutz oder Menschenrechte ein-setzen (z. B. Greenpeace oder Amnesty International). Die Selbsthilfeorganisationen sind we-niger auf fremde Belange, sondern auf die Wahrnehmung eigener Interessen sowie Austausch und gegenseitige Hilfe ausgerichtet. Diese Gruppen agieren häufig lokal und sind um spezielle Problemlagen oder Krankheiten (z. B. Gruppen für Angehörige von Demenzkranken, alleiner-ziehende Väter oder Mütter etc.) angesiedelt.

Basierend auf diesen Formalkriterien unterscheiden sich Nonprofit-Organisationen deutlich von Unternehmen. Der zentrale Anreiz für unternehmerisches Handeln ist, einen Preis für die hergestellten Waren und Dienstleistungen zu erzielen, der neben den Kosten der Herstellung auch einen Überschuss für das unternehmerische Engagement erbringt. Dies ist jedoch nur si-chergestellt, wenn nichtzahlende Interessenten ausgeschlossen werden können und Free-Ri-ding damit unmöglich ist. Bei Nonprofit-Organisationen liegt der Fall oftmals anders. Sie be-teiligen sich gerade an der Produktion nicht marktfähiger Güter. So vertreten sie beispiels-weise die Interessen der Umwelt oder Menschenrechte, betreiben Obdachlosenheime oder or-ganisieren Mitglieder und erstellen für diese Gruppenleistungen. Damit erzeugen sie Dienst-leistungen, die entweder im Sinne von Kollektivgütern keinen Marktpreis haben oder bieten grundsätzlich marktfähige Güter unterhalb des Marktpreises an. Dies wiederum bedeutet, dass sie oftmals nicht kostendeckend arbeiten. Die entstehenden Kosten sind ähnlich wie in Unter-nehmen. Nonprofit-Organisationen zahlen Löhne und Gehälter, haben Aufwendungen für Sachmittel, wie Büromaterial, Fahrzeuge oder technische Geräte. Ebenso wie Unternehmen können Nonprofit-Organisationen im Falle der Zahlungsunfähigkeit insolvent gehen. Daraus folgt, dass sie mittel- bis langfristig über alle ihre Aktivitäten den Break Even Punkt erreichen müssen. Bedeutende Unterschiede zu Unternehmen zeigen sich insbesondere auf der Einnah-meseite. Hier sind sie aufgrund der geschilderten Aufgabenstruktur häufig auf alternative, kompensierende Finanzierungsarten wie Zuwendungen, Spenden oder Mitgliedsbeiträge an-gewiesen, die oft nur in mittelbarem Zusammenhang mit den eigentlichen Leistungen stehen.

3.2.3 Dienstleistungsbedarf von Nonprofit-Organisationen

Die Besonderheiten des Dienstleistungsbedarfs von Nonprofit-Organisationen ergeben sich aus den Formalkriterien beziehungsweise Einnahmequellen und den Kostentreibern für Nonprofit-Organisationen. Sie lassen sich mit Blick auf die unterschiedlichen Stakeholderbeziehungen und juristischen Rahmenbedingungen in fünf Arenen einteilen.[15]

- Spendenmanagement

- Zuwendungsmanagement

- Management selbsterwirtschafteter Mittel

- Vermögensmanagement

- Kreditmanagement

Im Spendenmanagement („Fundraising") geht es darum, monetäre oder nicht monetäre Leistungen ohne eine marktadäquate Gegenleistung einzuwerben.[16] Spenden dienen in der Regel unmittelbar den ideellen Zielen einer Nonprofit-Organisation und sind daher weitgehend steuerbefreit. Der Spender selbst kann die Zahlung innerhalb der Grenzen des Steuerrechts steuerlich geltend machen. Die Ansprüche an ein professionelles Fundraising sind in den letzten Jahren stetig gewachsen, zumal die Zahl der sammelnden Organisationen auf einem weitgehend konstanten Spendenmarkt gestiegen ist. Die Schätzungen zur Größe des Spendenmarkts schwanken je nach Quelle deutlich. Nach dem GfK Charity Scope beispielsweise betrug das Volumen 2007 etwa 2,08 Mrd. Euro.[17] Die meisten Untersuchungen zeigen zwar, dass es auf den Spendenmärkten Schwankungen, aber beim Gesamtvolumen im Durchschnitt seit Jahren keine nennenswerten Zuwächse gibt. Positiv ist andererseits, dass bisher die Wirtschaftskrise noch keine gravierenden Auswirkungen auf das Spendenverhalten zeitigte.[18] Auf dem deutschen Spendenmarkt zeigt sich eine polypolistisch geprägte Anbieter- und Nachfragestruktur mit wachsendem Verdrängungswettbewerb. Zugleich ist der Spendenfluss für die meisten Organisationen schwer planbar und wird durch zahlreiche Einflussfaktoren wie Großschadensereignisse oder tagespolitische Themen beeinflusst. Gerade wegen dieser kurzfristigen Unwägbarkeiten erfordert modernes Fundraising eine strategische Planung sowie das Zusammenspiel spezialisierter Dienstleistungsanbieter. So steht für die Nonprofit-Organisationen zum Beispiel die professionelle Abwicklung von Kampagnen im Mittelpunkt. Dazu müssen kreative Marketingleistungen erbracht, unterschiedliche Zahlungskanäle (Bareinzahlung, Überweisung, Lastschrift, Kreditkarte etc.) sowie technische Schnittstellen zur Spendenverwaltung der Nonprofit-Organisationen bereitgehalten werden. Zugleich geht es um die kostengünstige Abwicklung unzähliger Klein- und Kleinstbeträge sowie die kurzfristige Anlage von Spendengeldern zwischen Eingang und Verwendung. Hier sind spezialisierte Angebote der Banken

---

[15] Vgl. Vilain (2006), S. 169 ff. Die Besonderheiten der Finanzierung von Nonprofit-Organisationen lassen die Einteilung von Finanzierungsinstrumenten, wie sie klassischerweise in der Betriebswirtschaftslehre vorgenommen werden, nicht immer sinnvoll erscheinen. So kann in vielen Fällen nicht zwischen Innen- und Außenfinanzierung unterschieden werden (z. B. Mitglieder sind zugleich Kunden oder Spender,) Auch ist die Trennung zwischen Eigen- und Fremdkapital nicht immer deutlich (z. B. zweckgebundene Spenden als moralisches Fremdkapital).

[16] Vgl. Urselmann (2007), S. 13 f.

[17] Vgl. Gesellschaft für Konsumforschung (2008), S. 2.

[18] Vgl. Gesellschaft für Konsumforschung (2009), S. 4.

entscheidend. In diesem Bereich des Finanzmanagements spielen Banken jedoch auch eine Rolle als Spender und Partner von Nonprofit-Organisationen.

Im Mittelpunkt des Zuwendungsmanagements steht ein Antragsverfahren, dessen genaue Durchführung vom Zuwendungsgeber geregelt wird. Die wichtigsten Zuwendungsgeber sind die Europäische Union, der Bund, die Länder und Gemeinden sowie Stiftungen, Gerichte und die Bundesagentur für Arbeit,[19] die zum Teil beträchtliche Summen zur Verfügung stellen.[20] Der Ablauf des Zuwendungsverfahrens lässt sich idealtypisch wie folgt beschreiben: Nach der Erstellung eines Konzepts und der Vorlage eines Antrags erfolgen Mittelbewilligung und - auszahlung. Je nach vereinbartem Finanzierungsmodus muss die Nonprofit-Organisation unter Umständen beträchtlich in Vorleistung gehen. Auf Grund der erwähnten wirtschaftlichen und rechtlichen Besonderheiten verfügen viele Nonprofit-Organisationen jedoch nur über geringe Liquiditätsspielräume. Sie benötigen daher immer häufiger Liquiditätshilfen, die von Dachverbänden, der öffentlichen Hand, aber auch zunehmend von Kreditinstituten zur Verfügung gestellt werden. Verschärft wird diese Tendenz durch einen sich verändernden Zahlungsmodus der öffentlichen Hand. Zahlungen erfolgen häufiger deutlich verspätet, gekürzt oder gar nicht.

Die Finanzierung aus selbsterwirtschafteten Mitteln erfreut sich wachsender Bedeutung. Angesichts der zurückgehenden öffentlichen Finanzierung in vielen Arbeitsbereichen sind große Teile des Dritten Sektors zunehmend darauf angewiesen, Mittel aus dem Angebot von Waren und Diensten auf Märkten zu erwirtschaften. Nach wie vor bewegen sich Nonprofit-Organisationen gerade im Sozial- und Gesundheitsbereich noch auf Quasi-Märkten (z. B. Pflegemarkt oder Krankenhäuser). Hier gibt es kein wirklich freies Spiel von Angebot und Nachfrage. Vielmehr treten öffentlich-rechtliche Akteure als Monopolnachfrager einem oder einigen wenigen Anbietern gegenüber. Die Preisfindung erfolgt nicht selten über den Umweg der politischen Einflussnahme. Die Kalkulationen sind in der Regel eng und sehen oft keine nennenswerten Gewinnmargen für die Anbieter vor. Zugleich müssen notwendige investive Maßnahmen zusehends über die Anbieter finanziert werden (z. B. stationäre Pflege oder Krankenhäuser). Zwar gibt es meist Möglichkeiten der staatlichen Refinanzierung des Schuldendienstes, die Finanzierung muss dann jedoch zunächst durch den Anbieter der Dienstleistung, meist im Rahmen einer Kreditfinanzierung, realisiert werden. Mit dem Vordringen in neue Märkte sehen sich Nonprofit-Organisationen zusehends in einem wettbewerblichen Umfeld, das ein hohes Maß an Flexibilität und Entscheidungsfreude verlangt. Die Erfordernisse sind oft nicht kompatibel mit den Entscheidungsstrukturen und -geschwindigkeiten innerhalb der Organisationen. Auch hier zeigen sich bisweilen die strukturellen Nachteile gewachsener Organisationen.

---

[19] Vgl. Vilain (2006), S. 169.

[20] Genaue Zahlen sind derzeit aufgrund fehlender statistischer Erhebungen nicht verfügbar, allerdings lässt sich folgende Abschätzung vornehmen. Allein im Rahmen der europäischen Kohäsionspolitik fließen im aktuellen Förderzeitraum von 2007-2013 26,3 Mrd. Euro in die Bundesrepublik. An vielen Mitteln des Europäischen Fonds für Regionale Entwicklung (EFRE) und dem Europäischen Sozialfonds (ESF) sind Nonprofit-Organisationen beteiligt. Vgl. Europäische Kommission (2007). Dazu kommen noch die Zuwendungen von Bund, Ländern und Kommunen.

Ein Spezialfall des wirtschaftlichen Geschäftsbetriebs ist steuerrechtlich das Sponsoring. Dabei handelt es sich um das Angebot einer marktadäquaten Leistung (zumeist Marketingdienste) gegenüber einem Unternehmen. Hier ist in den nächsten Monaten sicherlich in Folge der Wirtschaftskrise und der verschärften Bedingungen in den Unternehmen mit einem Rückgang zu rechnen. Auch ändert sich das Interesse vieler Unternehmen. Im Sinne eines ganzheitlicheren Konzeptes geht es immer mehr Firmen um eine strategische Einbindung im Gegensatz zu kurzfristigen Sponsoring- oder Spendenaktivitäten. Unter dem Schlagwort „Corporate Social Responsibility" wird daher aktuell das Engagement von Unternehmen für Nachhaltigkeit und Gesellschaft mit oder ohne Beteiligung von Nonprofit-Organisationen diskutiert. Welche Rückwirkung diese Formen des strategischen Unternehmensengagements auf die Nonprofit-Finanzierung haben werden, ist derzeit nicht absehbar.

Der steigende Investitionsbedarf bei veränderten Zahlungsmodi der öffentlichen Hand einerseits sowie die zunehmenden gewerblichen Aktivitäten andererseits führen zu einem Bedeutungsanstieg des Kreditmanagements. Wurden investive Maßnahmen ehemals überwiegend direkt staatlich finanziert, müssen diese immer häufiger von den Nonprofit-Organisationen selbst vorfinanziert werden. Diese verfügen in der Regel jedoch nicht über ausreichende Eigenmittel Gründe dafür werden weiter unten am Beispiel der Krankenhausfinanzierung dargelegt. Die Finanzierung großer (und kleinerer) stationärer Einrichtungen sowie neuer Dienstleistungsangebote muss vermehrt über Kredite der Nonprofit-Organisationen geleistet werden, Während dies für Wirtschaftsunternehmen den Normalfall darstellt, tun sich die nicht primär gewerblich orientierten Organisationen damit schwer.

So bereitet schon die Einschätzung der Bonität vieler Nonprofit-Organisationen Schwierigkeiten. Sie weisen einerseits überwiegend eine deutlich höhere Eigenkapitalquote auf als gewerbliche Betriebe. Andererseits sind die Managementstrukturen im Vergleich zur gewerblichen Wirtschaft oftmals unterentwickelt, was zum Teil an der mangelnden Übertragbarkeit traditioneller Managementinstrumente liegt, zum Teil aber auch an einem durchaus erfolgreich praktizierten, funktionalen Dilettantismus.[21] Dieser lässt sich in unterschiedlichen Facetten des Managements nachweisen. So hat sich beispielsweise gezeigt, dass sich ein zu professionelles, dafür aber „kalt" und routiniert wirkendes Management kontraproduktiv auf die Mittelbeschaffung sowohl bei staatlichen Stellen als auch auf dem Spendenmarkt auswirken kann. Vielmehr ist es in vielen Fällen zielführender, das sympathische und bemühte Engagement in den Mittelpunkt zu stellen.[22] So gehört auch die regelmäßige Klage über die schlechte Finanzlage zum Habitus vieler Nonprofit-Organisationen – eine schlechte Ausgangssituation für anstehende Kreditverhandlungen. Erschwert wird die Beurteilung der Bonität auch durch fehlende Instrumente der Rechnungslegung. Immer noch gibt es Vereine mit beträchtlichen Umsätzen und Mitarbeiterzahlen, die ihre Geschäftsführung auf der Basis einer Einnahmenüber-

---

[21] Vgl. dazu Seibel (1991).

[22] Nachdem US-amerikanische Nonprofit-Organisationen mit Hochglanzbroschüren auf ihre professionelle Dienstleistungsgestaltung aufmerksam gemacht haben, ist es zu Einbrüchen bei der Finanzierung durch Zuwendungen und Spenden gekommen. Der Eindruck, die Organisation sei aus eigener Kraft stark genug, die Aufgaben zu bewältigen, hat zu einem nachlassenden Engagement bei Ehrenamtlichen und Geldgebern geführt. Mittlerweile werden die Broschüren – immer noch professionell – in schlechterer Qualität und mit vereinzelten Rechtschreibfehlern publiziert.

schussrechnung führen und ihre Kalkulation ohne Kostenrechnung vornehmen. Controlling-
systeme fehlen nach wie vor oft.

Das Vermögensmanagement spielt insbesondere für Stiftungen eine zentrale Rolle. Dabei geht
es um die Frage eines Portfolios mit einem optimalen Verhältnis von Rendite und Risiko. Die
Höhe des Risikos orientiert sich an der Risikoneigung der Entscheidungsträger. Begrenzt wird
der Entscheidungsspielraum durch die Stiftungsgesetzgebung und deren Umsetzung in den
Ländern. Darüber hinaus spielen ethische Gesichtspunkte bei der Geldanlage eine wichtige
Rolle. Dass die finanzielle Situation dabei unmittelbar an realwirtschaftliche Vorgänge gekoppelt ist, wird insbesondere aktuell in der Finanzkrise deutlich. In vielen Fällen wird die Wirtschaftskrise daher zu einer Verringerung der Stiftungserträge führen. Über die Zuwendungsfi-
nanzierung erreicht diese Krise dann auch in abgeschwächter Form die Vereine und Verbände,
die sich unter anderem auch aus Stiftungsmitteln finanzieren (vgl. Zuwendungsmanagement).
Für Banken ist die Betreuung der Stiftungsvermögen schon seit langem ein interessantes Geschäftsfeld. Aus der Sicht der einzelnen Nonprofit-Organisationen wächst jedoch der Druck
im Hinblick auf mehr Transparenz und ethisch korrekte Geldanlagen. Dieser Druck wird zukünftig auch stärker an die Hausbanken weitergegeben werden.

Die vorangegangene Analyse verdeutlicht, dass Nonprofit-Organisationen derzeit vor großen
Herausforderungen beim Management ihrer finanziellen Sphäre stehen. Für die Bewältigung
dieser Herausforderungen spielt die Zusammenarbeit mit den Banken eine besondere Rolle. In
der folgenden Abbildung werden einige zentrale Aufgaben sowie der Dienstleistungsbedarf
durch Banken zusammengefasst (vgl. Abbildung 2).

Arena	Finanzierungsquellen	Herausforderung	Dienstleistungserwartung
Spendenmanagement			
	Mitgliedsbeiträge	relativ stabil wenn hohe Bindung; Bindung von Menschen durch Vision, gute operative Abwicklung.	Effiziente Verwaltung einer gro-ßen Zahl relativ kleiner Beträge
	Spenden	schwer kalkulierbar; Höhe abhängig von ex-ternen Faktoren (Katastrophen, politische Ent-scheidungen, mediale Themenpräsenz)	Bereitstellung von Zahlungssys-temen, z. B. Online-Fundraising, Kreditkartenspenden, Überwei-sungen etc. (Banken als Spender)
Zuwendungsmanagement			
	Zuwendungen von Bund, Ländern und EU	nach Bewilligung prognostizierbar; z. T. unsi-chere Zahlungsmodalitäten und beträchtliche Vorausleistungen	kurzfristige Überbrückungskredite zur Liquiditätskompensation, schnell verfügbare Kreditlinie, zugleich kurzfristige Geldanlage möglicher Liquiditätsüberschüsse

Selbsterwirtschaftete Mittel		
Verkauf von Waren und Dienstleistungen auf Märkten (private Güter)	Absatzrisiko ähnlich wie bei kommerziellen Dienstleistern; Schuldendienst soll aus Gewinnen geleistet werden, Gewinne müssen für Satzungszwecke verwendet werden.	Investitionskredite (siehe Kreditmanagement); nationale und internationale Zahlungsabwicklung
Sponsoring	Abgabe von marktadäquaten Gegenleistungen (v. a. Werbung für Unternehmen)	Banken als Sponsoringgeber
Verkauf von Dienstleistungen auf Quasi-Märkten	Leistungsentgelte u.ä. i.d.R. längerfristige Vertragsbeziehungen zu öffentlich-rechtlichen Körperschaften, allerdings oft lediglich Kostendeckung, Schuldendienst wird weniger über Gewinne als über die öffentliche Hand geleistet.	Investitionskredite; Kenntnisse des Geschäftsmodells
Vermögensmanagement		
Erträge aus Vermögensanlagen (v .a. Stiftungen)	abhängig von Anlageverhalten; tendenziell risikoavers; anhaltend geringe Zinssätze; hohe Volatilität an Aktienmärkten	Anlageformen, die der Risikoneigung und den wachsenden ethischen Ansprüchen gerecht werden; Beratung bei juristischen Fragen der Geldanlage
Kreditmanagement		
Kredite zur Überbrückung kurzfristiger Liquiditätsengpässe	siehe oben; häufig überteuerte Kredite, unzureichende Kreditverfügbarkeit	Schnell verfügbare, günstige Liquiditätsreserven
Investitionskredite	Investitionen werden zunehmend kreditfinanziert und z. T. staatlich refinanziert; Bonitätsbemessung; Besonderheit der Non-profit-Finanzierung; fehlende Transparenz	Investitionskredite, deren Sicherung die besondere Situation von Nonprofit-Organisationen und ihrer Finanzierung berücksichtigen
Kreditsubstitute	Einziehung von Forderungen und alternative Finanzierung von Investitionen	Factoring und Leasing; vorgefertigte Angebote, in der Regel nur für große Anbieter
Institutionelle Rahmenbedingungen:		
Rückgang staatlicher Finanzierung; wachsende Zahl von Nonprofit-Organisationen; Zunahme des Konkurrenzdrucks um knappe Mittel; Verschärfung steuerrechtlicher Kontrollen; Gebot der zeitnahen Mittelverwendung; Verbot der Quersubventionierung; unzureichende finanzielle Kontroll- und Steuerungsmechanismen		

Quelle: Eigene Darstellung.

Abbildung 2: Arenen des Finanzmanagements und Dienstleistungserwartung gegenüber Banken

3.3 Banken und der Dritte Sektor

3.3.1 Nonprofit-Organisationen als Bankkunden

Im Mittelpunkt dieses Abschnitts steht die Frage inwiefern und wo sich durch den Dritten Sektor Geschäftsfelder für Banken ergeben. Ein Geschäftsfeld ist „das Ergebnis eines Abgrenzungsprozesses mit dem Ziel, das Unternehmensumfeld zu gliedern, bzw. zu strukturieren und damit Ansatzpunkte für die Strategieentwicklung zu schaffen."[23] Damit definieren Geschäftsfelder Bereiche unternehmerischen Handelns, in denen jeweils spezifische Produktions- und Kommunikationserfordernisse herrschen. Zentral ist dabei die Frage, welche Teile des Unternehmensumfeldes sich zu relevanten, strategischen Einheit zusammenfassen lassen. Allgemein können strategische Geschäftsfelder als Marktsegmente verstanden werden, „die eigenständige Ertragsaussichten, Chancen und Risiken [aufweisen] und für die [...] eigenständige Strategien entwickelt und realisiert werden können."[24] Zumeist erfolgt in der Bankpraxis eine Segmentierung entweder nach Kundengruppen wie z. B. Firmenkunden- oder Privatkundengeschäft oder nach Produkten wie z. B. Investmentbanking, Transaction Banking etc.

Andere Segmentierungskriterien könnten sein: der Kundennutzen, die Technologie, die Region, die Kostenstrukturen oder die Ressourcen.[25] Eine Unterscheidung allein in gewerbliche Unternehmen und Nonprofit-Organisationen kann an dieser Stelle schon auf Grund der Heterogenität der Organisationsformen und Dienstleistungserwartungen nicht zielführend sein. Für die vorliegende Betrachtung bietet sich daher eine pragmatische Typisierung von Zielgruppen anhand der Produktnachfrage an:[26]

Typ 1: Der Vollbankkunde, der grundsätzlich an allen Bankdienstleistungen interessiert ist (z. B. Einrichtungen und Organisationen der Wohlfahrtsverbände wie Diakonie, Caritas, Arbeiterwohlfahrt).

Typ 2: Der Teilbankkunde „Vermögensanlage und -verwaltung", der im Wesentlichen Unterstützung bei der Geldanlage- bzw. der Vermögensverwaltung nachfragt (z. B. Stiftungen).

Typ 3: Der Teilbankkunde „Zahlungsverkehr", der auf Grund mangelnden Anlagepotentials, geringen Bedarfs oder schlechter Bonität ausschließlich für den Zahlungsverkehr infrage kommt (z. B. lokale Sport- oder Heimatvereine).

Typ 4: Der Teilbankkunde „Kredit", dessen wachsender Investitions- und Finanzierungsbedarf zusehends durch privatwirtschaftliche Kredite in Verbindung mit öffentlichen Bürgschaften

---

[23] Scheucher (2002), S.2.

[24] Müller-Stewens/Lechner (2001), S. 115.

[25] Vgl. Hungenberg (2000), S. 62 f. Diese Kriterien könnten, um den Dritten Sektor umfänglich nach Zielgruppen zu segmentieren, durch das Kriterium der Gewinnerzielung, nämlich inwiefern eine soziale oder finanzielle Rendite im Vordergrund des unternehmerischen Handels steht, ergänzt werden (vgl. Frischen/Lawaldt (2008), S. 3). Aus Banksicht scheint diese Aufteilung allerdings wenig sinnvoll, da sie nur wenig über die Nachfragestruktur aussagt.

[26] Nonprofit-Banken haben dieser Segmentierung ein weiteres Kriterium hinzugefügt, nämlich die von ihren Kunden zu verfolgende Geschäftsphilosophie.

oder Sicherheiten gedeckt werden muss. Der reine Kreditnachfragekunde dürfte hier allerdings die Ausnahme sein (z. B. Krankenhäuser, größere Kultureinrichtungen).

Die Erwartungshaltung der Nonprofit-Kunden hinsichtlich der Dienstleistungen der Banken wurde oben bereits kurz skizziert. Dies vertiefend sollen nunmehr zwei Bereiche vorgestellt werden, deren Bedeutung stark zunimmt: Die Vermögensanlage- und -verwaltung und die Kreditnachfrage.

3.3.1.1 Vermögensanlage und -verwaltung

Ende 2008 hatten die 16.406 rechtsfähigen Stiftungen bürgerlichen Rechts in Deutschland ein geschätztes Stiftungsvermögen von rund 100 Mrd. Euro - und brachten damit etwa ein Fünftel des Spareinlagenvolumens von Nichtbanken auf die „Asset Management Waagschale". Neben diesem quantitativen Aspekt sind Stifter bzw. Stiftungen noch aus einem anderen Grund attraktiv: Unabhängig von der Ausrichtung der Stiftung zeigen sie bisher eine hohe Bindung an ihre jeweiligen Banken. Potenzielle Stifter zählen daher zu den interessantesten Zielgruppen des Vermögensanlagegeschäfts der Banken. In den letzten Jahren werben die Banken bei der Seniorengeneration verstärkt mit ihrem Stiftungsmanagement. Angesprochen werden von den Banken solche Kundenkreise, die über ein großes Vermögen verfügen, dieses häufig bereits zu Lebzeiten verwalten lassen, die keine direkten Erben haben und über ihren Tod hinaus Sinnvolles schaffen und in Erinnerung bleiben wollen. Parallel zu dem enormen Wachstum der Stiftungen – in den letzten Jahren gab es einen Stiftungsgründungsboom mit 1.134 Stiftungsneugründungen im Jahr 2007 und immerhin noch 1.020 im darauffolgenden Jahr[27] – haben die Kreditinstitute, allen voran die Sparkassen, ihr Serviceangebot für Stiftungen erweitert und spezielle Betreuungseinheiten und Betreuungsteams aufgebaut. Dies scheint sinnvoll, da es dem Entscheidungsverhalten von Nonprofit-Organisationen entgegen kommt. So delegieren nach einer im Jahr 2005 an der Fachhochschule für Technik und Wirtschaft Berlin durchgeführten Studie zum Stiftungsmanagement lediglich 28% der befragten 357 Stiftungen Anlageentscheidungen an interne Gremien. Weitere 28% delegieren Anlageentscheidungen ganz oder teilweise an Banken oder Investmentgesellschaften. Dies ist verstärkt dann der Fall, wenn es sich um Anlagevolumina von über 1 Mio. Euro handelt.[28]

Heute definieren viele Kreditinstitute, wie beispielsweise die Landesbank Hessen Thüringen, das Stiftungsmanagement als ein Geschäftsfeld und begleiten Stifter bei Gründung, Festlegung und Umsetzung des Stiftungszweckes, helfen bei der Festlegung der Höhe des Stiftungsvermögens, erstellen die Stiftungssatzung und beantragen die Anerkennung. Ihr Kerngeschäft allerdings liegt im Managen der Vermögensanlagen.[29]

Die Volks- und Raiffeisenbanken haben mit der Aktiven Bürgerschaft e.V. in Berlin sogar eigens ein Kompetenzzentrum für bürgerschaftliches Engagement aufgebaut, das insbesondere die Gründung sowie den Aufbau und das Management von Bürgerstiftungen unterstützt.[30] Da-

[27] Vgl. Bundesverband Deutscher Stiftungen (2008), S. 4.
[28] Vgl. Sandberg (2005), S. 7.
[29] Vgl. Landesbank Hessen-Thüringen (2009).
[30] Vgl. Aktive Bürgerschaft e. V. (2009).

mit wird in besonderer Weise eine Rückbesinnung auf die bürgerschaftlich-genossenschaftlichen Traditionen deutlich.

3.3.1.2 Kreditgeschäft

Exemplarisch für den gesamten Dritten Sektor soll das Kreditgeschäft im Gesundheitsbereich dargestellt werden. Der Investitionsstau allein für den Bereich der Krankenhäuser wird auf 30 bis 50 Mrd. Euro geschätzt.[31] Die Ursachen sind sicherlich vielfältig. So sinkt die Finanzierung durch Tagessätze und damit das Betriebsergebnis der Einrichtungen. Dazu kommen die im Rahmen des Krankenhausfinanzierungsgesetzes (KHG) festgelegten sinkenden Fördermittel der Länder[32], aber auch die insgesamt abnehmende Finanzierungskraft der Träger. Das alles führt zu einem sinkenden Finanzierungspotenzial aus eigenen Mitteln. Da für gemeinnützige Organisationen im Gegensatz zu gewerblichen Unternehmen ein Ausschüttungsverbot an private Geldgeber herrscht, ist die Beteiligungsfinanzierung für potenzielle Eigenkapitalgeber uninteressant. Vielmehr bleibt hier oftmals lediglich die Kreditfinanzierung. Auf der anderen Seite lassen die Managementbesonderheiten im Gesundheitsbereich viele Kreditinstitute vor einem Engagement zurückschrecken. Das hängt teils mit den Branchenspezifika, teils mit durchschnittlich geringen Kenntnis der Rahmenbedingungen zusammen. Dies ist sicherlich der Grund dafür, dass Nonprofit-Organisationen bei der Kreditvergabe im Vergleich zum gewerblichen Mittelstand deutlich schlechter abschneiden.

Die im gewerblichen Mittelstand üblichen Finanzierungsansätze (z. B. Mezzanine Finanzierung) lassen sich bisher nur begrenzt auf Nonprofit-Organisationen übertragen. Um dieses Dilemma zu lösen, werden zunehmend alternative oder ergänzende Finanzierungs- und Betreibermodelle wie Leasing, Factoring, Ratenfinanzierung, Managed Equipment Services, Social Public Private Partnerships oder Technologiepartnerschaften diskutiert. Hier kommt es zu einer wachsenden Nachfrage nach Expertenwissen und innovativen Finanzierungslösungen an der Schnittstelle zwischen öffentlicher und privater Finanzierung. Betrachtet man das Gesamtvolumen der benötigten Finanzierung, stellen diese alternativen Finanzierungsformen jedoch bisher keine wirkliche Alternative zum Bankkredit dar.

3.3.2 Nonprofit-Organisationen als gesellschaftliche Partner

Für Banken ist bisher lediglich in Ansätzen eine Segmentierung des Dritten Sektors erkennbar, eine Tatsache, die angesichts der Heterogenität nicht verwundert. Erkennbar ist dagegen eine gewisse – zumeist evolutionär gewachsene – Spezialisierung. So gibt es Banken, die sich auf die Bedürfnisse ausgewählter Institutionen und Organisationen des Dritten Sektors spezialisiert haben und sich im Rahmen der gesetzlichen Rahmenbedingungen den Zielen und Prozes-

---

[31] Vgl. Deutscher Bundestag (Hrsg.) (2006), S. 1 f. Ähnliche Befunde lassen sich auch für andere Einrichtungen im Bereich Bildung, Pflege, Kultur etc. festhalten.

[32] Im Vergleich von 2005 zu 1995 fuhren die Länder die Krankenhausfinanzierung um 37,6% zurück (West: –34,2%, Ost: – 46,1%). Gemessen am Bruttoinlandsprodukt (BIP) bedeutet dies einen Rückgang um knapp 50% innerhalb von zehn Jahren (vgl. Deutscher Bundestag (2006), S. 1).

sen des Dritten Sektors verbunden fühlen. Daneben unterstützen zahlreiche Kreditinstitute die Aktivitäten der Zivilgesellschaft in sehr unterschiedlichen Bereichen.

Es zeigt sich, dass zur Klärung des Verhältnisses zwischen Banken und Nonprofit-Organisationen die oben erarbeitete eindimensionale Segmentierung nicht ausreichend ist. Die Möglichkeiten, die eine Zusammenarbeit mit Nonprofit-Organisationen bieten, weisen eine reziproke Komponente auf, bei der die Bank selbst zum „Kunden" oder besser gesellschaftlichen Partner von Nonprofit-Organisationen wird. In der Intensität der Beziehungen zwischen Banken und Drittem Sektor gibt es graduelle Abstufungen, die eine einfache Systematik erschweren. Unterstellt man in der Zielsetzung des Handelns einen Unterschied zwischen primär und sekundär intendierten Effekten, könnten grob zwei Typen unterschieden werden: „Social entrepreneurship" (Sozialunternehmertum) ist unternehmerisches Handeln, das auf die nachhaltige Lösung eines gesellschaftlichen Problems abzielt, ohne profitorientierte Ziele zu verfolgen.

Davon abzugrenzen ist der „soziale Unternehmer", der ein gewinnorientiertes Unternehmen sozial verantwortlich leitet, d. h. sekundär soziale Wirkung erzielt:[33]

„1. Soziale Unternehmen versuchen, spezifische soziale Ziele durch ökonomische Betätigung zu realisieren.

2. Es sind »not-for-profit«-Organisationen in dem Sinne, dass alle erwirtschafteten Überschüsse entweder in ökonomische Aktivitäten des Unternehmens investiert oder in anderer Weise so genutzt werden, dass sie den gesetzten sozialen Zielen des Unternehmens dienen.

3. Ihre Strukturen sind so angelegt, dass das gesamte Vermögen und der akkumulierte Reichtum des Unternehmens nicht Privatpersonen gehören, sondern dass sie treuhänderisch zum Wohl derjenigen Personen oder Gebiete verwaltet werden, welche als Nutznießer der sozialen Unternehmen bestimmt worden sind."[34]

Auch bei den Banken lassen sich tendenziell diese beiden Kategorien von Unternehmertum unterscheiden. Im Folgenden soll daher von sozialem Unternehmertum einerseits sowie Nonprofit-Banken andererseits gesprochen werden.

3.3.2.1 Geschäftsbanken mit Bezug zum Dritten Sektor (soziales Unternehmertum)

Da Unternehmen Teil der Gesellschaft sind, kann ihr Handeln letztlich nicht nur daran gemessen werden, welchen Beitrag sie für ihre Eigner erzielen, sondern auch wie sie ihrer Verantwortung gegenüber der Gesellschaft gerecht werden. Diese Einschätzung kann auf eine lange Tradition in der Bankenwelt zurückblicken. Typischer Vertreter dieser Geisteshaltung war Alfred Herrhausen, der sich bis zu seiner Ermordung 1989 in beispielhafter Weise für die gesellschaftliche Verantwortung der Wirtschaft engagierte und den Grundstock für die vielfältigen, sozialen und gesellschaftlichen Aktivitäten der Deutschen Bank legte, die bis heute

---

[33] Vgl. Frischen/Lawaldt (2008), S. 2.
[34] Soziale-Oekonomie (2009), S. 1.

nachwirken:[35] So betrug 2007 das weltweite Fördervolumen für soziale, kulturelle und gesellschaftliche Zwecke inklusive Sponsoring 82,2 Mio. Euro. Die Deutsche Bank ist als eine Vorreiterin in Deutschland seit über einem Jahrzehnt in der Mikrofinanzierung aktiv – ein Musterbeispiel dafür, wie geschäftliche Kompetenz und soziale Verantwortung miteinander verbunden werden können. Auch mit einem anderen Projekt ist sie als Akteur und nicht nur als Sponsor im Dritten Sektor aktiv: Im Jahre 2007 haben sich die Mitarbeiter der Bank 19.440 Tage ehrenamtlich engagiert. Nebenbei bemerkt tragen heute auch Geschäftsbanken wie die Deutsche Bank dem Aspekt der Nachhaltigkeit im Rahmen eines nach marktwirtschaftlichen Prinzipien ablaufenden Geschäftsbetriebs zunehmend Rechnung und haben ein umfassendes Nachhaltigkeits-Management-System auf Grundlage der DIN EN ISO 14001 etabliert. Dieses wird regelmäßig überprüft und schlägt sich z. B. im Listing der Deutsche Bank Aktie in Nachhaltigkeits-Indizes nieder. Kunden und Investoren, die bei ihrer Anlageentscheidung nicht nur Ertrags-, sondern auch soziale und ökologische Fragen berücksichtigen wollen, dienen diese Kriterien als Orientierung.[36]

Die Sparkassen, die regionalen Sparkassen- und Giroverbände und die Unternehmen der Sparkassen-Finanzgruppe haben nicht zuletzt aufgrund ihres kommunalen Auftrags bundesweit 671 Stiftungen errichtet. Fast jede 20. Stiftung geht damit auf die Initiative der Sparkassen-Finanzgruppe zurück. Sie ist damit die stifterisch engagierteste Unternehmensgruppe in Deutschland mit einem Gesamtkapital von fast 1,6 Milliarden Euro. Allein im Jahr 2008 haben diese Stiftungen 71,3 Millionen Euro für gemeinnützige Zwecke in allen Bereichen des öffentlichen Lebens ausgeschüttet – vom Denkmalschutz, über Wissenschaft und Forschung, Jugend, Kunst und Kultur, Sozialwesen, Sport bis hin zum Umweltschutz. Darüber hinaus sind sie als so genannte Einrichtungsträgerstiftungen tätig – etwa von Altenheimen, Sport- oder Kulturstätten. Auf dem Gebiet der Kulturförderung und der Förderung des Breitensports steht die Sparkassen-Finanzgruppe, deren Förderleistung sich zusammensetzt aus Stiftungsausschüttungen, Spenden und sonstigen Beiträgen inklusive Sponsoring, an der Spitze nichtstaatlicher Förderer.

Dies gilt gleichsam für die Bereiche Soziales, Umwelt, Bildung und Ausbildung oder Wissenschaft. Was Alter und Tradition betrifft, so gehen einige der Stiftungen bis auf das 18. Jahrhundert zurück und stehen damit für eine überaus lange und nachhaltige Fördertätigkeit.[37] Um die Effektivität der sparkasseneigenen Stiftungen zu fördern sowie Informationsaustausch und Kooperationsmöglichkeiten auszuweiten, wurde ein eigenes Internetportal für die Sparkassenstiftungen aufgebaut.[38].

Im Zentrum des Berichts über das gesellschaftliche Engagement des genossenschaftlichen Finanzverbundes standen 2008 folgende Fragen: Was würde einer Region fehlen, wenn es dort keine Volks- und Raiffeisenbanken gäbe? Wie viel weniger Steuern stände den Kommunen

---

[35] Vgl. im Folgenden Deutsche Bank (2009a).
[36] Vgl. Deutsche Bank (2009a).
[37] Vgl. hierzu S-Finanzgruppe (2009).
[38] Das Portal ist zu finden unter: www.sparkassenstiftungen.de. Ziele sind u. a. der Informationsaustausch und die Erweiterung der Kooperationsmöglichkeiten. So finden sich auf der Homepage Projektbeispiele, Ratgeber, Angebote von Fachtagungen, Zahlen und Fakten und Zahlen zu den Stiftungen der Sparkasse etc.

zur Verfügung? Was ginge an Arbeits- und Ausbildungsplätzen verloren? Wie würde sich das auf die Auftragslage örtlicher Handwerker und Firmen auswirken? Welche Einbußen hätten Vereine, gemeinnützige Projekte und ehrenamtliches Engagement vor Ort?

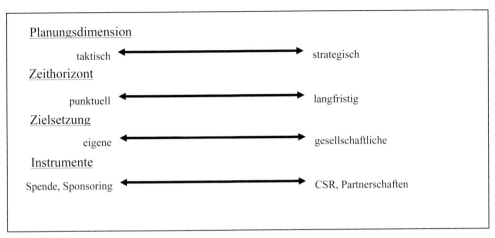

Quelle: Eigene Darstellung.

Abbildung 3: Pole der Zusammenarbeit zwischen Banken und Drittem Sektor

So werden neben 128 Mio. Euro Stiftungsvermögen, 96 Mio. Euro Spenden und Sponsoring auch 16 Mio. Euro geldwerte Leistungen „bilanziert", davon 10 Mio. Euro in Form von Servicedienstleistungen und Bereitstellung von Unternehmenslogistik, 4 Mio. Euro in Form von Sachspenden und 2 Mio. Euro in Form von Kostenübernahmen.[39]

Das Engagement der Banken lässt sich in einem mehrdimensionalen Raum vereinfacht darstellen (vgl. Abbildung 3). Die Merkmalsausprägungen bewegen sich auf einem Kontinuum zwischen zwei Polen, je nachdem, ob es um die Vertretung eigener Interessen (z. B. Erhöhung der Bekanntheit, Verbesserung des Images) oder um die Verbesserung gesellschaftlicher oder sozialer Zustände (z. B. Umweltschutz, Bekämpfung von Armut) geht. Davon hängt auch zumeist das eingesetzte Instrumentarium ab. Geht es um Marketing oder Public Relations, kommen bevorzugt (aber nicht ausschließlich) Instrumente wie Spenden oder Sponsoring zum Einsatz, handelt es sich dagegen um eine Querschnittsaufgabe über alle Unternehmensbereiche oder um langfristig ausgerichtete gesellschaftspolitische Aktivitäten, wird eher das Corporate Social Responsibility-Instrumentarium[40] zum Einsatz kommen. Daneben kann zwischen einem strategischen, meist auch langfristig orientierten sowie einem taktischen, oft eher kurzfristig ausgelegtem Engagement unterschieden werden.

---

[39] Vgl. Bundesverband der Volks- und Raiffeisenbanken (2008), S. 7.
[40] Vgl. Vilain (2009), S. 168 ff.

3.3.2.2 Banken des Dritten Sektors („Nonprofit-Banken")

Eine hohe Affinität zum Dritten Sektor haben Banken, die auf Grund ihres Entstehungshintergrundes oder Geschäftsmodells – im Rahmen der gesetzlichen Rahmenbedingungen – selbst den Charakter von Nonprofit-Organisationen bzw. von Social Entrepreneurs haben. Im Rahmen der für Kreditinstitute allgemein geltenden Regelungen haben die meisten Nonprofit-Banken das reine Gewinnstreben um die ethischen Prinzipien der Solidarität und Nachhaltigkeit ergänzt. Diese stehen entweder gleichberechtigt nebeneinander oder werden in Einzelfällen den ökonomischen Zielen vorgeordnet.

Die Bank für Sozialwirtschaft AG (BFS) mit Sitz in Berlin und Köln ist mit einer Bilanzsumme von 4,68 Mrd. Euro in 2007 das größte Spezialkreditinstitut für Unternehmen und Organisationen des Sozial- und Gesundheitswesens. Aktionäre der 1923 gegründeten Bank sind die Spitzenverbände der Freien Wohlfahrtspflege, Einrichtungsträger der Wohlfahrtspflege und andere Akteure aus der Sozialwirtschaft.[41] Neben dem herkömmlichen Bankgeschäft einer modernen Universalbank bietet sie zusammen mit ihren Tochterunternehmen zahlreiche Angebote für das Sozialmanagement wie Fundraising Tools, sozialwirtschaftliche Informationen, Publikationen und Fachtagungen an.

Auf eine ebenfalls lange Tradition mit einer ähnlichen Geschäftsausrichtung blickt die KD-Bank eG – die Bank für Kirche und Diakonie – zurück, deren Vorgängerin 1927 in Münster gegründet wurde:

„Die KD-Bank ist eine Genossenschaftsbank mit christlichen Wurzeln und Werten. Unsere Eigentümer sind Kirche und Diakonie. Wir sind der Spezialist in allen Finanzfragen für Kirche und Diakonie. Privatkunden, die unsere christlichen Werte respektieren, bieten wir das volle Spektrum an Bankdienstleistungen. Ziel unseres Handelns ist nicht primär Gewinnmaximierung, sondern die wirtschaftliche Förderung unserer Mitglieder und Kunden."[42]

Bei der Anlage von eigenen und fremden Geldern trägt sie dem Gedanken der Nachhaltigkeit Rechnung: Alle Kunden, die Spareinlagen oder Termingelder bei der KD-Bank unterhalten, profitieren automatisch vom „Nachhaltigkeitsfilter", indem sie sicher sein können, dass die Gelder der KD-Bank bestmöglich unter der Berücksichtigung nachhaltiger Kriterien angelegt werden.[43]

Die sozial-ökologische GLS Bank beispielsweise hat ihr Geschäftsfeld im Hinblick auf ihre Mission massiv eingeschränkt. Sie finanziert seit mehr als 30 Jahren „ausschließlich soziale, ökologische und kulturell zukunftsweisende Unternehmen. So bleibt das Bankgeschäft überschaubar, sicher und darüber hinaus doppelt gewinnbringend: Sie [die Kunden] erhalten eine angemessene Rendite und den Mehrwert sinnvoller Investitionen."[44] Die GLS Bank, die im Prinzip wie ein Social Entrepreneur agiert, „steht mit ihrer strikt sozialökologischen Ausrich-

---

[41] Vgl. Bank für Sozialwirtschaft (2009).
[42] KD-Bank (2009a), Internetseite.
[43] Vgl. KD-Bank (2009b), Internetseite.
[44] GLS (2009), Internetseite.

tung für Verbindung von Sinn, Gewinn und Sicherheit."[45] Nach ihrem Selbstverständnis versteht sie sich versteht sie sich als Promoter sozialen Handelns und Denkens, indem sie im Rahmen der GLS-Akademie Fortbildungen und Workshops vermittelt und Impulse zur nachhaltigen Unternehmensführung und zu Zukunftsfragen gibt. Die GLS Akademie soll eine offene Plattform für den Ideenaustausch zwischen Kunden, Partnern der GLS Bank und Menschen, die sich für Nachhaltigkeit interessieren, sein.

Die UmweltBank ist nach ihren Aussagen die einzige Bank Deutschlands, die den Umweltschutz als Unternehmensgegenstand bereits in ihrer Satzung verankert hat, was natürlich auch in ihrer Geschäftspolitik zum Ausdruck kommt:

„Ziel der UmweltBank ist es daher, durch ihre Geschäftstätigkeit in jeder Hinsicht zum Schutz der Umwelt beizutragen. Nachhaltigkeit verstehen wir als Strategie und Trend der Zukunft, welche die auf kurzfristigem Gewinn basierende Wegwerf-Gesellschaft ersetzen muss und wird. Nur durch nachhaltiges Handeln und Wirtschaften kann eine saubere Umwelt auch auf lange Sicht erhalten werden. Deshalb haben wir das Angebot unserer Bankdienstleistungen zu 100% ökologisch und nachhaltig gestaltet."[46]

Das Angebot ihrer Bankdienstleistungen ist zu 100% ökologisch und nachhaltig gestaltet, indem Kredite ausschließlich für Umweltprojekte vergeben werden und sich die Anleger unter anderem an ökologischen Projekten wie z. B. Windparks beteiligen können.

Ein international tätiger, typischer Vertreter des nonprofit bankings ist die Triodos Finanzgruppe mit einer Konzernbilanzsumme von ca. 2 Mrd. Euro. Sie will Geld und Lebensqualität im weitesten Sinne miteinander verbinden, indem sie die Interessen von Mensch, Umwelt und Wirtschaft bei finanziellen Entscheidungen berücksichtigt. So konzentriert sie sich auf die Bereiche der erneuerbaren Energien, des Naturkosthandels und der nachhaltigen Immobilien. Partner sind Organisationen, die Sozial- und Umweltverträglichkeit als gleichrangige Ziele sehen und Unternehmen, die ihr Kerninteresse auf die Bereiche Nachhaltigkeit und soziale Verantwortung legen – häufig Nonprofit-Organisationen. Die gleiche Philosophie bestimmt das Anlagemanagement. So wurde 2008 der Triodos Sustainable Trade Fund aufgelegt, um dem Export biologischer und fair gehandelter Erzeugnisse einen Impuls zu geben.[47]

Längst sind solche Angebote keine Domäne der Nonprofit-Banken mehr. Immer mehr Geschäftsbanken haben ihr Angebot in diese Richtung erweitert, weil nachhaltige Finanzdienstleistungen und -produkte neue Marktsegmente und Ertragspotentiale eröffnen: „Sie sind für unsere Kunden, unsere Aktionäre und unser Unternehmen von finanziellem Interesse, schaffen darüber hinaus aber auch Mehrwert für Gesellschaft und Umwelt. Nachhaltige Finanzdienstleistungen und Produkte sind im wahrsten Sinne des Wortes ‚Investitionen in die Zukunft'."[48]

Auch wenn die volkswirtschaftliche und bankpolitische Bedeutung der Nonprofit-Banken gemessen an der Bilanzsumme oder ihrem „Marktanteil" im Geschäft mit den Organisationen,

---

[45] GLS (2009), Internetseite.
[46] Umweltbank (2009), Internetseite.
[47] Vgl. Triodos (2009), Internetseite.
[48] Deutsche Bank (2009b), Internetseite.

Institutionen und Unternehmen des Dritten Sektors vergleichsweise gering ist, sollte man ihre gesellschafts- und wirtschaftpolitische Bedeutung nicht unterschätzen. Wenn der durch die Finanzkrise noch verstärkte Prozess des sozialen Auseinanderdriftens durch die Organisationen des Dritten Sektors abgefedert werden soll, muss der Staat zum einen mehr auf Bürgerschaftliches Engagement setzen und der Dritte Sektor zum anderen neue Formen wirtschaftlichen Handelns entwickeln: "Die Einrichtungen des Drittensektors stehen [...] vor der zunehmenden Herausforderung, die Funktionsweisen von Markt und Verwaltung zu integrieren und zu vermitteln, ohne dabei ihr eigenes Profil zu verlieren."[49] Die „Nonproft-Banken" versuchen diesen Spagat. Sie sind damit die Pioniere sozialen, ethischen und nachhaltigen Bankings. Gleichzeitig sind sie es, die von dem notwendigen Übergang von der an ökonomischen Prinzipen orientierten Wirtschaft zur Nachhaltigkeitswirtschaft vergleichsweise am meisten profitieren werden.

3.4 Zusammenfassung

Der Dritte Sektor stellt bereits einen beträchtlichen und darüber hinaus weiter wachsenden Teil der bundesdeutschen Volkswirtschaft dar. Aktuelle Umwälzungen wie der demografische Wandel erfordern neue Lösungen bei der Produktion und Distribution meritorischer und kollektiver Güter.

Für die nächsten Jahre ist damit zu rechnen, dass die Unternehmen der Sozialwirtschaft verstärkt Banken in Anspruch nehmen müssen, woraus zahlreiche Möglichkeiten des kooperativen Zusammenarbeitens zwischen Banken und Drittem Sektor resultieren. So benötigen Nonprofit-Organisationen zusehends professionellere Bankendienstleistungen, die auf ihre Bedürfnisse zugeschnitten sein müssen. Dies beginnt bei den Ratings im Rahmen der Kreditvergabe, geht über die Abwicklung von Fundraisingkampagnen bis hin zu spezifischen Anlageformen. Gefragt sind ferner innovative Finanzierungsinstrumente zur Überwindung von Investitionsstaus (wie am Beispiel des Gesundheitswesens gezeigt), bei denen die Finanzierungsbesonderheiten der (Quasi-) Märkte sowie die Interessen der staatlichen und nichtstaatlichen Akteure gewahrt bleiben.

Es zeigt sich auch, dass ein großer Teil der Banken Beziehungen zum Dritten Sektor unterhält. Nur wenige, deren Gesamtumsatz eher gering ist, können jedoch als Social Entrepreneurs bezeichnet werden. Hier ist die Gewinnerzielung Nebenbedingung und nicht Ziel. Der größte Teil der Geschäftsbanken unterstützt punktuell und selten strategisch den Sektor. Als lohnendes Geschäftsfeld wird der Dritte Sektor wohl eher selten gesehen, zu gering sind auf den ersten Blick die Renditemöglichkeiten und zu unübersichtlich die Heterogenität der Organisationsformen und -ziele sowie die Vielfalt der Geschäftsmodelle, die sich vom klassischen Markthandeln beträchtlich unterscheiden können.

Um mit den Folgen des demografischen Wandels besser umzugehen, bedarf es eines „funktionsfähigen" Dritten Sektors. Damit dieser funktionieren kann, sollten auch die traditionellen Geschäftsbanken die geschäftlichen und gesellschaftlichen Potenziale erschließen, die in die-

---

[49] o.V. (2004), S. 5.

sem Geschäftsfeld stecken. Andererseits muss eine Professionalisierung des Managements in den Nonprofit-Organisationen dazu beitragen, dass die Ansprüche der Fremdkapitalgeber verstanden und umgesetzt werden können.

Literatur

ADAC (2009): Zugriff am 22.04.2009.
www.presse.adac.de/meldungen/ADAC/ADAC2007.asp?ComponentID=221731&SourcePage
ID=1497

AKTIVE BÜRGERSCHAFT E. V. (2009): Zugriff am 22.03.2009.
www.aktive-buergerschaft.de

BADELT, C. (1985): „Politische Ökonomie der Freiwilligenarbeit", Frankfurt a. M. 1985.
BANK FÜR SOZIALWIRTSCHAFT (2009): Zugriff am 22.03.2009.
http://www.sozialbank.de/finale/inhalt/aktuell/aktuell%2039455

BLÜMLE, E. B. (1996): „Vorwort", in: SCHWARZ, P., PURTSCHERT, R. und GIROUD, C. (Hrsg.):
„Das Freiburger Management-Modell für Nonprofit-Organisationen (NPO)", 2. überarb. Aufl.,
Bern 1996.

BUNDESMINISTERIUM FÜR FAMILIE, SENIOREN, FRAUEN UND JUGEND (2005): „Freiwilliges Engagement in Deutschland 1999-2004. Ergebnisse der repräsentativen Trenderhebung zu Eh-
renamt, Freiwilligenarbeit und bürgerschaftlichem Engagement. Zusammenfassung", München 2005.

BUNDESVERBAND DER VOLKS- UND RAIFFEISENBANKEN (2008): „Bericht über das gesellschaftliche Engagement des genossenschaftlichen Finanzverbundes", Berlin 2008.

BUNDESVERBAND DEUTSCHER STIFTUNGEN (2008): „Stiftungen in Zahlen: Errichtungen und
Bestand rechtsfähiger Stiftungen des bürgerlichen Rechts in Deutschland im Jahr 2008", Berlin 2008.

CARITAS (2009): Zugriff am 18.04.2009.
www.caritas.de/36513.html

DEUTSCHE BANK (2009a): Zugriff am 25.03.2009.
www.db.com/ir/de/content/corporate_responsibility.htm

DEUTSCHE BANK (2009b): Zugriff am 24.03.2009.
www.deutsche-bank.de/csr/de/content/nachhaltige_ finanzdienstleistung.htm

DEUTSCHER BUNDESTAG (2006): „Antwort der Bundesregierung auf die Kleine Anfrage der
Abgeordneten Frank Spieth, Klaus Ernst, Karin Binder, weiterer Abgeordneter und der Frak-
tion DIE LINKE. Investitionsstau an den deutschen Krankenhäusern", Drucksache 16/2937
vom 12.10.2006.

DIAKONIE (2009): Zugriff am 20.04.2009.
www.diakonie.de

DRK (2009): Zugriff am 18.043.2009.
www.drk.de/generalsekretariat/jahrbuch2008/Ueberblick.pdf

ETZIONI, A. (1973): „The Third Sector and Domestic Missions", Public Administration Review 33 (1973), S. 314-323.

EUROPÄISCHE KOMMISSION (2007): „Kohäsionspolitik 2007-2013, Nationale Strategische Rahmenpläne", Amt für Veröffentlichungen der Europäischen Gemeinschaften, Luxemburg 2007.

FRISCHEN, K. und LAWALDT, A. (2008): „Social Entrepreneurship. Theorie und Praxis des Sozialunternehmertums", Stiftung & Sponsoring, Rote Seiten, 6/2008.

GERLACH, I., KONEGEN, N. und SANDHÖVEL, A.(1996): „Der verzagte Staat. Policy-Analysen. Sozialpolitik, Staatsfinanzen, Umwelt", Opladen 1996.

GESELLSCHAFT FÜR KONSUMFORSCHUNG (2008): „GfK Charity Scope. Der Spendenmarkt 2007", Zugriff am 20.04.2009.
http://www.gfk.com/imperia/md/content/ps_de/chart_der_woche/2008/kw16_08_charity.pdf

GESELLSCHAFT FÜR KONSUMFORSCHUNG (2009): „Spenden in der Wirtschaftskrise", Zugriff am 20.04.2009.
http://www.gfkps.com/imperia/md/content/ps_de/consumerscope/spenden_wirtschaftskrise.pdf

GLS (2009): Zugriff am 20.04.2009.
http://www.gls.de

HUNGENBERG, H. (2000): „Strategisches Management in Unternehmen", Wiesbaden 2000.

KD-Bank (2009a): Zugriff am 24.03.2009.
www.kd-bank.de/wir_fuer_sie/ueber_kd_bank.html

KD-Bank (2009b): Zugriff am 18.03.2009.
www.kd-bank.de/wir_fuer_sie/nachhaltigkeitsfilter.html

KOCKA, J. (2000): „Zivilgesellschaft als historisches Problem und Versprechen", in: HILDER-MEIER, KOCKA und CONRAD (Hrsg.): „Europäische Zivilgesellschaft in Ost und West. Begriff, Geschichte, Chancen", Frankfurt a. M. 2000, S. 13-39.

LANDESBANK HESSEN THÜRINGEN (2009): Zugriff am 17.06.2009.
http://www.helaba.de/de/Sparkassen/Privatkundengeschaeft/Stiftungsmanagement/Stiftungsmangement.html

LARISCH, M. (1999): „Elemente einer Ökonomie sozialwirtschaftlicher Organisationen. Analyse des Austausches sozialer Dienstleistungen mit Hilfe der Neuen Politischen Ökonomie", Frankfurt a. M. 1999.

MAULL, H. W. (1995): „Welche Akteure beeinflussen die Weltpolitik?" In: KAISER und SCHWARZ (Hrsg.): „Die neue Weltpolitik", Schriftenreihe der Bundeszentrale für politische Bildung, Bd. 334, S. 301-315.

MÜLLER-STEWENS UND LECHNER (2001): „Strategisches Management". Stuttgart 2001.

O. V. (2004): „Bestandsaufnahme der Finanzstrukturen und Beschäftigungssituation von Organisationen aus den Bereichen Soziales, Kultur, Umwelt und Sport im Rahmen des EU-Projektes ‚Instruments and Effects'", Göttingen 2004.

PRILLER, E. (2006): „Dritter Sektor: Arbeit als Engagement", Aus Politik und Zeitgeschichte, Internetausgabe zu: Das Parlament, Ausgabe 12 vom 20.03.2006: Zugriff am 10.02.2009. http://www.bundestag.de/dasparlament/2006/12/Beilage/003.html

SALAMON, L. M. und ANHEIER, H.K (1996): „The Emerging Nonprofit Sector – A Comparative Analysis", Manchester 1996.

SANDBERG, B. (2005): „Stand und Perspektiven des Stiftungsmanagements in Deutschland", Berlin 2005.

SCHEUCHER, R. (2002): „Strategische Geschäfsfeldanalyse", in: SIMON und VON DER GATHEN (Hrsg): „Das Große Handbuch der Strategieinstrumente", Frankfurt a. M. 2002.

SCHWARZ, P., PURTSCHERT, R. und GIROUD, C. (1996): „Das Freiburger Management-Modell für Nonprofit-Organisationen (NPO)", 2. überarb. Aufl., Bern 1996.

SEIBEL, W. (1991): „Funktionaler Dilettantismus. Zur politischen Soziologie von Steuerungs- und Kontrollversagen im Dritten Sektor", Baden-Baden 1991.

S-FINANZGRUPPE (2009): Zugriff am 17.06.2009. http://www.sparkassenstiftungen.de/inhalt/portal

SOZIALE-OEKONOMIE (2009): Zugriff am 17.09.2009. www.soziale-oekonomie.de/anlagen/pdf/soz_unte.pdf am 17.09.2009

TRIODOS (2009): Zugriff am 24.03.2009. http://www.triodos.de

UMWELTBANK (2009): Zugriff am 20.03.2009. www.umweltbank.de/umweltbank/index_geschichte.html

URSELMANN, M. (2007): „Fundraising: Professionelle Mittelbeschaffung für Nonprofit-Organisationen", 4. Aufl., Bern 2007.

V & M SERVICE GMBH (Hrsg.) (2008): „Vereinsstatistik 2008", Konstanz 2008.

VILAIN, M. (2006): „Finanzierungslehre für Nonprofit-Organisationen. Zwischen Auftrag und ökonomischer Notwendigkeit", Wiesbaden 2006.

VILAIN, M. (2009): „Corporate Social Responsibility – ein Thema für die Sozialwirtschaft?", in: MARKERT, BUCKLEY, VILAIN und BIEBRICHER (Hrsg.): „Soziale Arbeit und Sozialwirtschaft. Beiträge zu einem Feld im Umbruch", Berlin 2009, S. 135-158.

ZIMMER, A. und PRILLER, E. (2004): „Gemeinnützige Organisationen im gesellschaftlichen Wandel. Ergebnisse der Dritte-Sektor-Forschung", Wiesbaden 2004.

ZIMMER, A. und VILAIN, M. (2005): „Bürgerschaftliches Engagement heute", Ibbenbüren 2005.

4 Kundengruppe Senioren

Claire Schaffnit-Chatterjee

Senior Analyst, Deutsche Bank Research

4.1 Expectation of Seniors with Regard to Financial Services[1]

4.1.1 Seniors as customers

Germany is experiencing major structural changes, especially ageing. In 2050, half the German population will be over 55, instead of one-third currently. The so-called 50+ are a broad consumer segment growing in importance due to their increasing number and purchasing power[2]. Even today they represent, as a group, more than half of the purchasing power and financial assets in Germany.

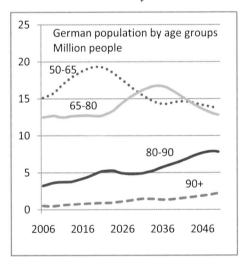

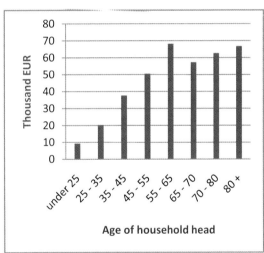

Source: Federal Statistical Office (EVS 2008), p. 45.

Figure 1: More and more older seniors   *Figure 2: Assets for German households*

---

[1]   The author wishes to thank Tina Wenzel for research assistance.
[2]   For more on this see Schaffnit-Chatterjee (2007).

181

4.1.2 Seniors' expectations of banks

Before discussing the specific needs of seniors from a banks' perspective, we briefly describe this group and discuss their general needs.

4.1.2.1 Who are the seniors?

4.1.2.1.1 There are seniors and seniors

The 50+ are a broad heterogeneous group. For the sake of sound analysis, it has to be segmented further. The seniors' needs will differ according to a number of factors: their financial situation, employment status, activity level, values and personal inclinations, and, of course, their family situation: whether they live in a partnership, whether they have dependent children, dependent parents, and whether they have grand-children. Some of these factors are partially related to their age group, as the following three subgroups show.

Seniors in the 50-65 age range typically do not have young children in the household, and tend to have more time to enjoy life. They are still earning and their purchasing power is one of the highest.

Most 65-80 year-olds are formally retired, although they may be in part-time employment, possibly self-employed. They are often still active and mobile, and likely to be more so in the future.

The 80+ have usually slowed down and increasingly desire security. In future, the younger members of this sub-group are likely to be more active and mobile.

4.1.2.1.2 Tomorrow's seniors are expected to be "younger" than today's seniors

Life expectancy has been rising in Germany by 2.5 months every year[3], or by 10 years over 50 years. It is set to rise further, even if possibly more slowly. In its basic scenario, the Federal Statistical Office assumes an increase of 7.6 years for men and 6.5 years for women by 2050; in its "old population" scenario, the increases are 9.5 for men and 8.3 for women, respectively. It is not clear whether these additional years are "healthy years": some argue that the number of "disabled" years will increase, others that they are just pushed back to the last years of life. In any case, we expect 80 year-olds in 2050 to be fitter than current 80 year-olds, due to medical advances as well as general lifestyle changes[4.] Also, due to increased pressure on the pension system, people will work up to a more advanced age. Currently at 62, the average retirement age in Germany may have risen to 70 by 2050. The latest Eurostat data for 2007 indicate an EU average of 61.2, with the highest average retirement ages found in Norway (64.4), Sweden, Netherland (both 63.9), and Switzerland (63.5). The lowest figures are found in Croatia (58.6), Slovakia (58.7), Poland (59.3), and France (59.4).

---

[3] See Oeppen/Vaupel (2002).
[4] See Ziegler/Doblhammer (2005).

This extension of the active working period will postpone the related lifestyle changes currently experienced by the 55-65 age group. For instance, current 30 year-olds will be 71 in 2050 but their mindset might be more akin to a current 61 year-old who has recently retired. At the same time, cohort effects will be tangible in some areas like technology literacy, which will affect the level of computer usage and the embracing of technology at large for older age groups. Future seniors are also likely to live independently for longer in smart homes: technologically-enriched homes and surroundings, especially supportive for the elderly[5] All these factors reflecting dynamic ageing will induce lifestyle changes likely to affect consumption patterns. In a large internet survey conducted in 41 markets globally, the ACNielsen market research company asked consumers about their attitudes towards age, and over half of the respondents agreed that "your 60s are the new middle age".[6]

In a nutshell the seniors of the future are set to be fitter, longer in employment, more active, better educated and more IT-savvy.

4.1.2.1.3 Seniors' needs in general

Seniors' priorities revolve around financial security, leisure, health and well-being. Today's seniors are already different from those of the past. On top of the traditional focus on security, health and inheritance, today's seniors are very keen on enjoyment and freedom.

We can consider five main areas of seniors' needs[7].

- Living arrangements: be able to live independently in one's own house for as long as possible

- Activities: be able to enjoy life and hobbies, stay mobile and see the world

- Family: be able to provide for spouse, children, grand-children and other important people

- Financial security: be able to maintain current lifestyle when retired

- Health: be able to stay healthy, and pay for medical costs when necessary

We now focus on the need for financial services, which underlie most of the needs described above.

4.1.2.2 Need for financial services

At a basic level, seniors' financial needs are simple. They want regular income, the possibility of leaving assets to their heirs, and protection that guarantees the funds they need to finance a possible state of dependency. These expectations will obviously be affected by the individual's age and financial status.

For the older seniors, most of the income comes from public transfers. For the younger ones, income from employment is the main source. This will increasingly be true until later in life,

---

[5] For more on smart homes, see upcoming Deutsche Bank Research study by Rollwagen/Peine (2009).
[6] See Nielsen (2006).
[7] See de Bruijn (2009).

as official retirement age gets further postponed, and as more retirees take up (part-time) employment.

When it comes to financial products and services in general, the following criteria are particularly important for seniors[8].

- Security vs. return

The change of needs along the life-cycle will affect the choice of products seniors demand. Generally speaking, given their shorter time-horizon, seniors tend to be less risk-inclined than younger investors. Given their more immediate need for income, the elderly are typically more interested in a safe savings account than in a more risky product (e.g. shares, certain funds) promising higher returns. Return is important, but not at any price of inconvenience: 41% of senior respondents of a survey would not consider a change of providers for the sake of better conditions. In this process, the overriding criteria are trust in old structures and safety in a familiar environment. This is likely to be less important for the new cohorts: they are on average better educated, have had "more exposure to the world", including as consumers, and are more demanding. There is anecdotal evidence that some 70+ are shopping for money market funds.

- Liquidity

Liquidity is in high demand among the elderly: their money needs to be quickly available in case of need, and certainly not locked over a long time-horizon. The importance of the liquidity factor is mostly due to the higher probability of drastic life-events like illness or death.

- Access

The issue of access has two aspects. On the one hand, old-age related decrease in mobility may make it difficult for some older seniors to visit their bank branch. On the other hand, access to products is also an important factor. Some products are just not made available to seniors: for instance, they are sometimes discriminated against when they request a loan.

- Social responsibility

Finally, it tends to be relatively important to seniors, compared to other age groups, that their money is invested in a socially responsible way. Transparency of the offer is also a priority, in a way they can understand.

4.1.2.2.1 Pre-retirement: saving

A major concern for seniors remains the drop in their income brought about by retiring. This means that one of seniors' most important expectations with regard to financial services refers to a process starting many years earlier.

---

[8] See Naegele/Heinze/Hilbert (2006).

Financial planning for retirement...

There are currently significant knowledge gaps in the German population regarding financial security during retirement, as a 2008 survey highlights[9]. Only about half of Germans in paid employment feel they have a good idea of their future retirement income - and this is, from an international perspective, very high, in fact the highest share. Both employed and retired Germans believe that future generations will have a harder time securing retirement income. They are also increasingly aware of the fact that they will not maintain their own income level after retirement: 80% of the people surveyed expect lower living standards. For the first time in the survey's history, Germans in activity see individuals as having more responsibility than the state for retirement provision. Most have started to save for retirement, but close to one third of them do not see this as an issue until they turn 47. Another current survey[10] identifies that a growing number of Germans (currently 25%) are planning on doing more for their pension (as a result of the current economic crisis) in the directions of company retirement-schemes or personal savings.

Along the course of their work-life cycle, Germans increasingly save for emergencies and private retirement provision, as displayed on the following charts. They need clear advice on how to do this optimally, taking tax issues into account: the different motives imply different needs in terms of availability, returns, and time horizon.

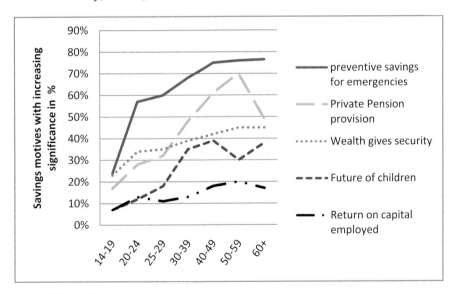

Source: Schulz (2005), p. 58.

Figure 3: Saving motives according to age (1)

---

[9] See AXA (2008).
[10] See DIA (2009).

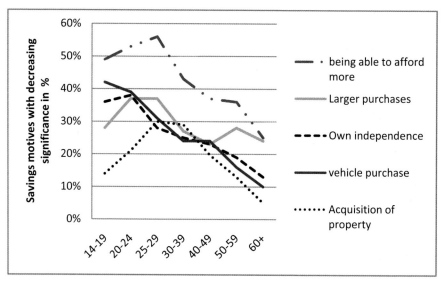

Source: Schulz (2005), p. 58.

Figure 4: Saving motives according to age (2)

... will be even more important in the future

In 2030 already, there will be as many retirees as working people if no corrective action is taken. The generous pensions of the past will not be affordable much longer - in recent years, net mandatory pensions across the OECD averaged over 70% of net earnings for people on average pay - . Reforms are under way in many rich countries: increasing retirement age (both the official retirement age and the effective one, by removing incentives to retire early), and reducing the replacement of pensions (especially for the better-off) and encouraging private pensions plans (through tax incentives). Stable retirement provision has been based on three pillars: state pensions, company pension schemes, and personal savings. A fourth pillar is likely to gain importance: income earned from (part-time) employment during retirement.

DB Research calculations forecast the development of retirees' gross income from the four pillars (see Chart 5) - "other" refers to the other sources of income: post-retirement employment income, transfers, revenue from renting out real estate, etc - . The difference between Eastern and Western Germany is striking and has several causes. Employers' pension schemes are relatively recent in Eastern Germany and will take time to bear fruit. State pensions in the East are currently somewhat higher than in the West, given the higher number of years in employment (earlier start in life and fewer breaks). This will equalize over time.

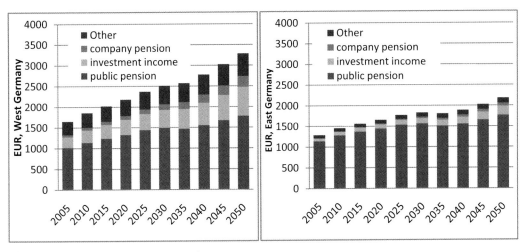

Source: Federal Statistical Office, DB Research.

Figure 5: Monthly gross income for one-retiree households

From an international perspective, retired Germans get relatively little pension income through their employers. This is partly due to institutional arrangements; in Germany, employers pay half of the contributions for the public pension system. Germans have also been relying less on their own savings (see Figure 6). The adjustment to future less generous public pensions is particularly critical in Germany.

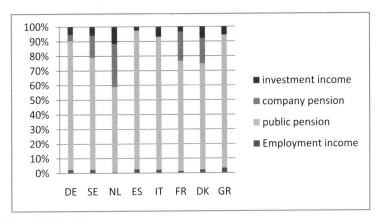

Source: Börsch-Supan (2006), p. 45.

Figure 6: Split of retirement income – International comparison

It is above all crucial that younger people are aware of the need to start saving for their retirement early in life. Financial education is essential to increase financial competency.[11]

---

[11] For more on this, see Rollwagen (2008).

4.1.2.2.2 Post-retirement: steady income stream and liquidity[12]

Today's seniors are probably the richest seniors of all times. They have been enjoying good incomes from employment, capital and savings over a long growth period, and relatively high pension transfers. These have contributed to a poverty level for the elderly which is way under the German average: fewer than 5% of the 65+ are considered poor (against 9.1% overall in Germany). Women are particularly vulnerable given the shorter periods of time they spend in employment. In 2007, they made up two-thirds of the 65+ recipients of basic social welfare[13]. A forecast by DB Research based on expected developments of incomes, public pensions, company pension schemes, saving patterns, and taxes indicates that old-age poverty is set to increase dramatically in the future: from 4% currently to 32% in 2050 if no countermeasures are implemented.

Currently, 16% of the 55-65 age group claim to have financial assets in the EUR 100,000-250,000 range. This share goes down with age but is still 11% for the 80+. Around 40% of the respondents over 65 claim to have EUR 10,000 to 50,000 in financial assets[14]. These assets are typically held in saving accounts, other deposit instruments as well as securities, such as stocks and bonds. For all age groups above 65, on average, securities come first, followed for the 80+ by saving accounts and for the 65-80 by other investments. In 2003, the 80+ had most of their assets in saving accounts. Up to 55,

For the 35-55 age group most of the assets are held in life insurance policies[15].

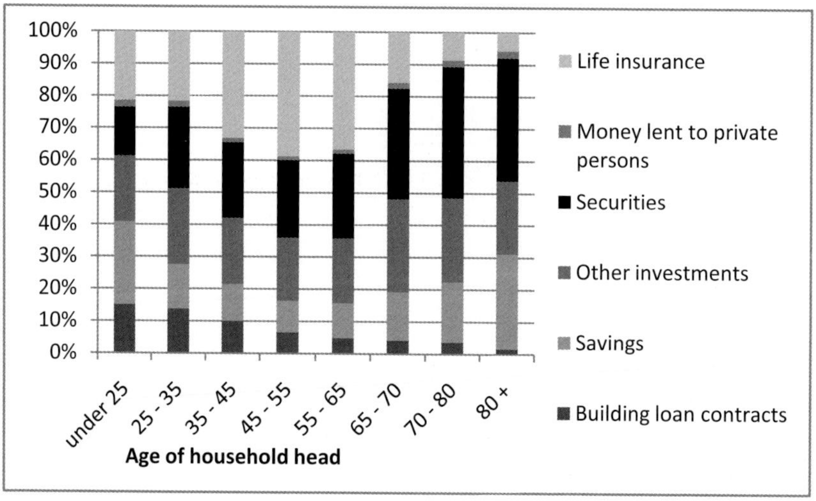

Source: Federal Statistical Office (2008), p. 45.

Figure 7: Asset structure

---

[12] For more on the life-cycle hypothesis, see Bräuninger/Gräf/Gruber/Neuhaus/Schneider (2002).
[13] See Destatis.
[14] See Statistisches Bundesamt (2008), p. 46.
[15] See Statistisches Bundesamt (2008), p. 45.

Regulatory features affect the nature of demand when it comes to personal retirement provision. For instance, the portfolio structure appears to be driven by life insurance policies, which benefit from privileged tax treatment. The percentage of insurance assets as part of total financial assets rises sharply over the life-cycle until retirement age, which is when most life insurance policies mature. Then the share of assets held in saving accounts increases[16].

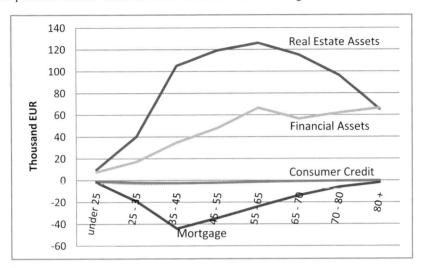

Source: Federal Statistical Office (2008), p. 30.

Figure 8: Assets and debts evolve over the course of life

Another important type of private assets is real estate. Property ownership can significantly affect a household's financial situation, if neither rent nor mortgage payments are required. Around 46% of the 55+ live in their own home, 52% in Western Germany and 26% in Eastern Germany. Retirees living in their own four walls can actually use their property as personal retirement provision, through reverse mortgages. This product allows home-owners to lease their paid-out home to a bank in exchange of monthly payments until their death, and is especially interesting for seniors with no heirs[17].

After discussing savings (assets), we examine the saving patterns of the elderly. Saving has always been a priority for seniors, especially for emergencies and personal retirement provision. The saving rate typically increases until mid-life, then decreases when expenses increase, and picks up again after 65 (see Chart 9). In the last 10-15 years, seniors have increasingly been dipping into their savings, especially the 70+ age group. A key reason is that this generation of seniors has had different life experiences when compared to the earlier cohorts, who were heavily affected by wars, financial crises and inflation. They are now keen on enjoying the fruits of their work. This is reversing, now and over the short term, due to the current financial crisis. Over the longer term, tomorrow's seniors are likely to use up more of their own

---

[16] For more on this, see Gruber (2003)
[17] For more on reverse mortgages, see Just/Schäfer (2009).

savings, mostly due to the decrease in pension transfers, and have negative saving rates. Employment income later in life will be critical to dampen this effect.

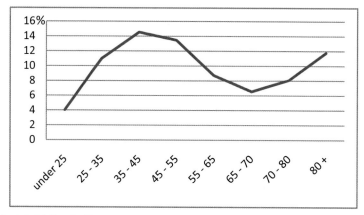

Source: Federal Statistical Office (2008).

Figure 9: Saving rate

4.1.2.2.3   Credits, inheritance, insurance

Consumer loans hard to get in old age

The 50+ buy 45% of all new cars, 50% of all facial products and book 35% of all packaged travels. Almost half of the "best agers" prefer to have a pleasant life rather than save, against 27% of the same age group ten years before[18]. And although credits are in higher demand for younger people "getting settled", the new seniors do not shy away from requesting consumer loans. The 60-75 age group grew up during the 30-year post-WWII boom and is not used to making sacrifices. They are more willing to take credit, which has become more socially accepted. Around 12% of the Germans receiving consumer loans in 2000 were between 51 and 60 years of age, 6% over 60[19].

After 60, however, it is increasingly difficult to be granted a loan, above 70 close to impossible. And when it is granted, interest rates are usually high[20]. Seniors have difficulties in understanding why they are denied loans on the basis of age.

Senior entrepreneurs also need start-up credit

Although most entrepreneurs are in their thirties and forties when they start their business, around 9% of businesses are started by individuals above 55, for either a full-time or a part-time activity[21]. The number of seniors starting a business is likely to rise in the future, due to

[18] See GfK (2002).
[19] See Schulz (2005).
[20] See Gräber (2008).
[21] See KfW Gründungsmonitor (2009), p. 116.

demography, more dynamism in old age and increasing pressure on the pension system. Since age does play a role in the bank's risk assessment, start-up credit is granted only to seniors with convincing business plans.

Inheritance

Another major concern of seniors is the desire to leave money to their children. Babyboomers typically want to give, but without getting any poorer. In anticipation of a longer life, they tend to start helping their children earlier on, while keeping sufficient assets to guarantee themselves a good standard of living. They are interested in advice on investing for their grand-children's education and wish to understand the tax implications.

Insurance

While longer life expectancy is a legitimate hope for everyone, it is a human and financial challenge demanding an active contribution. Several types of insurance can be helpful. First, a longer life means that we need to assure ourselves of a steady income for more years. Careful planning may be combined with an insurance "against longevity". Additionally, with the body growing older and increased incidence of chronic illnesses and accidents, dependency is looming. The notion of depending on another person to do the required household tasks is a great cause of anxiety. A well-designed insurance product can alleviate some of this stress, especially as part of a prevention-based approach, in effect before, during and after the occurrence of the risk. In this framework, services are available throughout the life cycle of the contract, with several financial vehicles: group insurance policies, provision for old age, savings, life assurance, etc.

4.1.2.3   Other needs impacting seniors' consumption of financial services

Seniors do not always enjoy sufficient social contacts, and this gives particular importance to their visit to the bank. Contrary to general belief, social needs play an important role in financial services, and with increasing age, bank visits are done more and more to satisfy emotional and social needs[22]. The importance of these other needs is likely to increase given underlying social changes. The change in family structures, with fewer children and higher divorce rates, means fewer family members will be available as care-takers. Increasing mobility also decreases the chance that family members live close to their older relatives.

A sample of seniors (average age 61) was recently asked what their bank could do better. Clear, understandable advice and the feeling of being important customers range at the very top of the list.[23]

---

[22] See Schulz (2005).
[23] Feierabend Online Dienste für Senioren AG (2008).

78.5% : advice that is clear and intelligible
61.9%: the feeling of being a fully-fledged customer
35.6%: more discretion at the counter
24.2% more friendly staff
27.1%: better intelligible flyers
19.6%: more seating spots
16.1%: easier-to-read account statements/remittance slips
14.2%: more user-friendly ATMs
Basis: 890 respondents/multiple answers possible

A marketing expert identified three key things seniors expect from financial institutions: a "trusted" source, exemplary customer service, and the ability to say sorry[24]. The "trust" aspect has been difficult with this customer group. The recent financial crisis will increase the challenge. But it is worth the effort. Almost 70% of the 50+ own only one account in one bank, less than one-third are clients in two or more banks. In fact, the number of bank connections is inversely proportional to age and activity level. Up to 80% of the 70-80 year-olds are clients of one bank only, but this is less true when the activity level increases[25]. This means it will likely be harder for banks to cater exclusively to this age group, as their level of activity, education, fitness, mobility increases. They will become increasingly demanding. Like other customers, seniors vary according to the level of advice and the frequency of interactions they need, driven by their levels of wealth, education and experience with private financing. It is useful to keep this in mind in order to better cater to the customers' needs.

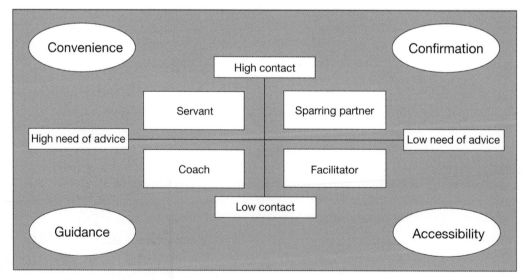

Source: Veldhuisen (2009).

Figure 11: Adjusting to clients' needs

---

[24] Page (2009).
[25] See GfK (2002).

All in all, the elderls' needs for financial services can generally be fulfilled with existing products, which need to be optimized. Packages, which aggregate individual or parts of existing products, can be particularly effective in addressing specific customer needs. For the clients, these packages have the advantage of reducing both transaction costs and the amount of effort put in the buying process.

Offers aimed at the seniors' market could be designed keeping in mind the following needs. A feeling of security and safety is key, best conveyed through serious, competent advice. Physical safety around the bank machine or in front of the bank is also part of this aspect. A clearly visible and well-lit entrance can help, convenient (not revolving) doors are welcome (as well as an easily accessible client toilet!). With decreasing mobility, it may be a problem to visit a far-away branch. House-visits can help, when desired. These concerns will be less acute in the future, given the increasing IT-literacy of future seniors. The generation 50+ over time will likely become the biggest users of the Internet and they will be comfortable selecting and buying products online. At the same time, their emotional needs will still prompt them to visit their branch.

This could provide an opportunity for banks to fulfill other daily needs, with services the seniors do not traditionally expect from a bank. If the bank adviser becomes the senior's "preferred partner", well aware of their needs, he or she may be in a good position to help with finding the right care-taker, buying into the right accommodation for old-age, etc.

4.1.3 Conclusion

In a nutshell, seniors are a heterogeneous group, who overwhelmingly wish to be treated as fully-fledged customers, and see their worth fully appreciated. This requires adjusting products to address their needs for pension provision, liquidity and credit. The seniors of the future are not likely to be as rich as today's seniors (with higher discrepancies), but will need to rely more on their own incomes during retirement. They require clear advice on how to best have these needs met as well as information, and potentially training: the issue of private pension provision needs to be tackled in the earlier years.

Literature

AXA (2008): „Ruhestand Barometer – IV. Umfrage – Februar 2008".

BÖRSCH-SUPAN, A. und WILKE, C. (2006): „Zwischen Generationenvertrag und Eigenvorsorge", Deutsches Institut für Altersvorsorge, Köln 2006.

BRÄUNINGER, D., GRÄF, B, GRUBER, K., NEUHAUS, M. und SCHNEIDER, S. (2000): „The demographic challenge", Deutsche Bank Research, Frankfurt 2000.

DE BRUIJN, W. (2009): „The human approach (Eureko Academy Life & Pensions)", EFMA (Hrsg.): „Financial services for seniors", Paris 2009.

Deutsches Institut für Altersvorsorge (DIA) (2009).
www.die-altersvorsorge.de

FEDERAL STATISTICAL OFFICE OF GERMANY (2009): „Wirtschaftsrechnungen Einkommens- und Verbrauchsstichprobe 2008", Fachserie 15, Heft 2, Statistisches Bundesamt, Wiesbaden 2009.

Feierabend Online Dienste für Senioren AG (2008).
http://www.feierabend.de/

GESELLSCHAFT FÜR KONSUMFORSCHUNG (2002): „50plus", Nürnberg 2002.

GRÄBER, B. (2008): „Ratenkredite-Senioren unerwünscht", Focus Online: Zugriff am 04.01.2008.
http://www.focus.de/finanzen/banken/kredit/tid-8430/ratenkredite_aid_231217.html

GRUBER, K. (2003): „Ageing calls for further internationalisation in banking", Deutsche Bank Research, Frankfurt 2003.

JUST, T. und SCHÄFER, S. (2009): „Wohnungsfinanzierung wird persönlicher", Deutsche Bank Research, Frankfurt 2009.

KfW (2009): „Gründungsmonitor: Abwärtsdynamik im Gründungsgeschehen gebremst –weiterhin wenige innovative Projekte, KfW-Bankengruppe, Frankfurt, 2009.

NAEGELE, G., HEINZE, R. und HILBERT, J. (2006): „Finanzdienstleistungen im Alter", Forschungsgesellschaft für Gerontologie e.V., Institut Arbeit und Technik, Ruhr-Universität Bochum, Dortmund November 2006.

OEPPEN, J. und VAUPEL, J. W. (2002): „Broken limits to life expectancy", Science 296 (2002), S. 1029-1031.

PAGE, T. (2009): „Capturing and keeping the elusive customer segment", EFMA (Hrsg.): „Financial services for seniors", Paris 2009.

ROLLWAGEN, I. (2008): „Deutschland im Jahr 2020 – Herausforderungen im Themenfeld Finanzkompetenz durch den Strukturwandel", Deutsche Bank Research, Präsentation 17.11.2008.

ROLLWAGEN, I. und PEINE, A. (2009): „Smart Homes", upcoming Research Paper, Deutsche Bank Research, Frankfurt 2009.

SCHAFFNIT-CHATTERJEE, C. (2007): „Wie werden ältere Deutsche ihr Geld abgeben?" Deutsche Bank Research, Frankfurt 2007.

SCHULZ, B. (2005): „Senioren als Bankkunden – Ein Beratungs- und Betreuungskonzept für Finanzdienstleister", Wiesbaden 2005.

VELDHUISEN, A. (2009): "Segmenting the 50+ market for financial services", EFMA: „Financial services for seniors", Paris June 2009.

ZIEGLER, U. und DOBLHAMMER, G. (2005): „Steigende Lebenserwartung geht mit besserer Gesundheit einher", in: Demografische Forschung aus erster Hand, 2 (1, 2005).

Alexander Wild

Gründer der Senioren-Community www.Feierabend.de

Vorstandsvorsitzender der Feierabend Online Dienste für Senioren AG, Frankfurt

4.2 Senioren und (Online-) Bankgeschäfte: Tradition + Technik x Sicherheit

4.2.1 Ältere Internetnutzer sind (kritische) Online-Banker

Senioren und Online-Banking? Es ist verblüffend, dass diese Verbindung immer noch verblüfft:

Schon die Feierabend-Studie 2003/2004[1], die wir in Zusammenarbeit mit der Universität Frankfurt durchgeführt haben, stellte fest, dass 45,8% der Internet-Senioren auch Online-Banking betreiben. Das war damals mehr als beim Durchschnitt der internetnutzenden Bevölkerung. Heute hat sich die Zahl der älteren Onliner fast verdoppelt; drei Viertel von ihnen nutzen nach der aktuellen Feierabend-Studie zum Thema Banken auch Online-Banking.

In Deutschland leben heute laut Statistischem Bundesamt 32,2 Millionen Menschen, die 50 Jahre und älter sind. Von ihnen sind laut ARD/ZDF-Onlinestudie 2009 etwa 40,7%, das sind 13,2 Millionen Menschen, Internetnutzer.[2] In der Gruppe der 50- bis 59-Jährigen liegt ihr Anteil mit 67,4% leicht über dem der Onliner in der Gesamtbevölkerung (67,1%). Von den 60- bis 79-Jährigen surfen fast 30% im Netz. Sogar rund 10% höhere Zahlen weist der (N)Onliner Atlas 2009[3], herausgegeben von der Initiative D21 e.V. und TNS Infratest Holding GmbH & Co. KG, aus. Danach sind 44,9% der über 50-Jährigen online. In der Altersgruppe der 50- bis 59-Jährigen sind 67,1% online, in der der 60- bis 69-Jährigen sind es 48,5%. Beide Studien weisen gerade bei den älteren Internetnutzern ein starkes Bildungsgefälle auf: Je höher die formale Bildung (und damit im Allgemeinen auch das Haushaltseinkommen) desto verbreiteter die Internet-Nutzung. Fast 10 Millionen Senioren banken heute online Tendenz steigend!

Es ist also davon auszugehen, dass heute etwa 9,8 Millionen Menschen über 50 Online-Banking betreiben. Mit steigender Tendenz: In diesen Jahren erreichen die geburtenstarken Jahrgänge das 50. Lebensjahr. Diese Generation hat schon im Arbeitsleben und/oder über ihre Kinder Computer und Internet genutzt. Entsprechend werden sich die Voraussetzungen der älteren Nutzer denen der jüngeren immer weiter angleichen: Wer vor zehn Jahren 60 Jahre alt war, hatte kaum Erfahrungen mit Computer und Internet, wer heute 60 Jahre alt ist, hat diese in vielen Fällen und für jene, die in zehn Jahren 60 sein werden, sind sie selbstverständlich.

---

[1]   Erhältlich über Feierabend Online Dienste für Senioren AG, Frankfurt am Main.
[2]   Vgl. ARD/ZDF Medienkommission (2009).
[3]   Vgl. www.initiatived21.de (2009), der Atlas wird herausgegeben von der Initiative D21 e.V. und TNS Infratest Holding GmbH & Co. KG.

Quelle: Feierabend Online Dienste für Senioren AG, Frankfurt.

Abbildung 1: Online in allen Lebenslagen – für die Zielgruppe 50plus (fast) schon heute so selbstverständlich wie für ihre Enkel.

Eine Studie der Feierabend Online Dienste für Senioren AG, Frankfurt, untersucht das Verhältnis der älteren Internet-Nutzer zu ihren Banken sowie ihr Anlageverhalten. Im Erhebungszeitraum vom 1. bis 7. April 2009 wurden 1151 Seniorinnen und Senioren im Alter von durchschnittlich 64 Jahren befragt. 56% (N = 646) der Befragten waren männlich und 44% (N = 505) weiblich.

Die Feierabend-Surfer haben eine leicht über dem Durchschnitt ihrer Alterskohorte liegende Bildung und ebenso ein leicht überdurchschnittliches Einkommen.

Zusammenfassend lässt sich sagen:

- Klare Favoriten der Zielgruppe 50plus sind die Sparkassen und Genossenschaftsbanken.

- Die Zielgruppe 50plus bevorzugt konservative Geldanlagen.

- Die Zielgruppe 50plus ist bereit, bei Unzufriedenheit die Bank zu wechseln bzw. einzelne Anlagen „auszulagern".

- Vom „Trend zur Zweitbank" profitieren Direkt- und Internetbanken.

- Banken und Sparkassen müssen sich gegenüber der kritischen Zielgruppe 50plus immer mehr „beweisen", wenn sie ihre Kunden halten wollen.

- Moderne Technik ist kein Problem für die Generation 50plus.

- (Scheinbar) mangelnde Sicherheit ist das größte Hemmnis für Online-Banking.

4.2.2 Giro, Festgeld und ein paar Schätze im Depot

Die Befragten unterhalten bei durchschnittlich zwei Banken ein Konto oder mehrere Konten. 98,5% besitzen mindestens ein Girokonto. Bei der Wahl zeigten die Befragen sehr eindeutige Vorlieben: 72,9% haben ihr Girokonto bei einer Sparkasse oder Genossenschaftsbank (Sparkasse: 42,7%; Sparda-, Volks- oder Raiffeisenbank: 30,2%). Dagegen führen nur 28,9% ein Girokonto bei einer Großbank (Deutsche Bank, Commerzbank, Dresdner Bank, Postbank, Hypo-Vereinsbank). 13,4% vertrauen beim Girokonto auf Direktbanken, 18,1% führen ein Girokonto bei Privatbanken, Landesbanken und anderen Geldinstituten (Mehrfachnennungen möglich).

43% der Befragten besitzen mindestens ein Depotkonto. Bei den Depoteignern liegen ebenfalls die Genossenschaftsbanken mit insgesamt 55,6% vorn. Der Abstand zu den Großbanken (31,9%) und den Direktbanken (22,6%) ist jedoch wesentlich geringer. Bei Privatbanken, Landesbanken und sonstige Banken, auch im Ausland, halten 22,3% ein Depot (Mehrfachnennungen möglich)

Die Mehrheit der befragten Senioren (55,4%) hat Tages- oder Festgeld angelegt. Auch hier sind die Sparkassen und Genossenschaftsbanken mit insgesamt 55,8% die bevorzugten Geldinstitute. Den zweiten Platz nehmen hier mit 30,7% jedoch die Internet- und Direktbanken ein, während nur 21,6% der Kunden ihr Tages- oder Festgeld bei Großbanken angelegt haben. 20,4% vertrauen bei der Tages- oder Festgeldanlage anderen Geldhäusern (Mehrfachnennungen möglich).

Insgesamt zählen die klassischen Sparbücher, Sparbriefe u. ä. zur beliebtesten Anlageform bei älteren Menschen: 74% legen ihr Geld ganz oder teilweise so an. 64% vertrauen dabei ihrer Hausbank, sieben% einer Direktbank. Festverzinsliche Wertpapiere halten 34% der Internet-Senioren, 25% besitzen andere verzinsliche Wertpapiere. 29% haben Aktien, 27% Aktienfonds und 20% Mischfonds im Depot. Auf Zertifikate setzen dagegen nur 13%. 15% der Befragten haben in Bundeswertpapiere und 14% in Immobilienfonds investiert. In Risikoanlagen, wie Derivate, Hedgefonds u. ä. besitzen nur fünf%; ausländischen Staatsanleihen vertrauen nur sechs und Unternehmensanleihen lediglich vier% der Befragten. Überraschend ist, dass 39% der Älteren Bausparverträge abgeschlossen haben.

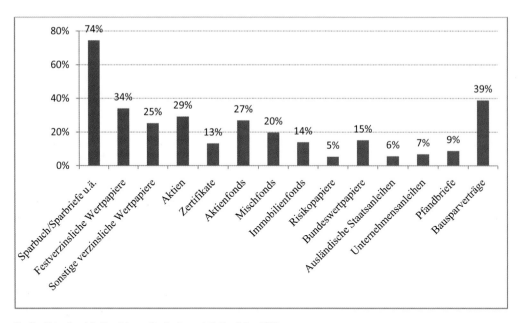

Quelle: Feierabend Online Dienste für Senioren AG, Frankfurt 2009.

Abbildung 2: Wie haben Sie Ihr Geld angelegt? (Basis: 1151 Befragte; Mehrfachnennungen möglich)

32,9% der Befragten haben in den letzten fünf Jahren einen Kredit oder mehrere Kredite aufgenommen. Diese verteilen sich annähernd gleich auf Immobilienfinanzierungen (34,9%), einen Autokredit (35,4%) und andere Konsumentenkredite (31,7%). Spezielle Kredite für Möbel sind mit 8,4% weniger relevant (Mehrfachnennungen möglich).

4.2.3 Einmal Kunde – immer Kunde?

16,8% der Befragten haben in den letzten fünf Jahren ihre Hauptbankverbindung (meist das Girokonto) gewechselt. Als Hauptgründe wurden zu hohe Kontogebühren (53,9%), schlechte Beratung (36,8%), schlechte Konditionen (34,7%) und unfreundliche Behandlung genannt. 35,8% nannten jedoch auch „interessante Angebote anderer Banken" (Mehrfachnennungen möglich). Bei diesen „anderen Banken" handelt es sich vielfach um Direkt- oder Internetbanken, also um Konten, die vornehmlich online geführt werden.

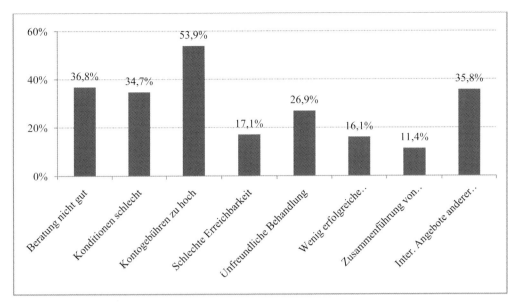

Quelle: Feierabend Online Dienste für Senioren AG, Frankfurt 2009.

Abbildung 3: Warum haben Sie in den letzten fünf Jahren Ihre Hauptbankverbindung gewechselt? (Mehrfachnennungen möglich)

Obwohl die Zahl der Wechsler bisher relativ gering ist, zeigen diverse Indizien, dass ältere Menschen nicht mehr auf „die Bank fürs Leben" festgelegt sind:

- Zwar sind 71,5% der Befragten mit ihrer Bank „zufrieden" oder „sehr zufrieden", doch 28,5% sind neutral, unzufrieden oder sehr unzufrieden.

- Mehr als zwei Drittel (67,4%) derer, die ihre Bank nicht gewechselt haben, können sich vorstellen, dies zu tun, wenn sie unzufrieden sind.

- 44,5% der Befragten geben an, dass die von ihrer Bank angebotenen Produkte und Leistungen nicht speziell auf ihre derzeitige Lebensphase zugeschnitten sind.

- Die Zahl derer, die ein zusätzliches Konto bei einer Direktbank eröffnet hat bzw. eröffnen will, steigt.

- Das Interesse an Angeboten anderer Kreditinstitute ist vorhanden.

Auch die „offene Frage" am Ende der Studie zeigt vielfach ein gesunkenes Vertrauen in die Beratung der Banken. Stellvertretend für viele ähnliche seien hier drei Antworten zitiert: „Banken sind anstrengend", „Die Banken sollen sich auf seriöse Geschäfte besinnen und Zockereien den Hütchenspielern überlassen" und „Bankberater arbeiten erstens für ihren Chef, zweitens für sich und drittens für den Kunden."

Da auch die älteren Kunden verstärkt Online-Banking betreiben und entsprechend seltener eine persönliche Beziehung zu „ihrem" Bankberater haben (und zukünftig noch seltener haben werden), ist es für Banken und Sparkassen umso wichtiger, dort um Vertrauen zu werben, wo immer mehr Ältere Informationen suchen, den Austausch pflegen und wo sie Vertrauen bilden: im Internet, speziell in ausgewählten Communitys.

4.2.4 „Kostengünstig und bequem": Direkt- und Internetbanken

30% der Befragten unterhalten seit durchschnittlich fünf Jahren ein Konto oder mehrere Konten bei einer Direkt- oder Internetbank; weitere fünf% planen derzeit, ein solches einzurichten. 72,1% der Direktbankkunden führen hier ein Tages- oder Festgeldkonto; ein knappes Drittel (32,3%) verwaltet ein Girokonto bei einer Direktbank; 27,3% haben hier ein Depotkonto, 14,8% nennen sonstige Konten (Mehrfachnennungen möglich). Die Gründe für diese Bankwahl sind eindeutig: 84% haben sich wegen der besseren Konditionen (etwa höhere Zinsen) für die Direktbank entschieden, 47,7% nannten den niedrigeren Preis bei Konto- und Depotgebühren, 43,6% finden die Kontoführung über eine Direkt- oder Internetbank einfach bequemer. Unzufriedenheit mit der bisherigen Bank äußerten nur 12,5%. 8,4% trauen sich selbst mehr zu als dem Bankberater (Mehrfachnennungen möglich).

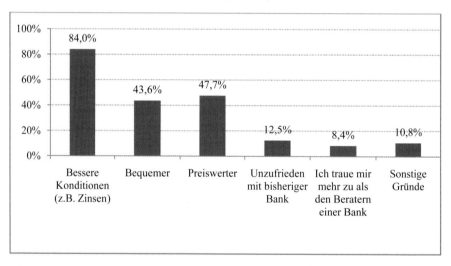

Quelle: Feierabend Online Dienste für Senioren AG, Frankfurt 2009.

Abbildung 4: Warum haben Sie ein Konto bei einer Direktbank eröffnet? (Mehrfachnennungen möglich)

Die Wege zu Direkt- bzw. Internetbank sind unterschiedlich, doch offensichtlich nehmen immer mehr Senioren ihre finanziellen Angelegenheiten selbstbewusst in die eigene Hand: Bei der Entscheidung für eine Direkt- oder Internetbank nennen 32,3 die eigene Internetrecherche, 31,7% Empfehlungen von Familienmitgliedern, Freunden oder Bekannten. Dahinter folgt mit 27% Werbung im Internet. Eher geringe Relevanz haben Werbung in der Zeitung (14,2%), redaktionelle Berichte in der Zeitung (11,6%), Fernsehwerbung 9,9%) und Werbebriefe, auch persönliche (8,7%) (Mehrfachnennungen möglich).

Dies entspricht den Erfahrungen, die Feierabend mit dem Verhalten der Mitglieder immer wieder macht. Entsprechend basieren erfolgreiche Kampagnen bei Feierabend.de zumeist auf drei Säulen: Informationen im redaktionellen Teil, Maßnahmen zur Förderung des Austauschs der Mitglieder der Community, zusätzliche Schaffung von Aufmerksamkeit durch Werbung.

4.2.5 Moderne Technik? Kein Problem!

Die Internetangebote der Banken werden für ältere Kunden immer wichtiger: So nutzen gut drei Viertel (75,3%) der Befragten Angebote zum Online-Banking und zur Kontoverwaltung. Informationen über Anlage- und andere Angebote bezieht ein Viertel (24,9%) über die Internetseiten der eigenen Bank/en. Ein knappes Viertel (23,8%) recherchiert hier Wertpapiere und Kurse; 13% suchen auch Informationen über Steuern, Gesetze und Ähnliches (Mehrfachnennungen möglich).

Auch für die Verwaltung der einzelnen Konten wird der Online-Zugang immer wichtiger: Von denen, die Online-Banking generell nutzen, führen 95,2% ihr Girokonto ganz oder teilweise online; 42,9% verwalten das Tagesgeld- und/oder Festgeldkonto, 23,3% das Depotkonto und 15,6% sonstige Konten vom heimischen Computer aus (Mehrfachnennungen möglich).

Hauptgrund für Online-Banking ist eindeutig der Komfort: 91,5% schätzen am Online-Banking, dass es „rund um die Uhr möglich" ist, 91% finden es einfach „bequem". Trotz eigentlich hoher Relevanz (siehe Kapitel 3: 53,9% derer, die ihre Bankverbindung wechselten, nannten als Grund „zu hohe Gebühren") folgt der Grund „preiswert" mit 57,3% hier erst an dritter Stelle. Die Möglichkeit, das Tempo des Prozesses selbst zu bestimmen, schätzt mehr als ein Drittel (34,9%) der Befragten und ein gutes Viertel (26,6%) freut sich, „Angebote selbst recherchieren" zu können (Mehrfachnennungen möglich).

Die Möglichkeiten des Online-Banking werden intensiv zur Kontrolle des eigenen Kontos genutzt: So checkt fast die Hälfte der Befragten (48,1%) die eigenen Konten fast täglich im Internet. 37,3% schauen etwa einmal in der Woche auf die Zahlen. Nur 12,5% besuchen ihr Konto lediglich ein- bis zweimal im Monat im Internet und nur 2,1% tun dies noch seltener.

60,1% der aktiven Online-Banker finden diese Art der Konto-Führung „ideal". Sie stört nichts beim Online-Banking. Der größte Zweifel der aktiven Online-Banker liegt im Bereich der Sicherheit: Fast 40% (39,8) sagen „ich mache mir Sorgen, ob wirklich alles sicher ist."

Dagegen ist die Zahl derer, die „manchmal Probleme mit der Technik" haben, mit 8,4% vergleichsweise gering. Noch niedriger liegt mit 5,4% die Zahl derer, der sich einen 24-Stunden-Service wünschen (Mehrfachnennungen möglich). Auch diese Antworten zeigen, dass ältere Menschen die Technik immer besser beherrschen.

Dazu passt, dass 78,4% der Befragten am liebsten den Geldautomaten nutzen, um sich mit Bargeld zu versorgen. Nur ein gutes Fünftel (21,6%) bevorzugt den Schalter. Hier handelt es sich vor allem um das älteste Drittel der Befragten, die mit zunehmendem Alter lieber Geld am Schalter abheben. Wir gehen nicht davon aus, dass es sich hier um generelle Technikfeindlichkeit oder Unvermögen handelt – schließlich sind alle Befragten aktiv in einer Internet-Community. Es ist eher anzunehmen, dass die Gründe ähnlich liegen wie bei denen, die Online-Banking ablehnen: Hier werden mangelndes Vertrauen in die Sicherheit und die Präferenz für das persönliche Gespräch als Hauptgründe genannt. Zudem ist ein älterer Mensch meist physisch angreifbarer als jüngere und zeigt sich vermutlich auch deshalb nicht gern öffentlich beim Geldabheben. In den freien Antworten zeigt sich noch ein weiterer, sehr simpler Grund für das Geldabheben am Schalter: Die Bank liegt in unmittelbarer Nähe und macht so die Beschäftigung mit dem Thema Geldautomat unnötig.

4.2.6 Gar sicher oder sicher gar nicht

Nach einer BITKOM-Studie[4] sind bis Mitte 2008 fast vier Millionen Deutsche schon einmal Opfer von Computer- oder Internetkriminalität geworden. 7% aller Computernutzer ab 14 Jahren haben danach bereits einen finanziellen Schaden etwa durch Viren, bei Online-Auktionen oder durch Datenmissbrauch beim Online-Banking erlitten.

Deutlich niedriger liegen die Zahlen bei den von uns befragten älteren Internetnutzern: Gut 3% gaben an, schon einmal Opfer von Internetkriminalität geworden zu sein.

Grund mag das gegenüber jüngeren Zielgruppen überdurchschnittlich hohe Sicherheitsbewusstsein der älteren Nutzer sein. Beim Thema Sicherheit, so zeigt unsere aktuelle Feierabend-Studie, bestehen die stärksten Bedenken unter den Nutzern und liegt die größte Hemmschwelle bei den Nicht-Nutzern: 40% der Nutzer sorgen sich beim Online-Banking um die Sicherheit. Von denjenigen, die kein Online-Banking machen, nennen 68,3% mangelndes Vertrauen in die Sicherheit als Grund.

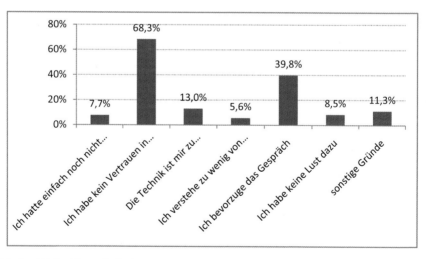

Quelle: Feierabend Online Dienste für Senioren AG, Frankfurt 2009.

Abbildung 5: Warum machen Sie kein Online-Banking? (Mehrfachnennungen möglich)

---

[4] Vgl. www.zdnet.de (2008).

Auch in der offenen Frage am Ende der Studie werden immer wieder Sicherheitsprobleme genannt; mögliche Techniken zur Sicherheit scheinen eher unbekannt zu sein.

4.2.6.1 Nutzer mit mittlerer Bildung haben die höchsten Ansprüche

Das entspricht der Ergebnissen der im Rahmen des (N)Onliner Atlas 2008 erstellten Sonderstudie zum Thema „Online-Banking – mit Sicherheit! Vertrauen und Sicherheitsbewusstsein bei Bankgeschäften im Internet"[5]. Hier wurde nach der Wichtigkeit von Sicherheit, Datenschutz, Schnelligkeit, Bequemlichkeit, Information und Produktpalette gefragt. Unterschieden wurde jedoch nur nach Bildung und Geschlecht, nicht aber nach Alter. Die Befragten nannten „Sicherheit" und „Datenschutz" mit deutlichem Abstand als die wichtigsten Anforderungen. Mittlere Relevanz haben danach „Schnelligkeit" und „Bequemlichkeit", während „Information" und „Produktpalette" deutlich weniger wichtig sind.

Dabei äußern die Nutzer mit einer mittleren formalen Bildung in allen Punkten die höchsten Ansprüche. Dies ist umso relevanter, da die Studie dem Großteil der Nutzer (55,7%) eine mittlere formale Bildung zuordnet. Dagegen geht eine geringe formale Bildung möglicherweise mit einem geringeren Wissen um Möglichkeiten und Gefahren sowie einer größeren Gleichgültigkeit einher, während Nutzer mit einer hohen formalen Bildung möglicherweise davon ausgehen, auf sich selbst aufpassen zu können.

Laut (N)Onliner Atlas vermeiden 16% der befragten Internetnutzer aus Angst vor Betrug Transaktionen im Internet. Bei den über 55-Jährigen liegt der Anteil bei 24%, also fast einem Viertel (wie auch in der Feierabend-Studie).

4.2.6.2 Sicherheit – aber bitte kostenlos

Alle Nutzer wünschen Sicherheits- und Schutzmaßnahmen, um sichere Geldgeschäfte im Internet zu tätigen, so die Ergebnisse des (N)Onliner Atlas. - Allerdings sind sie kaum bereit, dafür zu zahlen: 60,9% erwarten einen kostenlosen Service ihrer Bank. 7,5% wären bereit, monatlich bis zu 0,50 Euro zu zahlen, 5,8% würden einen Preis von monatlich bis zu 2 Euro für sichere Transaktionen akzeptieren. Eine einmalige Anschaffungsgebühr, etwa für einen Chipkartenleser, würden 15,3% akzeptieren. Für die Hälfte dieser Interessenten liegt die Schmerzgrenze dafür bei etwa 20 Euro.

Laut (N)Online-Atlas sind Sicherheitstechniken bei Älteren weniger bekannt. So kennen 55% aller Nutzer, aber nur 41,1% der über 55-Jährigen die iTAN. Den HBCI-Chipkartenleser kennen 30% der Gesamtnutzerschaft, aber nur 8,9% der älteren Internet-User. Auch hier gilt, dass mit der formalen Bildung die Kenntnis von Sicherheitstechniken zunimmt.

---

[5] Vgl. www.initiatived21.de (2008).

4.2.6.3   Auftrag an die Banken: Aufklärung bieten – Vertrauen schaffen

Entsprechend zählen Investitionen in sichere Verfahren und vor allem die Aufklärung über Gefahren und Gegenmaßnahmen seitens der Banken sowie die Kommunikation dieser Anstrengungen und die Möglichkeiten der Kunden zu den wichtigsten Aufgaben, wenn es darum geht, Senioren für Online-Banking zu gewinnen. In wenigen Jahren werden nahezu alle älteren Bürger aktive Internetnutzer sein. Welchen Anbietern sie bei ihren Bankgeschäften vertrauen und ob sie diese Bankgeschäfte online erledigen, hängt von den Anstrengungen der Banken im Wettbewerb um die Kundengruppe 50plus ab.

4.2.7 Konsequenzen: Was ist zu tun?

Nach Erfahrung der Feierabend AG ist die Zahl der Senioren, die Online-Banking betreiben, heute schon sehr hoch und wird weiter wachsen. Banken müssen sich um die – gut situierten - älteren Zielgruppen bemühen, da die alte Regel „einmal Kunde – immer Kunde" nicht mehr gilt. Die Zielgruppe 50plus ist zunehmend bereit, bei Unzufriedenheit die Bank zu wechseln bzw. einzelne Anlagen „auszulagern". Dies gilt umso mehr, als ältere Kunden zunehmend versuchen, sich das bestmögliche Angebot zu sichern (da gilt nicht nur für die Finanzbranche). Zudem haben sie mehr Zeit, optimale Angebote zu recherchieren und ein Wechsel wird durch die Möglichkeiten des Online-Bankings immer einfacher.

Um die anspruchsvolle und kritische Zielgruppe 50plus zu halten bzw. zu gewinnen, müssen Banken und Sparkassen sich gegenüber dem Älteren immer wieder „beweisen". Das hat auch Konsequenzen für den Bereich des Online-Bankings:

- Moderne Technik ist grundsätzlich kein Problem für die Generation 50plus. Dennoch sollten Banken ihre Internet-Angebote regelmäßig von unbefangenen älteren Laien auf Konsistenz und Kohärenz, auf Verständlichkeit und Bequemlichkeit prüfen lassen. Derart optimierte Angebote kommen durchaus auch jüngeren Usern entgegen: seniorenfreundliches Design ist menschenfreundliches Design.

- (Scheinbar) mangelnde Sicherheit ist bei Älteren das größte Hemmnis für Online-Banking. Hier müssen die Banken ständig nachbessern. Vor allem aber müssen sie ihre Maßnahmen zur Sicherheit wiederholt, glaubwürdig und überzeugend kommunizieren.

- Online-Banking ist für eine zunehmende Zahl älterer Menschen selbstverständlich. Ebenso selbstverständlich setzen diese ein bequem zu handhabendes Internetangebot und günstige und erfolgreiche Angebote voraus. Um bei der Zielgruppe Erfolg zu haben, müssen die Banken beides bieten.

- Vom „Trend zur Zweitbank" profitieren bisher Direkt- und Internetbanken. Wenn die „klassischen Banken" die älteren Kunden halten bzw. zurückgewinnen wollen, müssen sie verstärkt vertrauenswürdige Produkte entwickeln, die den Bedürfnissen der Zielgruppe 50plus nach konservativen Geldanlagen entgegenkommt.

Literatur

ARD/ZDF Medienkommission (2009): „ARD-ZDF Onlinestudie 2009".
http://www.ard-zdf-onlinestudie.de, Zugriff am 26. November 2009.

www.initiatived21.de (2009): „(N) Onliner Atlas 2009", Zugriff am 26.November 2009.

www.zdnet.de (2008): „Bitkom zählt vier Millionen Opfer von Internet-Kriminalität", Zugriff am 7. Juli 2008.
http://www.zdnet.de/news/wirtschaft_sicherheit_security_bitkom_zaehlt_vier_millionen_opfe
r_von_internet_kriminalitaet_story-39001024-39193109-1.htm

Kurt Bürki
Mitglied des Seniorenteams

Andreas Waespi
CEO Bank Coop AG

4.3 Fallstudie: „Pensionierte Berater für Senioren" – Eine Fallstudie des Konzerns BKB

4.3.1 Einleitung

Die Lebenserwartung hat sich in der Schweiz im Laufe des 20. Jahrhunderts fast verdoppelt und gehört heute zu den höchsten der Welt. Der Anteil der über 60-jährigen an der Gesamtbevölkerung ist mit 25% fast doppelt so groß wie derjenige der unter 20-jährigen (13%).[1] Mit der steigenden Lebenserwartung ändert sich auch die Einstellung gegenüber dem Alter(n), der Lebensstil älterer Menschen wandelt sich ebenso wie ihr Konsumverhalten. Die Zielgruppe 50plus ist anspruchsvoll, konsumfreudig, genussorientiert und offen für Neues. Folglich bietet die wachsende Zahl älterer Menschen für Unternehmen völlig neue Chancen. Wer vom demografischen Wandel profitieren will, muss sich mit seinen Strategien und Produkten rechtzeitig auf die wachsende Zielgruppe der Best Ager einstellen.[2] Wie das dem Konzern BKB erfolgreich gelingt, zeigt das folgende Beispiel.

4.3.1.1 Wachsende Zielgruppe 60plus

In der Schweiz wird der Anteil der über 65-jährigen in Zukunft stark ansteigen, während die jüngeren Altersgruppen langfristig abnehmen werden. Es ist davon auszugehen, dass 2030 jeder Fünfte über 65 Jahre alt ist.[3]

Das Fazit: Es gibt immer mehr „Alte". Diese Erkenntnis ist nicht neu. Darum wird diese Zielgruppe auch für Unternehmen immer interessanter. Jahrzehnte, bevor drohende demografische Horrorszenarien tatsächlich eintreten könnten, werden Gesellschaft und Unternehmen mit angemessenen Strategien gegensteuern – aus Einsicht in die ökonomische Notwendigkeit, um im Wettbewerb zu bestehen. Es werden spezielle Produkte für über 60-jährige entwickelt, Zeitschriften und Magazine für 50plus und 60plus ins Leben gerufen, und als logische Folge findet diese Zielgruppe auch im Marketing verstärkt Berücksichtigung.[4]

---

[1] Vgl. Statistisches Jahrbuch der Schweiz (2008), Kapitel Bevölkerung.
[2] Vgl. Händeler/Rauch (2008), S. 10.
[3] Vgl. Bundesamt für Statistik (2007), S. 3.
[4] Vgl. Händeler/Rauch (2008), S. 11.

4.3.1.2 Merkmale der Zielgruppe 60plus

Die Zielgruppe der über 60-jährigen wird heute bezeichnet als „60plus", „pensioniert", „Senioren" – aber diese Generation ist deshalb noch lange nicht „alt"! Sie zeichnet sich durch folgende Merkmale aus:

- kaufkräftig

- konsumerfahren

- konsumfreudig

- anspruchsvoll bezüglich Service und Beratung

- selbstbewusst, schämt sich nicht für das Alter - im Gegenteil!

- wollen von erfahrenen und reifen Ansprechpartnern betreut werden

- sensibel, wenn es um eine adäquate Ansprache geht

Ein besonders wichtiger Punkt für Unternehmen und Banken: In der Schweiz haben die über 50-jährigen europaweit das höchste Durchschnittseinkommen. Und die Rentner besitzen mehr als drei Viertel des Privatvermögens in der Schweiz, das 996 Milliarden Franken beträgt.[5]

Ein weiteres Merkmal der Zielgruppe ist, dass alte Menschen noch nie jugendlicher waren. Sie sind heute körperlich und geistig im Durchschnitt fünf Jahre jünger als vor 30 Jahren. Besonders beeindruckend ist die Differenz zwischen dem tatsächlichen und dem gefühlten Alter, welche in der Regel ganze 15 Jahre beträgt.[6]

4.3.1.3 „Senioren für Senioren" - eine Idee entsteht

4.3.1.3.1 Wie alles begann

Am 25.7.1996 erschien in der Neuen Zürcher Zeitung (NZZ) ein Artikel über die Vermögensberatung für betagte Menschen, einer neuen Dienstleistung der Pro Senectute. Pro Senectute beider Basel ist eine Organisation, welche in der Region Basel-Stadt und Basel-Landschaft zahlreiche Dienstleistungen für Menschen ab 60 Jahren erbringt. Dazu gehören z. B. Treuhandfunktionen, das Erstellen einfacher Steuererklärungen, Mahlzeitendienst, Reinigungen, Umzüge und Räumungen, Gartenarbeiten, Beratungen und seit einigen Jahren auch Vermögensberatungen in Zusammenarbeit mit der Basler Kantonalbank (BKB) sowie der Basellandschaftlichen Kantonalbank (BLKB).

Dieser Zeitungsartikel veranlasste einen damaligen Filialleiter mit dem Leiter des Bereichs Privatkunden Kontakt aufzunehmen, um die Möglichkeit einer Zusammenarbeit mit Pro Senectute zu besprechen. Nach Zusage der Unterstützung durch die Geschäftsleitung der BKB wurde Pro Senectute angefragt und bestätigte bereits Ende August ihr Interesse an einer Zusammenarbeit. Im Herbst 1996 wurde ein Konzept für die Dienstleistung „Vermögensberatung

---

[5] Vgl. Rizzi (2007), S. 1.
[6] Vgl. Schenkel (2006), S. 71.

zu Gunsten älterer Menschen" ausgearbeitet und die Zusammenarbeit der BKB mit Pro Senectute vorerst auf ein Jahr beschränkt, um Erfahrungen zu sammeln. Zielgruppe waren zu Beginn Menschen ab 60 Jahren, die in Pension gehen oder sich auf diesen Schritt vorbereiten.

Anfang Januar 1997 startete das BKB-Seniorenteam mit vier pensionierten Mitarbeitern. Im ersten Jahr konnten 32 Beratungen durchgeführt werden. Die neue Dienstleistung stieß auf großes Interesse und wurde von den älteren Mitbürgern sehr geschätzt. Nach einem Jahr positiver Erfahrung wurde ein fünfjähriger Sponsoring-Vertrag mit Pro Senectute abgeschlossen. Die Basis für ein erfolgreiches Konzept war gelegt.

4.3.1.3.2   Ziele der Seniorenberatung

Das primäre Ziel der Seniorenberatung besteht darin, die Wünsche und Bedürfnisse der Menschen in den Mittelpunkt zu stellen. Diese ändern sich im Alter und es ist wichtig, auf die speziellen Anliegen älterer Menschen einzugehen. Von großer Wichtigkeit ist, die Beratungen ohne Zeitdruck durchzuführen. Die Mitarbeitenden des Seniorenteams können sich ausreichend Zeit nehmen und so umfassend auf alle Fragen eingehen. Darüber hinaus können die Interessenten wählen, wo die Beratung stattfinden soll – in einer Geschäftsstelle der Bank oder zu Hause im eigenen Umfeld. Sehr oft fällt die Wahl auf das eigene Zuhause. Und, ein Ziel, das nicht zu unterschätzen ist: Die Beratungen sollen kostenlos sein.

Weitere Ziele waren der Ausbau von bestehenden Kundenbeziehungen und die Gewinnung von Neukunden. Durch die vielen zufriedenen Kunden, welche diese Dienstleistung in Anspruch genommen haben, entwickelte sich eine positive Mund-zu-Mund-Propaganda, die dazu beiträgt, die BKB als kundenfreundliche und attraktive Bank bekannter zu machen.

4.3.2 Umsetzung des Konzeptes

4.3.2.1   Wichtige Rahmenbedingungen

Wichtigste Grundvoraussetzung war die Klärung der organisatorischen Rahmenbedingungen (z. B. telefonische und elektronische Anlaufstelle, Kommunikation an Kunden und Mitarbeitende, Budget, Erfolgskontrolle). Eine gut funktionierende „Drehscheibe" innerhalb der Bank, welche über ein gutes bankinternes Beziehungsnetz verfügt, ist das A und O. Diese Stelle nimmt die Anfragen entgegen (via Homepage, Telefon, schriftlich oder am Bankschalter), leitet die Beratungswünsche an die Seniorenberatenden weiter, nimmt Meldungen über den Abschluss der jeweiligen Beratung entgegen, erstellt Erfolgsstatistiken, usw. Diese zentrale Stelle ist auch verantwortlich, die Seniorenberatenden über das laufende Bankgeschäft (neue Produkte, Zinsentwicklung, interne Informationen, usw.) auf dem Laufenden zu halten.

Eine große Herausforderung war die Rekrutierung der geeigneten Personen für das neue Projekt. Dafür kamen in erster Linie erfolgreiche Kundenberatende in Frage, die entweder erst seit Kurzem pensioniert waren oder in Kürze ihre Pensionierung antraten. Der Zusammensetzung des Teams musste dabei eine besondere Aufmerksamkeit geschenkt werden. Es hat sich gezeigt, dass die Teammitglieder ein sehr gutes Verhältnis untereinander haben müssen, damit das Projekt erfolgreich sein kann.

4.3.2.2 Aufgaben des Seniorenteams

Die Aufgaben des Seniorenteams bestehen im Abklären der Bedürfnisse und Wünsche, deren Analyse und abschließende Besprechung der Lösungsmöglichkeiten mit der Kundin oder dem Kunden. Die pensionierten Berater sind die Verbindungspersonen zur Bank und zur Pro Senectute beider Basel.

In einem Leistungsauftrag sind die wichtigsten Aufgaben der Seniorenberatenden zusammengefasst, wie:

- selbstständige, bedürfnisgerechte Beratung von Senioren in allen Bereichen von Bankdienstleistungen, kostenlos und unverbindlich
- Kundenbindung als zentraler Grundstein
- Nutzen des langjährigen Erfahrungsschatzes
- Proaktive Zusammenarbeit mit den Filialen und Abteilungen der BKB
- Unterstützung der BKB durch aktive Mithilfe auf freiwilliger Basis bei besonderen Projekten
- Imagepflege für BKB im Segment Senioren
- Unterstützung in altersrelevanten Fragestellungen

4.3.2.3 Anforderungen an die Teammitglieder

Die Kundennähe ist für die BKB ein zentraler Grundstein des Erfolgs. Deshalb ist es entscheidend, dass die Mitarbeiterinnen und Mitarbeiter Freude am Kontakt mit Menschen haben. Der große Vorteil bei der Beratung von Senioren für Senioren ist der geringe Altersunterschied, der ein besseres Kundenverständnis ermöglicht. Der Erfahrungsschatz kann weiterhin genutzt werden und für die Mitarbeitenden, die in Pension gehen, entsteht kein abrupter Wechsel vom aktiven Geschäftsleben in den Pensioniertenstatus.

Die Rekrutierung von pensionierten Mitarbeitenden, welche im aktiven Berufsleben Kundenkontakt hatten, gestaltet sich problemlos. Das erste Team bestand aus zwei Filialleitern und zwei Kundenberatern. 2008 besteht das Team aus 14 Frauen und Männern, die in der Kundenberatung – in der Regel in leitenden Funktionen – tätig waren.

Das Seniorenteam setzt sich aus Personen zusammen, die als Gruppe eine möglichst harmonische Einheit bilden und als Vermittler zwischen Bank und Kunde auftreten. Die Teammitglieder führen in der Regel die Erstgespräche durch und vermitteln die Kundinnen und Kunden anschließend zur weiteren Betreuung an die Beraterinnen oder Berater der BKB. Die Teammitglieder können die Kunden im Rahmen einer Erstberatung auch in den Bereichen Altersvorsorge, Anlageberatung und Steuerberatung begleiten. Für eine gute Beratung sind Fachkenntnisse und eine konsequente Weiterentwicklung des Bankwissens unentbehrlich. Wird Spezialwissen verlangt, so werden Fachspezialisten hinzugezogen.

Neben den fachlichen Beratungen hat das Seniorenteam als Ganzes auch administrative, organisatorische und gesellschaftliche Aufgaben wahrzunehmen. Die Teammitglieder sind deshalb so auszuwählen, dass diese Aufgaben erfüllt werden können. Einzelnen Teammitgliedern können spezielle Aufgaben zugeordnet werden. Wichtig ist, dass ein Teammitglied die Leitung des Teams übernimmt und sich für das gesamte Team verantwortlich fühlt.

Aus dieser Einleitung ergibt sich folgendes Anforderungsprofil bezüglich Fach- und Sozialkompetenz der Mitglieder des Seniorenteams ab.

4.3.2.3.1 Fachkompetenz

- Fundiertes bankfachliches Wissen im Bereich Privatkunden
- In Einzelfällen Spezialkenntnisse in den Bereichen Versicherungen, Altersvorsorge, Steuern, Anlageberatung, Hypotheken, Organisation und Administration
- Gute Kenntnisse der innerbetrieblichen Abläufe der BKB
- EDV-Kenntnisse sind wünschenswert (Microsoft-Office, E-Banking, bankinterne Software)

4.3.2.3.2 Sozialkompetenz

- Freude am Kontakt mit Menschen
- Zuvorkommendes und sicheres Auftreten
- Gut zuhören und kommunizieren können (introvertierte Personen sind weniger geeignet)
- Teamplayer
- Bereitschaft, spezielle Aufgaben für die Funktionsfähigkeit des Teams zu übernehmen
- Genügend Zeit für die Übernahme von Beratungsaufträgen oder administrativen Arbeiten
- Freude an der vielseitigen Arbeit mit Kunden, potenziellen Kunden und hilfesuchenden Personen
- Eigene Grenzen kennen, keine Selbstüberschätzung

4.3.3 Erfahrungen

4.3.3.1 Kontinuierliches Wachstum

Nach 12 Jahren ist die Dienstleistung der BKB für die älteren Menschen nach wie vor sehr erfolgreich und die Anzahl Beratungen zeigt, dass weiterhin großes Interesse vorhanden ist. Der Erfolg wird anhand des Neugeldeinganges, sowie der daraus resultierenden Anlagen gemessen.

Beratungen in den Jahren 1997 - 2008

Quelle: Eigene Daten.

Abbildung 1: Anzahl Beratungen durch das BKB-Seniorenteam per 31.12.2008

Interessant ist, dass die weitaus häufigsten Anfragen direkt über das Internet (Homepage der Bank) zustande kommen. Dies bestätigt, dass sich auch die ältere Generation zunehmend über das Internet informiert und dieses Medium nutzt. Gemäß einer in Deutschland durchgeführten Studie der Arbeitsgemeinschaft Online-Forschung (AGOF) zeigt sich, dass 2008 61,7% der 50- bis 59jährigen das Internet nutzen, bei den über 60-jährigen sind es immerhin schon 25%.[7]

4.3.3.2 Marketing und Medienpräsenz

Beratungstermine entstehen auf persönlichem Weg durch die Zusammenarbeit mit Pro Senectute und durch Mund-zu-Mund-Propaganda. Kunden erfahren auch durch diverse Medien von der Dienstleistung. Begleitend werden Maßnahmen umgesetzt, um die Bekanntheit der Dienstleistung zu steigern:

- Hinweis auf der Homepage der Bank mit der Möglichkeit, via Formular direkt eine Beratung anzufordern

- Auflage der Prospekte in allen Filialen

- Redaktionelle Beiträge in zielgruppenspezifischen Zeitschriften

- Vorträge an diversen Anlässen (z. B. Pensioniertenvereinigungen)

- Mitarbeit in Seniorenvorständen

- Vertretung an Seniorenmessen

---

[7] Vgl. Arbeitsgemeinschaft Online Forschung (2008), S. 9.

Seit 1997 erscheinen regelmäßig Beiträge im „akzent magazin" der Pro Senectute und seit 2003 im Forum „50plus Nordwestschweiz", einer regionalen Zeitschrift.

Die BKB wird regelmäßig von Medien angefragt, um ihr Konzept und ihre Erfahrungen vorzustellen. In der Vergangenheit wurden Artikel für verschiedene Zeitschriften und Zeitungen erstellt, z. B. Schweizer Bank (Senioren beraten Senioren), Bankmagazin Deutschland (Der Besuch der rüstigen Rentner), Neue Zürcher Zeitung (Nicht zum alten Eisen/Die Generation der über 50-jährigen als Herausforderung für die Unternehmen). Im Schweizer Radio wurden bisher zwei Interviews geben: 2006 bei Radio DRS2 in den Sendung Kontext zum Thema „Ältere Menschen am Arbeitsmarkt" und 2007 bei Radio DRS1 in den Sendung „Trend" zum Thema „Frühpensionierung, Teilpensionierung, Seniorenteam und Modelle zur Weiterbeschäftigung nach 62". Auch wurden Vorträge an diversen Veranstaltungen gehalten, z. B. 2006 am EUROFORUM in Zürich, welches unter dem Themendach „Zukunftsmarkt 50plus" stand.

In den Jahren 2006 und 2007 war die BKB gemeinsam mit der Basellandschaftlichen Kantonalbank an der muba (Frühlingsmesse Basel) präsent. Dort waren Mitglieder der Seniorenberatung an einem Stand zum Thema „Älter werden macht Spaß" anzutreffen.

4.3.3.3 Nutzen für die Kundschaft

Die Erfahrungen zeigen vor allem eines: Die Zielgruppe „Senioren" schätzt diese Dienstleistung sehr, dies insbesondere vor dem Hintergrund, dass es im Vergleich zu einer Beratung, wie man sie normalerweise kennt, einige Vorteile gibt, die von großem Nutzen für die Kundschaft sind:

- Beratung durch Fachleute, welche der gleichen Generation angehören und sich deshalb besonders gut in die Situation der Senioren einfühlen können bzw. die Anliegen aus eigener Erfahrung kennen
- Möglichkeit der Beratung zu Hause im gewohnten Umfeld, dies gilt für Nichtkunden und für bestehende Bankkunden
- kostenlose Beratung
- Beratung ohne Zeitdruck

Gerade beim zuletzt genannten Punkt ist es schon vermehrt vorgekommen, dass den Beratern Kaffee und Kuchen angeboten wurde. Dies zeigt, dass die Beratungen für die Zielgruppe „Senioren" auch einen sozialen Mehrwert haben.

4.3.3.4 Übernahme des Konzeptes durch andere Banken

Das Konzept der BKB wurde bereits einigen Kantonalbanken vermittelt. Die Kantonalbanken treten in ihren Schweizer Regionen selbstständig auf und arbeiten auf Verbandsebene zusammen. Insofern besteht keine Gefahr, sich gegenseitig zu konkurrenzieren. Die Kantonalbanken, welche unsere Dienstleistung übernommen haben (Basellandschaftliche Kantonalbank, Zuger Kantonalbank, Berner Kantonalbank, Graubündner Kantonalbank), sind auch erfolgreich.

Obwohl das Konzept dasselbe ist, ist die Umsetzung bei jeder Kantonalbank unterschiedlich. Das Kerngebiet der BKB, der Kanton Basel-Stadt, umfasst nur 37 km^2 inklusive zwei Landgemeinden. Zwei Drittel der Stadt Basel grenzt an Deutschland und Frankreich, der Rest an den Kanton Baselland. Das heißt, dass die Wege sehr kurz sind. In anderen Kantonen, wie z. B. im Kanton Bern (flächenmäßig der zweitgrößte Kanton) ist das Seniorenteam aufgeteilt auf verschiedene Regionen. Eine zentrale Verwaltung ist nicht möglich.

Gestützt auf die positiven, über 10-jährigen Erfahrungen der BKB, startete deren schweizweit tätige Tochtergesellschaft, die Bank Coop, ebenfalls mit der Seniorenberatung. Die Bank Coop bietet diese Dienstleistung seit Anfang 2007 erfolgreich in verschiedenen Regionen der Deutschschweiz an. Im Gegensatz zur BKB, arbeitet sie hauptsächlich mit den Gewerkschaften zusammen, zum Teil wurden nun auch Verhandlungen mit Pro Senectute gestartet.

4.3.4 Zentrale Erfolgsfaktoren

4.3.4.1 Zusammensetzung und Organisation des Teams

Einer der wichtigsten Erfolgsfaktoren ist die Zusammensetzung des Teams. Je besser die Teammitglieder harmonieren, desto motivierter und engagierter sind sie. Da die Mitarbeit im Seniorenteam freiwillig erfolgt, soll sie eine Bereicherung sein und einen guten Ausgleich zur Freizeit in der Pensionierung bieten. Die Mitglieder des Seniorenteam sind in der Regel langjährige Mitarbeitende, welche über eine hohe Eigenmotivation verfügen und ein großes Interesse haben über die Pensionierung hinaus mit ihren ehemaligen Kolleginnen und Kollegen verbunden zu bleiben. Weiterhin ist eine hohe Flexibilität der Teammitglieder sehr wichtig, da oftmals auch kurzfristig Termine wahrgenommen werden müssen oder Sondereinsätze in Spezialprojekten notwendig sind.

4.3.4.2 Unterstützung durch die Geschäftsleitung

Neben einem gut funktionierenden Team ist die Unterstützung durch die Geschäftsleitung ein zentraler Erfolgsfaktor. Nur wenn die Geschäftsleitung überzeugt ist, dass dieses Konzept erfolgreich sein kann und im Idealfall ein Mitglied der Geschäftsleitung, vor allem zu Beginn, an den Teamsitzungen teilnimmt, erfährt die Seniorenberatung die notwendige Aufmerksamkeit, die für den Erfolg notwendig ist. Die BKB hat ihr Konzept mehreren Kantonalbanken vorgestellt. Einige davon haben die Seniorenberatung erfolgreich eingeführt, bei anderen ist das Projekt gescheitert. Grund für das Scheitern war in der Regel die fehlende Akzeptanz und Unterstützung durch die Geschäftsleitung, was dazu führt, dass die Bedeutung dieser Dienstleistung nicht hoch genug eingeschätzt wird.

4.3.4.3 Aus- und Weiterbildung

Die Aus- und Weiterbildung des BKB-Seniorenteams ist sehr wichtig. Die BKB unterstützt eine kontinuierliche Weiterbildung der Teammitglieder intern und extern, wie z. B. zusätzliche

Bankfachausbildung in Finanzplanung, Internet-Banking etc., aber auch sozialpolitische Ausbildungen in Gerontologie und Wissensvermittlung.

Welche Erfahrungen wurden bei der BKB gemacht? Die Dienstleistung wird sehr geschätzt. Es besteht immer genügend Zeit für die Beratungen, und das ohne Erfolgsdruck. Für vertiefte Abklärungen und für die Abwicklung von Bankgeschäften stehen Fachspezialisten der BKB zur Verfügung. Nichtkunden werden vielfach zu begeisterten Kunden. Es werden auch Hilfestellungen in nicht bankspezifischen Angelegenheiten geboten.

Die Teammitglieder müssen immer auf dem aktuellen Stand bleiben. Hierzu werden regelmäßige Meetings durchgeführt, an denen Neuerungen, Entwicklungen in der eigenen Bank und im Bankenmarkt vorgestellt werden. Ebenso finden bankinterne Ausbildungsseminare statt und die Mitglieder des Seniorenteams besuchen externe Seminare. Um in der Bank integriert zu bleiben und den Kontakt zu den Mitarbeitenden weiterhin zu pflegen, nehmen die Mitglieder des Seniorenteams auch an Mitarbeiter- und Bankanlässen teil.

4.3.5 Die Zukunft der Seniorenberatung

Das erfolgreiche Konzept wird weitergeführt und laufend an die neuesten Erkenntnisse und Erfahrungen angepasst. Ein weiterer Ausbau ist nicht geplant, da mit 12 bis 15 Beraterinnen und Beratern eine optimale Größe erreicht worden ist.

Glaubt man den Prognosen, werden die Mitarbeitenden in Zukunft länger im Arbeitsprozess verbleiben müssen, um ihre Altersvorsorge sicherzustellen. Das hier vorgestellte Konzept bietet die Gelegenheit das erworbene Fachwissen über die Pensionierung hinaus dem Arbeitgeber und den Rat suchenden Personen zur Verfügung zu stellen. Für viele ältere Mitarbeitende kommt der Rückzug aus dem aktiven und erfüllten Berufsleben oftmals zu früh und zu abrupt. Sie fühlen sich noch zu fit, um plötzlich zum alten Eisen zu gehören und zum Nichtstun verknurrt zu sein. Hier greift das Konzept zukunftsweisend ein. Der Mitarbeitende kann sein Arbeitspensum nach seinen Bedürfnissen flexibel gestalten, sein fundiertes Fachwissen weiterhin einsetzen in dem er als Seniorenberater weiterhin in einem Teilzeitpensum tätig ist. Mit zunehmendem Alter kann dann das Arbeitspensum sukzessiv reduziert werden. Davon profitieren der Arbeitgeber, der Mitarbeitende und vor allem auch die ältere Generation, welche gerne den Rat von gleichaltrigen Personen mit den entsprechenden Lebenserfahrungen einholen. Das Konzept ist somit für alle Beteiligten ein Gewinn, welcher sich nicht nur auf materielle Erfolge reduzieren lässt, sondern einen wichtigen Beitrag zu einer zukunftsfähigen Unternehmenspolitik darstellt.

Literatur

ARBEITSGEMEINSCHAFT ONLINE FORSCHUNG (2008): „Berichtsband – Zusammenfassung zur internet facts", 2008-II, 2008.

BUNDESAMT FÜR STATISTIK (2007): „Szenarien zur Bevölkerungsentwicklung der Kantone 2005 – 2030", Zürich 2008.

BUNDESAMT FÜR STATISTIK (2008): „Statistisches Jahrbuch der Schweiz", Zürich 2008.

HÄNDELER, E. und RAUCH, C. (2008): „Silberne Revolution – Gesundheit, Arbeit, Märkte in der Alterskultur", Zukunftsinstitut GmbH, Kelkheim 2008.

RIZZI, E. (2007): „Reif und reich: Ab 50 fängt das Leben an", CASH, 22.03.2007.

SCHENKEL, R. (2006): „Nicht zum alten Eisen", Neue Zürcher Zeitung, 04.11.2006.

Jochen Schnuck
Geschäftsführer der GS-Mobile GmbH

4.4 Fallstudie: Mobile Filiale

4.4.1 Die mobile Filiale kommt dem Kunden entgegen

4.4.1.1 Die Filiallandschaft im Wandel

Betreuung, Beratung und ein hohes Maß an Serviceorientierung zeichnen die Qualität moderner Bankfilialen von heute aus. Trotz oder gerade wegen der hohen Bedeutung des Multikanal-Vertriebswegs ist für Banken und Sparkassen die Filiale weiterhin ein maßgeblicher Vertriebskanal. Denn SB-Geldautomaten, Online-Banking oder auch aktuell Banking via Mobiltelefon können bei all ihrer Berechtigung das persönliche Kundengespräch in der Filiale nicht ersetzen. Vor dem Hintergrund, dass das Bankgeschäft unter einem harten Wettbewerbsdruck steht, sowie von Rationalisierungsbedarf und Investitionskürzungen geprägt ist, müssen die einzelnen Filialstandorte optimal betrieben werden. In diesem Spannungsfeld zwischen Wirtschaftlichkeit sowie Kundenorientierung sind innovative Filialkonzepte gefordert.

Das gilt insbesondere für Banken und Sparkassen, die in ländlichen Gebieten ihre Präsenz in der Fläche aufrechterhalten wollen, gleichzeitig aber die Kostenstrukturen optimieren müssen. Der Kunde fordert zunehmend ein ganzheitliches Angebot, bestehend aus Beratung, Produkten und Service. Denn nicht nur vor dem Hintergrund einer immer älter werdenden Gesellschaft wird es zunehmend wesentlich, den Kunden in den Mittelpunkt zu stellen, ihn in seinen Geldgeschäften zu beraten und zu unterstützen. Konzepte wie die Einführung reduzierter Öffnungszeiten an stationären Filialstandorten führen dabei nicht wirklich weiter, da fixe Kosten etwa für Raummieten und technische Ausstattungen auf diese Weise nicht reduziert werden können. Konsequent ist in diesem Zusammenhang nur, weniger lukrative Standorte zu schließen und einen adäquaten Ersatz anzubieten. Adäquat heißt dabei, den persönlichen Service sowie den verlässlichen SB-Service inklusive Bargeldversorgung vor Ort nach wie vor zu erbringen. Reine SB-Stellen finden nur selten die gewünschte Akzeptanz.

Hier setzt die Idee einer mobilen Geschäftsstelle an, die sicher nicht ganz neu ist. Die Ursprünge der bisherigen Ansätze liegen in den 60er Jahren des vergangenen Jahrhunderts. Diese Fahrzeuge verfügten nur über eine Sicherheitsverglasung zum Kassenbereich hin mit entsprechend starren Barrieren zum Kunden, die eine Beratung des Kunden dadurch nahezu unmöglich machten. Sie konnten als mobile Kasse genutzt werden. Die gesicherten Fahrzeuge erfüllten damals ihren Zweck. Doch werden solche Fahrzeuge nicht dem Anspruch an ein modernes Filialgeschäft gerecht. Um Beratern wirklich professionelle Möglichkeiten für eine zeitgemäße Kundenbetreuung bieten zu können, bedarf es in einem Fahrzeug einer räumlichen wie auch technischen Infrastruktur, die einer stationären Filiale in nichts nachsteht. Ein modernes Zonenkonzept, das Bargeldhandhabung von Beratung trennt und sogar Raum für eine diskrete

Beratung bietet, wie es etwa bei Finanzierungsgesprächen üblich ist, sind zeitgemäße Anforderungen, die es zu erfüllen gilt. Dazu gehört es, dass Geldausgabeautomaten, Selbstbedienungsterminals und natürlich auch die IT-Anwendungen online mit dem zentralen Rechenzentrum verbunden sind. Solche Anforderungen können auf Basis der nahezu 50 Jahre alten Fahrzeugkonzepte nicht erfüllt werden.

4.4.1.2   Die mobile Filiale der Kreissparkasse Euskirchen

So entstand bei der Kreissparkasse Euskirchen die Idee, ein Fahrzeug komplett nach den Anforderungen einer modernen Geschäftsstelle zu konstruieren. Gerade als eine Sparkasse für den ländlichen Raum stand sie vor der Herausforderung, ihre Kunden auf wirtschaftliche Weise mit Finanzdienstleistungen zu versorgen. Zudem wollte man insbesondere die ältere Bevölkerung als wichtige Kunden so bedienen, wie sie es von ihrer Sparkasse stets gewohnt waren. Die Ansprüche dieser Kunden 50+ an ihren Finanzdienstleister sind hoch.

Quelle: Kreissparkasse Euskirchen.

Abbildung 1: Die mobile Filiale der Kreissparkasse Euskirchen im Einsatz

Vor diesem Hintergrund war die Kreissparkasse Euskirchen auf der Suche nach geeigneten Filialkonzepten. Die ländliche Struktur des Einzugsgebietes von circa 1.250 Quadratkilometer, etwa halb so groß wie das Saarland, und der Wunsch, mit der attraktiven Zielgruppe 50+ im Dialog zu bleiben, waren die Hauptgründe. „Wir wollten eben dorthin gehen, wo die Menschen sind und nicht hinter unseren Schreibtischen auf sie warten", begründete Karl Heinz Flessau, Vorsitzender des Vorstandes der Kreissparkasse Euskirchen, das Engagement. So wurde die Idee der mobilen Filiale geboren, mit der wesentlichen Grundvoraussetzung, die gleichen Möglichkeiten zu bieten, die auch eine stationäre Bankfiliale auszeichnen. Sie sollte von zwei Bankangestellten bedient werden, vollkommen autark an unterschiedlichen Standorten einsetzbar sein und analog zur stationären Filiale allen gesetzlichen Auflagen und Vorschriften insbesondere auch hinsichtlich des Umgangs mit Bargeld genügen.

Um die wesentlichen Voraussetzungen zu erfüllen, die ansonsten eine stationäre Filiale ausmachen, sollte die mobile Geschäftsstelle nicht nur über einen Schalter-Kassen-Arbeitsplatz mit automatischem Kassentresor, einen Kontoauszugsdrucker sowie einen außen angebrachten Geldautomaten verfügen. Neben einem Sachbearbeiterplatz mit kompletter bankenspezifischer PC-Ausstattung sollten zudem ein Kundenbereich mit Standardausstattung sowie ein eigener separater Beratungsbereich die Einrichtung komplettieren. Zur Herstellung und Vermarktung dieser Konzeption wurde im Jahr 2005 die GS-Mobile GmbH gegründet. Treibende Kraft der Gründung war die Kreissparkasse Euskirchen, die als Gesellschafter fungierte und eine intelligente Lösung für die Betreuung ihrer zunehmend älter und damit immobiler werdenden Kundschaft in ländlichen Regionen suchte. Die Realisierung der Konzeption forderte von allen projektbeteiligten Partnern Pioniergeist und Engagement. Unter der Leitung von GS-Mobile entstand in enger Zusammenarbeit mit der Kreissparkasse Euskirchen sowie mit maßgeblichen Lösungsanbietern eine ganzheitliche Produktlösung: die Mobile Geschäftsstelle. An der Entwicklung beteiligt waren namhafte Unternehmen aus Fahrzeugbau, Kommunikations- und Bankentechnologie.

4.4.1.3 Voller Bargeldservice gemäß UVV Kassen

Grundanforderung an die mobile Geschäftsstelle war, eine vollwertige Filiale auf Rädern zu erhalten. Auch hier setzte GS-Mobile auf starke Partner und innovative Konzepte. So bietet die Geschäftsstelle heute Platz für einen persönlichen Service, für diskrete Beratungen und damit für den Vertrieb. Da die UVV Kassen (Unfallverhütungsvorschriften Kassen) strenge Auflagen beim Umgang der Mitarbeiter mit Bargeld beschreiben, wurde eine bankentechnische Lösung in Form einer BBA-Plus-Geschäftsstelle gewählt. Diese besteht aus einem Beschäftigtenbedienten Bankautomaten (BBA) mit biometrischem Fingerprintsystem und einem Automatischen Kassentresor (AKT).

Quelle: Kreissparkasse Euskirchen.

Abbildung 2: Die mobile Filiale von innen – offen für den Kundendialog

Die Kunden finden in der mobilen Geschäftsstelle damit alles vor, was ansonsten eine stationäre Filiale ausmacht. Diese Lösung unterstützt schlanke Prozesse und gewährt ein hohes Maß
an Sicherheit beim Umgang mit Bargeld. Ausstattung und Einrichtung sind darauf ausgerichtet, alle Kunden bedarfsgerecht zu bedienen. Auch ältere Personen und Menschen mit Handi-
cap sowie Eltern mit Kinderwagen kommen ungehindert in ihre Sparkassen-Filiale. Dazu
wurde ein Liftsystem in den Eingangsbereich integriert. Der Geldautomat ist außen auf der
Beifahrerseite des Fahrzeuges jederzeit zugänglich und ist rollstuhlgerecht ausgeführt.

Quelle: Kreisparkasse Euskirchen.

Abbildung 3: Modernes Liftsystem ermöglicht den barrierefreien Zugang

Eine kundenfreundliche und dialogorientierte Filialkonzeption wurde in der mobilen Geschäftsstelle erfolgreich umgesetzt. Sie ermöglicht einen effizienten Betrieb, bei dem Service
und Vertrieb eng miteinander verzahnt sind.

4.4.1.3.1 Patentiertes Fahrzeugkonzept sorgt überall für optimale Si-cherheit

Die mobile Geschäftsstelle basiert auf einem Fahrzeugkonzept mit europäischem Patent, das
die jahrzehntelange Erfahrung aus dem Karosseriebau von Spezialfahrzeugen beinhaltet. Bei
dem Fahrzeug handelt es sich um eine Leichtbau-Sattelzugkonstruktion. Die gewählte Fahr-
zeugkonstruktion ist so ausgeführt, dass die mobile Geschäftsstelle mit der Führerscheinklasse
3 beziehungsweise BE gefahren werden darf. Das Fahrzeug ist mit modernster Technik ausgestattet und darauf ausgelegt, komplett autark eingesetzt zu werden.

Dazu zählt, dass die Banktechnik und die PCs während der Betriebszeiten über eine speziell
abgesicherte, kontinuierliche Satellitenkommunikationsstrecke am Standort jederzeit online
mit dem Rechenzentrum des zuständigen IT-Dienstleisters verbunden sind. So sind alle Kundendaten und zentralen Softwareanwendungen direkt abrufbar, die für eine adäquate Kundenberatung benötigt werden. Dazu wird die Satellitenschüssel am Standort automatisch ausgerichtet. Der Satellitenservice basiert auf einem Internetsatellitenzugang über Eutelsat. Es ist

zudem sicher gestellt, dass die geforderten Parameter für Quality of Service wie zum Beispiel Priorisierung von bestimmten Applikationen sowie spezielle Bandbreitenforderungen für geschäftskritische Anwendungen individuell definiert werden können.

Quelle: Sparkasse Werra-Meißner.

Abbildung 4: Die mobile Filiale verfügt über ein innovatives Kommunikationskonzept

Auch hinsichtlich der Sicherheitstechnologie steht die mobile Geschäftsstelle ihrem stationären Pendant in keiner Weise nach. Neben einer auf höchstem Sicherheitsniveau basierenden Videoüberwachung ist das Fahrzeug auch gegen Einbruch und Diebstahl umfassend gesichert und die Personen durch Alarmmelder geschützt. Globale Position System (GPS)-Sensoren übertragen Fahrzeugpositionen an den zentralen Leitstand. Abweichungen wie etwa unplanmäßige Stopps werden erkannt. Bei Bedarf können die Gründe für einen solchen Stopp nachvollzogen werden. Wenn das Fahrzeug nicht im Einsatz ist, steht es nachts immer im Carport auf dem gesicherten Betriebsgelände der Kreissparkasse Euskirchen. Die vier Stützen für die Ausrichtung des Fahrzeuges sind ausgefahren, die Zugmaschine ist durch eine Radkralle gesichert und alarmüberwacht. Aber auch während des Einsatzes wird Sicherheit groß geschrieben. Auf dem Weg zum Einsatort kann die Besatzung über diverse Meldeeinrichtungen an Fahrzeug und Trailer jederzeit auf eine Gefahrensituation hinweisen.

Wenn sich die mobile Filiale am Einsatzort im Schalterbetrieb befindet, wird über eine nach banktechnischen Vorgaben ausgelegte Alarmtechnik der gesamte Innenraum, die Fahrzeugtüren, -fenster und -klappen sowie Brand- und Gasmelder überwacht. Verschiedene Melder und Kontakte sichern Mitarbeiter und Geräte ab. Die mobile Filiale verfügt damit über all die Sicherheitsmerkmale, die auch eine stationäre Filiale besitzt. Das in sich schlüssige Sicherheitskonzept ist nicht zuletzt der Grund dafür, dass das Fahrzeug auch zu einer Stationären Geschäftsstelle ähnlichen Konditionen umfassend versichert ist.

4.4.1.3.2   Erfahrungen in der Praxis und Fazit

Im November 2005 wurde die mobile Filiale anlässlich des 150-jährigen Jubiläums der Kreissparkasse Euskirchen der Öffentlichkeit vorgestellt. Heute stellt sie mit ihrem kompletten Leistungsangebot an neun Standorten des Kreises Euskirchen die Sparkasse vor Ort dar. Dabei berücksichtigen die angebotenen Öffnungszeiten die Bevölkerungsstruktur des Kreises. Die Sparkassenkunden nutzen das Angebot der mobilen Geschäftsstelle aktiv. Viele ältere Personen setzen auf diesen Service vor Ort. Sie äußern sich sehr zufrieden mit der Einrichtung, da sie nun auch nicht mehr mit öffentlichen Verkehrsmitteln zur nächsten stationären Filiale fahren oder eine Mitfahrgelegenheit organisieren müssen.

Durch eine intelligente und für die Sparkassenkunden transparente Tourenplanung trifft die Sparkasse jetzt ihre Kunden dort, wo sie sind. Das ist nicht nur der ehemalige Filialstandort, an dem die Kunden seit Jahrzehnten gewohnt sind, Bankberatungsdienstleistungen zu erhalten.

Geändert wurde in der Zwischenzeit die Strom- und Energieversorgungstechnologie. Mit der anfangs eingesetzten Brennstoffzelle war ein wirtschaftlicher Betrieb nicht gegeben. Diese innovative Technologie erwies sich auf Dauer als noch nicht ausgereift genug. So setzt die Kreissparkasse Euskirchen mittlerweile auf eine umweltschonende, CO_2-Ausstoß-reduzierende Hybridtechnologie, welche für eine autarke Strom- und Energiezufuhr sorgt. Auch eine umweltfreundliche Stromversorgung mittels Solarzellen ist möglich.

Technologisch auf dem neuesten Stand ist auch die komplette Klimatechnik in der mobilen Geschäftsstelle. Über ein ausgeklügeltes System wird sichergestellt, dass das Fahrzeug zugfrei belüftet, beheizt und gekühlt wird. Damit sind nicht nur die Voraussetzungen für ein komfortables Arbeiten, sondern auch für eine angenehme Beratungsatmosphäre geschaffen.

4.4.2 Die Zukunft hat bereits begonnen

Innovativen mobilen Filialkonzepten sind kaum Grenzen gesetzt. Jede mobile Filiale ist ein aus Standard-Komponenten bestehendes Unikat, das auf die speziellen Anforderungen ihres späteren Einsatzgebietes hin abgestimmt, bankentechnisch ausgestattet und entsprechend der Vorgaben des jeweiligen Kreditinstitutes gestaltet ist. Hier ist eine entsprechende organisatorische und technische Beratung im Vorfeld wesentlich.

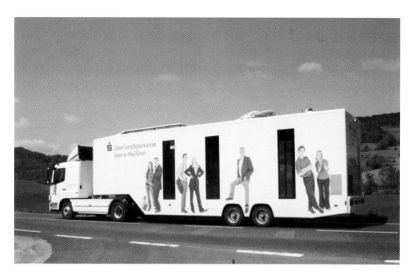

Quelle: Sparkasse Werra-Meißner.

Abbildung 5: Die mobile Filiale der Sparkasse Werra-Meißner

So werden im Rahmen einer Ist-Analyse die Planungsgrundlagen definiert: Welche Fläche soll mit der mobilen Filiale bedient werden, welche Zielgruppen werden angesprochen, wie ist die demografische und wirtschaftliche Situation des Einzugsbereiches, welche Wünsche und Anforderungen stehen für die Zielgruppen im Mittelpunkt. Dies sind einige Fragen, welche die Grundlage des richtigen Filialkonzeptes darstellen. Die auf dieser Basis gewonnenen Ergebnisse sind nicht nur wesentlich für die Einsatzverwendung der mobilen Filiale, sondern geben auch Aufschluss über die Ausgestaltung des Fahrzeuges. Das umfasst neben der bankenspezifischen, sicherheits- und IT-relevanten Ausstattung auch die Einrichtung mit Möbeln, Lichtkonzepte und Bodenbeläge.

So entstehen weitere mobile Filialen, die jetzt zum Beispiel – bei ausreichender Netzversorgung vor Ort – statt Satellitenkommunikation eine Datenübertragung via UMTS (Universal Mobile Telecommunications System) oder GSM (Global System Mobile Communications) nutzen können. Auch hinsichtlich der banktechnischen Ausstattung sind keine Restriktionen gegeben. Inzwischen gibt es Fahrzeuge, die einen UVV Kassen-konformen Bargeldservice über eine reine Selbstbedienungsstruktur ermöglichen. Dabei werden die seitens des Geldinstitutes gesetzten Bankautomationspartner stets berücksichtigt. So lassen sich in Zukunft auch kleinere kompakte, mobile Filialen realisieren, die auf weniger Raum auch all das bieten können, was eine stationäre Filiale ausmachen.

Die mobile Geschäftsstelle bietet neue Chancen, die Präsenz vor Ort zu wahren. Erfahrungen bei der mobilen Filiale der Basellandschaftlichen Kantonalbank belegen zum Beispiel, dass der Kunden bedient werden will: 200 Transaktionen außen am Geldausgabeautomaten stehen 1.000 Kundentransaktionen innen am Automatischen Kassentresor gegenüber. Dazu können Banken den Kunden jetzt buchstäblich vor seiner Haustür abholen.

Harald Felzen
Mitglied des Vorstands der Kreissparkasse Ludwigsburg

4.5 Fallstudie: 50plus – Zukunftsmarkt für Banken?

4.5.1 Problemstellung

Schon lange zeigt die demografische Entwicklung Deutschlands den Trend zu einer immer älter werdenden Bevölkerung. Jeder dritte Deutsche ist bereits über 55 Jahre alt. Laut Hochrechnungen des Statistischen Bundesamtes wird dieser Anteil in den nächsten Jahren noch weiter steigen.[1] Die Entwicklung der Altersstruktur spiegelt sich auch bei den Privatkunden der Kreissparkasse Ludwigsburg wider. Grund genug, sich mit dieser Kundengruppe auseinanderzusetzen und mit einem speziellen Angebot an Beratung und Service zu reagieren. Die Schwierigkeit liegt darin, dass es sich um eine wachsende Zielgruppe mit sehr heterogenen Interessen handelt. Nach Fösken ist es ein Fehler, „ältere Menschen zwischen 50 und 60 Jahren in einen Topf mit hochbetagten 80-jährigen zu werfen. Der Unterschied zwischen 50- und 80-jährigen ist mindestens ebenso groß wie der Unterschied zwischen 20- und 50-jährigen."[2] Die Kunden des Seniorenmarktes durchlaufen in der Regel drei Lebensphasen:[3]

- 1. Lebensphase als „Best Ager": Der Lebensmittelpunkt liegt noch ganz auf der Familie oder dem beruflichen Höhepunkt, d. h. der Kunde orientiert sich in seinen Entscheidungen an Dritten in seinem sozialen Umfeld.

- 2. Lebensphase als „Privatier": Fremdbestimmung durch Familie und Beruf verringert sich. Der Kunde ist bei seiner Entscheidungsfindung weitestgehend selbstbestimmt.

- 3. Lebensphase als „Senior": Die Gesundheit gewinnt mehr an Bedeutung und beeinflusst auch immer häufiger Entscheidungen.

Allerdings sind die Lebensphasen nicht zwingend im Zeitablauf zu sehen. Darüber hinaus stellt sich die Frage: Sollten die Kunden allein aufgrund ihres Alters in unterschiedliche Segmente eingeteilt werden?

Eine Untersuchung der Schmidt Management Consulting stellte 2005 fest, dass lediglich ein Drittel der Banken und Sparkassen die Senioren als Zielgruppe mit hoher Bedeutung einstufen.[4] Nach ihren Untersuchungen fehlt es meist an einer geeigneten Strategie, an geeigneten Produkten und an der Kompetenz der Berater.

Bereits 2003 entdeckte die Kreissparkasse Ludwigsburg den Bedarf der bislang eher stiefmütterlich behandelten Kundengruppe. Sie legte auf diese so attraktive aber auch herausfordernde Zielgruppe einen Schwerpunkt ihrer Marketingaktivitäten. Mit einer Bilanzsumme von über 9

---

[1] Vgl. Statistisches Bundesamt (2009).
[2] Fösken (2009), S. 66 f.
[3] Vgl. 4P Consulting (2005), S. 29.
[4] Vgl. Wickel (2006), S. 32.

Milliarden Euro und rund 1.760 Mitarbeitern, die in über 100 Geschäftsstellen arbeiten und circa 770.000 Kundenkonten betreuen, ist die Kreissparkasse Ludwigsburg aktuell nicht nur eine der größten Sparkassen Deutschlands (Platz 15 von 446 Sparkassen), sondern auch eine der ersten, die neue, innovative Wege im Seniorenmarketing beschritten hat.

4.5.1.1 Ausgangslage

Neben den Untersuchungen der Altersstruktur der Kunden überprüft die Kreissparkasse Ludwigsburg regelmäßig und systematisch die Kundenzufriedenheit. Hierbei stellte sich 2003 heraus, dass die Zufriedenheit der Kundengruppe „50plus" unter dem Durchschnitt der Gesamtkundenzufriedenheit lag. Diese Information war ein Alarmsignal, da 42% aller Kunden zu dieser Kundengruppe zählen. Demgegenüber stand die Tatsache, dass bis zum Zeitpunkt der Untersuchung lediglich 50% des Marketingetats für diese verwendet wurde. Im Zuge dieser Erkenntnisse wurde ein Projekt zur Intensivierung der Aktivitäten im Seniorenmarkt erarbeitet. Folgende Ziele wurden hierfür gesetzt:

- Emotionale Ansprache der Zielgruppe und Positionierung als kompetenter Finanzdienstleister

- Ertragssicherung und -ausbau, Erhöhung der Produktnutzungsquote und Gewinnung von Neukunden in dieser Zielgruppe

- Deutliche Verbesserung der Marktanteile und Steigerung der Kundenzufriedenheit

4.5.1.2 Projektphase 1: Analyse des Ist-Zustands

Aufgrund des umfangreichen Filialnetzes hat die Kreissparkasse Ludwigsburg eine große Nähe zum Kunden, die in der Altersgruppe der Senioren sehr wichtig ist. Die Stammberater genießen darüber hinaus das Vertrauen der Kunden. Auch die Beratungsräume sind nahezu komplett seniorengerecht gestaltet. Dennoch stellte sich auch heraus, dass neue, bedarfsorientierte Beratungsansätze notwendig sind, um die Beziehung zu den Kunden zu intensivieren. Um den Bedürfnissen dieser Kundengruppe Rechnung zu tragen, wurde in einem zweiten Schritt ein neues Vertriebssteuerungsinstrument entwickelt. Dabei orientierte man sich am Modell der Balanced Scorecard.

4.5.1.3 Projektphase 2: Konzeption

Die Balance Scorecard ist ein Instrument zur Steuerung und Messung des Erfolgs im Vertrieb. Sie gibt Auskunft darüber, inwieweit die strategischen Ziele in geeigneter Weise verfolgt und umgesetzt werden. Die Strategien werden messbar gemacht und können anschließend auf ihren Umsetzungsgrad geprüft werden. Während des Prozesses kann regelmäßig ein Bericht zum Status konkreter Ziele und Kennzahlen generiert werden. Dieses Konzept geht zurück auf Kaplan/Norton[5], die bereits vor 15 Jahren die Ausgewogenheit der Balanced Scorecard durch die Berücksichtigung der vier Perspektiven „Finanzen", „Kunden", „Prozesse" sowie „Lernen

---

[5] Vgl. Kaplan/Norton (1992), S. 71 ff.

und Entwicklung" sicherstellten. Die sonst übliche Konzentration auf rein finanzielle Belange sollte dadurch überwunden werden. Im Vergleich zu den herkömmlichen Instrumenten werden mehrere Perspektiven berücksichtigt. Die Voraussetzung für einen wirksamen Einsatz der Balanced Scorecard im Projekt war allerdings deren vollständige Befüllung mit entsprechenden Daten zum Seniorenkonzept. Die Erarbeitung geeigneter Ziele und deren konkreter Messgrößen erfolgte im Rahmen von Workshops.

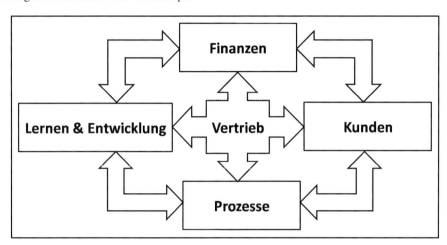

Quelle: 4P Consulting (2005), S. 7.

Abbildung 1: Balanced Scorecard Modell

Durch die Berücksichtigung mehrerer Dimensionen entstand eine ganzheitliche Betrachtung der Vertriebsstrategie. Die einzelnen Dimensionen werden im Folgenden aufgezeigt.

4.5.1.3.1 Finanzen: Wie entwickeln sich die Erträge und der Deckungsbeitrag?

Die finanzielle Perspektive beinhaltet Kennzahlen, die Auskunft darüber geben, wie sich durchgeführte Aktionen auf den finanziellen Erfolg auswirken. Zur Konkretisierung der Strategien wurden folgende Kennzahlen ausgewählt:

- Filial-Vergleich: Produktverkauf nach Volumen/Provision
- Zeitvergleich: Produktverkauf nach Volumen/Provision.

4.5.1.3.2 Kunde: Wie hoch sind Kundennutzen und Kundenzufriedenheit?

In der zweiten Dimension stehen in der Balanced Scorecard die Kunden. Hier werden die Lebensphasen und Situationen untersucht, mit denen sich der Kunde gerade identifiziert. Daraus müssen eindeutige Anspracheanlässe und der spezifische Produktbedarf des Kunden identifiziert werden. Hintergrund hierfür sind die individuelle Orientierung nach den finanziellen Wünschen, höhere Produktnutzungsquoten und zufriedenere Kunden. Die Kunden sollen sich emotional verstanden und abgeholt fühlen und infolgedessen die fachliche Kompetenz höher einstufen. Folgende Anlässe können beispielsweise im Leben eines Kunden „50plus" erlebt werden: Geburt der Enkel, Tod des Lebenspartners, Beginn Ruhestand, Erwerb Freizeitimmobilie/Altersruhesitz, leeres Nest (Auszug und/oder Ausbildung der Kinder), Scheidung, Pflege/Gesundheit, Reiselust oder die Hochzeit der Kinder.

Für das Vertriebssteuerungsinstrument können folgende Kennzahlen herangezogen werden:

- Kennzahlen aus Zufriedenheitsanalysen (Sicht des Beraters, Sicht des Kunden)

- Summe zusätzlicher Abschlüsse aus Anlässen

4.5.1.3.3 Prozesse: Wie laufen die Prozesse?

Der Verkaufsprozess vollzieht sich in folgenden Schritten:

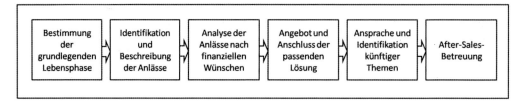

Quelle: Eigene Darstellung.

Abbildung 2: Verkaufsprozess

Beim Verkaufsprozess sollte auf einen richtigen Kommunikationsrahmen, einen geeigneten Ansprechpartner und bedarfsorientierte Information Wert gelegt werden.

Kennzahlen, auf deren Grundlage die Zielerreichung überprüft werden kann, sind folgende:

- Summe der Gespräche

- Summe identifizierter Anlässe

- Summe neuer Gesprächsanlässe

- Quote segmentierter Senioren (Lebensphase/Anlässe)

- Anzahl der Kontakte und Terminvereinbarungen

- Erfolgsvergleich Verkaufskanäle

4.5.1.3.4 Mitarbeiter: Wie hoch ist die Beraterqualifikation?

In dieser Dimension steht das Coaching der Berater im Mittelpunkt. Anforderungsprofile müssen formuliert und ein Trainingskonzept zur Verkaufsoptimierung erstellt werden. Bei den Trainingsmaßnahmen liegt der Schwerpunkt auf der Sensibilisierung für Lebenssituationen und Förderung der emotionalen Intelligenz. Als Kennzahlen können im Rahmen des Vertriebssteuerungsinstruments der Schulungsgrad und die Kundenzufriedenheit mit den Beratern (Befragungen, Testkäufe) überprüft werden.

4.5.1.3.5 Zwischenfazit

Die Berücksichtigung der vier Dimensionen in der Konzeptionsphase des Seniorenkonzepts ist sinnvoll und ermöglicht eine ganzheitliche Betrachtung. Allerdings ist hierbei eine Kosten-Nutzen-Analyse vorzunehmen, da es sich um die Bearbeitung einer Teilzielgruppe handelt und die regelmäßige Überprüfung und die Ableitung von Handlungs- und Steuerungsimplikationen in die Zeitsystematik des Gesamthauses passen muss. Zum anderen bedarf es vieler personeller Ressourcen und darüber hinaus ist es oftmals schwierig, qualitative Zielgrößen in quantitative Kennzahlen zu übertragen.

4.5.1.4 Projektphase 3: Pilotphase

Die Pilotphase des Seniorenkonzepts fand in drei Pilotfilialen statt. Ziel war es, die einzelnen Konzeptideen hinsichtlich ihrer Eignung zu prüfen, bevor sie auf die Gesamtbank ausgeweitet wurden. Im Ergebnis konnten fünf für Senioren wichtige Anlässe definiert werden:

- Vorsorge für den Ruhestand
- Eintritt Ruhestand
- Reisen
- Unterstützung Familie/Enkel
- Immobilie/Altersruhesitz

In Projektgruppen wurden im Folgenden auf die definierten fünf Anlässe explizit ausgerichtete Verkaufshilfen und Gesprächsleitfäden zur täglichen Beraterunterstützung erarbeitet. Auf diese Weise soll es dem Berater erleichtert werden, die spezielle Lebenssituation der älteren Kunden zu verstehen, die richtigen Fragen zu stellen, nützliche Anregungen, Hilfestellungen und finanzielle Lösungen zu geben und nicht zuletzt neue Informationen über den Kunden zu erhalten. Für das Folgegespräch werden dann die erarbeiteten Anlässe des vorherigen Gesprächs wieder aufgegriffen und bearbeitet.

In der Pilotphase zeigten sich die Kundenberater aufgrund positiver Kundenfeedbacks vom Konzept überzeugt. Wurde zu Beginn von einigen Beratern die sehr persönliche Gesprächsgestaltung eher skeptisch beurteilt, haben die tatsächlichen Erfahrungen in der praktischen Anwendung diese Vorbehalte mehr als ausgeräumt. Dies war für den weiteren Verlauf sehr wichtig, da die Pilotteilnehmer als Multiplikatoren den innovativen Ansatz erfolgreich in das Gesamthaus tragen sollten.

4.5.1.5 Projektphase 4: Roll-Out

Pro Jahr finden bei der Kreissparkasse Ludwigsburg fünf bis sechs Schwerpunktkampagnen statt, die in der Regel auf zwei Monate ausgelegt sind. Im Rahmen der Schwerpunktkampagnen wird der kommunikative Schwerpunkt auf ein aktuelles Thema gelegt. In dieser Zeit werden sämtliche Kommunikationsinstrumente wie die Außenwerbung, Anzeigen, Internetauftritt, Hauswurfsendungen, Telefonie und das Radio daraufhin ausgerichtet. In einer solchen Kampagne wurden die Erkenntnisse aus der Pilotphase auf die Gesamtbank ausgeweitet. Die erste Schwerpunktkampagne konzentrierte sich auf die Kunden, die etwas für ihre finanzielle Absicherung und die Vorsorge ihrer Enkel unternehmen wollten. Nach dem Sprichwort „Als Eltern die Pflicht, als Großeltern die Kür" ging es im Rahmen der Schwerpunktkampagne „Unterstützung für den Enkel" um die Sensibilisierung der Großeltern für ihre Generationsverantwortung und die Rolle gegenüber den Enkeln. Anstatt den Markt immer mit ähnlichen Enkel-Ansparprodukten zu penetrieren, wurde das klassische Bankprodukt mit attraktiven Non-Banking-Paketen verknüpft, um eine Emotionalisierung der Bankbeziehung zu erreichen. Je nach Kundenpräferenz wurden unterschiedliche Sparprodukte, eine Ausbildungsversicherung oder ein Bausparvertrag abgeschlossen. Kombiniert wurden diese Bankprodukte entweder mit dem „Kuschel-Paket", das aus einem Original Steiff Bär und zwei Eintrittskarten in den Zoo oder einem „Sterngucker-Paket", das aus einem Zimmerplanetarium mit Fernrohr, Sternkarte und zwei Eintrittskarten ins Planetarium bestanden. Den Kunden wurden visualisierte Angebote offeriert und in diesem Zuge wurde das nicht greifbare und vermeintlich langweilige Bankprodukt mitplatziert. In diesem Konzept wurden die positiven Gefühle mit einem konkret erlebbaren Mehrwert gekoppelt und die Bedürfnisse über die eigentliche Grundleistung hinaus befriedigt.

Für eine erfolgreiche Umsetzung der Kampagne und einer erhöhten Projektakzeptanz fand als Auftakt in das Thema „50plus" ein Verkäufertag mit allen im Markt tätigen Mitarbeitern statt. Denn die interne Kommunikation ist neben der externen Kommunikation die Basis für eine erfolgreiche Konzeptumsetzung. Viele Mitarbeiter, vor allem die 20- bis 40-jährigen, haben häufig geringe Kenntnisse der Bedürfnisse der über 50-jährigen. Am Verkäufertag fanden neben den Präsentationen des Vorstands zur Zielgruppe auch Diskussionen der Verkäufer in Kleingruppen und Fragerunden statt.

Quelle: Kreissparkasse Ludwigsburg (2005).

Abbildung 3: Verkäufertag

Abbildung 4: Großflächenplakate bei der Schwerpunktkampagne

Die externe Kommunikation wurde direkt und aus Sicht des Enkels konzipiert. Mit Großflächenplakaten wie „Ich habe den besten Opa der Welt" (siehe Abbildung 4) sollte der emotionale Moment eingefangen werden.

Die Schwerpunktkampagne wurde darüber hinaus im Werbeflyer „Wir informieren" (siehe Abbildung 5) der Kreissparkasse Ludwigsburg beworben. Dieser wird vier bis fünf Mal im Jahr als Beilage in Tageszeitungen und per Hauspost im gesamten Landkreis Ludwigsburg verteilt. Kundenbefragungen haben gezeigt, dass dieses Medium eine hohe positive Wahrnehmung bei den Kunden und Nichtkunden auslöst und als informativ betrachtet wird.

Quelle: Kreissparkasse Ludwigsburg (2005).

Abbildung 5: Werbeflyer „Wir informieren"

Mit dem emotionalen Appell an die Zielgruppe „50plus" und der Positionierung als kompetenter Ansprechpartner sollten eine deutliche Verbesserung der Kundenzufriedenheit sowie des Marktanteils erreicht und gleichzeitig Erträge erwirtschaftet werden. Hierbei musste das Produktbündel einfach, nutzenstiftend und leicht erklärbar sein (Sparprodukt, Führerscheinsparen, etc.).

Im Zuge der Kampagne ergaben sich folgende Handlungsfelder:

- Erweiterung des bestehenden Kundenbetreuungskonzeptes um zielgruppenspezifische Anlässe im Leben der Kunden

- Erarbeitung von Verkaufshilfen und Gesprächsleitfäden zur Beraterunterstützung

- Training und Schulung der Beratung

- Ständige Sensibilisierung der Mitarbeiter für die Bedeutung der Zielgruppe „50plus" durch interne Kommunikationsmaßnahmen

- Aktive Ansprache der Anlässe in der externen Kommunikation

- Entwicklung innovativer Produktbündel, die aufmerksamkeitsstark zu zusätzlichen Ansprachenlässen und Kundenkontakten führen

Zusammenfassend lassen sich aus der Kampagne isoliert Ergebnisse und Erkenntnisse ableiten. Der Erfolg im Vergleich zum Aufwand ist aus wirtschaftlicher Sicht kritisch zu betrachten. Es konnte zwar ein Mehrverkauf der Produkte erreicht werden – allerdings stand der Aufwand im ungünstigen Verhältnis zu den Erträgen. Abgesehen von den finanziellen Faktoren, konnten jedoch Erfahrungen gesammelt werden, die noch heute für den Erfolg bedeutend sind:

- Kundenselektion: Das Konzept zeigte insbesondere bei den bislang relativ unbekannten Kunden die größten Beratungs- und Verkaufserfolge. Konsequenterweise sollte ein entsprechendes Kampagnen- und Customer Relationship Management zielgerichtet vor allem bislang „vernachlässigte" Kunden selektieren.

- Unterstützung durch ein Telefon-Outbound-Team für eine gezielte Terminvereinbarung: Während des Pilotprojektes wurden unterschiedliche Ansprachewege im Multikanal getestet. Dabei zeigte sich, dass die Zielgruppe für das zentrale Telefonteam gerade tagsüber sehr gut erreichbar und sowohl der Ansprache wie auch den konkreten Terminvereinbarungen gegenüber aufgeschlossen war. Es konnte eine sehr zufriedenstellende Terminquote von 40% erreicht werden.

- Einsatz einer strukturierten Gesprächsführung für den Beratungsprozess: Den Beratern muss eine klare Struktur der Gesprächsführung aufgezeigt werden, die die Thematisierung der Anlässe in den Mittelpunkt des Gesprächs rückt.

- Aktive Ansprache: Je besser es gelingt, die Anlässe auf allen oben genannten Ebenen zu thematisieren und damit aktiv anzusprechen, desto erfolgreicher werden sich Verkauf und Kundenbeziehung in Zukunft bei der Zielgruppe 50plus entwickeln.

4.5.2 Gegenwart des Konzeptes

Aufgrund der positiven Erfahrungen mit der Kundengruppe „50plus", liegt der Kreissparkasse Ludwigsburg sehr viel daran, sie in ihr Betreuungskonzept weiter zu integrieren um damit den Nutzen des Gesamthauses entsprechend zu steigern. Bereits 2003 wurde ein ganzheitlicher Beratungsansatz „Anders Verkaufen Als Andere" (AVAA) eingeführt und geschult. 2006 wurde der Finanz-Check, ein strukturierter Gesprächsleitfaden, integriert. Die Basis des Finanz-Checks stammt aus dem Finanzkonzept des Deutschen Sparkassen- und Giroverbands (DSGV). Aus den Erfahrungen der strukturierten Beratungen mit AVAA und dem Finanz-Check wurde in den letzten Jahren von der Kreissparkasse Ludwigsburg die ganzheitliche und strukturierte Beratung individualisiert und flächendeckend institutionalisiert. Das Finanzkonzept dient neben der Ausschöpfung der Cross-Selling-Potenziale zum einen der Steigerung der Kundenbindung und -zufriedenheit, wie auch der Erhöhung der Produktnutzungsquoten je Kunde.

Quelle: Eigene Darstellung.

Abbildung 6: Standardprozess des Gesprächsablaufs im Rahmen des Finanz-Check

Als Verkaufshilfe setzen die Berater Leitfäden ein, bei denen die Senioren auf bestimmte Anlässe angesprochen werden:

46-64 Jahre	Ab 65 Jahre
Wohnträume verwirklichen (Eigene 4 Wände, Wohnen in der Sonne, Modernisieren, Wohnraum anpassen, Nutzung staatlicher Förderungen)	Unterstützung der Familie (Eigenheim der Kinder/ Enkel, Berufsstart der Enkel, für besondere Anlässe)
Steuern sparen (Freibeträge ausnutzen/ keine Steuern bezahlen, Zuschüsse erhalten, Vermögen steuerbegünstigt weitergeben)	Optimale Vermögensregelung (Vermögen steuerbegünstigt weitergeben, Freibeträge ausnutzen/ keine Steuern bezahlen, Nachlass rechtzeitig regeln)
Unterstützung der Familie (z. B. für das Eigenheim der Kinder, Ausbildung der Enkel)	Geld anlegen (Sichere, überschaubare, schnelle Verfügbarkeit, Zusatzeinkommen schaffen/ erhalten)
Geld anlegen (Chancen nutzen, steueroptimiert Geld anlegen, fällige Gelder anlegen, z. B. Lebensversicherungen, Zusatzeinkommen schaffen)	Altersgerechte Wohnsituation (Wohnraum anpassen, Unterstützung in den eigenen vier Wänden, nicht alleine wohnen, Kinder zu sich holen, betreutes Wohnen)
Geldgeschäfte bequem erledigen (Direktbanking, per Telefon/ Fax, per Internet, bequem von überall)	Lebensqualität (Verbessern/ erhalten, sich leisten können, was Spaß macht)

Quelle: Kreissparkasse Ludwigsburg (2009).

Abbildung 7: Beraterleitfaden im Rahmen des Finanzchecks für die Kundengruppe 46-64 Jahren und ab 65 Jahren

In den nachfolgenden Gesprächen erfolgt der Einstieg über die Anlässe, die aktuell sind oder in den vorherigen Gesprächen herausgearbeitet wurden.

Gerade in Zeiten sinkender Margen, steigenden Kostendrucks und Leistungshomogenisierung will die Kreissparkasse Ludwigsburg sich als Qualitätsführer und Marktführer im Landkreis weiter positionieren. Mit dem Finanz-Check als strukturiertem Beratungsleitfaden, der die individuellen Bedürfnisse der Senioren herausfiltert, ist die Kreissparkasse Ludwigsburg bereits sehr gut aufgestellt. Zur Qualitätsführerschaft bedarf es jedoch neben dem Erhalt der Beratungsqualität noch weiterer Maßnahmen zur Kundenbindung. Eine entscheidende Einflussgröße auf die Kundenbindung sind zufriedene Kunden. Je höher die Kundenzufriedenheit ist, umso geringer ist auch die Absicht, die Bank zu wechseln. Denn auch wenn die Wechselbereitschaft der Senioren im Alter abnimmt,[6] so sind sie doch aufgrund der Preistransparenz am Markt preissensibler geworden und damit auch abwanderungsgefährdeter.

Damit die Senioren das Angebot der Kreissparkasse Ludwigsburg differenziert von anderen Banken wahrnehmen und sie hieraus ein Zusatznutzen erleben, legt die Kreissparkasse Ludwigsburg in ihrem Seniorenbetreuungskonzept neben den Produkten und Vertriebskanälen auch sehr starken Wert auf die emotionale Komponente:

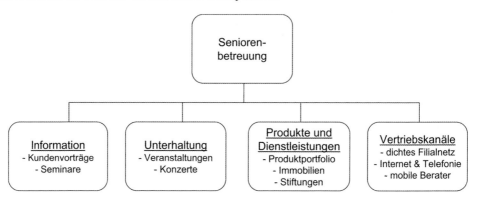

Quelle: Eigene Darstellung.

Abbildung 8: Seniorenbetreuungskonzept

4.5.2.1 Information

Neben der permanenten Betreuung finden regelmäßig Kundenveranstaltungen statt. In der ersten Vortragsreihe unter dem Motto „Finanzen und mehr" wurde beispielsweise ein Vortrag über „Anlageformen" angeboten. Hierbei wurden von Kreditkarten über Sparmöglichkeiten für die Enkel bis hin zum Fondsparen und noch viele andere Themen berichtet. Weitere Vorträge handeln vom Wohnen im Alter, Betreuungsrecht, Versicherungen, Steuern und Erben & Vererben. Darüber hinaus findet monatlich ein Seminar statt, in dem besonders die Kundengruppe „50plus" den Umgang mit dem Online Banking lernen können und über die bestehenden Sicherheitsstandards informiert werden.

4.5.2.2 Unterhaltung

Die Kreissparkasse Ludwigsburg richtet mehrmals im Jahr zahlreiche gesellschaftliche, sportliche und kulturelle Veranstaltungen und Konzerte aus. Beispiele hierfür sind das traditionelle Weihnachtskonzert, Lesungen, Open Air-Konzerte und regelmäßige Jazz- und Bluesabende.

---

[6] Kundenbefragung der Kreissparkasse Ludwigsburg mit ICON (2005): Die Wechselwahrscheinlichkeit sinkt im Alter. In den Altersgruppen zwischen 26-40 Jahren liegt die Wechselbereitschaft bei 52% der Kunden. Bei den Kundengruppen ab 50 sinkt sie auf 43%, bei den Kunden ab 61% auf 30%.

Diese stoßen gerade bei der Klientel „50plus" auf großen Anklang und zeigen, wie unternehmungslustig und interessiert diese Kundengruppe ist und auch dementsprechend betreut werden möchte.

4.5.2.3 Produkte und Dienstleistungen

Neben dem „klassischen" Produktportfolio, das im Rahmen der ganzheitlichen Beratung auf die Bedürfnisse des Kunden zugeschnitten wird, steht die Kreissparkasse Ludwigsburg bei allen Fragen rund um die Immobilie (Auswahl, Beratung, Finanzierung) zur Verfügung. In der Immobiliendatenbank werden speziell für die Kundengruppe „50plus" Immobilien angeboten, die sich für betreutes oder barrierefreies Wohnen interessieren.

Aus der Idee heraus, einzelne Kundencluster aus der Kundengruppe „50plus" herauszugreifen und zu bearbeiten, entstand seit 2007 die neue „Stiftergemeinschaft der Kreissparkasse Ludwigsburg". Eine Stiftung ist beispielsweise für Kunden interessant, die

- sich bereits mit dem Gedanken der Stiftungserrichtung beschäftigt haben,
- regelmäßig hohe Spenden tätigen,
- sich generell durch hohes soziales Engagement und entsprechendes Vermögen auszeichnen,
- eine nachhaltige dauerhafte Erinnerung an ihr gemeinnütziges Engagement schaffen wollen,
- keine direkten Nachfahren haben oder nicht das gesamtes Vermögen hinterlassen wollen.

Der Kunde kann sich auf die Entscheidung über den für ihn individuell, gewünschten Stiftungszweck konzentrieren, während die Kreissparkasse Ludwigsburg das Vermögensmanagement übernimmt. Ein kompetenter und erfahrener Treuhänder erledigt für das gemeinsame Stiftungsprojekt alle erforderlichen Verwaltungsaufgaben, steuerlichen Prüfungen und die Ausschüttung der Stiftungserträge.

4.5.2.4 Vertriebskanäle

Die Kreissparkasse Ludwigsburg verfügt über ein sehr dichtes Filialnetz. Dies ermöglicht eine gute Erreichbarkeit für Senioren, die nicht mehr so weite Anfahrtswege zurücklegen können.

Das Seniorenkonzept berücksichtigt ebenfalls das Internet als Vertriebsmedium. Ein bedarfsorientierter Einstieg in die Produktwelt der Sparkasse verschafft der Zielgruppe „50plus" einen unkomplizierten und einfachen Zugang. Zum einen wurde der Produktfinder nach Lebensphasen und darüber hinaus nach aktuellen finanziellen Bedürfnissen ausgelegt.

Ergänzt werden diese Kanäle durch die mobile Beratung. Senioren, die beispielsweise aus gesundheitlichen Gründen eine Filiale nicht selbst besuchen können, werden von den mobilen Beratern zu Hause beraten. Die mobilen Berater stellen eine wichtige strategische Ergänzung der bestehenden Vertriebswege dar und sind somit auch ein wichtiger Bestandteil des Multikanalmanagements.

Das hier vorgestellte Konzept basiert auf der Überzeugung, dass in erster Linie die Kundenbindung zu einer dauerhaft hohen Rentabilität führt. Kundenbindung, Bankloyalität und Kundenzufriedenheit stehen eng miteinander in Beziehung. Bekanntlich ist die Investition in die Kundenbindung geringer als in die Neukundengewinnung. Es hat sich in vielen Fällen bestätigt, dass es günstiger ist, einen Kunden zu halten, als einen neuen Kunden zu gewinnen.[7] Deshalb ist das Wissen um die Bedürfnisse und die Erwartungen der eigenen Kunden von überragender Bedeutung.

4.5.3 Zukunft des Konzeptes

Auch in Zukunft wird die Kreissparkasse Ludwigsburg die Entwicklung auf dem „Senioren-markt" intensiv beobachten, und kontinuierlich Konzepte und Produkte in Hinblick auf die sich ständig veränderten Erwartungen in der Zielgruppe prüfen – immer unter Berücksichtigung der Kosten und des Nutzens.

Aktuell wird ein Provisionsmodell für Kunden-Vermittlungen durch im Ruhestand/ Pension befindliche Mitarbeiter der Kreissparkasse Ludwigsburg eingeführt. Die Idee resultiert aus der Tatsache, dass jährlich Mitarbeiter in den Ruhestand/Altersteilzeit gehen, wovon ca. 65% im Verkauf tätig waren. Somit verlassen meist erfahrene und langjährige Verkäufer das Haus mit einer hohen emotionalen Bindung an die Kreissparkasse Ludwigsburg und geben teilweise langjährige Kundenbeziehungen auf. Dieses Potenzial in Form von Bekanntheitsgrad und Erfahrung soll dahingehend genutzt werden, dass die ehemaligen Mitarbeiter weiterhin als Vermittler tätig sind. Denn gerade bei ihnen bekommt der Kunde das Gefühl, von jemand beraten zu werden, der dieselben Interessen und Bedürfnisse hat. Die regionale Ausrichtung der Kreissparkasse Ludwigsburg ermöglicht die Umsetzung eines solchen Konzeptes. Inwieweit dies auf andere Banken einheitlich übertragbar ist, ist je nach Filialdichte und Mitarbeiterstruktur unterschiedlich.

In der verkäuferischen Aus- und Fortbildung der Kreissparkasse Ludwigsburg spielt die zielgruppenadäquate Kundenansprache und Beratung eine wesentliche Rolle – nicht nur für Senioren.

4.5.4 Zusammenfassung

Im Rahmen des Projekts wurde mit der Kundengruppe „50plus" besonders seit 2003 viele Erfahrungen gesammelt. Denn das Verhalten und die Ansprüche der Senioren haben sich im Vergleich zu früheren Generationen geändert und werden sich auch in Zukunft ständig ändern. Es handelt sich weder um eine homogene Gruppe noch ist die Unterteilung in verschiedene Alterssegmente immer zweckmäßig. Oftmals ist es sinnvoller und erfolgsversprechender, Kampagnen an Anlässen zu orientieren (z. B. Geburt des Enkels, Rentenbeginn…) oder einzelne Kundencluster herauszugreifen und zu bearbeiten. Hierfür können Kampagnen auch durchaus innovativ und experimentierfreudig sein. Beispielsweise hat sich die Kombination eines Bankprodukts mit einem passenden Non-Banking-Produkt (in Form eines attraktiven

---

[7] Vgl. Meffert (2008), S. 16.

Events oder einem Gegenstand) als sehr interessant und beliebt bei den Kunden erwiesen. Auch wenn die Kampagnen sich – kurzfristig betrachtet – nicht immer wirtschaftlich rechnen, so sind sie doch Investitionen in die Zukunft. Denn es kommt auf die Erfahrungen an, die gemacht werden und auf denen aufgebaut werden kann. Zudem stellen wird fest, dass die kommunikative Wirkung bei Kunden und Nichtkunden positiv ist und sich die Sparkasse gegenüber Wettbewerbern in der Zielgruppe positionieren kann. Idealerweise kann immer ein Nutzen gezogen werden – ob in qualitativer oder quantitativer Form.

Es ist daher wichtig, den Markt mit seinen Veränderungen kontinuierlich zu beobachten und jeden Trend zu prüfen oder auch zu nutzen. Geeignet hierfür sind vor allem regelmäßige Kundenbefragungen und Marktanalysen. Aktuell wird eine Balanced Scorecard für das Gesamthaus entwickelt. In diese Konzeption fließen unter anderem auch Erfahrungen mit der Kundengruppe „50plus" zur strategischen Ausrichtung ein.

Zusammenfassend legt die Kundengruppe „50plus" meist größeres Gewicht auf persönliche Beziehungen und Qualität als jüngere Kunden. Die Befriedigung dieses Informationsbedürfnisses der Kunden kostet zwar Zeit, zahlt sich jedoch angesichts des Potenzials aus. Denn auch bei Kunden im beginnenden Seniorenalter kann mit einer Kundenbindung von rund 30 Jahren gerechnet werden. Allerdings darf die Kundenpflege nicht mit einer Kundensonderrolle verwechselt werden. Diese Kunden wollen nicht erkennbar anders angesprochen werden. Der entscheidende Erfolgsfaktor in der Kundenbindung ist eine persönliche, auf die Bedürfnisse zugeschnittene, einfühlsame Beratung nach dem Motto „langfristiges Beziehungsmanagement statt kurzfristiger Produktverkauf".

Literatur

4P CONSULTING (2005): „Ganzheitliche Steuerung der Intensivierung des Verkaufs im Seniorenmarkt", Stuttgart, 2005.

FÖSKEN, S. (2009): „Ältere sind schwer zu durchschauen", Absatzwirtschaft (04, 2009), S. 66-67.

KAPLAN, R. S. und NORTON, D. P. (1992): „The Balance Scorecard – Measures that Drive Performance", Harvard Business Review (01-02, 1992), S. 71-79.

MEFFERT, H. (2008): „Marketing : Grundlagen marktorientierter Unternehmensführung; Konzepte, Instrumente, Praxisbeispiele", 10. vollst. überarb. und erw. Auflage, Wiesbaden 2008.

STATISTISCHES BUNDESAMT (2009): „Bevölkerungsvorausberechnung", Zugriff am: 11.05.2009.
http://www.destatis.de/jetspeed/portal/cms/Sites/destatis/Internet/DE/Navigation/Statistiken/Bevoelkerung/VorausberechnungBevoelkerung/VorausberechnungBevoelkerung.psml

WICKEL, H. P. (2006): „Seniorenmarketing – Ewige Jugend", Sparkasse (06, 2006).

5 Kunden mit Migrationshintergrund

Michael Saleh Gassner

Beauftragter für Zertifizierung islamischer Finanzprodukte

des Zentralrates der Muslime in Deutschland

5.1 Erwartung islamischer Kunden an Banken

5.1.1 Einleitung

Was sind die Erwartungen der Muslime in Deutschland an den Finanzsektor? Dies ist eine Fragestellung, die lange Zeit nicht gestellt wurde. Dies ist umso überraschender, weil für ein klar abgegrenztes Marktsegment von einiger Bedeutung – auf die Marktgröße wird noch dezidiert eingegangen – ein entsprechendes Angebot fehlt.

Dies hat verschiedenste Ursachen: Zum einen sind islamische Finanzprodukte auch international erst seit Mitte der 1970er Jahre wieder entwickelt worden, nachdem diese im Zuge der Kolonialisierung zunächst abgeschafft worden waren. Zum anderen hat sich die Kundennachfrage auch in den muslimischen Ländern erst durchsetzen müssen. In Deutschland sind zudem die religiösen Anforderungen an islamische Finanzprodukte den Banken weitgehend unbekannt. Erst in den letzten Jahren erscheinen dazu zunehmend praxisorientierte Fachbücher. Nicht zuletzt sind auch die Entscheidungsträger in Banken heute oft noch ohne persönlichen Kontakt zu muslimischen Mitbürgern, während für die jüngeren Generationen von Bankern muslimische Freunde und Bekannte Alltag sind.

5.1.2 Charakterisierung islamischer Bankprodukte

5.1.2.1 Ethisch religiöse Grundlagen islamischer Bankprodukte

Der Islam gehört zu den abrahamitischen Religionen und erkennt alle Gesandten und Propheten an, einschließlich Jesus, und jeder fromme Muslim fügt nach der Nennung eines Propheten die islamischen Friedens und Segengrüße für diese an. Aufgrund dieser theologischen Verwandtschaft sind auch weite Bereiche der jeweiligen Glaubenslehren in Übereinstimmung – selbst das Zinsverbot ist im Alten wie im Neuen Testament bekannt. Die Ausformulierung selbst ist allerdings im Koran am vehementesten, wie die folgenden Auszüge zeigen:

[Sura Al Rum (30), verse 39]

وما ءاتيتم من ربا ليربوا فى امول الناس فلا يربوا عند الله وما ءاتيتم من زكوة تريدون وجه الله فاولئك هم المضعفون

„Und was immer ihr auf Riba verleiht, damit es sich mit dem Gut der Menschen vermehre, es vermehrt sich nicht vor Allah; doch was ihr an Zakah entrichtet, indem ihr nach Allahs Antlitz verlangt, sie sind es, die vielfache Mehrung empfangen werden."

Der Koran wurde etwa über einen Zeitraum von 20 Jahren verkündet. Verbote wurden häufig in Stufen erlassen, so beim Alkohol und dem Glücksspiel bei dem zunächst nur auf das Überwiegen der Nachteile gegenüber den Vorteilen abgehoben wurde, bis zu einem späteren Zeitpunkt der Offenbarung ein vollständiges Verbot erlassen wurde. Dieses Vorgehen spiegelt sich auch im obigen Vers gegen den Geldzins (Riba) wider, der lediglich sagt, dass sich der Zins nicht vermehrt bei Gott, allerdings die wohltätige Pflichtabgabe, das Zakat. Diese Formulierung ist recht nahe am Neuen Testament:

Lukas VI: 34-35:

6:34: „Und wenn ihr leihet, von denen ihr hoffet zu nehmen, was für Dank habt ihr davon? Denn die Sünder leihen den Sündern auch, auf daß sie Gleiches wiedernehmen."

6:35: „Vielmehr liebet eure Feinde; tut wohl und leihet, daß ihr nichts dafür hoffet, so wird euer Lohn groß sein, und ihr werdet Kinder des Allerhöchsten sein; denn er ist gütig über die Undankbaren und Bösen."

Schlussendlich sind die zuletzt offenbarten Verse zum Thema im Koran wesentlich schärfer als die Quellenlage im Judentum oder Christentum:

[Sura Al Baqarah (2), verse 275]

الذين ياكلون الربوا لا يقومون الا كما يقوم الذى يتخبطه الشيطن من المس ذلك بانهم قالوا انما البيع مثل الربوا واحل الله البيع وحرم الربوا فمن جاءه موعظة من ربه فانتهى فله ما سلف وامره الى الله ومن عاد فاولئك اصحب النار هم فيها خلدون

„Diejenigen, die Riba verschlingen, sollen nicht anders dastehen als wie einer, der vom Satan erfaßt und zum Wahnsinn getrieben wird. Dies (soll so sein,) weil sie sagen: Handel ist dasselbe wie Riba-nehmen. Doch Allah hat den Handel erlaubt und das Riba-nehmen verboten. Und wenn zu jemandem eine Ermahnung von seinem Herrn kommt und er dann aufhört - dem soll verbleiben, was bereits geschehen ist. Und seine Sache ist bei Allah. Wer es aber von neuem tut - die werden Bewohner des Feuers sein, darin werden sie ewig bleiben."

Diese überdeutliche Ermahnung steigert sich in den folgenden Versen bis zur Stufe der Kriegserklärung mit Gott. Eine solche Schärfe ist aus anderen religiösen Schriften unbekannt. Dies erklärt auch, warum bis heute praktizierende Muslime so besorgt hinsichtlich des Zinsverbotes sind.

Der Islam ist also kein Pionier des Zinsverbotes, hat es aber besonders deutlich herausgestellt. Die Erklärung hingegen für die Rationalität des Zinsverbotes wurde bereits von den griechischen Philosophen am prägnantesten formuliert:

Aus Aristoteles' „Politik" 1. Buch, 1258b:

„So ist der Wucher [gemeint ist Zins] hassenswert, weil er aus dem Geld selbst den Erwerb zieht und nicht aus dem, wofür das Geld da ist. Denn das Geld ist um des Tauschens willen erfunden worden, durch den Zins vermehrt es sich dagegen durch sich selbst."[1]

In diesem Sinne kann auch der folgende Ausspruch des Propheten Muhammad, Friede sei mit ihm, gesehen werden:

---

[1] http://de.wikipedia.org/wiki/Zins

„Gold für Gold, Silber für Silber, Weizen für Weizen, Gerste für Gerste, Datteln für Datteln und Salz für Salz - gleiches für gleiches, dasselbe für dasselbe und von Hand zu Hand. Wenn die Ware sich unterscheidet, so könnt Ihr handeln wie ihr wollt, soweit der Handel von Hand zu Hand erfolgt."

Daraus folgt die einfachste Erklärung: Kein Mehrwert für Geldverleih, nur bei Tausch oder Produktion werden Werte geschaffen. Ein Austausch von Gleichem hat keinen Mehrwert.

5.1.2.2 Übersicht über islamische Finanzprodukte

Wenn also Muslime in Deutschland keinen Geldzins akzeptieren, welche Produkte soll ihnen dann eine Bank anbieten können? Hier bieten sich verschiedene Lösungen an:

- Geldmittelkredite: eingeschränkt ohne Zins, genossenschaftlich denkbar wie in Schweden und Dänemark durch die JAK Medlembank seit über 20 Jahren

- Sachmittelkredite: spezifische Varianten von Leasing oder Abzahlungskauf, eventuell über die Leasingtochter einer Bank

- Takaful: Spezielle Versicherungen für Muslime auf Basis der Solidarität und gegen Verwaltungsgebühren ähnlich der Versicherungsvereine auf Gegenseitigkeit

- Eigenkapitalbeteiligungen

- Aktienbasierte Anlageprodukte, die in Aktien investieren und bestimmten Toleranzkriterien bezüglich finanzieller Kennzahlen genügen und nicht wesentlich in verbotenen Industriebereichen tätig sind.

- Geschlossene Fonds, die in islamkonforme Vermögensgegenstände investieren

Finanzierungen und Kapitalanlagen sind also mit Einschränkungen weiterhin möglich und Erträge keineswegs verpönt. Der einzige Prophet, der Kaufmann war, ist der letzte der Propheten. Fairness und Gerechtigkeit sind aber zentral; die Kaufleute die sich daran halten, werden einen besonders guten Platz im Paradies erhalten. Wer Geschäfte macht, muss dabei Risiken tragen und nicht nur das Kreditrisiko. Das deutsche Wort Risiko wird von Etymologen teils auf das arabische Wort Rizq zurückgeführt, was die Belohnung Gottes bedeutet für Wagnisse, die man eingeht.

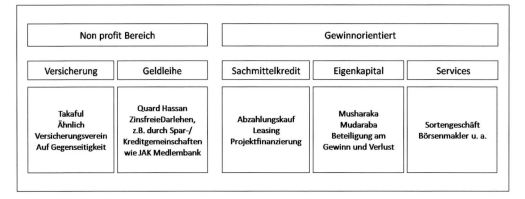

Quelle: Eigene Darstellung.

Abbildung 1: Übersicht über islamische Finanzprodukte

5.1.2.3 Der Markt für islamische Finanzprodukte

Auf Basis dieser genannten Grundsätze und weiterer Details ist heute ein globaler Markt für Islamic Finance entstanden. Die Ratingagentur Standard & Poors's sieht das Gesamtvolumen von Islamic Finance bei 700 Mrd. Dollar, die internationale Unternehmensberatung Arthur D. Little bei 800 Mrd Dollar und einer Wachstumsrate von 10-20%. Für 2015 prognostiziert Arthur D. Little bereits eine Weltmarktgröße von 4000 Mrd. Dollar. [2]

Diese Zahlen sind umso beeindruckender, wenn man bedenkt dass erst Ende der 1960er Jahre in Ägypten an der Wiedereinführung von Islamic Finance begonnen wurde – dies durch das so genannte Mit Ghamr Bankprojekt, dass den deutschen Sparkassen nachempfunden wurde. Initiator war Dr. Ahmad El Naggar, der in Köln studiert hat. Durch ihn hatte gerade Deutschland einen großen Anteil an der Entwicklung islamischer Finanzprodukte, eine Tatsache, die vielfach nicht mehr bekannt ist. Im Folgenden wurde 1975 die erste kommerzielle Bank gegründet, Dubai Islamic Bank. Heute gibt es über 300 islamische Finanzinstitute weltweit.

Das Wachstum wird von demografischen Entwicklungen, rohstoffreichen Regionen und wachsenden Marktanteilen getrieben. So sind die Marktanteile islamischer Banken selbst in muslimischen Kernländern erst bei 40% (Saudi-Arabien), 21% (Kuwait) und 20% (Vereinigte Arabische Emirate).[3] Vielfach wurde die Entwicklung von der Bevölkerung getragen und zumindest zu Beginn kaum von staatlicher Seite unterstützt. Auch in den USA, Kanada und Australien gibt es entsprechende nachfragegetriebene Angebote.

In jüngster Zeit haben jedoch gerade zwei europäische Länder eine staatlich getriebene Vorreiterrolle übernommen: Großbritannien und Frankreich.

In Großbritannien wurde eine Arbeitsgruppe bei der Zentralbank angesiedelt und von Industrievertretern, muslimischen Organisationen und Spitzenkanzleien ins Leben gerufen, um zu

---

[2] Vgl. Arthur D. Little (2009), S. 1.
[3] Vgl. Arthur D. Little (2009), S. 1.

eruieren, welche Anpassungen vonnöten sind, um Islamic Finance zum Durchbruch zu verhelfen. Man erkannte verschiedene steuerliche Regelungen als nachteilig für islamische Finanzierungsverfahren und hat hierfür über einen Zeitraum von drei Jahren Anpassungen vorgenommen. Ziel war es ausdrücklich, die in Großbritannien lebenden muslimischen Bürger auch in finanzieller Hinsicht in die Gesellschaft einzubinden (financial inclusion). Die öffentliche Bekundung auch eine eigenständige islamische Bank in Großbritannien zu begrüßen, hat zur Gründung der Islamic Bank of Britain im Jahre 2004 geführt.

Frankreich hat erst später begonnen, sich mit der Thematik zu befassen – man ist jedoch besonders stolz, die notwendigen Anpassungen insbesondere im Steuerrecht in nur 12 Monaten geschafft zu haben und damit wesentlich schneller gewesen zu sein, als die britischen Kollegen. Involviert waren dabei die Regierung, hier insbesondere der Minister für Wirtschaft und Finanzen, der Senat, die verschiedenen Regulierer und die Industrievertreter. Die Finanzplatzinitiative Europlace hat hierzu ein Islamic Finance Committee gegründet. Das neue, positive Umfeld wird voraussichtlich noch im Jahre 2009 zur Gründung der ersten islamischen Bank in Frankreich führen.

Deutschland befindet sich erst im Stadium der konzeptionellen Vorbereitung von Islamic Finance. So fanden in Deutschland verschiedene Konferenzen statt: 2007 das 2. Islamic Financial Services Forum mit der Deutschen Bundesbank als Gastgeber und dem internationalen Verband der Regulierer für Islamic Finance, dem Islamic Financial Services Board, als Veranstalter. Im Anschluss daran wurden im Rahmen einer Folgekonferenz an der Philipps-Universität Marburg Probleme des Islamic Finance aus finanzierungstheoretischer Sicht diskutiert. Das Mitglied des Executive Board der Deutschen Bundesbank, Rudolf Böhmler, hat zum Thema Islamic Finance klar ausgeführt, dass er eine ähnliche Entwicklung wie in Großbritannien gut und willkommen heiße für den Finanzplatz Deutschland und ebenso auf noch anzupassende steuerliche und rechtliche Rahmenbedingungen verwiesen. Ebenso beklagte er das fehlende Zielgruppenmarketing gerade für die Muslime in Deutschland. Im Rahmen der Integrationsdebatte gestand er ein, dass er zunächst befürchtet habe, Islamic Finance könnte die Parallelgesellschaft verstärken. Nun sei er aber zur gegenteiligen Überzeugung gelangt und sehe darin gerade einen positiven Beitrag. Auch hier ist also ein wichtiger Erkenntnisprozess in Gang gesetzt worden, der die weitere Diskussion begleiten wird.

5.1.3 Islamische Bankprodukte in Deutschland

5.1.3.1 Quelle der Nachfrage nach islamischen Bankprodukten

Ein erster Eindruck vom Nachfragepotenzial islamischer Bankprodukte lässt sich den Anfragen entnehmen, die an den Zentralrat der Muslime in Deutschland gerichtet wurden. Typische Anfragen sind:

„Ich werde wohl wieder in eine Mietswohnung einziehen (trotz ca. 900 Euro Miete). Ich möchte kein schlechtes Gewissen haben."

„Gibt es irgendwo in Deutschland eine islamische Bank? Nur für ein normales Konto?"

„In den letzten Jahren haben mir einige Brüder erzählt, dass ich diese Verträge und Versicherungen alle kündigen müsse, da diese auf Grund von (auch minimalen) Zinsen „haram" seien."

„Wenn ich Sie richtig verstanden habe, gibt es momentan in Deutschland keine Option, eine Eigenheim-Finanzierung durch eine islamische Bank zu sichern? Und auch die Islamic Bank of Britain wäre für uns keine Lösung? Auch nicht über die Deutsche Bank? Dann wollen wir hoffen, dass sich in dieser Hinsicht, auch im Hinblick auf die Wirtschaftskrise, in nächster Zeit Positives auch in Deutschland entwickelt."

„Ich habe zurzeit eine Baufinanzierung mit Zinsen am Laufen und möchte unbedingt auf das Islamische Finanzierungssystem umsteigen. Gibt es eine Bank, die eine Baufinanzierung auf Islamische Art in Deutschland anbietet oder Banken aus dem Ausland, die auch für Leute, die in Deutschland leben, so eine Finanzierung anbieten?"

„Besteht für deutsche Mitbürger die Möglichkeit im Ausland d. h. in England, Finanzierungsangebote einzuholen. Funktioniert sowas?"

"Mein Mann und ich haben einen großen Traum vom Hauskauf bzw. evtl. -bau. Allerdings wünschen wir es dies nach islamischer Regeln zu finanzieren, soweit möglich. Wir sind beide berufstätig und haben einen sehr gesicherten Arbeitsplatz und verdienen recht gut. Somit wagen wir es, mit dem Gedanken einer Hauskauf zu spielen."

Die eingangs geschilderten klaren Aussagen im Quran sind bei Muslimen nachwievor tief verankert. Die Religiosität spielt bei Muslimen eine klar größere Rolle im Leben als bei Nichtmuslimen wie die Bertelsmann Stiftung im Religionsmonitor nachweist.

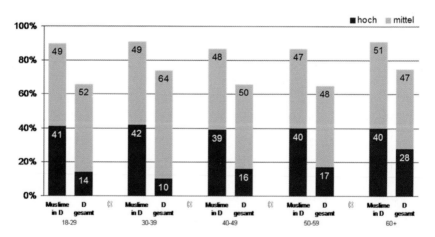

Quelle: Grafik erstellt in Anlehnung an: Bertelsmann Stiftung (2008).

Abbildung 2:   Hohe Bedeutung der Religiosität im Vergleich der Generationen bei Muslimen und der Gesamtgesellschaft in Deutschland

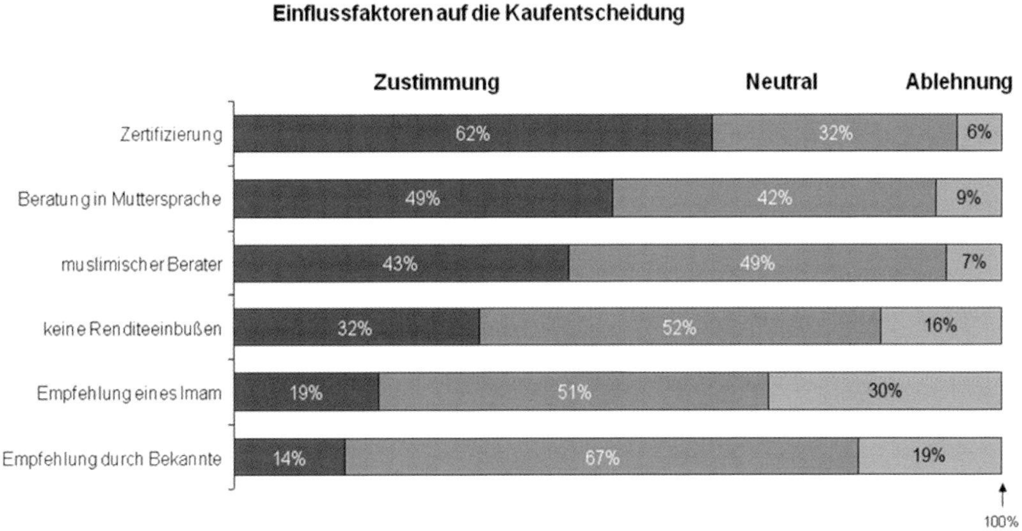

Einflussfaktoren auf die Kaufentscheidung

Abbildung 3: Einflussfaktoren auf die Kaufentscheidung

Muslime vermissen ein Angebot an islamischen Bankprodukten in Deutschland. Diese Aussage ist auch über die verschiedenen Altersgruppen gültig. Dennoch konnten bisher 95% der Muslime noch keine Erfahrungen mit Islamic Finance machen.[4] Schlechte Information von den wenigen Anbietern von Anlageprodukten und fehlendes Produktangebot sind die Gründe. Gründe, die aufgrund der demografischen Entwicklung zu hinterfragen sind.

Die Universität Tübingen hat 2006 eine Szenario-Analyse zum Thema Islam in Deutschland 2030 durchgeführt. Zwar fallen die Wachstumsraten der muslimischen Bevölkerung, dennoch steigt kontinuierlich der Bevölkerungsanteil weiter an auf bis zu 10% der Gesamtbevölkerung,[5] wobei in Ballungsgebieten dieser Prozentsatz mit 30% deutlich übertroffen werden wird. Finanzinstitute, die in diesen Räumen tätig sind, sollten im Eigeninteresse die Einführung von Islamic Finance prüfen. In absoluten Zahlen beträgt die muslimische Bevölkerung in Deutschland ca. 3,2 Millionen (davon ca. 2,4 Millionen türkisch-stämmig), weist ein durchschnittliches Haushaltseinkommen von ca. 71% des Bundesdurchschnitts und eine Sparquote von ca. 18% (Bundesdurchschnitt ca. 10%) auf[6].

Welche Produkte fragen muslimische Kunden konkret nach? Basierend auf den Anfragen an den Zentralrat der Muslime und die Analyse von Booz & Company[7], erweisen sich Baufinanzierung und Geldanlagen als wichtigste Produkte. Genauer gesagt interessieren sich muslimische Kunden für folgende shariah-konforme Produkte:

---

[4] Vgl. Wackerbeck/Gushurst (2008), S. 2.
[5] Vgl. Blume (2006), S. 4.
[6] Vgl. Wackerbeck/Gushurst (2008), S. 1.
[7] Vgl. Wackerbeck/Gushurst (2008), S. 4.

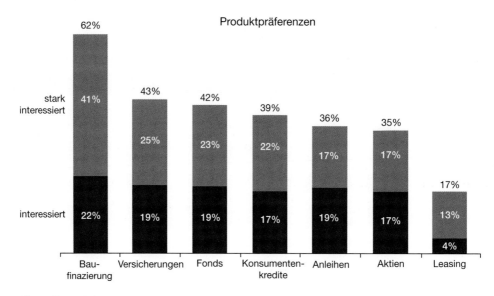

Quelle: Grafik erstellt in Anlehnung an: Wackerbeck./Gushurst (2008).

Abbildung 4: Produktpräferenzen

5.1.3.2 Marktvolumen

Generell spricht man von einem Marktpotenzial für Deutschland von[8]

- Baufinanzierungen: 400 Mio Euro jährlich
- Konsumentenkredite: 220 Mio Euro jährlich
- Geldanlagen: 590 Mio Euro jährlich

Im Ganzen also durchaus markfähige Größenordnungen.

Übersetzt man zusätzlich das im Abschnitt 3.1 skizzierte Nachfragepotenzial nach islamischen Finanzprodukten in ein konkretes Marktvolumen, eignet sich folgendes Gedankenexperiment: Man ermittelt das Kundenpotenzial für eine durchschnittliche Sparkasse, um abzuschätzen, ob sich spezialisierte Institute lohnen: In Deutschland gibt es circa 457 Sparkassen bei einer Gesamtbevölkerung von 82 Millionen; mit anderen Worten eine Sparkasse für 180.000 Einwohner. Berücksichtigt man, dass circa 3,2 Millionen Muslime in Deutschland leben, könnten mehrere Institute erfolgreich Islamic Finance anbieten. Rein rechnerisch besteht also Nachfrage-Potenzial seitens der muslimischen Klientel im Umfang von etwa 20 Sparkassen.

---

[8] Vgl. Wackerbeck/Gushurst (2008), S. 1.

5.1.3.3   Rechtliche Anforderungen an islamische Finanzprodukte

Grundvoraussetzung an islamische Finanzprodukte ist eine so genannte Fatwa oder Zertifizierung als islamische Produkte. Der Zentralrat der Muslime bietet dieses Serviceangebot an. International sind hierzu so genannte Sharia Boards mit bekannten islamischen Rechtsgelehrten als Prüfungsinstanz üblich.

Die Vorgehensweise ist dabei iterativ. Es wird ein Produktkonzept mit dem Sharia Board oder in Deutschland dem Zentralrat diskutiert. Bei Zustimmung des Boards bzw. des Zentralrates werden vom Finanzdienstleister bzw. seinen Juristen die Verträge ausformuliert. Diese Verträge sind die Basis für die Zertifizierung und die Prüfung stellt die Konformität mit islamischen Prinzipien fest. Die korrekt Ausführung wird durch interne und teils externe Audits sichergestellt.

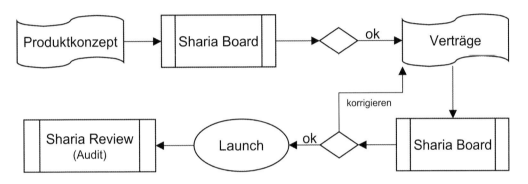

Quelle: Eigene Darstellung.

Abbildung 5: Zertifizierung islamischer Finanzprodukte

Der Zentralrat prüft die Zertifizierung jährlich und auch das interne Audit soll stichprobenweise einzelne Transaktionen prüfen gemäß Vorgaben, zum Beispiel hinsichtlich der zeitlichen Abfolge, die für die korrekte Abwicklung nötig sein kann (Eigentumserwerb vor Weiterverkauf als Beispiel). Die Bank erhält darüber ein Zertifikat als Bescheinigung und Bestätigung für Kunden und kann wählen zwischen:

- einfaches Zertifikat (erlaubt/verboten) oder
- qualifiziertes Urteil mit Begründung und Abstufung
- mit Auszeichnung: Übertrifft die Mindestanforderungen des islamischen Rechtes

Die Prüfung erfolgt unter Beachtung der Gegebenheiten in Deutschland und die Unterlagen müssen nicht in andere Sprachen übersetzt werden.

Grundsätzlich stellt sich in diesem Zusammenhang das Problem, dass der islamischen Teil vom Rest der Bank, die Zinsgeschäft betreibt, getrennt werden müsste, damit eine „echte" islamische Bank entstünde. Eine derartige eigenständige islamische Bank wird sicher von Kunden präferiert, ist aber in Deutschland organisatorisch meistens nicht umsetzbar. Von daher müssen nicht-separierte Banken andere Lösungen finden: Muslimische Gelder dürfen nicht für verbotene Geschäfte genutzt werden. Dies wird buchhalterisch dadurch gesichert, dass islamische Kredite größer gleich den islamischen Einlagen sein müssen.

5.1.3.4 Probleme bei der Umsetzung des Islamic Banking in Deutschland

5.1.3.4.1 Baufinanzierung

Der klassische Weg über ein Darlehen gegen Zins und besichert mit einer Grundschuld ist nicht gangbar für Muslime. Zwar gibt es Einzelmeinungen unter Gelehrten, die argumentieren, dass man dies in einem nichtmuslimischen Land für das besondere Bedürfnis der eigengenutzten Immobilie dürfe, jedoch hat sich diese Meinung bei Muslimen nicht durchgesetzt, wie auch die in Kapitel 3.1 vorgestellten Zitate illustrieren.

Es gibt drei Hauptmodelle, wie eine islamkonforme Baufinanzierung heute in Großbritannien und anderen Ländern bereits dargestellt wird; diese Formen könnten als Muster für Deutschland dienen:

Murabaha

Dies ist der klassische Abzahlungskauf. Die Bank erwirbt das Haus und verkauft es mit einem Aufschlag ratierlich weiter. Der Aufschlag ist für die gesamte Zeit fixiert.

Ijara

Dies ist die Leasingvariante, bei dem der Kunde am Ende der Laufzeit eine Kaufoption erhält. In Hinblick auf die Bilanzierungsfragen ist diese Variante bei Banken unpopulär und hat in Großbritannien eine höhere Inanspruchnahme von Eigenmitteln bewirkt – und damit unweigerlich eine Verteuerung.

Musharaka Mutanaqisa (abnehmende Partnerschaft)

Eigenkapitalbasiert: Ansar Finance in Manchester bietet eine Hausfinanzierung, bei der die zugehörige Immobiliengesellschaft gemeinsam mit dem Kunden das Haus erwirbt. Es wird vereinbart, dass der Kunde fortlaufend die Anteile zum Marktpreis übernimmt. Damit partizipiert Ansar Finance in der Höhe des Anteils an der Preisentwicklung der Immobilie, sei es an Gewinn- oder Verlust. Für die ausstehenden Anteile zahlt der Kunde Miete.

Schuldenbasiert: Anbieter wie alburaq, HSBC, oder andere nutzen ebenfalls eine Partnerschaft, vereinbaren jedoch die Übertragung der Anteile zum Anschaffungspreis. Damit wird der Zahlungsstrom eines normalen Annuitätendarlehens repliziert, wobei der Kunde auch hier für die ausstehenden Anteile Miete zahlt. Diese Variante ist zum Marktstandard in Großbritannien geworden.

Steuerliche Behandlung der drei Varianten

Bei den ersten beiden Varianten wird die Grunderwerbssteuer zweimal fällig; einmal bei der Übertragung vom Verkäufer an die Bank und dann bei der Weitergabe an den Kunden. Während das Steuersystem in Frankreich und Großbritannien entsprechend angepasst wurde, gilt diese Doppelbesteuerung als bremsende Kraft für die Entwicklung islamischer Baufinanzierung in Deutschland.

Hingegen erscheint die steuerliche Behandlung der „abnehmenden Partnerschaft" (3. Variante) noch ungeklärt. Im Rahmen einer stillen Beteiligung der Bank bestünde Aussicht auf einen Gestaltungstatbestand, der keine Doppelbesteuerung auslöst.

5.1.3.4.2 Konsumentenkredite

Konsumkredite lassen sich auf der anderen Seite sehr gut als Marktchance für Leasingunternehmen betrachten,[9] weil der Strukturierungsaufwand nur mit geringen Änderungen verbunden und die Kompetenz für eine Bewertung von Leasinggegenständen und das zugehörige Risikomanagement grundsätzlich vorhanden sind. Es entfällt auch die bei Banken so unbeliebte Thematik der Umsatz- und Vorsteuer, die bei den islamischen Sachmittelkrediten anfällt.

5.1.3.4.3 Geldanlage

Die Geldanlagemöglichkeiten, die bereits am Markt angeboten werden, sind zumeist aktienlastig. Hierbei wird das Aktienuniversum gefiltert nach verbotenen Geschäftsbereichen (Alkohol, Glücksspiel, usw.) sowie im Wesentlichen nach finanziellen Obergrenzen für Verschuldung der börsennotierten Unternehmen. Es fehlt grundsätzlich noch an Produkten mit niedrigem Risikoprofil, Anleihefonds existierten lange Zeit gar nicht. Allerdings gibt es mit dem Aufkommen islamisch strukturierter Anleihen nunmehr seit Kurzem verschiedene Anbieter im Arabischen Golf, jedoch beschränkt sich die Klientel auf vermögende Kunden, die in Dollar anlegen. An dieser Stelle sind neue Produktlösungen zu entwickeln, z. B. mit der Hinterlegung durch Leasinggegenstände und der Emission geeigneter Fonds oder Sukuk-Anleihen. International gebräuchlich sind so genannte Commodity Murabaha Fonds, deren Erträge sich an Geldmarktgeschäften orientieren und auf Umgehungsgeschäfte basieren. Die Akzeptanz derartiger Produkte ist rückläufig, da diese Lösung Kunden kaum überzeugt und von Gelehrten regelmäßig kritisiert wird.

5.1.3.4.4 Altersvorsorgeprodukte

Schariah'-konforme Altersvorsorgeprodukte fehlen ebenfalls in Deutschland. Weil Riester- und Rürup-Rentenangebote aufgrund von Zinszahlungen, Vermögensgarantien und verbotenen Geschäftsbereichen bei aktienbasierten Produkten ausscheiden und von der muslimischen Bevölkerung nur mit schlechtem Gewissen gezeichnet werden. Auch für die Ausbildung der

---

[9] Vgl. Thießen/Thurner (2008), S. 21 ff.

Kinder kann in Deutschland nicht entsprechend vorgesorgt werden – in Großbritannien wird dafür ein staatlich geförderter und Schariah'-konfomer Fonds für Kindervorsorge angeboten „The Children´s Mutual".

5.1.3.4.5   Versicherungsprodukte

Auch Schariah'-konforme Versicherungsprodukte stellen einen Engpass für Muslime in Deutschland dar, denn kommerzielle Versicherungen werden von der Mehrzahl der islamischen Gelehrten abgelehnt. Dies aus verschiedenen Gründen, wie der Arbeit mit Geldzinsen, dem Austausch von Geld (Beitrag) mit Geld (Schadensleistung), welches zudem nur unter Unsicherheit (Verbot des Gharar, d. h.) ausgezahlt wird. Hierzu sind als Alternative Solidaritätskonzepte entwickelten worden, die Takaful genannt werden – sie haben eine große Ähnlichkeiten mit den in Deutschland bekannten Versicherungsvereinen auf Gegenseitigkeit. Entscheidend ist, dass mit der Verwaltung Gewinne gemacht werden können, jedoch nicht mit dem Risiko (Underwriting) als solchem.

5.1.4 Zusammenfassung und Ausblick

Muslime in Deutschland wünschen eine Lösung ihrer Finanzbedürfnisse. In Großbritannien und Frankreich ging der Prozess weit schneller als in deutschsprachigen Ländern. Nichtsdestoweniger wurde der Prozess des Islamic Banking auch in Deutschland angestoßen und Muslime werden in Deutschland zunehmend Anbieter zur Befriedigung ihrer Bedürfnisse finden. Der Markt wartet auf seine Erschließung. In diesem Zusammenhang ist es wichtig, dass diese Angebote seriös sind. Ein Negativbeispiel aus der Vergangenheit in diesem Zusammenhang sind die so genannten türkischen Holdings, bei denen geschätzte 5 Milliarden Euro verloren gingen im grauen Kapitalmarkt mit der Betonung auf ein islamisches Investment.

Literatur

ARTHUR D. LITTLE (2009): „Islamic Finance comes of Age", 2009, Zugriff am 14. August 2009.
http://www.assaif.org/content/download/2878/17476/file/Islamic%20finance%20comes%20of%20age.pdf

BERTELSMANN STIFTUNG (2008): „Religionsmonitor", Gütersloh 2008.

BÖHMLER, R. (2007): „The European Challenge", 2nd Islamic Financial Services Forum, Member of the Executive Board of the Deutsche Bundesbank, 5. Dezember 2007.

GASSNER, M. und WACKERBECK, P.: „Islamic Finance", 2. Auflage, Köln 2009.

GIDE LOYRETTE NOVEL (2009): „The New Hub for Islamic Finance in Europe", Paris 2009.

STANDARD & POOR'S (2009): „Islamic Finance Outlook", 2009.

THIEßEN, F. und THURNER, N. (2008): „Islamic Banking - Neue Marktchance für die Leasing-Unternehmen", Finanzierung, Leasing, Factoring, 5 (2008), S. 211-214.

BLUME, M. (2006): „Islam in Deutschland 2030 – Erstellung einer begründeten Prognose", Seminarbericht Universität Tübingen, 2006, Zugriff am 14. August 2009.
http://w210.ub.uni-tuebingen.de/volltexte/2006/2397/pdf/Islam_in_Deutschland_Prognose_2030_Seminarbericht.pdf

WACKERBECK, P. und GUSHURST, K. (2008): „Booz & Company Studie Marktpotenzial für Islamic Banking in Deutschland", München 2008.

WIKIPEDIA (2009).
http://www.wikipedia.de

Ergün Akinci

Deutsche Bank Privat- und Geschäftskunden AG,

Mitglied der Geschäftsleitung Bankamiz

Mitat Cinar

Deutsche Bank Privat- und Geschäftskunden AG, Marketing Bankamiz

5.2 Fallstudie: Bankamiz – Ein Angebotskonzept der Deutschen Bank für türkische Kunden

5.2.1 Einleitung

Bei Angebotskonzepten für Kunden mit Migrationshintergrund stellt sich für viele Unternehmen die Frage, ob die Ansprache einer ethnisch eingegrenzten Zielgruppe nicht zu Verwerfungen oder gar Abwendungen durch deutsche Kunden führen kann, weil die öffentliche Wahrnehmung der Zielgruppe auf den ersten Blick eher negativ erscheint. Dies gilt in besonderem Maße für Zielgruppen mit muslimischem Hintergrund, die aufgrund der allgegenwärtigen Terrorismus- und Integrationsdebatte häufig im gesellschaftlichen Fokus stehen. Überspitzt formuliert fragt man sich manch ein Verantwortlicher: „Schrecke ich deutsche Kunden ab, wenn ich z. B. Türken zielgruppenspezifisch bewerbe?"

Die Deutsche Bank hat sich vor über drei Jahren dazu entschlossen, die türkische Bevölkerung in Deutschland mit zielgruppengerechten Maßnahmen verstärkt anzugehen. Mit der Initiative „Bankamiz" (türkisch für „unsere Bank") offeriert die Deutsche Bank seit Mitte 2006 türkischen Privatkunden in Deutschland ein auf deren Bedarf spezifisch zugeschnittenes Angebot an Bankdienstleistungen.

5.2.2 Hintergrund und Konzept

Bei der Deutschen Bank wurde die Entscheidung zur Bewerbung der türkischen Zielgruppe nicht über Nacht getroffen. Aufgrund ihres Selbstverständnisses, ein internationales Unternehmen zu sein und Kunden weltweit differenziert anzusprechen, konnte sich die Deutsche Bank dieser Thematik jedoch weitgehend unvoreingenommen nähern. Ausschlaggebend für die Etablierung von Bankamiz innerhalb der Deutschen Bank waren verschiedene Faktoren.

5.2.2.1 Der Vertriebs-Faktor

Ein wesentlicher Impuls zur Bewerbung türkischer Kunden kam aus dem Vertrieb des Privatkundengeschäfts der Deutschen Bank. Aufgrund zum Teil beachtlicher Geschäftserfolge türkischstämmiger Finanz- und Bankberater mit türkischen Kunden wurden mit der Zeit auch entsprechende Centerabteilungen der Deutschen Bank in Frankfurt auf diesen Umstand aufmerksam. Folglich wurden unter Berücksichtigung der Erfahrungen türkischer Vertriebsmitarbeiter Konzepte und Ansätze zur Bewerbung türkischer Kunden entwickelt, um diesen Erfolg bundesweit zu multiplizieren. Aus diesen Überlegungen ist schließlich das Angebotskonzept Bankamiz der Deutschen Bank hervorgegangen.

Die Erfahrungen der türkischen Bank- und Finanzberater machten schnell deutlich, dass der Schlüssel zum Erfolg bei der türkischen Klientel in der kulturellen Wertschätzung und konsequenten Berücksichtigung ihrer spezifischen finanziellen Bedürfnisse lag. Beide Aspekte zusammen bildeten den Grundstein des Erfolgs in der Zusammenarbeit mit türkischen Kunden und wurden daher zu den tragenden Säulen des Angebotskonzepts Bankamiz. Vor diesem Hintergrund ist Bankamiz auch bewusst als ganzheitliches Beratungsangebot konzipiert worden, um sämtliche Bedürfnisse und Wünsche türkischer Kunden im Finanzdienstleistungsbereich bedienen zu können.

5.2.2.2 Der demografische Faktor

Der demografische Wandel ist in Deutschland in vollem Gang. Die Deutschen werden immer älter während gleichzeitig ihre Geburtenrate zurückgeht. Der Anteil von Menschen mit Migrationshintergrund nimmt hingegen hierzulande konstant zu, nicht zuletzt aufgrund einer höheren Geburtenrate. Den Angaben des Statistischen Bundesamtes zufolge leben in Deutschland mehr als 15 Millionen Menschen mit Migrationshintergrund.[1] Mittlerweile stellen Migranten in Deutschland, England, Frankreich und Spanien mehr als 10% der Erwerbsbevölkerung.[2]

Die zusammen mit der russischsprachigen Bevölkerung wohl größte Bevölkerungsgruppe ausländischer Herkunft in Deutschland bilden mit rund 2,7 Millionen Menschen die Türken. Ihre durchschnittliche Haushaltsgröße beträgt etwa 3,5 Personen, die der deutschen Bevölkerung nur rund 2,0.[3] Hinzu kommt, dass die türkische Bevölkerung sehr jung ist. Nach Angaben spezialisierter Ethno-Marketing Agenturen ist etwa die Hälfte der in Deutschland lebenden türkischstämmigen Bürger jünger als 36 Jahre.[4]

Den Erfahrungen der Bankamiz zufolge sind türkische Kunden besonders markenaffin sind. Zudem gelten Türken als besonders konsumfreudig.[5] Die Ursachen hierfür liegen in der Migrationsgeschichte der Zielgruppe begründet. In den 60er-80er Jahren haben die meisten türkischen Familien kaum konsumiert, sondern das Geld für die Rückkehr in die Heimat gespart. Unter diesem Konsumverzicht war vor allem die zweite und dritte Generation der Türken betroffen, die jetzt dieses Konsumbedürfnis u. a. durch eine starke Markenorientierung nachholt.

Mit anderen Worten: Die Bedeutung von Konsumenten mit Migrationshintergrund wie den Türken in Deutschland wird im Wirtschaftsleben in Deutschland zukünftig weiter zunehmen. Die Zuwendung zu diesen Zielgruppen sollte daher für jedes Unternehmen keine Frage des „Ob", sondern eine Frage des „Wann" sein. Eine Investition in den „Ethno-Markt" stellt letz-

---

[1] Vgl. Statistisches Bundesamt (2008).
[2] Vgl. OECD (2006), S. 48-46.
[3] Vgl. Statistisches Bundesamt (2007), S. 7 und Data 4 U GmbH (2009), S. 11.
[4] Vgl. Content Factory (2004), S. 7.
[5] Vgl. 4 U GmbH (2009), S. 24-27.

tlich auch angesichts des immer schärfer werdenden Wettbewerbs und zunehmender Marktsättigung in vielen Branchen für jeden Konzern eine Investition in die Zukunft dar.

5.2.2.3 Der Diversity-Faktor

Für die Deutsche Bank ist Diversity (Vielfalt) Bestandteil ihrer zukunftsorientierten Unternehmenskultur, die sie fördert und stärkt. Zur Vielfalt gehört insbesondere eine Denkweise, die gegenseitige Achtung und Offenheit widerspiegelt, sowie die Unterschiedlichkeit des Einzelnen schätzt.

Die Deutsche Bank fördert Vielfalt, weil sie als globales Unternehmen über 80.000 Mitarbeitern aus mehr als 150 Nationen in 72 Ländern beschäftigt. Zum anderen liegt das aber auch in der Vielfalt ihrer Kunden, deren Bedürfnisse die Deutsche Bank bedienen will, um wirtschaftlich erfolgreich zu sein. Die Deutsche Bank hat weltweit fast 15 Millionen Kunden, davon über 10 Millionen in Deutschland.

Der Diversity-Ansatz wird als fester Bestandteil der Unternehmenskultur sowie der Führungsleitlinien aktiv gelebt. Ein Beispiel für dieses Engagement stellt die Initiierung der „Charta der Vielfalt der Unternehmen in Deutschland" durch die Deutsche Bank und drei weitere führende deutsche Unternehmen im Dezember 2006 dar. Darin verpflichten sich die Unterzeichner der „Charta der Vielfalt" zu einer offenen Unternehmenskultur, die auf Einbeziehung und gegenseitigem Respekt basiert, die unterschiedliche Talente in der Belegschaft und im Arbeitsumfeld erkennt und nutzt, um so Märkte optimal zu bedienen.

Das Diversity-Management innerhalb der Deutschen Bank wird nicht lediglich als Projekt, sondern als eine laufende Verpflichtung gegenüber Mitarbeitern und Kunden gesehen, deren Chancen es optimal zu nutzen gilt. Darüber hinaus ermöglicht es der Deutschen Bank, permanent auf gesellschaftliche und wirtschaftliche Veränderungen zu reagieren und entsprechend kundennahe Dienstleistungen anzubieten.

Eine Vielzahl von erfolgreichen Geschäftsinitiativen der Deutschen Bank belegen die positiven und innovationsfördernden Auswirkungen eines derartigen Diversity-Management. Das aktiv gelebte Diversity-Management in der Bank hat auch zweifellos die Entstehung und Entwicklung von Bankamiz begünstigt. Die Deutsche Bank hatte schon vor Bankamiz über 230.000 türkischstämmige Kunden. Das vor rund drei Jahren zunächst auf Basis eines Projekts zustande gekommene Angebotskonzept Bankamiz sollte neue Akzente setzen. Mit Bankamiz sollten nicht nur Neukunden gewonnen, sondern gesondert auf die Wünsche und Erwartungen dieses Kundenkreises reagiert werden. Bankamiz ist nicht nur sehr gut gestartet, sondern ist in puncto Mitarbeiterzahl und Filialnetz sogar klarer Marktführer im türkischen Marktsegment.

Das Kernelement von Bankamiz sind dabei die zweisprachigen türkischstämmigen Berater, die in von Türken dicht bewohnten Regionen in den Filialen der Deutschen Bank tätig sind. Diese türkischen Kundenbetreuer von Bankamiz können in bisher so nicht da gewesener Weise die konkrete Lebenssituation der Kunden aus mittlerweile drei Generationen in Deutschland lebender Türken verstehen und in ihre Beratungen berücksichtigen.

Die Verbindung von hervorragendem Finanzwissen mit kultureller Sensibilität und sprachlichem Einfühlungsvermögen öffnet die Türen für eine intensive und vertrauensvolle Beziehung zwischen Kunde und Bank. Türkischstämmige Bankberater gewinnen aufgrund der gemeinsamen Herkunft und Kultur deutlich schneller das Vertrauen ihrer türkischen Kundschaft als nichttürkische Berater, weil sie ihre Kunden in vielerlei Hinsicht besser verstehen. So ist es für einen türkischen Berater z. B. nicht ungewöhnlich, wenn für eine türkische Hochzeit 15.000 bis 20.000 Euro finanziert werden sollen. Denn Sie wissen, dass Feierlichkeiten dieser Art meistens in einem größeren Rahmen stattfinden und diese eine besondere Bedeutung innerhalb der Familie haben. Die Senior-Kundenberater kennen aus eigener Erfahrung die Bedürfnisse und Wünsche der türkischen Kunden und können mit den Produkten der Deutschen Bank dafür geeignete finanzielle Lösungen anbieten.

Der Bankamiz-Mitarbeiter hat hier so etwas wie eine Brückenfunktion zwischen Kunde und Bank sowie zwischen türkischer und deutscher Kultur. Aber gleichzeitig ist er auch ein Botschafter, der in das Unternehmen hineinwirkt und zur kulturellen Vielfalt beiträgt. Dies wiederum schlägt sich beispielsweise in Produktinnovationen und häufig als positiver „Spill-over-Effekt" in einer geänderten Verhaltensweise auch der nicht-türkischen Mitarbeiter nieder. Die Begeisterung und Emotionalität der türkischen Kollegen prägen das Arbeitsumfeld in den Deutsche Bank-Filialen, in denen Bankamiz angeboten wird. Aber genauso schlägt sich das auch in deren unternehmerische und auf Neukundengewinnung ausgerichtete Arbeitsweise nieder.

5.2.2.4 Der Differenzierungs- und Nachfrage-Faktor

In den 90er Jahren hat sich innerhalb der türkischen Bevölkerung in Deutschland ein deutlicher Wandel vollzogen. Während die erste Generation der so genannten „Gastarbeiter", ihren Aufenthalt in Deutschland anfangs nur als vorübergehend betrachtete, fanden sie sich später immer häufiger in der Situation, dass Deutschland ihr tatsächlicher Lebensmittelpunkt geworden ist. Für die meisten jungen Leute der zweiten, dritten und mittlerweile vierten Generation ist das eigentlich keine Frage mehr. Sie sind entweder hier aufgewachsen oder hier geboren. Sie sehen Deutschland als ihr Heimatland. Das Leben der Türken in Deutschland ist durch zwei unterschiedliche Kulturwelten geprägt, die sie in einem einzigartigen „Spagat" in Balance halten.

Damit wachsen auch die Ansprüche der türkischen Bevölkerung hinsichtlich der Finanzdienstleistungen in Deutschland, denn das Finanzverhalten der türkischen Bevölkerung hat sich in den letzten Jahren stark gewandelt. Während bis in die 90er Jahre hinein das Ersparte häufig in der Türkei angelegt wurde, wird nun in Deutschland investiert. Türkische Verbraucher erwerben mittlerweile Eigenheime in Deutschland oder schließen Privatrenten ab, weil sie hier ihren Lebensmittelpunkt sehen. Inzwischen lebt z. B. fast jede dritte türkischstämmige Familie hierzulande in der eigenen Immobilie. Bankamiz ist damit auch die Antwort auf die steigende Nachfrage der türkischen Bevölkerung in Deutschland nach Finanzdienstleistungen. Einfache, standardisierte „One-size-fits-all"-Ansätze, die alle Kundengruppen gleich behandeln, helfen nicht weiter. Eine hervorragende Gelegenheit, für ein stark international geprägtes, mit Mitarbeitern aus vielen verschiedenen Kulturen arbeitendes Unternehmen wie der Deutsche Bank zu beweisen, dass sie den entscheidenden Unterschied bieten kann.

Der Umstand, dass die Privatkundensparte der Deutschen Bank seit Jahren eine Strategie der differenzierten Ansprache von Kunden verfolgt, hat die Entwicklung von Bankamiz ebenfalls begünstigt. Aus Sicht der Privatkundensparte der Deutschen Bank kann eine Bank Kunden nur optimal beraten und dauerhaft als Kunden halten, wenn sie sich jedem Kunden bzw. jeder Kundengruppe differenziert nähert. Nur wenn eine Bank die genauen Wünsche und Bedürfnisse ihrer Kunden kennt und vor allem versteht, kann sie den Kunden gewinnen, ihn bedürfnisbezogen beraten und in allen Lebenszyklen zufrieden stellen. Bankamiz ist in diesem Kontext ein konsequentes und logisches Produkt der Differenzierungsstrategie der Privatkundensparte der Deutschen Bank.

5.2.3 Das ethnospezifische Marketing-Konzept

Integriert in die Deutsche Bank Filialen stehen derzeit in ca. 60 Standorten der Deutschen Bank türkischen Kunden etwa 120 hochqualifizierte turkische Senior-Kundenberater zur Seite. Ein wesentlicher Erfolgsfaktor von Bankamiz ist hierbei das zielgruppenspezifische Marketing, das spezifische türkische Expertise verlangt. Das Marketing-Konzept von Bankamiz basiert im Wesentlichen auf einer emotionalen Kundenansprache, welche Wertschätzung für die türkische Kultur der Kunden vermittelt, und gleichzeitig auf einer konsequent bedürfnisbezogenen Produktwerbung. Unter dieser Leitlinie werden in regelmäßigen Abständen zielgruppenspezifische Marketing- und Vertriebskampagnen für türkische Kunden umgesetzt.

Seit der bundesweiten Verfügbarkeit von Bankamiz Mitte 2008 schaltet die Deutsche Bank überregional TV- und Printwerbung in den türkischsprachigen Medien in Deutschland. Da türkische Verbraucher mehr türkische als deutsche Medien rezipieren, sind türkische Medien für die Bekanntmachung von Bankamiz-Angeboten und die Etablierung von Bankamiz in der Zielgruppe von besonderer Bedeutung. Der Marktanteil türkischer TV-Sender liegt innerhalb der Zielgruppe bei zirka 79%.[6]

Die Bankamiz-Werbung in den türkischen Medien in Deutschland umfasst u. a. eine eigene Bilderwelt, die sich an den Werten der Marke „Deutsche Bank" orientiert, diese aber in die türkische Umwelt überträgt. So fungiert bei Bankamiz als Key Visual eine türkische Teetasse mit einem daneben stehenden Deutsche Bank-Logo (Abbildung 1). Da ein Glas Tee in der türkischen Kultur für Gastfreundschaft und Wärme steht, wird hier auf elegante Weise der türkische Kunde zum Besuch in der Filiale eingeladen.

---

[6] Vgl. Data 4 U GmbH (2009), S. 18.

Quelle: Bankamiz.

Abbildung 1: Willkommen bei der Bank, die Ihre Sprache spricht

Von entscheidender Bedeutung ist hierbei, dass Bankamiz keine eigene Marke darstellt, sondern als Kennzeichen für ein türkisches Beratungsangebot wahrgenommen werden soll. Denn die Marke Deutsche Bank, so belegen auch interne Studienergebnisse, genießt innerhalb der türkischen Bevölkerung über einen hervorragenden Ruf. Die Deutsche Bank wird als Qualitätsanbieter wahrgenommen, dem sehr viel Vertrauen entgegengebracht wird. Aus diesem Grund ist die Vermittlung der Marke Deutsche Bank in der Werbung stets ein wichtiges Anliegen.

Neben zweisprachigen Mailings und Produktbroschüren ergänzen lokale und regionale Veranstaltungen in der türkischen Community das Marketing-Konzept von Bankamiz. Die Teilnahme an Straßenfesten gehört hier ebenso dazu wie Einladungen von Kunden in der Ramadan-Zeit zu so genannten Iftar-Essen, dem traditionellen Fastenbrechen.

Zusätzlich verfügt die Privatkundensparte der Deutschen Bank über ein Kunden-empfehlen-Kunden-Programm mit speziell auf die Wünsche der türkischen Kunden abgestimmten Prämien. Hierzu zählen z. B. die Originalfußballtrikots der populärsten vier türkischen Fußballvereine Galatasaray, Fenerbahce, Besiktas und Trabzonspor, die auf einem eigens hierfür entwickelten Flyer beworben werden (Abbildung 2). Aufgrund der stark ausgeprägten Mund-zu-Mund-Propaganda in der Zielgruppe kommt dem Thema Weiterempfehlung eine überaus wichtige Rolle im Marketingkonzept von Bankamiz zu. Im Gegensatz zu deutschen Kunden werden finanzielle Themen bei Türken offen im Freundes- und Bekanntenkreis besprochen. Positive Erfahrungen mit Banken oder einzelnen Bankberatern werden gerne und jederzeit weitergegeben. Wegen der überwiegend türkischen sprachlichen und kulturellen Orientierung in der Zielgruppe werden dabei für Fachfragen vorwiegend türkische Ansprechpartner gesucht und empfohlen. Dies unterstreicht noch einmal die Sinnhaftigkeit der Einstellung und Etablierung türkischer Mitarbeiter in einem Zielgruppenangebot.

Quelle: Bankamiz.

Abbildung 2: Galatasaray, Fenerbahce, Besiktas und Trabzonspor

Des Weiteren betreibt Bankamiz aktive Pressearbeit mit den in Deutschland tätigen türkischen Medien. Es gibt in Deutschland ein autochtones türkisches Mediennetz mit mehreren türkischen TV-Sendern, Tageszeitungen und Zeitschriften. Aus Sicht der türkischen Medien handelt es sich bei Bankamiz um eine wichtige Initiative, die zur weiteren gesellschaftlichen Anerkennung der türkischen Bevölkerung in Deutschland beiträgt. Da die Deutsche Bank eine der führenden Konzerne in Deutschland ist, geht ihrer Überzeugung nach von diesem Engagement eine Signalwirkung an die gesamte Gesellschaft aus. Entsprechend haben die türkischen Medien von Beginn an äußerst positiv über Bankamiz berichtet, wodurch die Glaubwürdigkeit und Bekanntheit der Initiative noch einmal gesteigert werden konnte.

Das Produktportfolio der Deutschen Bank wird durch spezielle Produkte für türkische Kunden erweitert. So stehen in den ausgewählten Filialen mit Bankamiz-Angebot ein Kontomodell mit jährlich fünf kostenfreien Überweisungen in die Türkei und einer eigens gestalten Bankkarte, mit dem Nazar Boncuk-Motiv, zur Verfügung (Abbildung 3). In der Türkei stellt das Motiv einen Glücksbringer dar, der Schutz vor Unheil oder vor dem „bösen Blick" bieten soll. Ergänzt wird dieses Angebot um weitere Motive für Bank- und Kreditkarten mit Motiven aus der Türkei (Abbildung 4). Die Deutsche Bank ist damit die erste Großbank in Deutschland, die ihren türkischen Kunden derartige Produkte offeriert. Aufgrund der Emotionalität und Einzigartigkeit dieser Motive fühlen sich türkische Kunden hierdurch besonders stark angesprochen.

Quelle: Bankamiz.

Abbildung 3: Bankkarte mit dem Nazar Boncuk-Motiv.

Quelle: Bankamiz.

Abbildung 4: Bankkarte mit Motiven aus der Türkei

Um den Kunden den Zugang leichter zu machen, bietet „Bankamiz" darüber hinaus ein zweisprachiges (deutsch/türkisch) Call Center sowie eine zweisprachige Bankamiz-Internetseite mit Basisinformationen zum Bankamiz-Angebot. Außerdem sind inzwischen die über 1700 Geldautomaten der Deutschen Bank in Deutschland um fünf weitere Eingabesprachen, darunter auch „Türkisch" erweitert worden. All diese Aspekte verdeutlichen, dass es sich bei Bankamiz um ein ganzheitliches Beratungsangebot für türkische Kunden handelt.

5.2.4 Resümee

Zweifelsohne ist eine für Vielfalt bzw. Diversity offene Unternehmenskultur in besonderem Maße wichtig, um die Entwicklung eines zielgruppenspezifischen Finanzdienstleistungsangebots für eine gesonderte Migrantengruppe in einer Bank zu erreichen. Es wäre sehr schwierig gewesen, eine solche Initiative in einem Unternehmen umzusetzen, das nicht gewöhnt ist, mit und in verschiedenen Kulturen zu agieren. Denn es wäre zu kurz gegriffen, das in diesem Kontext allein mit Internationalität des Geschäfts eines Unternehmens gleichzusetzen. Die Deutsche Bank hat früh erkannt, dass eine ausgeprägte kulturelle Vielfalt und die daraus resultierende Kreativität der Nährboden sind, um innovative Ideen für bestmögliche Kundenlösungen zu schaffen. Die Entwicklung und Etablierung von Bankamiz ist ein Resultat hiervon.

Der Erfolg von Bankamiz basiert im Wesentlichen auf einer emotionalen und bedürfnis-orientierten zielgruppenadäquaten Ansprache türkischer Kunden durch türkischstämmige Senior-Kundenberater und spezifischen Marketingkampagnen. Dabei versteht sich Bankamiz als aktiver Teil der türkischen Community, der nicht nur Geschäfte mit türkischen Kunden machen möchte, sondern auch das soziale Leben der türkischen Bevölkerung unterstützt. Zahlreiche Events mit türkischen Organisatoren in Form Charity-Veranstaltungen oder Sponsorings tragen hier zur Glaubwürdigkeit und Authenzität von Bankamiz in der türkischen Bevölkerung bei. Gepaart mit einer aktiven Pressearbeit, in welcher über das Bankamiz-Engagement positiv berichtet wird, wird hier die Voraussetzung für erfolgreiche Neukundengewinnung geschaffen. Mit Bankamiz wird den türkischen Kunden zum einen ein auf sie zugeschnittenes Angebot offeriert. Zum anderen werden qualifizierte Arbeitsplätze im Finanzsektor für Türken in Deutschland geschaffen. Kunden und Mitarbeitern fassen das dabei vorherrschende Gefühl häufig prägnant zusammen: „Wir sind angekommen in Deutschland!"

Literatur

CONTENT FACTORY (2004): „Studie Freude am Sparen? Verhalten türkischer Konsumenten gegenüber Markenprodukten", Kronberg 2004.

DATA 4 U GMBH (2009): „Ethnische Markt- und Medienforschung", Berlin 2009.

OECD (2006): „International Migration Outlook", Paris 2006.

STATISTISCHES BUNDESAMT (2007): „Statistisches Jahrbuch 2007, Bevölkerung und Erwerbs-tätigkeit, Entwicklung der Privathaushalte bis 2025", Wiesbaden 2008.

STATISTISCHES BUNDESAMT (2008): „Pressemitteilung Nr. 105 vom 11.03.2008", Wiesbaden 2008.

Ivana Baccolini

UniCredit Group Marketing and Segments-Good Practice Management

Antonio Nichols

UniCredit Group Marketing and Segments-Good Practice Management

5.3 Case Study: Agenzia tu (Unicredit Group)

5.3.1 Project Birth

5.3.1.1 The social context

Immigration in Italy is a relatively recent phenomenon. In fact, it was not until the 1990s that Italy experienced immigration flows. In 2004, there were a little over 2 million foreign resident citizens. The Ministry of Interior forecasts that there would be a 10% increase in the immigration population in 2005 and every year thereafter for the next 10 years. In 2005, nearly half the resident foreigners were well integrated into Italy. The remainder, mostly those who had arrived during the last two years, were still in an integration phase and in the process of establishing roots in their new social environment.

At this time, immigrant services were exclusively provided by government agencies and, due to the novelty of the immigration phenomenon, even these were not particularly well suited to meet the needs of this new segment of the population. Banking for immigrants was mostly one problem after another. A different culture, a different language, fear of the unknown, worry over being misunderstood - all contributed to the great mystery that was the Italian bank. To overcome these problems, UniCredit Banca decided to create a completely new business model.

5.3.1.2 The project launch

With the assistance of Eurisko – Italy's largest independent market research company - UniCredit Group conducted a thorough analysis of the immigrant population, including social composition, needs, and demographics. Next, in 2005, UniCredit Banca, UniCredit Group's retail bank in Italy, decided to launch a project offering services specifically tailored to this new customer segment.

The goal of this project was to be the first Italian bank to serve Italian immigrants and the first branch opened in Bologna in October 2006.

5.3.1.3 The project's mission, customer target group

The project's mission was to establish itself as an innovator in the Italian banking market both as to customer segment served and distribution structure. The project's activities are based on five pillars: culture, experience, awareness, method, and involvement. The "target group" consists of official immigrants who have lived in Italy for about two to seven years. This period of time encompasses an important integration phase for immigrants, one in which they generally have need of several financial services, including setting up a savings account, managing consumer debt, first house purchase, business start up, and purchase of investment products.

For most individuals, buying a home is a major and emotional life event. For immigrants, such a purchase may be even more meaningful as it can symbolize successful integration into their new home country. UniCredit Bank, within the context of Agencia Tu, focuses on serving immigrants with mortgages, a policy that has resulted in more than 100,000 immigrant households receiving a home mortgage from UniCredit Group (UniCredit Banca and Agenzia Tu)

5.3.1.4   The project's final name

The project's final name, Agenzia Tu, was chosen with the goal of emphasizing the bank's values: acceptance, simplicity, trust, clarity, and an explicit promise to the customers and staff of the new UniCredit Bank structure.

5.3.2 The Value Proposition

5.3.2.1   The new market value proposition

With Agenzia Tu, UniCredit Banca intends to become the country's leader in providing banking services to immigrants. Part of this plan involves creating a banking system for an untypical customer with a new distribution structure offering perfect integration, network tuning, synergy, and different commercial activities, all of which are designed to help immigrants with limited banking knowledge integrate more easily into their new country.

5.3.2.2   Purposes and social model values

Agenzia Tu's purpose is to become an Italian entity comparable to, in both design and success, banks in other countries, for example, the BBVA in Spain. It is focused on developing strong relationships with local communities, participating actively in their development, thus helping to introduce and support the Italian social and financing systems.

5.3.3 Target Group

5.3.3.1   The new target

Agenzia Tu's target customers are foreign immigrant citizens, atypical workers of any nationality (e.g., those engaged in short-term employment), and those who have difficulties in finding banking solutions at other Italian banks that meet their needs. In this way, Agenzia Tu functions as an incubator for potential new customers of UniCredit Banca.

5.3.3.2   Education rule

One of Agenzia Tu's biggest difficulties has been building trust and lasting customer relationships in a banking world perceived by most immigrants as distant, complicated, and expensive. To this end, Agenzia Tu has undertaken an innovative education program for its customers. It has not confined itself to the usual advertising materials, but has developed a clear and simple handbook on banking and a catalogue of products. These materials were created to not only assist the customer in making informed decisions, but also to provide information on how to manage the financial services once they are chosen.

The educational materials include explanations of terms, such as "contract" and "signature," which are useful for the immigrant to understand not only in the banking context, but in the social world at large. Agenzia Tu also provides educational leaflets on policies and rules of the Italian banking system as a whole. The employees of Agenzia Tu have become experts at educating the bank's customers, leading to high customer satisfaction, which is one of UniCredit Banca's important values.

5.3.4 Service Model

5.3.4.1   An innovative model service

Agenzia Tu's service model is based on a careful study of its customer base and continues the bank's educational focus. The service model emphasizes taking care of customers by teaching them to utilize direct banking channels (e.g. how to use application, codes, and passwords to use internet banking services), making sure the time they spend in the bank is pleasant, actively listening, understanding cultural differences, and frequently checking to make sure that the customer understands the transaction or activity in which he or she is engaged.

5.3.4.2   Branch layout

Agenzia Tu's slogan- - "The bank opens the doors to today's world" - is illustrated quite particularly in its physical manifestation. Window displays emphasize the bank's promises to its customers: acceptance, simplicity, trust, clarity. Internet workstations are available at each branch for customers who want to explore the bank's website. Multilingual informative material may be perused quietly and comfortably in the home-like seating area. The bank is open during hours specially selected to be most convenient for its customers (10:20-14:20; 15:45-18:15).

5.3.4.3   Communication and website

The Agenzia Tu "brand" is designed to be friendly and attention-getting, attributes that characterize its website. The website includes a showcase of products, an educational handbook that can be downloaded, and a forum for questions and information.

5.3.4.4   Products and services

Agenzia Tu's products have been specifically designed to meet its customers' needs. The products are easy to understand and manage and include the following.

"Conto TU" is a package account that includes advice and many banking services: a prepaid card (Easy TU), up to two international debit cards (Cash TU), registration in the multichannel bank (On line TU), a revolving credit card (Money TU), six online out-of country bank transfers per year, and a 50% discount on the Credit TU credit card fee. The package also includes several other extra-bank services found to be especially beneficial for immigrants, including insurance advice, discounts on car purchases, and special prices for insurance.

One does not need to be an Agenzia Tu customer to purchase this package: only a valid resident permit for foreigners is needed.

"Prestito TU" is a fixed-rate personal loan. It is intended to be used for various personal and family needs and there is no obligation to submit an expense receipt. Loans are available in amounts from € 2,000 to € 15,000 and are repayable in 12 to 60 months.

"Mutui TU" is a mortgage exclusively offered to first-time home buyers and is available at either a fixed or variable rate. These mortgage loans may cover up to 80% of the real estate value. To qualify for a mortgage or a loan, immigrants must have the same documents that would be required of Italian citizens engaging in these types of transactions.

"Fido Tu" is a product for financing small entrepreneurial ventures; up to € 30,000 can be borrowed, repayable in 12 to 36 months.

Agenzia Tu financial products are created with the use of risk estimating tools and an internal scoring system especially created with the target group in mind. Agenzia Tu offers a variety of card products intended to meet every possible need and lifestyle: an international debit card (Cash TU), a rechargeable card (Easy TU), a classic credit card (Credit TU), and a revolving card (Money TU).

5.3.4.5   Branch staff and customer approach

Agenzia Tu's goal is to attract an entirely new segment of the population as customers. Human resources plays a crucial role in this attempt. To create sympathetic customer relationships and enhance customer satisfaction, Agenzia Tu employs a multilingual and multiethnic staff, the specific composition of which varies depending on each branch's specific geographic location. Staff is chosen to be fluent in the language(s) and understanding of the cultural differences prevalent in the area where their branch is located.

Staff recruitment and training emphasize teamwork, relationship-building ability, listening skills, empathy, and the patience and knowledge necessary to guide a customer through an entire, possibly complicated, financial transaction.

5.3.4.6   Territorial relations

Uni Credit Banca engaged in an innovative marketing approach for Agenzia Tu. Instead of conducting a national advertising campaign, smaller, local venues were chosen as information outlets. Word of Agenzia Tu was spread by word of mouth, through collaboration agreements with local institutions (consulates, municipalities, and public immigration agencies), and by contacting multiethnic and cultural associations, cultural mediators, and temporary employment agencies.

Agenzia Tu sometimes helped sponsor multiethnic festivities and held informational meetings at them in an effort to inform multiethnic communities about the services and support it offers.

5.3.5 The Results

To date, Agenzia Tu has opened 12 branches: three in Milan, one in Turin, one in Verona, one in Treviso, one in Bologna, one in Brescia, one in Florence, one in Genoa, one in Rome, and one in Modena. These 12 branches employ 39 people: 24 Italians, two Moroccans, two Romanians, two Ecuadorians, one Albanian, one Algerian, one Peruvian, one Syrian, one Chinese, one Filipino, one Sri Lankan, one from Ghana, one Pakistani, all highly qualified and multilingual.

All 12 branches have reached their objectives in terms of numbers of customers, loans, and mortgages. A telephone survey has been instituted to monitor customer satisfaction. Agenzia Tu has received extremely good press and kudos from institutional stakeholders. The first two branches to be established, those in Milan and Turin, attracted more than 1,500 customers within the first two years.

The customer base of Agenzia Tu is 19% from North Africa, 8% from East-West-South Africa, 27% from the Central-East-Europe area with Romanian prevalence, 31% from Asia, 11% from South America, and 4% from East Europe.

5.3.6 Similar UniCredit Group Initiatives in Other Countries

5.3.6.1   YapiKredi

In 2007, the UniCredit Group entered into an agreement with YapiKredi that is intended to benefit Turkish immigrants to Germany. Twelve HypoVereinsbank branches now offer bilingual services and have separate Yapi Corners set up for Turkish-speaking customers. This new service has been well received; it is now possible to make inexpensive online transfers to Turkey using HypoVereinsbank accounts.

5.3.6.2   Mirror account in Romania

A "mirror account" is a service Agenzia Tu offers Romanian immigrants that allows them to open a package account in Italy that can be accessed and used by family members in Romania. This service is called Familia TU and is made available through UniCredit Tiriac Bank, the Romanian UniCredit Group bank.

Romanian immigrants in Italy can now safely, quickly, and at no charge send money to family members in Romania. The Romanian family members can easily withdraw the money at any of the 250 UniCredit Tiriac Bank branches in that country.

5.3.7 About the Future

Two more branches of Agenzia Tu opened in January 2009 in Milan and Modena. Future developments include the possibility of establishing Agenzia Tu "corners" in extant UniCredit Bank branches located in areas of the country where the immigrant population is not yet of sufficient size to justify a stand-alone Agenzia Tu branch.

Kapitel 4: Funktionsbereiche von Banken im demografischen Wandel

Kapitel 4 untersucht, wie Banken den Auswirkungen des demografischen Wandels in den Funktionsbereichen begegnen können. Dabei werden Anpassungen im Bereich Personalmanagement anhand von Fallstudien, Modifikationen der Marketing- und Risikomanagement-Strategie (Management von Risiken im Retail Banking und Langlebigkeitsrisiken sowie Entwicklung eines eigenständigen Risikomanagementsystems für den demografischen Wandel) anhand theoretischer Beiträge erläutert.

1 Personalmanagement

Barbara Brosius
Vice Chairman UBS Deutschland AG

1.1 Fallstudie: Familienfreundliche Personalpolitik bei der UBS Deutschland

1.1.1 Globale Diversity-Strategie als Schlüsselfaktor für unternehmerischen Erfolg

1.1.1.1 Diversity und Meritokratie in den Leitlinien von UBS

Eine heterogene Belegschaft und eine Kultur der Offenheit und Toleranz sind Grundlagen für den Erfolg eines global agierenden Finanzunternehmens – denn Offenheit kann Märkte öffnen. Für UBS als globales Finanzinstitut, das in mehr als 50 Ländern mit Niederlassungen vertreten ist und rund 75.000 Mitarbeiter mit über 150 verschiedenen Nationalitäten beschäftigt, spielt deshalb Vielfalt (Diversity) eine zentrale Rolle. Weltweit legt UBS Wert auf die Rekrutierung von Mitarbeitern mit unterschiedlichen persönlichen und fachlichen Hintergründen. Je vielfältiger die Fähigkeiten, Sichtweisen, Werdegänge und Erfahrungen der Mitarbeiter sind, desto besser kann sich das Unternehmen auf die unterschiedlichen Bedürfnisse seiner Kunden einstellen. Zu den personalpolitischen Zielen von UBS gehört es, die besten Mitarbeiter für sich zu gewinnen, unabhängig von Religions- und ethnischer Zugehörigkeit, Nationalität, Geschlecht oder sexueller Orientierung.

Meritokratie und Diversity als Grundprinzipien sind in den UBS-Leitlinien verankert und werden offensiv im Unternehmen gelebt. So wurden beispielsweise zehn Regional Diversity Boards gegründet, um die Vielfalt der Beschäftigten auf allen Hierarchieebenen zu fördern. Die Boards setzen sich aus Mitarbeitern der obersten Führungsstufe der einzelnen Regionen zusammen und geben Leitlinien für die Rekrutierung und Bindung von Mitarbeitern vor. Zudem wurde der Umgang mit Diversity bereits 2005 als spezifische Kompetenz in die jährliche Mitarbeiterbeurteilung aufgenommen. Zahlreiche Netzwerke, die verschiedene Interessengruppen von Mitarbeitern vertreten, leisten darüber hinaus einen wesentlichen Beitrag zur UBS-Unternehmenskultur der Vielfalt und Offenheit.

Wie an allen Standorten ist Diversity auch in Deutschland ein Schlüsselfaktor für den unternehmerischen Erfolg von UBS. In Deutschland wird jährlich im Rahmen der UBS Diversity Initiative ein Diversity Business Plan erstellt, der die Schwerpunkte für das laufende Jahr festlegt. Denn auch hier gilt: Nur in einem dynamischen, flexiblen Arbeitsumfeld können sich Kreativität und Innovationskraft entwickeln und damit das Wachstum des Unternehmens verstärken. Diese Vielfalt führt zur Schaffung von Produktivitätsgewinnen.

1.1.1.2 Familienfreundlichkeit wichtiger Bestandteil der Strategie

Eine strukturell verankerte familienfreundliche Personalpolitik ist wesentlicher Bestandteil der globalen Diversity-Strategie von UBS. In den vergangenen Jahren verbesserte UBS an allen Standorten die Regelungen für Mitarbeiter mit Familie und führte zahlreiche Maßnahmen neu ein, um die Vereinbarkeit von Familie und Beruf zu fördern. Durch die familienfreundlichen Rahmenbedingungen konnte die Zahl der beschäftigten Frauen in den vergangenen Jahren gesteigert werden. Zudem wurden mehr Mitarbeiterinnen befördert. Knapp 40% aller Beschäftigten bei UBS weltweit sind heute Frauen – zunehmend auch in Führungspositionen. Auch in Deutschland sind von rund 1500 Mitarbeitern über 42% der Beschäftigten weiblich.

Zu den neu eingeführten Maßnahmen gehören in Deutschland zum Beispiel die Kooperationen mit einem offiziellen Betreiber einer Kinderkrippe und eines Back-up-Familienservices, der Mitarbeitern im Notfall eine kostenlose Betreuung ihrer Kinder anbietet. Hinzu kommen Weiterbildungsprogramme, Beratungsangebote, ein Mentoringprogramm und die Förderung von Netzwerken sowie innovative Jobsharing- und andere flexible Arbeitszeitmodelle. Weltweit ermöglicht es UBS inzwischen mehr als 30.000 Mitarbeitern, über Online-Verbindungen unterwegs oder von zu Hause aus zu arbeiten.

Eine familienfreundliche Personalpolitik zahlt sich aus, wie zahlreiche Studien belegen.[1] Denn das Angebot an Unterstützungsmaßnahmen bei der Vereinbarkeit von Familie und Beruf spielt für neun von zehn Beschäftigten mit Kindern inzwischen eine mindestens ebenso große Rolle wie das Gehalt.[2] Arbeitgeber sollten sich hierauf einstellen, wenn sie hoch qualifiziertes Personal für sich gewinnen beziehungsweise über viele Jahre erworbenes Know-how im Unternehmen halten wollen. Indem familienfreundliche Maßnahmen die Kosten für die Suche neuer Fach- und Führungskräfte reduzieren, rechnen sie sich auch betriebswirtschaftlich.

1.1.2 Familienfreundliche Personalpolitik als ökonomischer Faktor

1.1.2.1 Demografische Entwicklung und Fachkräftemangel

Vor dem Hintergrund der demografischen Entwicklung in Deutschland und in vielen anderen europäischen Ländern wird die Vereinbarung von Familie und Beruf seit einigen Jahren nicht mehr nur unter ethisch-moralischem beziehungsweise sozialpolitischem Blickwinkel diskutiert, sondern zunehmend auch unter ökonomischen Aspekten. Da jede nachfolgende Generation künftig um ein Drittel kleiner sein wird als die vorhergehende und ein Drittel eines Jahrgangs sowie über vierzig% der Akademikerinnen kinderlos bleiben, ist davon auszugehen, dass es über kurz oder lang zu einem starken Wettbewerb der Unternehmen um qualifizierte Mitarbeiter kommen wird. So geht das Institut der deutschen Wirtschaft Köln (IW) von einem

---

[1]   Vgl. Forschungszentrum Familienbewusste Personalpolitik (2008), S. 5 f. und Bundesministerium für Familie, Senioren, Frauen und Jugend (2003), S. 34.

[2]   Befragt wurden Beschäftigte zwischen 25 und 39 Jahren mit Kindern;.vgl. Bundesministerium für Familie, Senioren, Frauen und Jugend (2008a), S. 6.

wachstumshemmenden Fachkräftemangel in Deutschland aus.[3] Diese Situation ist auch kein temporäres Phänomen, sondern eine dauerhafte Entwicklung. Prognosen gehen übereinstimmend davon aus, dass es 2015 einen strukturell nicht gedeckten Bedarf von mindestens zwei Millionen Arbeitskräften geben wird.[4] In wichtigen Zukunftsbranchen ist die Zunahme der unbesetzten Stellen schon heute spürbar. Auch bei Finanzinstituten wird sich die Nachfrage nach qualifizierten Mitarbeitern verstärken, sobald sich die Turbulenzen auf den Finanzmärkten gelegt haben.

Angesichts dessen ist es dringend erforderlich, die Potenziale qualifizierter Frauen mit Kindern zu erschließen. Immerhin steigt die Zahl der Universitätsabsolventinnen in Deutschland seit Jahren kontinuierlich an: von gut 40% im Jahr 1995 auf 49% im Jahr 2004.[5]

Besonders für die Finanzbranche wichtige Fachrichtungen wie Betriebs- oder Volkswirtschaftslehre erfreuen sich steigender Beliebtheit bei Frauen, im Studiengang Rechtswissenschaften sind diese heute bereits in der Mehrzahl.

Doch während die Erwerbstätigenquote von Frauen zu Berufsbeginn noch genauso hoch ist wie diejenige der Männer, sinkt sie in der Familienphase zwischen 25 und 40 Jahren erheblich.[6] Trotz ihrer guten Ausbildung gehen derzeit in Deutschland nur 27% der erwerbstätigen Mütter einer Vollzeitbeschäftigung nach, die übrigen arbeiten in Teilzeit, oft mit weniger als 20 Wochenstunden.[7] Viele von ihnen würden gern länger arbeiten, wenn die Rahmenbedingungen dies zuließen. Könnten Mütter ihre gewünschten Arbeitszeiten realisieren, entstünde ein zusätzliches Arbeitsvolumen von 16 bis 25 Millionen Wochenstunden, hat eine Untersuchung im Jahr 2005 ergeben.[8] Die bessere Vereinbarkeit von Beruf und Familie ist daher der Schlüsselfaktor, um das Erwerbspotenzial qualifizierter Mütter zu erschließen beziehungsweise um zu verhindern, dass Frauen sich gegen Kinder entscheiden. Dies kommt übrigens nicht nur Frauen zugute – auch Männer wünschen sich zunehmend eine bessere Work-Life-Balance.

1.1.2.2 Betriebswirtschaftliche Effekte

In den USA gibt es seit längerem Belege dafür, dass sich eine familienfreundliche Unternehmenskultur auch betriebswirtschaftlich rechnet. In Deutschland führte das Prognos Institut im Auftrag des Bundesfamilienministeriums im Jahr 2003 erstmals einen wissenschaftlichen Nachweis des betriebswirtschaftlichen Nutzens einer familienfreundlichen Personalpolitik. Danach erbrachten die Investitionen in familienfreundliche Maßnahmen (Telearbeitsplätze, ganztägige Kinderbetreuung mit 30 Plätzen, flexible Arbeitszeitmodelle, Beratungs- und Kontakthalteangebote) bei einem fiktiven Beispielunternehmen mit 1.500 Beschäftigten letztlich sogar eine Kostenersparnis. So führten in dem Musterunternehmen die familienfreundlichen

---

[3] Vgl. IW-Trends (2008), S. 3.
[4] Vgl. Bundesministerium für Familie, Senioren, Frauen und Jugend (2008b), S. 29 f.
[5] Statistisches Bundesamt (1995, 2004).
[6] Statistisches Bundesamt (2004).
[7] Statistisches Bundesamt (2008).
[8] Vgl. Rürup/Gruescu (2005), S. 15 ff.

Maßnahmen zu einem Return on Investment (ROI) in Höhe von 25%.[9] Das Einsparpotenzial setzte sich im Wesentlichen aus vier Faktoren zusammen:

- Keine Fluktuationskosten (Kosten für Bewerbungsprozesse, Qualifizierung neuer Mitarbeiter und Produktivitätsverlust bei der Einarbeitung neuer Mitarbeiter)

- Geringere Überbrückungskosten (Ersatzkräfte für Elternzeiten)

- Sinkende Wiedereingliederungskosten

- Geringere Fehlzeiten der Mitarbeiter

Auch das Forschungszentrum Familienfreundliche Personalpolitik (FFP) kommt zu dem Ergebnis, dass sich familienfreundliche Unternehmen in allen betriebswirtschaftlich relevanten Kennzahlen deutlich besser stellen: „Sie weisen eine um 17% höhere Mitarbeiterproduktivität, um 13% geringere Fehlzeiten und eine um 17% höhere Bindung von Fachkräften auf", heißt es in der Studie.[10] Da die Personalfluktuation geringer ist und Ansprechpartner somit über längere Zeit gleich bleiben, gelingt es familienbewussten Unternehmen, ihre Kunden langfristiger an sich zu binden.

Eine familienbewusste Personalpolitik nutzt UBS aber auch deshalb, weil Frauen – neben Älteren – eine zunehmend wichtigere Kundengruppe für das Unternehmen darstellen. Weltweit wächst die Zahl der Unternehmerinnen und der vermögenden Frauen sowie der Frauen, die bei Finanzentscheidungen eine Schlüsselposition einnehmen. Doch Frauen haben andere Bedürfnisse und setzen andere Prioritäten bei finanziellen Entscheidungen als Männer. Hierauf sollten Unternehmen auch bei der Auswahl ihrer Mitarbeiter achten, wollen sie künftig weiter wachsen.

1.1.3 Familienfreundliche Maßnahmen bei UBS in Deutschland

1.1.3.1 Grundgedanken zur Einführung

Familienfreundlichkeit stellt einen wichtigen Wettbewerbsfaktor dar. Sie erhöht die Attraktivität des Unternehmens für (potenzielle) Beschäftigte und steigert gleichzeitig das Unternehmensimage für Mitarbeiter und für Kunden gleichermaßen.

Darüber hinaus sind heute – anders als noch zu Beginn der neunziger Jahre – die Flexibilitätsanforderungen auch für Eltern während der Familienphase erheblich größer. Dies bedeutet nicht selten ein Dilemma: Einerseits erfordern Umstrukturierungen und rasante Veränderungsprozesse eine schnellere Rückkehr in den Beruf nach der Elternzeit, um die berufliche Entwicklung nicht zu beeinträchtigen. Andererseits bringt die Unterversorgung mit Betreuungsplätzen für unter Dreijährige sowie die unzureichende Betreuung in den Schulferien Eltern zunehmend in Bedrängnis.

---

[9] Vgl. Bundesministerium für Familie, Senioren, Frauen und Jugend (2003), S. 34.
[10] Vgl. Forschungszentrum Familienbewusste Personalpolitik der Westfälischen Wilhelms-Universität Münster und der Steinbeis-Hochschule Berlin (2008), S. 5 f.

Hinzu kommt, dass das Engagement in familienfreundliche Personalpolitik auch einen Kompetenzzugewinn für UBS bedeutet, denn die Familienkompetenz von Mitarbeitern zählt längst nicht mehr nur als Softskill, sondern als betriebswirtschaftliche Schlüsselqualifikation: Wenn Mitarbeiter Flexibilität, Konfliktfähigkeit und Organisationsgeschick im Zusammenleben mit Kindern erwerben, kann das Unternehmen im besten Fall teure Schulungsseminare sparen.

Vor diesem Hintergrund hat die UBS Deutschland AG in den vergangenen Jahren zahlreiche Maßnahmen zur besseren Vereinbarkeit von Beruf und Familie eingeführt, die in allen klassischen Bereichen der Personalpolitik ansetzen. Zu dem Paket gehören unter anderem Betreuungsangebote für Kinder, Beratungsangebote für Mütter und Väter, Netzwerke, Mentoringprogramme, Familientage, flexible Arbeitszeitmodelle und Jobsharing sowie ein Eltern-Kind-Tag. Individuelle Lösungen stehen dabei im Vordergrund.

1.1.3.2 Flexible Arbeitszeiten und Jobsharing

UBS in Deutschland bietet ihren Beschäftigten die unterschiedlichsten flexiblen Arbeitszeitmodelle an. Diese reichen von traditionellen Telearbeitsplätzen über Teilzeittätigkeiten bis zu Jobsharing-Angeboten, bei denen sich zwei Mitarbeiter einen Arbeitsplatz teilen. Das Jobsharing-Angebot wird vor allem in Middle- und Backoffice-Funktionen wahrgenommen. Die jüngste Beförderung von zwei Frauen, die ein Teilzeitpensum von 60 beziehungsweise 80% leisten, zum Director beziehungsweise Managing Director ist jedoch ein Beweis dafür, dass auch Frauen mit Teilzeitpensen ihre Karrieren bei UBS ausbauen können. Auch in leitenden Funktionen hat die Teilzeitarbeit zugenommen, seitdem UBS im Unternehmen beschäftigten Eltern weitere Unterstützung wie etwa einen Krippenplatz anbietet.

1.1.3.3 Betriebliche Kinderbetreuung

1.1.3.3.1 Kinderkrippe

Im Jahr 2005 bot die UBS Deutschland AG über eine professionelle Kooperation zunächst 15 Kinderkrippen-Plätze an. Inzwischen stellt das Unternehmen deutschlandweit 30 Plätze für Kinder im Alter von acht Wochen bis drei Jahren bereit, und zwar an den Standorten Frankfurt am Main, Hamburg, Düsseldorf, Köln, Stuttgart, München, Berlin und Essen. Weitere Standorte sind im Gespräch. Die UBS fördert diese Einrichtung für die Kinder ihrer Mitarbeiter mit monatlichen Zuschüssen. Der Beitrag für die Eltern beläuft sich auf rund 400 Euro für einen Vollzeitplatz. Daneben wird auch häufig das Angebot des Platzsharings genutzt – der Elternbeitrag reduziert sich dann entsprechend.

Der Vorteil der UBS-Kinderkrippe für die Mitarbeiter besteht zum einen in den kurzen Wegen. Zum anderen sind die Öffnungszeiten auf die Belange des Unternehmens zugeschnitten: Wochentags ist die Krippe von sieben bis 20 Uhr geöffnet, anders als in staatlichen Einrichtungen gibt es keine Schließungszeiten. Auch wenn die wenigsten Kleinkinder den ganzen Tag in der Krippe verbringen, so erlauben die Öffnungszeiten den Eltern doch eine größtmögliche Flexibilität bei der Festlegung ihrer beruflichen und privaten Termine. In vielen nicht betrieblichen Kindertageseinrichtungen stehen die Betreuungszeiten dagegen im Widerspruch zu den flexiblen Arbeitszeiten des Unternehmens. Eine Balance zwischen Berufs- und Privatleben ist dann nur bedingt möglich. So hätte zum Beispiel UBS eine hoch qualifizierte Managerin ohne die Bereitstellung eines Krippenplatzes nicht im Unternehmen halten können.

Bei der Vergabe der Krippenplätze gelten folgende Kriterien:

- Soziale Kriterien (zum Beispiel alleinerziehend)
- Vorliegen einer besonderen Härte (finanziell, persönlich, familiär)
- Rückkehr nach der Elternzeit
- Beide Elternteile sind Bank-Mitarbeiter
- Bisherige Wartezeit auf der Warteliste
- Geschwister von Kindern mit Platz in der Kindertagesstätte oder in der Krippe der Bank

Mit dem Umzug in den neuen Frankfurter Opernturm im Frühjahr 2010 wird UBS eine eigene Kinderkrippe bereitstellen. Doch obwohl das Angebot aus diesem Anlass um zehn Plätze aufgestockt wird, ist die Nachfrage derart groß, dass diese bereits vor der Eröffnung der neuen Einrichtung belegt sind.

1.1.3.3.2 Kindergarten

Um Eltern zu unterstützen, die große Schwierigkeiten haben, einen Platz bei den städtischen oder privaten Kindergärten zu finden, der ihnen die Vereinbarkeit von Familie und Beruf ermöglicht, hat UBS seit 2007 zudem schrittweise bundesweit zehn Kindergartenplätze eingerichtet. Diese Plätze sind vor allem für Alleinerziehende gedacht oder für Eltern, die beide in Vollzeit arbeiten. Der Elternbeitrag für einen Kindergartenplatz beläuft sich ebenso wie in der Krippe auf 400 Euro monatlich. Die Kindertagesstätte in der Frankfurter Innenstadt ist wochentags von 7 bis 19 Uhr geöffnet, auch hier gibt es keine Schließungszeit.

1.1.3.3.3 Back-up-Familienservice

Der Back-up-Familienservice Kids & Co. wird seit Anfang 2005 in Kooperation mit einem gemeinnützigen Träger angeboten und kann von allen Mitarbeitern der UBS in Deutschland in Anspruch genommen werden. Ein derartiger Back-up-Familienservice existiert bisher nur bei wenigen Unternehmen – ein Service, der bei UBS intensiv genutzt wird. Betreut werden Kinder im Alter von acht Wochen bis zwölf Jahren stunden- oder tageweise. Der Service wird ausschließlich von UBS als Auftraggeber finanziert und ist für die Mitarbeiter kostenfrei. Er kann von Eltern gebucht werden, wenn die reguläre Form der Kinderbetreuung ausfällt. So nutzen die Mitarbeiter den Back-up-Service zum Beispiel, wenn öffentliche Erziehungs- und Bildungseinrichtungen geschlossen sind oder wenn sonstige Betreuungspersonen ausfallen. Aber auch unvorhergesehene persönliche Ursachen wie Krankheit der Eltern oder ein dringender beruflicher Termin sind Gründe für die Inanspruchnahme. Damit gewährt dieses Angebot die Arbeitsfähigkeit der Eltern auch in Notfällen.

Da die Einrichtung sich als Ergänzung zu regulären Betreuungsformen versteht, kann der Service maximal an zehn Werktagen im Jahr genutzt werden. Die Administration ist schnell und unbürokratisch, in besonders dringenden Fällen können die Eltern ihre Kinder auch außerhalb der Bürozeiten über eine Hotline anmelden. Es liegt auf der Hand, dass der Service alle Beteiligten – Erzieher, Eltern und Kinder – vor hohe Herausforderungen stellt. Da die Kinder Übergänge und den Wechsel von Bezugspersonen bewältigen müssen, setzt das Betreuungskonzept auf ein Höchstmaß an Kontinuität. Obwohl der Service allein durch UBS finanziert wird, können positive (Kosten-)Effekte generiert werden.

1.1.3.4 Women's Business Network

Das seit Juli 2004 bestehende Women's Business Network (WBN) ist integraler Bestandteil der unternehmensübergreifenden Diversity Initiative von UBS. Es hat sich zum Ziel gesetzt, für Frauen eine Plattform zum Informations- und Erfahrungsaustausch zu schaffen, ihre spezifischen Anliegen zu bündeln und bei der Unternehmensleitung sichtbar zu machen. Die Mitarbeit im WBN beruht auf freiwilliger Basis. Ein aus acht Mitarbeiterinnen aller Unternehmensbereiche bestehendes Komitee leitet das WBN. Es werden eine Vielzahl von Veranstaltungen angeboten wie die WBN Info Events, WBN Workshops oder die jährlich stattfindende WBN Konferenz, bei denen strategisch wichtige Themen von internen und externen Experten vorgestellt und gemeinsam diskutiert werden. Die meisten Veranstaltungen sind offen für alle Mitarbeiter – auch für Männer. Andere Veranstaltungen, wie zum Beispiel die WBN Lunch Roundtables, richten sich in erster Linie an die Frauen im Unternehmen. Ein Mitglied der Geschäftsleitung lädt zum Informationsaustausch und Kennenlernen ein. Dies ermöglicht in ungezwungenem Rahmen eine bereichs- und hierarchieübergreifende Kommunikation.

1.1.3.5 Family Day und Eltern-Kind-Tage

In den Vereinigten Staaten sind viele mit dem Konzept des „Nehmen Sie Ihre Kinder mit zur Arbeit"-Tag vertraut. UBS hat dieses Thema aufgegriffen und rund um den Globus vergleichbare Programme ins Leben gerufen. Auch in Deutschland wird derzeit ein entsprechendes Programm initiiert. Bislang finden die Tochter-Sohn-Tage flexibel nach Absprache mit den jeweiligen Mitarbeitern und Vorgesetzten statt.

Darüber hinaus organisierte UBS in Deutschland 2007 einen Family Day – ein großes Kinderfest mit über 1.000 Teilnehmern. Hierbei hatten Kinder und Familienangehörige Gelegenheit, die Bank und den Arbeitsplatz der Mitarbeiter in spielerischer Weise kennenzulernen.

1.1.3.6 Mentoringprogramm und weitere Angebote

Die genannten Maßnahmen werden durch zahlreiche weitere Angebote, die ein familienfreundliches Unternehmensklima schaffen, ergänzt:

* Die Personalabteilung bietet werdenden und jungen Eltern Beratungen zu Rechtsfragen und zur Wiedereingliederung in den Beruf.

- Auf informeller Ebene findet regelmäßig ein Erfahrungsaustausch mit Mitarbeitern, die sich in Elternzeit befinden, sowie Mitgliedern der Geschäftsführung statt.

- Auch die vielfältigen Sozialleistungen bei UBS tragen zur Absicherung junger Eltern bei.

- Auf die Förderung von Frauen wird bei den Talentpools sowie beim Cross Business Mentoring Programm geachtet. Seit dem Kick-Off des Mentoring Programms im Mai 2004 ist der Anteil der weiblichen Mentees kontinuierlich gestiegen und liegt nun bei jeweils rund 50% der jährlich rund 20 Teilnehmer.

- Ein weiterer Baustein zur familienfreundlichen Personalpolitik bei UBS ist die Sensibilisierung von Führungskräften. So verpflichten sich alle Mitarbeiter, die Personalverantwortung tragen, regelmäßig in Zielvereinbarungen, auf Diversity und Familienfreundlichkeit zu achten. Um qualifizierte Frauen zu gewinnen, finden zudem regelmäßig Recruitment Events statt.

1.1.4 Fazit

Eine familienbewusste Personalpolitik wirkt umfassend: Sie verstärkt die Mitarbeiterbindung, erhöht die Zufriedenheit und die Motivation der Mitarbeiter, vermindert Fehlzeiten und erleichtert die Akquisition qualifizierter Mitarbeiter. Schließlich sind familienbewusste Unternehmen auch bei der Kundenbindung erfolgreicher. Somit profitieren Mitarbeiter, Unternehmen und Kunden gleichermaßen. Bei UBS ist die Vereinbarkeit von Beruf und Familie in den Unternehmensleitlinien, Führungsgrundsätzen und Instrumenten des Personalmanagements integriert und wird durch vorbildhaftes und befürwortendes Verhalten aller Führungskräfte unterstützt. Mit dem Diversity-Programm, den innovativen Engagements, neuen Richtlinien und Mitarbeiter-Netzwerken bietet UBS berufstätigen Eltern weltweit eine Flexibilitäts-Kultur.

Um insbesondere qualifizierte Universitätsabsolventinnen an das Unternehmen zu binden, waren die Schaffung kreativer Programme und Richtlinien, aber auch die Ausbildung von Managern und die Förderung des Bewusstseins notwendig. Auf Grund der globalen Ausrichtung des Unternehmens hat sich diese familienbewusste Unternehmenskultur mit einem gemeinsamen Zielverständnis inzwischen rund um die Welt ausgebreitet. Die vielfältigen Initiativen zur Work-Life-Balance haben UBS zu einer der zehn besten Firmen für berufstätige Mütter im Jahr 2007 und nunmehr zum sechsten Jahr in Folge zu einer der 100 besten Firmen für berufstätige Mütter gemacht.[11] Auch in Deutschland schneidet UBS bei Untersuchungen wie dem Absolventenbarometer gut ab – mit steigender Tendenz. Wichtig ist dabei, dass UBS Ziele anstrebt und keine (Frauen-)Quoten. Denn auch Väter nutzen zunehmend die Elternzeit oder andere familienfreundliche Angebote.

---

[11] Vgl. Working Mother Magazine (2002–2008).

Literatur

BUNDESMINISTERIUM FÜR FAMILIE, SENIOREN, FRAUEN UND JUGEND (2003): „Betriebswirtschaftliche Effekte familienfreundlicher Maßnahmen. Kosten-Nutzen-Analyse", Berlin 2003.

BUNDESMINISTERIUM FÜR FAMILIE, SENIOREN, FRAUEN UND JUGEND (2008a): „Familienfreundlichkeit als Erfolgsfaktor für die Rekrutierung und Bindung von Fachkräften", Berlin 2008.

BUNDESMINISTERIUM FÜR FAMILIE, SENIOREN, FRAUEN UND JUGEND (2008b): „Arbeitsbericht des Unternehmensprogramms Erfolgsfaktor Familie", Berlin 2008.

FORSCHUNGSZENTRUM FAMILIENBEWUSSTE PERSONALPOLITIK DER WESTFÄLISCHEN WILHELMS-UNIVERSITÄT MÜNSTER UND DER STEINBEIS-HOCHSCHULE BERLIN (2008): „Betriebswirtschaftliche Effekte einer familienbewussten Personalpolitik", 2008.

INSTITUT FÜR WIRTSCHAFTSFORSCHUNG KÖLN (2008): „Trends", 1/2008.

RÜRUP, B. und GRUESCU, S. (2005): „Familienorientierte Arbeitszeitmuster – Neue Wege für Wachstum und Beschäftigung", 2005.

STATISTISCHES BUNDESAMT (1995-2004): „Mikrozensus", Wiesbaden 1995-2004.

STATISTISCHES BUNDESAMT (2008): „Familienland Deutschland", Wiesbaden 2008.

WORKING MOTHER MAGAZINE (2002–2008): „100 Best Companies For Working Mothers", 2002-2008.

Ben Tellings,
Vorstandsvorsitzender der ING-DiBa

1.2 Fallstudie: Mit über 50 noch einmal Azubi

1.2.1 Antworten auf die demografische Herausforderung

Seit die Direktbank ING-DiBa im Jahr 2006 die Initiative „Azubi 50+" startete, sorgt dieses in der Tat etwas ungewöhnliche Thema für ein hohes Maß an medialer Aufmerksamkeit. So wurde die ING-DiBa im Jahr 2007 vom Bundesministerium für Arbeit und Soziales als „Unternehmen mit Weitblick" ausgezeichnet. Wegen der Förderung älterer Mitarbeiter erhielt die Bank im Rahmen des bundesweiten Wettbewerbs „Great Place to Work" einen Sonderpreis. Die Stadt Nürnberg verlieh der Bank einen Preis für nachhaltiges Wirtschaften. Und die Rhein-Main-Jobcenter zeichneten das Geldinstitut ebenfalls als besonders weitsichtiges Unternehmen aus.

Dabei war die Idee, beschäftigungslosen Männern und Frauen im Alter ab 50 Jahren wieder zu einer Anstellung zu verhelfen, keineswegs ein PR-Gag. Im Gegenteil, vor dem Hintergrund des demografischen Wandels möchte die Direktbank zeigen, welche Potenziale in den Mitarbeiterinnen und Mitarbeitern der Altersgruppe 50+ stecken und wie sich ein gesunder Alters-Mix positiv auf die Arbeitsabläufe und den Erfolg eines Unternehmens auswirken kann.

1.2.1.1 Beteiligung der Bank am Projekt „JOBaktiv 50+"

Schon seit Jahren lädt die ING-DiBa bei Stellenausschreibungen bewusst auch Frauen und Männer im Alter von 50 Jahren und darüber zur Bewerbung ein. Insofern ist das Thema nicht neu. Die Initiative „Azubi 50+" kam bei einer Veranstaltung in Nürnberg zustande, auf der Vertreter der Bank auf das von der Bundesregierung unter dem damaligen Arbeitsminister Franz Müntefering aufgelegte Projekt „JOBaktiv 50+" angesprochen wurden. Dessen Ziel ist es, Menschen ab 50 den Wiedereinstieg in das Berufsleben zu erleichtern. Insgesamt erhielten damals 62 Städte Fördergelder, um diese Initiative umzusetzen.

Zunächst waren Ideen gefragt. Jede Stadt, die teilnehmen wollte, musste mit erfolgversprechenden Konzepten aufwarten. Die Stadt Nürnberg setzte unter anderem auf den neuen, IHK-geprüften Ausbildungsberuf „Servicefachkraft für Dialogmarketing". Dass die ING-DiBa für dieses Thema offen war, kam nicht von ungefähr. Als schnell wachsende Direktbank ohne Filialen mit einem Rund-um-die-Uhr-Service hat die Bank einen hohen Bedarf an qualifizierten und kommunikativen Mitarbeiterinnen und Mitarbeitern im Callcenter, das bei dieser Bank entsprechend seiner Bedeutung und der hohen Qualitätsstandards „Kundendialog" genannt wird. Die Bank sucht dabei nicht nur junge Mitarbeiter für diesen Bereich. Vielmehr soll gezielt auch Arbeitssuchenden im Alter ab 50 Jahren eine realistische Chance gegeben werden, sich in einem zukunftsträchtigen Beruf ausbilden zu lassen und anschließend als Servicefachkraft für Dialogmarketing zu arbeiten. Während ihrer neunmonatigen Ausbildung werden die „Azubis 50+" von der Arbeitsagentur beziehungsweise der für langfristig Arbeitssuchende zuständigen Arbeitsgemeinschaft (ARGE) bezahlt. Die Bank verfolgt seit dem Start dieser Initiative das klare Ziel, die älteren Azubis nach ihrer erfolgreich abgeschlossenen Ausbildung zum IHK-geprüften Ausbildungsberuf „Servicefachkraft für Dialogmarketing" in ein festes Arbeitsverhältnis zu übernehmen. Bis auf wenige Ausnahmen ist dies gelungen.

1.2.1.2 Initiative an allen Bank-Standorten gestartet

Die in Nürnberg gestartete Initiative erwies sich als so erfolgreich, dass sich die Bank mit großem Engagement dafür einsetzte, in Frankfurt und Hannover – den beiden anderen Standorten des Geldinstituts – auch Azubis über 50 zu Servicekräften für Dialogmarketing auszubilden.

1.2.2 Die Besonderheiten einer Direktbank

Dass ausgerechnet eine Direktbank „Azubis 50+" beschäftigt und die meisten später in ein festes Arbeitsverhältnis übernimmt, erscheint zunächst eher ungewöhnlich, gelten filiallose Banken doch als in besonderer Weise technologiegetrieben und als Erscheinungsformen des jungen Internetzeitalters. Im Fall der ING-DiBa liegt der Altersdurchschnitt bei etwa 36 Jahren. Dabei soll es nicht bleiben, weshalb die Bank gern ältere Mitarbeiterinnen und Mitarbeiter in allen Bereichen des Geldinstituts einstellt, ohne indessen jüngere Bewerberinnen und Bewerber zu diskriminieren. Alter, Geschlecht und Nationalität spielen bei der Besetzung offener Stellen keine Rolle.

1.2.2.1 Die Wurzeln der ING-DiBa

Obwohl sich die ING-DiBa also eines recht jugendlichen Images erfreut, ist sie die mit Abstand älteste Direktbank in Deutschland. Das Vorgängerinstitut, die Bank für Spareinlagen und Vermögensbildung (BSV), wurde bereits 1965 aus der Taufe gehoben. Als reine Briefbank bot die BSV schon vier Jahre später die Eigenheimfinanzierung aus einer Hand an. Ab der Jahrtausendwende stieg die frühere Nischenbank dann in kurzer Zeit zur größten Direktbank Europas und zu einer der führenden deutschen Privatkundenbanken auf. Im Jahr 1999 übernahm die DiBa die Bank GiroTel. Seither ist die Direktbank am Standort Hannover vertreten. Im Jahr 2003 kam die Entrium Direct Bankers AG zur ING-DiBa – und damit der dritte Standort Nürnberg. Ebenfalls seit 2003 hält die niederländische ING Group 100% der DiBa Anteile.

In den letzten Jahren war die ING-DiBa, wie die Bank seit 2005 heißt, eine der am schnellsten wachsenden Banken Europas. Im Jahr 2000 hatte das Geldinstitut noch rund 620.000 Kunden, Ende 2008 waren es knapp 6,5 Millionen. Das heißt, dass die Zahl der Kunden sich in acht Jahren etwa verzehnfacht hat. In kurzer Zeit stieg die Bank darüber hinaus zu einem der führenden deutschen Immobilienfinanzierer auf und im Jahr 2007 übertraf die ING-DiBa im Wertpapiergeschäft das Depot-Volumen aller anderen Direkt-Broker in Deutschland.

Es liegt auf der Hand, dass ungeachtet der konsequenten Nutzung aller modernen Möglichkeiten der Kommunikationstechnologie in großem Umfang neue Mitarbeiterinnen und Mitarbeiter eingestellt werden mussten, um dieses rasante Wachstum auf einem hohen Qualitätsniveau zu managen. Vor allem für den Bereich Kundendialog suchte die Bank nach qualifizierten Kolleginnen und Kollegen.

1.2.2.2 Callcenter als Qualitäts-Indikator

Natürlich spielt das Internet in der Kommunikation mit den Kunden eine sehr wichtige Rolle, dennoch versteht sich die ING-DiBa nicht als reine Internet-Bank. Vielmehr bleibt es dem Kunden überlassen, über welchen Kanal er Kontakt mit seinem Geldinstitut aufnimmt. Er kann seine Bankgeschäfte online abwickeln, seine Weisungen schriftlich übermitteln oder aber mit dem Kundendialog, sprich mit dem Callcenter telefonieren. Bewusst hat die Direktbank darauf verzichtet, den Kundendialog an einen externen Dienstleister zu übertragen. Auf diese Weise werden ein hoher Servicelevel und eine überdurchschnittliche Qualität in der Kommunikation mit den Kunden sichergestellt.

Der Kundendialog bildet die einzige Plattform, auf der sich Kunden und Mitarbeiter der Bank zumindest telefonisch begegnen, denn es gehört zum Geschäftsmodell der ING-DiBa, konsequent auf Filialen oder andere Formen des stationären Vertriebs zu verzichten. Deshalb ist es wichtig, dass die Kunden bei jedem Telefongespräch mit ihrer Direktbank ein positives Serviceerlebnis haben. Und zwar unabhängig davon, zu welcher Tageszeit sie anrufen. Der Kundendialog ist 24 Stunden lang an allen sieben Tagen der Woche besetzt. Aus diesen Prämissen ergibt sich das Anforderungsprofil an die Mitarbeiterinnen und Mitarbeiter im Kundendialog, das selbstverständlich unabhängig vom Alter gilt. Ganz oben auf der Prioritätenliste steht neben der Kommunikationsstärke die Fähigkeit, freundlich, offen und kundenorientiert zu kommunizieren. Belastbarkeit, Computer-Kenntnisse sowie Willensstärke und Leistungsbereitschaft sind weitere wichtige Voraussetzungen für die Arbeit im Kundendialog.

1.2.2.3 Demografische Auswirkungen auf Direktbanken

Auch Direktbanken, die sich gern als Kreditinstitute der jüngeren und mittleren Generation verstehen, sind in zweifacher Hinsicht von der demografischen Entwicklung tangiert, und zwar gleichermaßen auf Seiten der Mitarbeiter und auf der der Kunden. Es lässt sich schon heute abschätzen, dass die Zahl der in Deutschland lebenden potenziellen Erwerbspersonen im Alter von 15 bis 64 Jahren von derzeit 55 Millionen auf 44 Millionen im Jahr 2050 sinken dürfte. Dies bedeutet immerhin einen Rückgang um zwanzig%. Doch die Auswirkungen des Bevölkerungsrückgangs und der Verschiebung der Alterspyramide werden sich nach Lage der Dinge schon wesentlich früher bemerkbar machen. So wird etwa schon ab 2013 die Zahl der Menschen, die jährlich aus dem Erwerbsleben ausscheiden, höher sein als jene der Einsteiger.

1.2.2.3.1   Folgen für die Belegschaft

Die Konsequenzen dieser Entwicklung liegen auf der Hand: Es dürfte künftig für alle Unternehmen – gleich aus welcher Branche – zunehmend schwieriger werden, qualifizierte Arbeitskräfte zu bekommen. Gleichzeitig werden die Belegschaften eines Unternehmens im Durchschnitt immer älter.

Unabhängig von der Initiative „Azubi 50+" ist die Bevölkerungsentwicklung für die ING-DiBa schon seit Jahren ein wichtiges Thema. So beschäftigt sich die Bank zum Beispiel im Rahmen ihres Engagements bei der „Initiative neue Qualität der Arbeit" (Inqua) intensiv mit den Herausforderungen der Demografie. Immerhin sind sich die Experten einig, dass dies in den kommenden Jahren eines der Megathemen sein wird. Die Antwort auf rückläufige Bevölkerungszahlen und einen steigenden Altersdurchschnitt der Belegschaften fällt vielschichtig aus. Zum einen spielt – wie bereits erwähnt – das Alter des Bewerbers für die ING-DiBa schon heute keine entscheidende Rolle. Was zählt, sind vielmehr Qualifikation, Leistungsbereitschaft und Motivation. Zum anderen holt die Bank über die Initiative „Azubis 50+" ältere Mitarbeiterinnen und Mitarbeiter an Bord, um von deren ganz spezifischen Erfahrungen und Talenten zu profitieren. Gleichzeitig geht davon ein wichtiges Signal an die jüngeren Beschäftigten aus: Die Bank macht damit deutlich, dass ältere Mitarbeiterinnen und Mitarbeiter die gleiche Wertschätzung erfahren wie die jüngeren.

1.2.2.3.2   Folgen für die Kundenstruktur

Nicht nur der Altersdurchschnitt der Belegschaften wird in den nächsten Jahren steigen, auch die Kunden werden älter. Längst haben die Unternehmen das enorme Potenzial der so genannten Best Ager erkannt, wie man die älteren Verbraucher bisweilen bezeichnet, um nicht von Senioren sprechen zu müssen. Kein Wunder, immerhin erinnert das „S-Wort" an Zeiten, als 30-jährige Marketingmanager 65-jährige Rentner mit Produkten beglücken wollten, die rein gar nichts mit dem Lebensgefühl dieser Menschen zu tun hatten. Es herrschte lange Zeit ein eklatanter Mangel an Empathie. Mittlerweile aber hat sich herumgesprochen, dass die Zahl der älteren Kunden künftig nicht nur stark wachsen wird, sondern dass sich große Teile dieser Generation einer überdurchschnittlichen Kaufkraft und oft eines entsprechenden Anlagebedarfs erfreuen.

Direktbanken und Direkt-Broker galten noch zur Jahrtausendwende als Finanzdienstleister für internetaffine Kunden aus jüngeren und mittleren Jahrgängen, während die über 60-Jährigen mehrheitlich der Filialbank vor Ort die Treue hielten. Es bedarf keiner prophetischen Gabe, um vorherzusagen, dass der Altersdurchschnitt der Direktbankenkunden in den nächsten Jahren und Jahrzehnten steigen wird. Heute spricht man vom Silversurfer, wenn ein 70-Jähriger im Internet unterwegs ist, was impliziert: Er stellt eine Ausnahme dar, der man mit einem gewissen Maß an Respekt begegnet. Wer indessen in 10 oder 20 Jahren in den Ruhestand gehen wird, für den gehört der versierte Umgang mit dem Computer zu den Selbstverständlichkeiten. Es ist also davon auszugehen, dass in den nächsten Jahren die Zahl der älteren Direktbankenkunden signifikant steigen wird. Dies sollte sich dann ebenfalls im Alters-Mix der Mitarbeiterinnen und Mitarbeiter widerspiegeln. Schon heute reagieren ältere Kunden bisweilen äußerst erfreut, wenn sie aufgrund der Stimme oder des Vornamens des Callcenter-Agents vermuten, es könnte sich um einen Mann oder eine Frau etwa aus derselben Altersstufe handeln.

1.2.3 „Azubi 50+" – die Vorgehensweise

Wie geht die ING-DiBa bei der Initiative „Azubi 50+" konkret vor – und wie werden die angehenden Mitarbeiterinnen und Mitarbeiter ausgebildet?

1.2.3.1 Das Auswahlverfahren

Nach einer Vorauswahl und einem entsprechenden Coaching durch die Arbeitsagentur präsentieren sich die in Frage kommenden Bewerber den am Förderprogramm für ältere Arbeitssuchende beteiligten Unternehmen. Diejenigen Bewerber, die gut zur ING-DiBa passen könnten, werden zu einem Gruppenauswahlverfahren eingeladen. Die Papierform der Bewerber spielt zunächst keine Rolle, denn letztlich geben nur die wenigsten Lebensläufe Hinweise darauf, wie gut jemand geeignet ist, den hohen Ansprüchen des telefonischen Kundenkontakts gerecht zu werden. Oft zeigt sich sogar, dass Bewerber, die in den zurückliegenden Jahren ganz unterschiedliche Tätigkeiten ausübten, aufgrund der dabei gewonnenen Flexibilität und des geschickten Umgangs mit Kunden besonders gut für den Einsatz im Callcenter geeignet sind.

Erst kurz vor diesem Gespräch reichen sie dann ihre Bewerbungsunterlagen nach. Das eintägige Auswahlverfahren, an dessen Ende den Bewerbern unmittelbar die Entscheidung der Bank mitgeteilt wird, beginnt zunächst mit einer kurzen Selbstpräsentation. Es folgen Gruppendiskussionen, die Aufschluss über das Kommunikations- und Sozialverhalten der Bewerber liefern. Den Abschluss bildet ein sehr praxisorientiertes Rollenspiel. Dabei werden die Bewerber von einem Kundenbetreuer angerufen und während dieses Testtelefonats mit realistischen Situationen konfrontiert, wie sie täglich im Kundendialog vorkommen. Wer die Personalverantwortlichen der Bank überzeugt, erhält einen Praktikantenvertrag und kann dann seine auf neun Monate verkürzte Ausbildung zur „Servicefachkraft für Dialogmarketing" beginnen. Während dieser Ausbildung erhalten die „Azubis 50+" weiterhin ihr Arbeitslosengeld I oder II.

1.2.3.2 Der Ablauf der Ausbildung

In den ersten vier Wochen lernen die „reifen" Azubis zunächst die ganz besondere Welt der ING-DiBa kennen. Denn der Erfolg der größten europäischen Direktbank ist nicht zuletzt das Resultat einer sehr spezifischen Philosophie: Die Bank möchte günstig und fair sein, wobei sie gleichzeitig auf eine ausgeprägte Servicekultur und hohe Qualitätsstandards Wert legt. Das Geldinstitut hat sich als Premium-Direktbank positioniert. Und dieser Anspruch muss rund um die Uhr im Kundendialog gerechtfertigt werden. Nach diesem ersten intensiven Eintauchen in die Welt der ING-DiBa lernen die „Azubis 50+" die jeweils anderen beiden Standorte der Bank kennen. Die Ausbildung gliedert sich – ebenso wie die der jungen Azubis – in einen praktischen und einen schulischen Teil. Konkret bedeutet dies: Drei Tage pro Woche werden die „Azubis 50+" bei der Direktbank und zwei Tage bei einem Bildungsträger geschult. Die

Abschlussprüfung erfolgt dann bei der jeweils zuständigen Industrie- und Handelskammer (IHK).

Welch positive Impulse von einem breiten und ausbalancierten Alters-Mix ausgehen können, beweist ein interessantes Experiment, das die Direktbank vor einiger Zeit startete. Vorübergehend wurden junge und ältere Azubis im selben Kurs von einem gemeinsamen Trainer geschult. Der jüngste Teilnehmer war 17, der älteste 54 Jahre. Der Versuch förderte erstaunliche Erkenntnisse zutage. Alle Beteiligten profitierten vom Wissen und den besonderen Talenten der jeweils anderen Generation. Während die älteren Azubis zum Beispiel an der Sprache ihrer jungen Kollegen etwas feilten und sie darauf hinwiesen, dass manche Formulierung im Jugend-Slang in der Kommunikation mit Kunden vielleicht doch nicht angebracht erscheint, halfen die jüngeren Azubis den älteren Kursteilnehmern bei Problemen mit dem Computer weiter. Noch heute verstehen sich Jung und Alt prächtig und treffen sich häufig in der Betriebskantine.

1.2.3.3 Beispiele aus der Praxis

Was sind das für Menschen, die im Alter von 50 Jahren oder darüber noch einmal mit einer Ausbildung beginnen? Es sind Männer und Frauen, die hoch motiviert und bereit sind, bei einer neuen Chance alles zu geben. Ihre beruflichen Vorgeschichten nehmen sich so unterschiedlich aus wie ihre ganz individuellen Talente.

Doch es gibt eine Schnittmenge: Wer im Kundendialog der Direktbank arbeiten möchte, muss sicher kommunizieren können und über ein hohes Maß an sozialer Kompetenz verfügen. Beides brachte Rudolf Salzmann in überzeugender Weise mit. Durch seine frühere Arbeit mit Kindern kann der Pädagoge sich unglaublich schnell auf die Kunden einstellen und sich in sie hineinversetzen. Und da er zudem eine Ausbildung als Bürokaufmann absolviert hat, sind gute Computer-Kenntnisse vorhanden. Nach einer kurzen Ausbildung von neun Monaten wurde Rudolf Salzmann als Servicekraft für Dialogmarketing von der ING-DiBa übernommen.

Christa Louis kam buchstäblich vom anderen Ende der Welt zur führenden europäischen Direktbank. Sie hatte bis 2005 mehrere Jahre zunächst in den USA und später in Neuseeland gelebt und als Kassiererin in verschiedenen Supermärkten gearbeitet. Der freundliche Umgang mit Kunden war ihr in Fleisch und Blut übergegangen. Dass sie zudem perfekt Englisch spricht, versteht sich fast schon von selbst. Doch nach Deutschland zurückgekehrt musste sie bald feststellen, dass man auf dem hiesigen Arbeitsmarkt ab einem bestimmten Alter kaum Chancen hat. So begann sie bei der ING-DiBa die erste Berufsausbildung ihres Lebens – mit 51 Jahren. Mittlerweile hat sie einen festen Arbeitsplatz im Kundendialog der Direktbank.

Die Einzelhandelskauffrau Ingrid Grimm galt früher als eine der erfolgreichsten Schuhverkäuferinnen. So stieg sie schließlich zur Filialleiterin auf. Dennoch war sie mit 50 Jahren gezwungen, sich einen neuen Job zu suchen. Zwei Jahre suchte sie vergeblich einen Arbeitsplatz, auf über 120 Stellenausschreibungen hatte sie sich vergeblich beworben. Beim ersten Kontakt mit der ING-DiBa freilich überzeugte sie als sehr kommunikative und kundenorientierte Persönlichkeit mit hoher sozialer Kompetenz. Einer Ausbildung bei der Bank hätte nichts mehr im Weg gestanden. Doch dann drohte die neue Chance für Ingrid Grimm gleichsam in letzter Minute zu scheitern: Die Einzelhandelskauffrau verfügte über keine Computer-Kenntnisse. Da sie aber mit ihrer Persönlichkeit so sehr überzeugt hatte, bekam sie einen Privat-Trainer zur Seite gestellt. Die Vorgabe der Bank: Sie musste sich innerhalb von vier Wochen ausreichende PC-Fähigkeiten aneignen, dann konnte sie mit der Ausbildung beginnen. Fest entschlossen, diese Chance zu nutzen, lernte Ingrid Grimm in der vorgegebenen Zeit den Umgang mit dem Computer – Ingrid Grimm arbeitet heute nach neunmonatiger Ausbildung im Kundendialog der Bank.

1.2.4 Erfahrungen mit „Azubis 50+"

Viele der über 50-jährigen Kundenberater stellen sehr oft ihre Flexibilität unter Beweis, indem sie freiwillig an Tagen arbeiten, an denen die jüngeren Kolleginnen und Kollegen gern frei hätten, wie etwa an Feiertagen. Hier wird vielfach der Wunsch der Betroffenen erkennbar, dem Unternehmen für diese berufliche Chance auf einem von vielen schon als aussichtslos abgeschriebenen Arbeitsmarkt mit zusätzlicher Leistung etwas zurückzugeben.

Daneben zeichnen sich die „Azubis 50+" durch ihre Konfliktfähigkeit, ihre soziale Kompetenz und Zuverlässigkeit aus. Diese Vorteile haben sich bei den Führungskräften der Direktbank längst herumgesprochen. Viele von ihnen äußerten schon explizit den Wunsch, ebenfalls einen älteren Mitarbeiter bzw. eine ältere Mitarbeiterin ins Team aufzunehmen.

Die Initiative „Azubis 50+" hat sich für alle Beteiligten als recht erfolgreich erwiesen. Dies ist indessen sicher der Tatsache geschuldet, dass die ING-DiBa sehr genaue Vorstellungen davon hat, welche Persönlichkeiten zu den ganz besonderen Anforderungen im Kundendialog passen. Mit erfolgsentscheidend dürfte ferner die Bereitschaft der Bank gewesen sein, auf das sonst übliche Procedere der Personalauswahl zu verzichten und sich selbst durch „krumme" Biographien nicht abschrecken zu lassen, sofern die Bewerber mit kommunikativem Talent und sozialer Kompetenz überzeugen.

Die Erfahrungen der Bank stellen schließlich eine Ermutigung für andere Unternehmen dar – unabhängig von der Branche. Der in den nächsten Jahren deutlich steigende Altersdurchschnitt kann für die Arbeitgeber große Vorteile bergen, vorausgesetzt sie verstehen es, die besonderen „Assets" der älteren Beschäftigten optimal zu nutzen.

2 Risikomanagement

Anne Kraus

Mitarbeiterin Teambank AG, Bereich Risikomanagement, Methoden;

u.a. zuständig für Scorekartenentwicklung im Rahmen der Kreditentscheidung,

Kreditrisikoprognoseverfahren

Frank Westhoff

Mitglied des Vorstands der DZ BANK AG;

zuständig für die Bereiche: Kredit, Recht und Operations/Services; Volksbanken

Raiffeisenbanken und die genossenschaftlichen Verbände in Rheinland-Pfalz,

Saarland und Weser-Ems

2.1 Risikomanagement in Zeiten demografischen Wandels – Retail Banking

2.1.1 Einleitung

Während in der Fachliteratur[1] die Auseinandersetzung zum Thema demografischer Wandel und dessen Auswirkungen auf Volkswirtschaft und Finanzmärkte in den letzten Jahren stark zugenommen hat, wurde der Einfluss der Bevölkerungsentwicklung auf den Bankensektor weitaus seltener behandelt. Insbesondere die Folgen und Anforderungen für das Risikomanagement einer Bank im Privatkundengeschäft wurden bisher nur wenig analysiert.

Ziel des vorliegenden Artikels ist es, dieses Themengebiet näher zu beleuchten und am Beispiel der Teambank AG aufzuzeigen, inwieweit das Risikomanagement auf den demografischen Wandel reagiert bzw. reagieren muss.[2]

Hierzu soll zunächst ein detaillierter Überblick über die demografische Entwicklung und die Bevölkerungsprognosen für die nächsten Jahre gegeben werden (Kapitel 2). Der Einfluss des Bevölkerungswandels auf den Bankensektor wird im Anschluss daran vor allem in Hinblick auf das Retail-Geschäft betrachtet (Kapitel 3). Kapitel 4 zeigt schließlich am Beispiel der Teambank AG auf, wie das Risikomanagement Entwicklungen in der Kundenstruktur erkennen kann, um daraus gezielt Handlungsempfehlungen, Strategien, Risikoeinschätzungen und Risikoprognosen ableiten zu können.

---

[1] Vgl. bspw. European Central Bank (2006).
[2] Die Teambank AG ist als Teil der DZ BANK Gruppe und somit des genossenschaftlichen FinanzVerbundes eine Bank im Privatkundengeschäft, die sich auf den Verkauf von Konsumentenkrediten spezialisiert hat und sich durch eine vollautomatisierte Kreditentscheidung auszeichnet.

2.1.2 Demografischer Wandel im Überblick

Bevor die Auswirkungen und Herausforderungen des demografischen Wandels auf die Banken erläutert werden, müssen zunächst die verschiedenen Aspekte dieser Veränderungen im Allgemeinen dargelegt werden.[3] Hierbei sind die Geburtenentwicklung, die steigende Lebenserwartung sowie die Wanderungsbewegungen die wichtigsten Einflussfaktoren.

Während für die Weltbevölkerung ein Anstieg prognostiziert wird, ist die Bevölkerungsentwicklung in Deutschland wie in den meisten bedeutenden Wirtschaftsräumen rückläufig. Bis 2030 wird die Einwohnerzahl in Deutschland im Vergleich zu 2005 um ca. 6,4% fallen, was absolut betrachtet einem Rückgang von ca. 5 Millionen Personen entspricht. Die Geburtenzahl ist seit der deutschen Vereinigung von 1991 bis 2005 um 17% gesunken. Dieser Trend zeichnet sich auch für die kommenden Jahrzehnte ab. Bis 2030 wird ein weiterer Rückgang um 17% auf 566.000 Geburten pro Jahr prognostiziert. Dies steht einer stetig steigenden Lebenserwartung gegenüber, für die bis 2030 ein Anstieg von ca. vier Jahren angenommen werden kann.

Für den Bankensektor ist die strukturelle Veränderung der Bevölkerungsentwicklung, vor allem die Verschiebung der Altersstruktur, von Bedeutung, eine Tatsache, die in der folgenden Bevölkerungspyramide veranschaulicht werden kann.

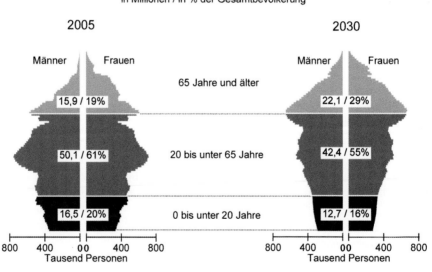

Quelle: Statistische Ämter des Bundes und der Länder (2007), S. 23.

Abbildung 1: Altersaufbau in Deutschland 2005 und 2030; Bevölkerung nach Altersgruppem in Millionen/ in% der Gesamtbevölkerung

---

[3] Vgl. für die folgenden Datenangaben Statistische Ämter des Bundes und der Länder (2007).

Besonders deutlich zeigt sich ein Rückgang bei den unter 20-Jährigen. Der Anteil dieser Gruppe wird um fast ein Viertel auf 12,7 Millionen Menschen zurückgehen. Bei den erwerbsfähigen Personen (Gruppe der 20 bis unter 65 Jährigen) wird der Anteil von 61% auf 55% fallen, während die Altersgruppe der über 65-Jährigen stark zunehmen wird. Umfasste diese Gruppe 2005 noch knapp 16 Millionen Menschen, werden es 2030 voraussichtlich bereits über 22 Millionen Menschen sein. Somit wird der Anteil der über 65-Jährigen auf fast 30% ansteigen und übersteigt damit bei weitem den Anteil der unter 20-Jährigen. 2005 war der Anteil beider Gruppen vergleichbar hoch.

Des Weiteren verschiebt sich der so genannte Altenquotient, der das Verhältnis zwischen der Bevölkerung im Erwerbsalter (20 bis 65 Jahre) und der Bevölkerung im Rentenalter (65 Jahre und älter) beschreibt. 1991 standen 100 Personen im erwerbsfähigen Alter 24 Personen der älteren Generation ab 65 Jahren gegenüber. 2005 galt bereits ein Verhältnis von 100 zu 32, so dass es nach der Berechnung des statistischen Bundesamtes im Jahr 2030 bereits 52 ältere Personen sein werden, die 100 jüngeren Personen gegenüberstehen.

Inwieweit sich diese Bevölkerungsverschiebung im Portfolio einer Bank zeigt, soll am Beispiel eines Ratenkreditanbieters (Teambank AG) aufgezeigt werden. Die Darstellung erfolgt unter der Annahme, dass bislang keine strategischen Maßnahmen zur bewussten Steuerung der Kreditnehmer hinsichtlich ihres Alters vorgenommen wurden.[4] Betrachtet man das Alter der Kreditnehmer des gesamten Portfolios aus dem Jahr 2001 unter dem Gesichtspunkt des demografischen Wandels und stellt es dem Portfolio aus 2008 gegenüber, zeigt sich eine deutliche Rechtsverschiebung. Somit wird deutlich dass die allgemeine Bevölkerungsentwicklung hinsichtlich der Altersstruktur auch im Ratenkreditportfolio sichtbar wird.

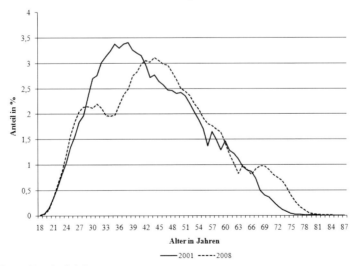

Quelle: Eigene Daten, Teambank AG.

Abbildung 2: Alter der Kreditnehmer im Zeitverlauf (Portfoliobetrachtung)

---

[4] Allerdings muss bei der Altersstruktur beachtet werden, dass im Laufe der Jahre unterschiedliche strategische und geschäftspolitische Änderungen erfolgten.

2.1.3 Auswirkungen des demografischen Wandels auf Banken

2.1.3.1 Allgemeine Veränderungen

Der direkte Einfluss der Bevölkerungsentwicklung auf den Bankensektor ist schwer zu ermitteln, da viele Faktoren zusammenspielen. Einerseits sind Banken durch die Auswirkungen der alternden Gesellschaft auf Volkswirtschaft, Immobilienmärkte und Finanzmärkte betroffen. Darüber hinaus sind Banken auch durch die Entwicklung privater Haushalte und deren Portfoliostruktur betroffen. Der steigende Bedarf an Altersvorsorgeprodukten wird die Grenzen zwischen Banken und traditionellen Anbietern von Altersvorsorgeprodukten aufweichen.[5] Andererseits wird die demografische Entwicklung Veränderungen im Produktportfolio der Banken herbeiführen und in strategische und geschäftspolitische Überlegungen eingehen müssen.

2.1.3.2 Veränderungen im Retail Banking

Einer der wichtigsten Aspekte, auf den sich die Banken im Retail-Geschäft einstellen müssen, ist das geänderte Nachfrageverhalten der Kunden. Auf der einen Seite wird sich auf Grund des sinkenden Anteils der erwerbsfähigen Personen ein Abwärtsdruck auf die Nachfrage nach Konsumentenkrediten und Hypotheken ergeben, was den Nettozinsertrag zurückgehen lassen wird. Auf der anderen Seite werden auf Grund des sich stetig ändernden Altenquotienten und des dadurch bedingten unsicheren staatlichen Pensionssystems private Haushalte vermehrt Alternativen zur staatlichen Vorsorge suchen und verstärkt Produkte zur privaten Altersabsicherung nachfragen. Daher könnte ein Teil des Nachfragerückgangs durch junge Konsumenten durch die Nachfrage älterer Kunden kompensiert werden. Dies erfordert allerdings eine entsprechende Anpassung des Produktangebotes. Alternative Produkte stellen hier beispielsweise Rückhypotheken (reverse mortgages) dar, die im Gegensatz zu traditionellen Hypotheken stärker auf die Bedürfnisse der Generation der über 55-Jährigen, die einen hohen Anteil ihres Vermögens in Immobilien investierten, angepasst sein dürften.[6]

Während im Versicherungsgeschäft neue Risiken wie das „Langlebigkeitsrisiko" oder erhöhte Krankheitskosten im Zuge der Bevölkerungsentwicklung immer wichtiger werden[7], spielt bei der Potenzialerfassung der älteren Generation als eigene Kundengruppe im Ratenkreditgeschäft die Risikoeinstellung eine bedeutende Rolle.[8] Sind jüngere Personengruppen deutlich kreditaffiner und finanzieren Konsumgüter schneller mittels Ratenkrediten, wird die Risikoaversion älterer Personen höher eingeschätzt. Mit steigender Lebenserfahrung steigt die Risikoaversion, was sich wiederum in der Nachfrage nach Finanzprodukten widerspiegelt. Inwieweit sich die Subprime-Krise aus dem Jahr 2007 und die dadurch anhaltende aktuelle Finanzkrise speziell auf das Verhalten der älteren Personengruppe auswirkt, kann aktuell noch nicht abschließend beurteilt werden. Allerdings lässt die momentane Situation einen generellen

---

[5] Vgl. Schmitz (2007), S. 107.
[6] Vgl. European Central Bank (2006), S. 31 f.
[7] Vgl. Groome/Blancher/Ramlogan/Khadarina (2006), S. 357.
[8] Vgl. Lindbergh/Nahum/Sandgren (2008), S. 15.

Anstieg der Risikoaversion und eine Tendenz hin zu klassischen Finanzanlageformen vermuten.

Durch das veränderte Nachfrageverhalten älterer Personengruppen nach unterschiedlichen Produkten und Serviceangeboten werden Banken im Privatkundengeschäft verstärkt dem Konkurrenzdruck durch Finanzintermediäre unterliegen, die nicht dem Bankensektor angehören. Durch den stagnierenden Ratenkreditmarkt und die Zunahme an Wettbewerbern ist bereits jetzt eine Intensivierung des Wettbewerbs erkennbar.

Banken könnten auf die veränderten Bedingungen durch den demografischen Wandel mit einer Diversifikation ihrer Aktivitäten auf internationaler Ebene reagieren.[9] Die Konzentration der Banken auf Wachstumsmärkte steht dabei im Vordergrund. Dadurch entsteht die Möglichkeit für Banken sich im Hinblick auf die Bevölkerungsentwicklung auf Länder zu konzentrieren, die mit einer jüngeren Bevölkerung Absatzmärkte für Bankdienstleistungen wie beispielsweise Konsumentenkredite bieten.

In jedem Fall wird es zusehends wichtiger, neben allgemeinen Veränderungen auch den demografischen Wandel in strategische Überlegungen mit einzubeziehen und auf die veränderten Strukturen und Bedingungen zu reagieren.

2.1.4 Risikomanagement unter Berücksichtigung des demografischen Wandels am Beispiel der Teambank

2.1.4.1 Allgemeine Maßnahmen

Im Risikomanagement einer Bank gibt es verschiedene Instrumente, neue Risiken zu erkennen und entsprechende Reaktionen abzuleiten. Am Beispiel der Teambank wird im Folgenden dargelegt, welche Möglichkeiten das Risikomanagement bereithält, auf die Entwicklung des demografischen Wandels zu reagieren. Dabei wird nach dem Reporting auf die automatisierte Kreditentscheidung als Steuerungsinstrument sowie die Entwicklung der Scorekarten eingegangen.

2.1.4.2 Einzelmerkmalsanalyse und Beobachtung der Kundenstruktur

Als wichtigstes Instrument, um veränderte Verhältnisse und Entwicklungen jeglicher Art festzustellen und zu erkennen, dient das Reporting des Risikomanagements. Dabei werden mit Hilfe eines umfassenden Berichtswesens die unterschiedlichsten Zielsetzungen und Aufgabenstellungen verfolgt.

Auf der einen Seite dient das Berichtswesen bankintern zur Informationsweitergabe. Dabei ist die Bereitstellung entsprechender Berichte und Analysen für bestimmte Gremien unternehmensweit, wie etwa Vorstand oder Aufsichtsrat, von Bedeutung. Auf der anderen Seite stellt ein detailliertes Berichtswesen die Grundlage für ein umfassendes Monitoring sämtlicher Steuerungsprozesse, Systematiken und Strategien dar. Die Überwachung und Früherkennung

---

[9] Vgl. European Central Bank (2006), S. 29.

etwaiger Risiken ist dabei eine der Hauptaufgaben. Auf eine ausführliche Darstellung des Reportings soll in diesem Zusammenhang allerdings verzichtet werden. Gemäß der beschriebenen Bevölkerungsentwicklung soll das Augenmerk hier vielmehr auf diejenigen internen Berichte, Analysen und Auswertungen gelegt werden, die Veränderungen in der Kundenstruktur aufzeigen. Erst wenn Veränderungen erkannt und analysiert werden, kann eine Reaktion aus Risiko- oder Produktsicht folgen.

Voraussetzung für ein funktionsfähiges Reporting ist die konstante Erfassung der Daten bei Kreditbestellung[10] und der Bestandsdaten. Durch die Auswertung der Daten der Kreditbestellung können Erkenntnisse über die Struktur der Kunden gewonnen werden, um Veränderungen zu identifizieren. Eine genaue Darstellung aller Einzelmerkmale bietet Aufschluss über sämtliche Änderungen in den Eigenschaften der Kunden. Die monatliche Überwachung und der Abgleich mit Bestellungen aus vergangenen Monaten und Jahren lässt unterschiedliche Entwicklungen erkennen. Die ständige Beobachtung und genaue Interpretation ist dabei unabdingbar. Betrachtet man darüber hinaus Vergangenheitsdaten, können Mahnungen und Ausfälle als Risikoindikatoren verwendet werden.

Am Beispiel der Kunden der Teambank lässt sich bei einem Vergleich der Jahre 2002 und 2008 erkennen, dass der Anteil Rentner beim Merkmal Beschäftigungsverhältnis von ca. 6% auf ca. 10% angestiegen ist. Betrachtet man nur die tatsächlich verkauften Kredite verstärkt sich dieser Effekt sogar (von ca. 7% 2002 auf ca. 13% 2008).

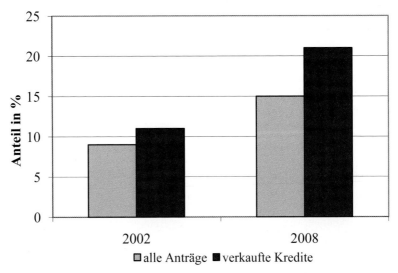

Quelle: Eigene Daten, Teambank AG.

Abbildung 3: Kundengruppe 55+

---

[10] Die Teambank AG präsentiert sich am Markt kundenorientiert und innovativ, sodass unabhängig vom allgemeinen Bankendeutsch ein spezielles Wording verwendet wird. So wird beispielsweise ein Kreditantrag als Bestellung oder eine Kreditvergabe als Kreditverkauf bezeichnet. Kreditverkauf ist damit nicht mit Securitization zu verwechseln.

2002 waren darüber hinaus ca. 9% der Kunden 55 Jahre und älter, während 2008 die Generation 55+ bereits einen Anteil von ca. 15% der Kunden stellt (vergleiche Abbildung 3). Bei den verkauften Krediten steigt der Anteil der älteren Kunden 2008 bereits auf ca. 20%.[11]

Ein weiterer wichtiger Bericht, der auf Veränderungen in der Kundenstruktur hinweist, ist der Scorekartenüberwachungsbericht. In Abbildung 4 wird dieser beispielhaft anhand des Gesamteinkommens dargestellt. Ziel ist es dabei, die Verteilung der aktuellen Kreditbestellungen mit den Kreditbestellungen aus der Entwicklungsstichprobe[12] abzugleichen. Weichen die Verteilungen stark voneinander ab, deutet dies auf eine Veränderung in der Kundenstruktur hin.

Merkmal Gesamteinkommen					
	Stichprobenanträge		Anträge Juni 08		
Attribut des Merkmals	*Anzahl*	*Anteil*	*Anzahl*	*Anteil*	*%-Punkte Unterschied*
1.800 bis unter 2.400	85.908	49,27%	6.725	50,22%	0,95%
2.400 bis unter 3.000	48.175	27,63%	3.590	26,81%	-0,82%
über 3.000	40.289	23,11%	3.076	22,97%	-0,13%
Keine Information	0	0,00%	0	0,00%	0,00%
	174.372	100,00%	13.391	100,00%	

Quelle: Eigene Daten, Teambank AG.

Abbildung 4: Beispiel Scorekartenüberwachungsbericht

Indiziert ein Bericht zur Kundenentwicklung entsprechende Änderungen, werden genauere und tiefergehende Analysen und Auswertungen vorgenommen, um ein Gesamtbild der Veränderungen und Risiken zu erstellen.

Somit hat das Reporting des Risikomanagements die Aufgabe, Trends und Entwicklungen aufzudecken und deren Risiken zu erkennen. Werden hierdurch indirekt Produktinnovationen generiert, können die zu erwartenden Risiken bereits prognostiziert und gemäß Basel II-Richtlinie entsprechend eingeplant werden. Nach Einführung neuer Strategien ist das Risikomanagement wiederum gefordert, die Anpassungen zu überwachen und beispielsweise durch ein Backtesting die erwarteten und tatsächlichen Ausfälle gegeneinander abzutragen.

2.1.4.3 Automatisierte Kreditentscheidung als Steuerungsinstrument

Die Kernkompetenz der Teambank liegt im Privatkundengeschäft im Bereich der Ratenkredite. Dabei findet die Kreditentscheidung vollautomatisiert statt und ermöglicht die Durchfüh-

---

[11] Die Daten aus dem Jahr 2008 beziehen sich auf den Zeitraum bis September 2008.
[12] Die Entwicklungsstichprobe besteht aus Daten der Vergangenheit, auf denen die Scoremerkmale angepasst und optimiert wurden.

rung konsistenter Entscheidungen. Dieses Verfahren bietet im Vergleich zur manuellen Kreditprüfung entscheidende Vorteile. Erst durch die Automatisierung kann eine einheitliche Kreditentscheidung sowie ein einheitliches Kundenrating gewährleistet werden. Die Bonitätsprüfung des Kunden ist unabhängig von etwaigen Präferenzen und spezifischen Richtlinienauslegungen des Mitarbeiters. Weitere Vorteile, die hier nur kurz angeführt werden sollen, sind die Erhöhung der Losgrößen und die damit verbundenen positiven Skaleneffekte und die kostendeckende Abwicklung der Kredite.

Hinsichtlich des demografischen Wandels und dessen Berücksichtigung im Risikomanagement sind insbesondere die beiden folgenden Punkte relevant: Erstens ist durch die Automatisierung eine stetige und vor allem konsistente Erfassung der Antragsdaten der Kunden möglich. Zuvor war eine Einschätzung des Risikos sowie eine Analyse und Auswertung der Ausfallwahrscheinlichkeiten eines Kredites mittels statistischer Verfahren durch die lückenhafte Datenerfassung und die unvollständige Datenhaltung nur eingeschränkt möglich. Zweitens wird durch die zentral gesteuerte Kreditentscheidung eine strategische Ausrichtung und Steuerung der Kreditverkauf möglich. Kurzfristige Änderungen des Kreditverkaufs können zentral umgesetzt werden, ohne die interne Kommunikation des Vertriebes berücksichtigen zu müssen. Zusätzlich lassen sich einzelne Entscheidungsparameter für den Kreditverkauf gesondert testen. Strategisches Ziel ist es demzufolge, den Kreditverkauf durch das Kreditentscheidungssystem auf Risiko- und Vertriebsparameter hin zu optimieren.

Die Erfassung der Kundendaten durch das Kreditentscheidungssystem stellt die Grundlage für individuell angepasste Produktvergabestrategien dar. Eine geschäftspolitische Änderung kann durch die zentrale Steuerung und die entsprechende Anpassung der Steuerungsparameter schnell zur Umsetzung gebracht werden. Um die Erfassung der Kundendaten zu erweitern und dadurch spezifische Informationen für eine optimale Parametereinstellung zu generieren, können systemgesteuerte Testverkäufe angeboten werden. Das Kreditentscheidungssystem kann dahingehend eingestellt werden, dass für einen definierten Anteil an Kunden eine eigene Strategie umgesetzt wird. Durch gezielte Anwendung so genannter Challenger-Strategien können Informationen über spezielle Entscheidungsparameter und Kundengruppen erfasst werden. Die nachträgliche Beobachtung, Analyse und Auswertung dieser Informationen bildet die Entscheidungsgrundlage für neue strategische Entscheidungen. Wichtig ist dabei die Beurteilung und Abschätzung des Risikos über die Ermittlung des Ausfallverhaltens, um das höhere bzw. niedrigere Risiko über Zinsaufschläge oder Zinsabschläge abzufangen.

Insbesondere im Ratenkreditgeschäft wird es immer wichtiger, die demografischen Veränderungen zu beobachten und in strategische Überlegungen mit einzubeziehen. Ist es bedingt durch den demografischen Wandel das Ziel, auf Kunden zwischen 55 und 75 Jahren zu fokussieren, kann im Vorfeld eine entsprechende Testphase im Rahmen einer soeben beschriebenen Challenger-Strategie als Maßnahme angewendet werden. Durch die Berechnung der Ausfallwahrscheinlichkeiten kann das Kreditrisiko dieser Gruppe abgeschätzt werden und entsprechend bei Verkauf bepreist werden. Die Beobachtung und Einzelmerkmalsanalyse dient darüber hinaus zur Gewinnung weiterer wichtiger Informationen.

2.1.4.4 Validierung der Scorekarten zur Kundensegmentierung

Eines der wichtigsten Instrumente im Rahmen der vollautomatisierten Kreditentscheidung ist die so genannte Scorekarte zur Bewertung der Bonität des Kunden. Hierbei werden mit Hilfe statistisch-mathematischer Verfahren Faktoren ermittelt, die sich in Hinblick auf das Risiko eines Kunden als signifikant erweisen. Durch die Umsetzung des Scoring wird im Vergleich zur subjektiven Entscheidung durch den Kundenberater Konsistenz und Objektivität geschaffen. Erst die stetige Datenerfassung durch die automatisierte Kreditentscheidung ermöglicht die Entwicklung einer Scorekarte, um unter anderem den Basel II-Anforderungen nachzukommen. Eine Anpassung des Produktmanagements mit Fokussierung auf das Konsumverhalten der älteren Bevölkerung bedingt langfristig die Anpassung im Rahmen des Risikomanagements und insbesondere der Scorekartenentwicklungen.

Zur Entwicklung einer Scorekarte wird als Datenbasis auf Kreditbestellungen aus der Vergangenheit zurückgegriffen, für die nach einer gewissen „Reifezeit" das Ausfallverhalten beobachtet werden kann. Die Reifezeit ist insofern nötig, da Kredite erst nach einer gewissen Zeit ausfallen. Je nachdem, ob ein Kredit ausgefallen ist oder nicht, werden die Fälle in gute bzw. schlechte Konten eingeteilt. Daraufhin erfolgt eine umfangreiche Analyse möglicher Scorekriterien, die univariat auf ihre Trennschärfe untersucht werden. Dies bedeutet, dass einzelne Merkmale daraufhin getestet werden, wie trennscharf sie zwischen guten und schlechten Krediten unterscheiden können.

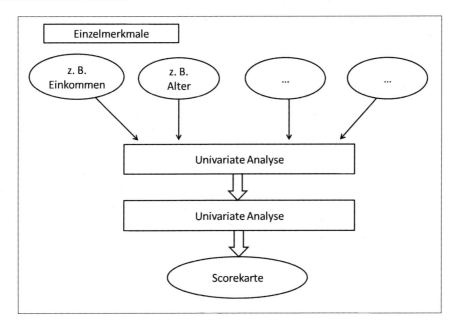

Quelle: Eigene Darstellung, Teambank AG.

Abbildung 5: Validierung Scorekarte

Nach Auswahl der Variablen, die univariat die höchste Trennschärfe bzw. inhaltlich hohe Relevanz aufweisen, werden die Variablen multivariat im Rahmen einer Scorekarte analysiert (vergleiche auch Abbildung 5). Bei der multivariaten Analyse ist insbesondere die Untersuchung der Korrelationen von Bedeutung, da hoch miteinander korrelierte Variablen nur einmal in die Scorekarte eingehen sollen.

Grundlegendes Ziel bei der Entwicklung einer Scorekarte ist es, genau die Kriterien und Kombinationsmöglichkeiten von Parametern zu identifizieren, die die zukünftige Kundenstruktur möglichst präzise in gute und schlechte Kunden trennt, um das Ausfallverhalten prognostizieren zu können. Damit wird eine einheitliche Bonitätseinstufung der Kunden möglich. Die Validierung der Scorekarte findet im Rahmen der Basel II-Anforderungen jährlich statt. Somit werden sämtliche Parameter und Eingangskriterien in der Scorekarte überprüft und auf ihre Trennfähigkeit hin getestet. Die Kunden werden gemäß ihrer Merkmalsausprägungen in Bonitätsklassen eingeteilt, die ein ähnliches Risiko aufweisen. Haben beispielsweise ältere Antragsteller ein höheres bzw. niedrigeres Risiko, wird dies in der Scorekarte abgebildet und entsprechend bewertet.

Wird es im Zuge der zunehmenden Berücksichtigung der Bevölkerungsentwicklung wichtig, den Fokus auf die älteren Personen als Konsumentensegment zu legen, ist es innerhalb des Risikomanagements möglich, gezielt Scorekarten für bestimmte Segmente zu entwickeln. Damit kann bei der Bonitätsbewertung eine höhere Trennschärfe erzielt werden. In Hinblick auf die Bevölkerungsentwicklung und die wachsende Bedeutung der älteren Generation als Konsumentensegment, kann eine Scorekarte speziell für dieses Segment die Struktur der Kunden abbilden. Die Bepreisung der Risiken, die sich für diese Kunden ergeben, kann daraufhin individuell und kontengenau umgelegt werden.

2.1.4.5 Anpassung der Kreditentscheidung

Nachdem das Reporting neue Kundenstrukturen aufgedeckt hat, neue Strategien innerhalb der automatisierten Kreditentscheidung getestet wurden und die Methodik optimierte Vorgehensweisen entwickelt hat, folgt letztlich die Anpassung der gesamten Kreditentscheidung.

Dabei ist es wichtig, sämtliche Änderungen aufeinander abzustimmen. Wird beispielsweise eine eigene Scorekarte für die Konsumentengruppe 55+ entwickelt und zum Einsatz gebracht, müssen auch entsprechende Entscheidungsregeln[13], die zu einer Ablehnung führen könnten, angepasst werden. Wird beispielsweise ein Kunde ab einem gewissen Alter als zu riskant für einen Kreditverkauf eingeschätzt, müsste dies im Zuge der steigenden Lebenserwartung entsprechend angeglichen werden.

---

[13] Entscheidungsregeln – so genannte policy rules – sind Richtlinien-Entscheidungen, die im Rahmen der Kreditentscheidung Kundeninformationen verarbeiten und bei Hinweisen auf eine schlechte Bonität direkt zur Ablehnung der Kreditbestellung führen können.

2.1.5 Zusammenfassung und Ausblick

Der demografische Wandel hat Deutschland fest im Griff und wird sich vor allem durch die Alterung der Gesellschaft in den kommenden Jahren immer stärker bemerkbar machen. Durch sich ändernde Rahmenbedingungen und ein verändertes Nachfrageverhalten der Kunden werden die Banken gefordert sein, sich auf die Konsumentengruppe der älteren Generation einzustellen und spezielle Produkte anzubieten. Dies bedingt nachgelagert eine entsprechende Anpassung des Risikomanagements.

Am Beispiel der Teambank AG konnte gezeigt werden, wie das Risikomanagement einerseits durch ein umfangreiches Reporting Änderungen in der Kundenstruktur aufdecken kann und neue Risiken erkennt. Andererseits ermöglicht die automatisierte Kreditentscheidung sowie die Entwicklung der Scorekarten eine schnelle Anpassung an geänderte Verhältnisse.

Literatur

EUROPEAN CENTRAL BANK (2006): „The Impact of Ageing on EU Banks", EU Banking Structures, Frankfurt/Main 2006, S. 21-37.

GROOME, T., BLANCHER, N., RAMLOGAN, P. und KHADARINA, O. (2006): „Population Ageing, the Structure of Financial Markets and Policy Implications", Reserve Bank of Australia Conference Volume, Reserve Bank of Australia, Sydney 2006, S. 340-366.

LINDBERGH, J., NAHUM, R., und SANDGREN, S. (2008): „Population Ageing: Opportunities and Challenges for Retail Banking", International Journal of Bank Marketing (2008), S. 6-24.

SCHMITZ, S. (2007): „Demografischer Wandel – strategische Implikationen für den Bankensektor und Konsequenzen für die Finanzmarktstabilität", Finanzmarktstabilitätsbericht 13/2007, Österreichische Nationalbank, S. 106-127.

Wolfgang Bollmann

DZ BANK AG, Senior Vice President – Credit New York

Anja Guthoff

DZ BANK AG, stv. Abteilungsdirektorin, Kompetenzcenter Kredit – Kreditprozesse

Frank Westhoff

Mitglied des Vorstands der DZ BANK AG;

zuständig für die Bereiche: Kredit, Recht und Operations/Services; Volksbanken

Raiffeisenbanken und die genossenschaftlichen Verbände in Rheinland-Pfalz,

Saarland und Weser-Ems

2.2 Life Settlement: A Special Risk Management Measure to Adapt Life Insurance to Aging

2.2.1 Introduction

This essay discusses the demographic and risk management aspects of "Life Settlements" over the last 20 years. "Life settlements" were developed in the United States to increase flexibility of some life insurance products.

In the United States, the typical life insurance products are "term life" insurance and "whole life or universal life" insurance. The term life insurance is always contracted for a specific number of years ("term") and expires thereafter if not renewed. Term life insurance pays the contractually agreed amount of death benefits upon the death of the insured (as long as the insured dies during the term), there is no savings or capital accumulation component involved. Whole life/universal life insurance is entered into without a specific maturity date and, as long as the policy does not lapse, can have a capital accumulation component based on the return generated by the insurer's investments.

2.2.2 Life Insurance and Aging

Life insurance (term as well as whole/universal) is usually purchased to provide income protection for close family members of the insured but sometimes also for business purposes (key man insurance). Currently about $500 billion of life insurance in force covers insured that are age 65 or older, the target group for Life Settlement transactions.[1]

---

[1] See Deloitte Consulting LLP/University of Connecticut Actuarial Center (2005), p. 2 and LifeSettlement-Guide.org (2008).

While life insurance is being purchased to provide some specific protection, circumstances in life change over time, and so will the need for life insurance coverage. As the relatively large and affluent baby boomer generation reaches retirement age, there is an increase in the number of cases where some of the life insurance is no longer wanted as the insured (1) does not want to or cannot afford to pay the substantial annual premium, and/or (2) divorce or death of the wife/husband removed the original beneficiary, and/or (3) children have grown up and do not rely on parental financial support. At the same time, life expectancy for 65 year olds continues to increase, often requiring additional financial resources to cover medical, long term care and general living expenses for a longer than expected period of time.

Historically, the insured had only two options to deal with a life insurance policy that is no longer wanted: a) stop making payments and let the policy lapse, or b) sell the insurance policy back to the insurance company ("surrendering" the insurance) for a small payment (as a regulated industry, life insurance providers are limited in what they can negotiate as surrender payments). It is important to note that over the last few years, about 88% of all life insurance policies did not end with the payment of the death benefit but instead lapsed or were surrendered. In 2005, the industry paid death benefits on 2.2 million policies while 19.8 million policies lapsed or were surrendered.[2]

The current business model of the insurance carriers assumes that the healthy insured generally let their policy lapse when they become older and do not need any more protection for family members. Insurance premiums are calculated and paid based on average health. Insured individuals with above average health have an insurance policy with less value as they have to pay much longer until the payout of the death benefit materializes. Insured individuals with impaired health have exactly the opposite situation and are less likely to surrender their policy. This adverse selection is well known to the insurance companies.[3]

2.2.3 Life Settlements and the Secondary Market for Life Insurance

Life Settlements entered the U.S. market about 20 years ago as a third option for the insured. They were initially called viatical settlements and were limited to terminally ill AIDS sufferers with a remaining life expectancy of less than two years. However, since the 1990s the market broadened and now covers all insured aged 65 or older. A Life Settlement transaction is defined as the sale of a life insurance policy by the insured person, which is normally also the policyholder, to a third party for a cash payment that is larger than the surrender value but less than the death benefit. The third-party purchaser becomes the owner of the policy, pays all future insurance premiums, and collects the death benefit when the insured person dies. The 3rd party purchaser ("Investor") is usually an institutional investor, often even an insurance company.

---

[2] See Deloitte Consulting LLP/University of Connecticut Actuarial Center (2005), p. 2 and LifeSettlement-Guide.org (2008).
[3] See Doherty/Singer (2002), p. 21.

Life Settlement transactions have grown significantly from a total volume of about $2 billion (in death benefits) in 2002 to approximately $15 billion in 2006.[4] Various analysts estimate that the overall market for Life Settlements can grow to a size of around $100 billion, or roughly 20% of the total death benefit value of the life insurance held by insured aged 65 or older. Based on their somewhat impaired health, these estimated 20% of the insured aged 65 or older should get significantly more cash from a Life Settlement (which does consider the insured's current health) than from surrender value offered by the insurance company (which does not consider the insured's current health). A study conducted by Deloitte and the University of Connecticut[5] calculated, on a sample of Life Settlements, a net present value of the death benefit of 64% of the death benefit ("intrinsic economic value"), while Life Settlements on average sold for 20% and the surrender values were only around 10% of the amount of the death benefit.

There is a significant amount of literature that discusses the claimed benefits of the Life Settlement market for the insured and fairness of the Life Settlement amounts offered in this market.[6] The concern is raised that the Life Settlement value of a life insurance policy is much lower than the intrinsic economic value of this policy (defined as present value of the death benefit). Commission and transaction expenses are indeed high at up to 100% of the Life Settlement amount paid to the insured, raising concerns that the transaction is more beneficial for the "middleman" than the insured. While some of the concerns are plausible and demonstrate that the relatively young Life Settlement market is not very efficient, it is also clear that the "intrinsic value" of the life insurance policy is only relevant for estate planning as the insured has no access to these funds while alive. In addition, Life Settlement values are always higher than surrender values, often two to three times as high, which creates sizeable additional value for the insured. The Life Settlement market, which is practically a secondary market for life insurance policies, is the only place that gives the insured the opportunity to treat his life insurance as a form of private property, and allows him to choose between a number of buyers and to receive a better price for its policy in relation to the surrender value. It should be expected that treating life insurance as one of the assets of the insured will increase in importance as the aging of the baby boomers continues to shift the focus from asset accumulation to asset management and asset consummation. However, there are some factors that will limit the growth of the secondary market: there is a limited supply of adequate policies as most investor underwriting criteria require that the insured must be at least 65 years old, have a somewhat impaired health, and the death benefit should be at least $0.25 million or larger. Due to the significant cost involved in Life Settlement transactions, the majority of life policies that were sold in the market were actually in the $3 million to $5 million range.

The lack of regulation and market standards is another reason for the relatively slow development of the Life Settlement market and its limited efficiency. In the United States, the supervision of all insurance businesses is the responsibility of the individual states. The sometimes

---

[4] See the Sathe/Solow/That (2007), p. 5.
[5] See Deloitte Consulting LLP/University of Connecticut Actuarial Center (2005).
[6] See the discussion in Deloitte Consulting LLP/University of Connecticut Actuarial Center (2005) and in Doherty/Singer (2002).

very different state regulations make it difficult to develop efficient market processes and to establish adequate standards for supervision. However, the National Conference of Insurance Legislators (NCOIL) published a "Life Settlement Model Act", and the National Association of Insurance Commissioners (NAIC) issued a "Viatical Settlements Model Regulation". These national work groups of state legislators and state regulators create an efficient platform for standardizing regulation in the individual states. In addition to minimum requirements for the documentation of Life Settlement transactions and the conduct of the involved insurance brokers, there is currently further regulation being discussed in several state assemblies with focus on further improved disclosure for the insured and measures to limit the growth of investor driven arbitrage business. The insurance commissioners concern is a new and increasing segment of the Life Settlement market, where new life insurance policies are being created for older people solely for the purpose of creating Life Settlement volume and arbitrage gains. Legislatures in New York, New Jersey and several other states have proposed new laws and regulations that outlaw these "spin-life" insurance policies or make it at least more difficult for investors to get the payout.[7]

2.2.4 Longevity and the Risk of Estimating Life Expectancy

The uncertainty with regard to the life expectancy of the insured is the largest risk an investor takes when purchasing a life insurance policy through a Life Settlement. Since the late 1940s, life expectancy, especially for people aged 65 or older, has been increasing at a much higher rate than the accepted forecasts. A person that is now aged 65 is expected to live several years longer than was anticipated when the same person was in their 40s. An analysis conducted by S&P for males in the U.K., Netherlands, France and Spain for the period from 1841 to 2001 shows an increase in the life expectancy of a 65 year old male of 4-5 years since the early 1980s.[8] Improvements in medical treatment are considered the major drivers for this progress in the developed countries of Western Europe and the United States.

There are two components to estimating the time to death of an individual: his current life expectancy (base mortality) and how that may develop in the future (improvements in mortality). Both of these statistical estimates will be influenced by an individual's past and present life style, health condition, and affluence.

A common approach to estimate future improvements in mortality is extrapolation. However, in the past this has proven to significantly underestimate the life expectancy. More recently, there are attempts to use stochastic modeling to project mortality improvements. The leading models have hefty data requirements and are to-date not sufficiently stable to produce reliable estimates for mortality improvements.

Longevity risk is the risk taken by the investor in a Life Settlement that the insured will die later than statistically expected. The life insurers' annuity business has the same longevity risk profile as Life Settlements. However, the risk for a life insurance company when issuing a life

---

[7] See Life Insurance Settlement Association (2008).
[8] See Adu-Kwapong/Bradley/Harrison (2008), p. 2.

insurance policy is the risk of early death, i.e. that the insured dies without having paid the expected amount in life insurance premiums. The investor and the life insurance company hold exactly opposite positions, the investor must be clear when using statistics and methods employed by the insurance companies as these might conservatively err by assuming shorter than actually observed life expectancy (to protect the insurance companies' reserve cushions). This risk is fairly real considering that early securitizations of Life Settlements actually showed that life expectancy was significantly underestimated.

2.2.5 Structuring and Underwriting Life Settlements

There is an extensive set of policies and procedures that were developed by the industry since the 1990s, but at the present time there are no published guidelines from the major rating agencies (S&P, Moody's, Fitch) on minimum requirements for structuring and underwriting Life Settlements. However, A.M. Best (a leading rating agency for the insurance industry) and DBRS (Dominion Bond Rating Services, a smaller Canadian rating agency) published fairly detailed minimum requirements for underwriting Life Settlements.[9] These requirements cover all aspects of the core life expectancy risk as well as insurance default risk and the operational risk issues that are typical for these types of investment. The following brief discussion focuses on the major aspects of structuring and underwriting Life Settlement transactions that deal with the risk of estimating the life expectancies for the insured and combining it with the default risk of the insurance companies. Although the approach and the models presented by A.M. Best and DBRS are very similar in their focus and structure, the following is based mainly on A.M. Best's outline.

The analytical approach to structuring and underwriting Life Settlements can be broken down into the following three steps: The mortality profiles of the insured are to be provided by reputable medical examiners, at least 2 estimates are required for each insured.

The estimates from medical examiners are required as there are no statistics or mortality tables that can be applied directly to individuals. All of these tables are only able to show average values for a sufficiently large group of insured individuals (note that A.M. Best considers a portfolio of 300 policies to be diversified). Therefore, the medical examiner calculates an estimate for the life expectancy of an individual insured by adjusting the values of the standard mortality table through an individual mortality rating factor that is based on the insured's diseases and lifestyle. The standard mortality tables published by the Society of Actuaries predict, based on age, sex, and smoking status, the probability that a person will die before his next birthday. The medical examiner has access to the medical record from the primary physician of the insured to determine the mortality rating factor that is used to adjust the base mortality rate of that individual.

Example: assuming an insured individual has coronary heart disease and this ailment is assigned a mortality rating factor of 125%; the probability that this individual will die is then 1.25 times higher than the standard probability based on the mortality table. The mortality rat-

---

[9] See Best (2008) and DBRS (2008).

ing expresses the degree of impairment of a specific individual's health compared to the standard case. The estimates provided by the medical examiners are the best approach available to estimating individual life expectancies. However, the quality of these estimates is far from perfect as they do not only fluctuate over time but also show sizeable differences among the various medical examiners. A.M. Best had 3 leading medical examiners provide life expectancy estimates for the exact same 909 insured, which ranged in age from 75 to 79 with a typical male/female split of 66%/34%. The largest difference between any two medical examiners was 24 months and the smallest difference was 8 months. The effect of a higher than expected life expectancy on the Life Settlement purchaser's internal rate of return can be severe: an expected IRR of 12.4% will reduce to approximately 10.2% in case of an 8 month extension and will cut in half to 6.5% in case of a 24 month extension.[10]

In addition to the variance in the results from individual medical examiners for the same set of insured individuals, A.M. Best observed that that portfolios of Life Settlements that were accumulated about 5 years ago show actual deaths occurring later than assumed by the medical examiners when the portfolios were originally formed.

Typical structures attempt to mitigate life expectancy variations between medical examiners by requiring that each policy has life expectancy estimates provided by at least two medical examiners, with the longer life expectancy given more weight in an averaging calculation.

The probability of an impairment of the insurance company and the assumed recoveries are to be estimated. This point deals with the risk that an insurance company is in financial distress and is not able to pay the death benefit when the insured dies. The probability of a default of the insurance company is measured by a financial strength rating that is very similar to the debt ratings assigned by rating agencies for the debt obligations of various issuers. A.M. Best has rated approximately 5,000 domestic insurance companies over the last 30 years. In addition, A.M. Best expects any obligated insurance company to have at least a rating of "very good" (or B+ on A.M. Best's rating scale). There is a guarantee fund for the insurance industry, but in many states the insured amount is limited to $0.3 million per death benefit, which is not providing much coverage considering that the average amount of death benefits purchased is more in the $1 million to $2 million range.

With estimates for life expectancy and a probability of default for the insurance company, the major components for estimating the default of a Life Settlement transaction are in place. The model used by A.M. Best (and with minor modifications by DBRS) calculates for each Life Settlement a cash flow based on the purchase price of each settlement, the insurance premium to be paid for each policy, and projected increase in premiums during the remaining life expectancy, other administrative and potential financing costs, and ultimately the payment of the death benefit.

However, A.M. Best makes further adjustments to the life expectancy based on the amount of the individual death benefit (they add to the life expectancy for larger amounts) and the sever-

---

[10] See Best (2008), p. 8.

ity of the mortality rating (they extend the life expectancy if the medical examiner proposed a life expectancy at less than 80% of the standard for average healthy lives).

Based on this adjusted mortality matrix, A.M. Best runs a basic Monte Carlo simulation that covers life expectancy as well as insurance company defaults. For each run in the simulation, the model aggregates all cash flows for the portfolio of Life Settlements and makes all required payments. In case not all payments can be made, the model declares a default for this individual run. A.M. Best arrives at a default rate as the total number of runs that defaulted divided by the total number of runs. This default rate can then be mapped to standard rating tables. A.M. Best's rating matrix has a default probability of 0.03% for one year and 1.73% for 15 years for what they consider a "AAA" rating.

In addition to the modeling of the default risk, A.M. Best and DBRS established the following minimum requirements to limit the operational risk for the investor in Life Settlements.[11]

(a) only policies by U.S. insurance companies for U.S. residents as insured;

(b) an assignment of the insurance policy cannot be restricted and there should be no restrictions on the full payment of the net death benefit in a lump sum in the event of the death of the insured;

(c) death benefit cannot be a decreasing amount; and

(d) confirmation is required that the insurance is in full force, that it is not encumbered by any other party, and that there is no debt outstanding on the policy.

In addition, A.M. Best assumes that the typical transaction costs will not exceed 50% to 100% of the price paid to the policyholder.

2.2.6 Summary and Outlook

The aging of the baby boomers leads to an increase in a relatively wealthy segment of retired people with an excess in life insurance. While life insurance is considered an asset owned by the policyholder/insured, it is a highly illiquid asset that is either considered to be of no value (lapse) or little value (surrender). The Life Settlement market, though still relatively expensive and inefficient, often allows the policyholder to realize a significantly better price than the surrender value. Further development of the Life Settlement market will increase the competition in this market and continue to drive the price obtainable for the policyholder toward the fair market value. However, the Life Settlement market can only develop further if the market participants can deal effectively with the longevity risk, because a reasonably accurate estimate of the life expectancy of an insured is essential to make the purchase of life insurance policies a viable investment.

Measuring the risk of Life Settlements is not an exact science as the longevity risk factor cannot be firmly established. The A.M. Best model discussed above attempts to incorporate all relevant risk factors but also relies heavily on cash flow cushions by further stressing assump-

---

[11] See A.M.Best (2008), p. 5 f. and DBRS (2008), p. 6 f.

tions. Despite these efforts, any model for existing portfolios of Life Settlements will have to continuously adjust its assumptions when new information becomes available.

To date, there is very limited data available on completed Life Settlement transactions, as the Life Settlement industry has not been in existence long enough. Well known examples of incorrect estimates for life expectancy occurred in some of the earlier viatical cases, where advances in medication and AIDS treatment increased life expectancy from 2 years to 10 years and more.

Literatur

ADU-KWAPONG, C., BRADLEY, P. und HARRISON, D. (2008): „Longevity: Shifting Trends, Shifting Markets, S&P RatingsDirect", London 2008.

A.M. Best (2008): „Life Settlement Securitization", Best's Rating Methodology, Oldwick, New Jersey 2008.

DBRS (2008): „Rating U.S. Life Settlement Securitizations", New York 2008.

DELOITTE CONSULTING LLP/UNIVERSITY OF CONNECTICUT ACTUARIAL CENTER (2005): „The Life Settlements Market – An Actuarial Perspective on Consumer Economic Value", 2005.

DOHERTY, N. und SINGER, H. (2002): „The Benefits of a Secondary Market for Life Insurance Policies", Working Paper 02-41, Wharton Financial Institutions Center 2002.

DUHIGG, C. (2006): „Late in Life, Finding a Bonanza in Life Insurance", The New York Times 17. Dezember 2006, P. 1.

LIFE INSURANCE SETTLEMENT ASSOCIATION (2008): „Understanding STOLI", 2008.
http://www.lisassociation.org/lifesettlementtruth/index.html

LIFESETTLEMENTGUIDE.ORG (2008): „About Life Settlements", 2008.
http://lifesettlementguide.org

MITCHELL, O., PIGGOTT, J., SHERRIS, M. und YOW, S. (2004): „Financial Innovation for an Aging World", NBER Working Paper Series, Working Paper 12444, Camebridge 2006.

POTERBA, J. (2004): „The Impact of Population Aging on Financial Markets", NBER Working Paper Series, Working Paper 10851, 2004.

SATHE, A., SOLOW, D. und THAT, M. (2007): „Life Settlements 101 – Introduction to the Secondary Market in Life Insurance", SOA (Society of Actuaries) Annual Meeting & Exhibit 15. Oktober 2007.
http://www.soa.org/files/pdf/07-Washington-SatheSolow-9.pdf

SINGER, H. und STALLARD, E. (2005): „Reply to "The Life Settlements Market: An Actuarial Perspective on Consumer Economic Value"", Criterion Economics L.L.C., November 2005.

STATISTISCHE ÄMTER DES BUNDES UND DER LÄNDER (2007): „Demografischer Wandel in Deutschland", 2007.

Christof Born

Senior Manager der Dr. Peter & Company AG, Frankfurt am Main

Oliver Hinz

Senior Consultant bei der Dr. Peter & Company AG, Frankfurt am Main

2.3 Ein Risikomanagementsystem für den demografischen Wandel

2.3.1 Einleitung

Demografischer Wandel und Risikomanagement – beide Themen sind jeweils für sich in der Theorie durchdrungen und viele Aspekte haben Eingang in die Banken-Praxis gefunden. Die Verbindung dieser beiden Themen ist in der Praxis hingegen kaum oder nur bruchstückhaft zu beobachten.

Der Zusammenhang zwischen Demografie und Risikomanagement erschließt sich bei Banken nicht auf den ersten Blick. Dies wird eindrucksvoll auch durch die Blitzumfrage von Koch/Nietert (2008) verdeutlicht.

Demnach sieht kein Studienteilnehmer größere Auswirkungen der demografischen Entwicklung auf das Risikomanagement und 36% der Teilnehmer sehen diesbezüglich kaum Auswirkungen. Risikomanagement bei Banken wird vorrangig mit den klassischen Risikoarten wie Marktpreisrisiken, Kreditrisiken, Liquiditätsrisiken und operationellen Risiken in Verbindung gebracht. „Geschäftsstrategischen Risiken", „Geschäftsrisiken" oder „strategischen Risiken" werden hingegen nur eine nachrangige Bedeutung beigemessen. Zudem sind die Begrifflichkeiten bei diesen „neueren" Risikoarten sehr heterogen.

Möglicherweise erklärt dies nicht nur die Schwierigkeiten, den oben genannten Zusammenhang auf Anhieb zu erkennen, sondern auch, warum die Reaktion am Markt noch so verhalten ausfällt. Schließlich fühlen sich aktuell nur 29% der Teilnehmer der Blitzumfrage gut auf den demografischen Wandel vorbereitet. Ein ähnliches Bild liefert das 8. International Sustainability Leadership Symposium den Status Quo bereits im September 2007 folgendermaßen zusammen: Demnach bestand bereits im Herbst 2007, trotz unterschiedlicher Hintergründe der Teilnehmer des Symposiums „Demografischer Wandel und die Finanzbranche – wenige Bedrohungen, viele Chancen?", große Einigkeit hinsichtlich der demografischen Entwicklung. Dennoch zeigten sich die Teilnehmer besorgt, ob der verhaltenen Reaktionen auf diese Entwicklungen am Markt.[1] Der daraus resultierende Schwerpunkt mit Vorschlägen für Maßnahmen in der Praxis soll auch hier gelten. Der vorliegende Beitrag beleuchtet daher den oben genannten Zusammenhang näher, indem er auf die folgenden zentralen Fragestellungen eingeht:

---

[1] Vgl. Forstmoser/Brugger (2007), S. 25.

319

„Warum soll die demografische Entwicklung in der Finanzbranche überhaupt berücksichtigt werden?"

„Warum soll die demografische Entwicklung im Risikomanagement berücksichtigt werden?"

„Wie soll die demografische Entwicklung im Risikomanagement berücksichtigt werden?"

Dabei wird in Kapitel 2 zunächst die Ausgangslage beschrieben. Nach der Definition der wesentlichen Begriffe und einer kurzen Beschreibung der prognostizierten demografischen Entwicklung, liegt der Schwerpunkt in diesem Teil insbesondere auf der Darstellung von Ursache-Wirkungszusammenhängen und den daraus resultierenden Gefahren für die Finanzbranche. In Kapitel 3 werden praktische Herausforderungen dargestellt, die entsprechende Reaktionen bisher erschwert oder verhindert haben und die bei einer erfolgreichen Umsetzung der vorgeschlagenen Lösung zu berücksichtigen sind. In diesem Teil wird zudem auf die Notwendigkeit einer neuen Denkweise eingegangen sowie in einem kurzen Exkurs auf aktuelle Trends in der aufsichtsrechtlichen Entwicklung. In Kapitel 4 wird ein praxisorientierter Lösungsansatz dargestellt, der möglichst ressourcenschonend in die bestehenden Prozesse integriert werden kann und eine systematische Steuerung des Risikos, das mit dem demografischen Wandel einhergeht, („demografisches Risiko", „Geschäftsrisiko") ermöglicht.

2.3.2 Demografischer Wandel und Konsequenzen für die Finanzbranche

2.3.2.1 Demografischer Wandel

Der demografische Wandel wird von drei relevanten Einflussgrößen bestimmt und beschreibt die aktuelle demografische Situation sowie die Entwicklungsprognose (i. d. R. bis ca. in das Jahr 2050). Zu den Einflussfaktoren zählen nach Tauer (2005) die (sinkende) Fertilität, die (sinkende) Mortalität sowie der (leicht positive) Saldo grenzüberschreitender Migration.[2] Im Folgenden wird die demografische Situation in Deutschland kurz zusammengefasst:

Die Alterspyramide der deutschen Bevölkerung hat sich im Laufe der Zeit erstmalig umkehrt, so dass es heute immer mehr ältere Menschen und immer weniger junge Menschen gibt. Diese Entwicklung ist kurz- bis mittelfristig unumkehrbar. Selbst wenn die Geburtenrate ab sofort wieder deutlich ansteigen würde, müssten circa 20 Jahre vergehen bis diese neue Kohorte ökonomisch aktiv würde. Nach heutigen Prognosen werden demnach gemäß eines mittleren Szenarios im Jahr 2050 nur noch ungefähr 70 Millionen Menschen in Deutschland leben, anstelle der heutigen 82 Millionen.[3]

Das Schrumpfen der Bevölkerung bei gleichzeitiger Alterung wird in einigen deutschen Regionen durch innerdeutsche Wanderungsbewegungen sogar noch deutlich verstärkt werden. So müssen sich viele Landkreise Nordost- und Mitteldeutschlands bis zum Jahr 2020 auf einen Bevölkerungsrückgang von über 20% einstellen. Der Fortzug junger Menschen betrifft beson-

---

[2] Vgl. Tauer (2005), S. 1.
[3] Vgl. Tauer (2005), S. 1.

ders die Länder Niedersachsen, Nordrhein-Westfalen sowie weite Teile Sachsen-Anhalts und Thüringens. Die Ballungsräume Hamburg, München und Berlin können hingegen mit weiteren Zuzügen in die „Speckgürtel" der Städte rechnen.[4]

2.3.2.2 Konsequenzen für die Finanzbranche

Ziel dieses Abschnitts ist es, den demografischen Wandel in der Finanzbranche zu skizzieren und seine Ursache-Wirkungszusammenhänge darzustellen. Aufgrund ihrer komplexen Wechselwirkungen ist dieser Schritt allerdings nicht trivial: Zum einen schreitet die Entwicklung langsam voran und erschließt sich somit auch dem aufmerksamen Betrachter nicht auf Anhieb. Begründet liegt dies u. a. in psychologischen Phänomenen, die Menschen den Umgang mit Zeit und zeitlich verzögerten Ereignissen erschweren.[5] Zum anderen wirken die Folgen des demografischen Wandels vor allem indirekt auf die Banken und noch dazu auf eine Vielzahl von Funktionsbereichen, so dass die Auswirkungen im Unternehmen nicht an zentraler Stelle spürbar sind.

Welche Bank letztendlich wie stark von diesen Entwicklungen betroffen sein wird, hängt immer entscheidend von zwei Faktoren ab: zum einen vom individuellen Umfeld und zum anderen von der individuellen Anpassungsfähigkeit. Zum individuellen Umfeld zählt beispielsweise die Region, d. h. die Frage, ob ein Institut in einer Fortzugs- oder in einer Zuzugsregion liegt. Hinsichtlich der individuellen Anpassungsfähigkeit spielen beispielsweise Trägerschaft und Geschäftszweck der Institute eine wichtige Rolle. Genossenschaftsbanken und öffentlich-rechtliche Institute, die nach dem Regionalprinzip arbeiten, sind hierdurch stärker in ihren Handlungsalternativen eingeschränkt als Privatbanken. Die Bevölkerung, d. h. die Kundenbasis schrumpft zwar allgemein und betrifft somit alle Marktteilnehmer. Regional verankerte Institute wie Sparkassen und Volksbanken werden jedoch teilweise deutlich härter von dieser Entwicklung getroffen als bundesweit ansässige oder sogar international agierende Institute, da sie auf ihre regionale Kundenbasis angewiesen sind. Sie sind quasi in ihrer Region „gefangen".

Beide Faktoren sind je nach Institut sehr verschieden ausgeprägt. Sie haben jedoch deutlichen Einfluss darauf, wie stark eine Bank vom demografischen Wandel betroffen sein wird. Demnach können kaum allgemein gültige Aussagen zu den Konsequenzen des demografischen Wandels für Banken getroffen werden. Stattdessen muss der jeweilige Einzelfall betrachtet werden. Was an dieser Stelle jedoch deutlich werden soll, ist, dass der demografische Wandel Banken und Finanzinstitute vor große Herausforderungen stellt und weiter stellen wird. Dabei bieten sich sowohl Chancen als auch Risiken. Ohne rechtzeitige Steuerungsmaßnahmen werden einige Institute sogar bestandsgefährdende Konsequenzen zu fürchten haben, während andere dagegen „nur" Chancen verschenken.

Im Folgenden werden beispielhaft einige Wirkungszusammenhänge aufgezeigt, die die Auswirkungen des Wandels verdeutlichen. Im Wesentlichen wirkt sich die demografische Ent-

---

[4] Vgl. Boos/Wendler (2006), S. 16.
[5] Vgl. Dörner (2006), S. 156 ff.

wicklung auf drei Dimensionen aus: die Kunden, die Mitarbeiter sowie die Makroökonomische Dimension (Umwelt außerhalb der Finanzbranche).

2.3.2.2.1 Kundendimension

Die unten stehende Tabelle zeigt beispielhaft mögliche Szenarien auf Basis der Veränderungen im Kundenumfeld der Bank.

Veränderungen der Kundenbasis durch demografischen Wandel	Direkte Auswirkungen	Betroffene Funktionsbereiche der Bank
Schrumpfende Kundenbasis	Zunehmender Wettbewerb um verbleibende Kunden	Marketing, Vertrieb, Produktentwicklung, Vertriebscontrolling
	Sinkendes Wachstumspotenzial	
	Sinkendes Ertragspotenzial	
Veränderte Kundenstruktur (Zusammensetzung nach Alter, Herkunft)	Zunächst Vermögensbildungsschwerpunkt, dann Abschmelzen des Vermögens im Rentenalter	Marketing, Vertrieb, Produktentwicklung, Controlling, Liquiditätsmanagement, Treasury
	Veränderter Bedarf an Beraterqualifikationen (z. B. Seniorität, Herkunft)	Personalmanagement (Personalmarketing, -beschaffung, -retention, Aus – und Weiterbildung)
Veränderte Kundenpräferenzen (z. B. mehr Zeit, zunehmende Aufklärung der Kunden, zunehmende Technikaffinität etc.)	Veränderter Produktbedarf (z. B. nach Lebensphase, Islamic Banking u. ä.)	Marketing, Vertrieb, Produktentwicklung, Controlling, Facility Management, Treasury
	Größere Preis-Sensitivität und Bereitschaft Rechte einzuklagen	Marketing, Vertrieb, Produktentwicklung, Controlling, Rechtsabteilung
	Zunehmender Margendruck	
Veränderte Vermögensstruktur zwischen den Kundensegmenten und innerhalb der Kundensegmente	Veränderter Beratungsbedarf	Marketing, Vertrieb, Produktentwicklung, Personalmanagement
	Sinkende Refinanzierungsmöglichkeit über Kundeneinlagen	Treasury, Controlling, Liquiditätsmanagement
	Änderungen der Margen in den einzelnen Kundensegmenten	Marketing, Vertrieb, Produktentwicklung, Controlling, Strategieentwicklung
Wanderungsbewegung der jungen Menschen in die Städte, teilweise Nachzug der Älteren wg. räumlicher Nähe zur Familie, geographisch veränderte Ansiedlung der Familie	Veränderte Nutzung der Vertriebskanäle und Standorte	Marketing, Vertrieb, Produktentwicklung, Facility Management
	Steigende Immobilienwerte in Städten und Speckgürteln, sinkende Immobilienwerte in ländlichen Regionen	

Quelle: Eigene Darstellung.

Tabelle 1: Beispiele für Demografie-induzierte Szenarien im Kundenumfeld der Banken

2.3.2.2.2 Mitarbeiterdimension

Die unten stehende Tabelle zeigt beispielhaft Szenarien auf Basis der Veränderungen im Mitarbeiterumfeld der Bank:

Veränderungen der Mitarbeiterbasis durch demografischen Wandel	Direkte Auswirkungen	Betroffene Funktionsbereiche der Bank
Schrumpfende Mitarbeiterbasis	„War for Talents", zunehmende Schwierigkeiten Fach- und Führungskräfte zu finden und zu halten; höhere Kosten	Alle Bereiche, insbesondere Personalmanagement
Veränderte Qualifikationsanforderungen durch veränderte Kundenanforderungen	Zunehmende Anforderungen an Personalmanagement, Aus- und Weiterbildung	
Steigender Pflegeaufwand in Familien	Zunehmende Anforderungen an Arbeitszeitmodelle	Alle Bereiche, insbesondere Personalmanagement, Organisation
Veränderte Mitarbeiterstruktur (z. B. steigendes Durchschnittsalter, unterschiedliche Herkunft, unterschiedliche Erfahrung)	Zunehmende Anforderungen an Personalbeschaffung, Aus- und Weiterbildung, Wissensmanagement, Modelle für Zusammenarbeit, Gesundheitsprophylaxe	
Know-How-Verlust bei „Renteneintritt" der älteren Mitarbeiter	Zunehmende Anforderungen an Personalbeschaffung, Aus- und Weiterbildung, Wissensmanagement, Modelle für Zusammenarbeit	
Steigende Pensionsverpflichtungen bzw. Veränderungen in den Modellen der Altersvorsorge („defined benefit" vs. „defined contribution")	Zunehmende Anforderungen an Treasury, Liquiditätsmanagement, Kooperation mit Banken, Versicherungen, Pensionskassen, Abstimmung mit Sozialsystemen, Lebensarbeitszeitmodelle	Alle Bereiche, insbesondere Personalmanagement, Treasury, Liquiditätsmanagement

Quelle: Eigene Darstellung.

Tabelle 2: Beispiele für Demografie-induzierte Szenarien im Mitarbeiterumfeld der Banken

2.3.2.2.3 Makroökonomische Dimension

Auf der Makroebene können beispielhaft die unten angeführten Entwicklungen festgehalten werden. Dabei gilt es zu berücksichtigen, dass es sich hier um Prognosen handelt, die oft ein komplexes Gebilde von teilweise gegenläufigen Entwicklungen in ihrer Summe abbilden und auf bestimmten Annahmen beruhen. Details hierzu finden sich beispielsweise bei Schmitz (2007).[6] An dieser Stelle sollen dennoch auch auf dieser Ebene beispielhaft einige Wirkungszusammenhänge aufgezeigt werden, die die Problematik des demografischen Wandels verdeutlichen:

---

[6] Vgl. Schmitz (2007).

Makroökonomische Folgen des demografischen Wandels	Direkte Auswirkungen	Betroffene Funktionsbereiche der Bank
Moderate negative Auswirkungen auf das Wirtschaftswachstum	Veränderte Nachfrage nach Bankdienstleistungen, in Abhängigkeit von Einkommens- und Vermögensentwicklung	Alle Bereiche, Marketing, Vertrieb
Steigende Wettbewerbsintensität in der Finanzbranche	Steigender Margendruck	Marketing, Vertrieb, Produktentwicklung, Controlling
	Zunehmende Verhandlungsmacht der Kunden	
Niedrige langfristige Zinsen	Steigender Margendruck, veränderte Anforderungen an Produktentwicklung und Treasury	Marketing, Vertrieb, Produktentwicklung, Controlling, Treasury
Steigende Volatilität im Immobilienmarkt	Höhere Risiken bei Immobilieninvestments und Hypothekardarlehen	Immobiliengeschäft, Kreditgeschäft, Risiko-Controlling
„Zusammenbruch" des Sozialsystems	Veränderte Erwartungshaltung seitens der Gesellschaft (Bürger/Kunden) und steigende Anforderungen an Unterstützung durch Unternehmen (Corporate Social Responsibility), die bei öffentlich-rechtlichen Instituten noch stärker ausgeprägt sind	Treasury, Liquiditätsmanagement, Personalmanagement, Public Relations
	Höhere Kosten durch zunehmende Bedeutung betrieblicher Altersvorsorge und längere Zahlungszeiträume; alternativ: höhere Risiken in der Anlagestrategie	

Quelle: Eigene Darstellung.

Tabelle 3   Beispiele für Demografie-induzierte Szenarien im allgemeinen Umfeld der Banken (Makro-Ebene)

2.3.3 Strategische Planung in der Praxis

2.3.3.1 Herausforderungen in der Unternehmensführung

Unabhängig davon, ob ein Unternehmen eher die Chancen oder die Risiken des demografischen Wandels in den Vordergrund seiner Betrachtungen stellt, sind in jedem Fall Reaktionen gefordert. Diese lassen jedoch, wie eingangs dieses Beitrags dargestellt, oft noch auf sich warten. In diesem Kapitel sollen mögliche Gründe hierfür näher erläutert werden. Schließlich muss eine Lösung, die Steuerungsmaßnahmen ermöglichen und initiieren soll, diese Faktoren berücksichtigen und zumindest teilweise überwinden.

Neben den oben genannten Beispielen, die bereits das Erkennen von Konsequenzen des demografischen Wandels für Banken und Finanzinstitute erschweren, existiert in der Praxis eine Vielzahl weiterer Herausforderungen. Diese sind eng mit der Unternehmensführung an sich verknüpft und beziehen sich im Wesentlichen auf das strategische Controlling und den strategischen Planungsprozess sowie die Finanzplanung.

So werden beispielsweise im strategischen Controlling die hauptsächlich finanzwirtschaftliche Sichtweise bemängelt und die oftmals zu beobachtende Vernachlässigung langfristiger Ertragspotenziale zugunsten kurzfristiger Gewinne.[7]

Sozio-politische Entwicklungen werden von der Unternehmensführung aufgrund mangelnder Vertrautheit mit dem Thema und in Erwartung politischer Reaktionen oftmals ignoriert.[8]

Dye/Sibony (2007) stellen darüber hinaus weitere Herausforderungen in der strategischen Planung heraus: Demnach führen Bedenken hinsichtlich der notwendigen administrativen Ressourcen sowie hauptsächlich Daten getriebene Finanz- und Budgetprognosen (anstelle einer tatsächlichen Auseinandersetzung mit der strategischen Ausrichtung des Unternehmens unter Berücksichtigung quantitativer und qualitativer Informationen) zu Unzufriedenheit mit dem strategischen Planungsprozess. Hinzu kommt, dass ein strategischer Performance-Management Prozess in den Unternehmen und Banken allgemein kaum vorzufinden ist. Ebenso wenig ist bisher eine Verbindung von strategischer Performance mit der Management-Vergütung gegeben.[9]

Im Ergebnis bleibt festzustellen, dass in den meisten Unternehmen kein fest etablierter Prozess existiert, der dafür sorgt, dass sich die Unternehmensführung regelmäßig mit den komplexen Entwicklungen und Wechselwirkungen in ihrem Umfeld in strukturierter Form auseinandersetzt, um entsprechende Steuerungsmaßnahmen zu ergreifen und deren Ergebnisse systematisch zu verfolgen, d. h. diese zu dokumentieren und auf ihre Wirksamkeit hin zu untersuchen. Insbesondere schleichende Umfeld-Entwicklungen wie der demografische Wandel unterwandern somit das „Radarsystem" der Unternehmen und bedrohen seinen Fortbestand.

Stattdessen wird viel Energie für interne Diskussionen und Verteilungskämpfe im Rahmen der Budget- und Finanzplanung aufgewendet. Ohne ein vorgeschaltetes systematisches Vorgehen im Rahmen der strategischen Planung bleibt jedoch vollkommen ungewiss, ob die geplanten und zur Verteilung stehenden Budgets überhaupt realistisch und zukünftig auch tatsächlich verfügbar sind.

2.3.3.2 Herausforderungen in der Unternehmensführung

Nach Drucker (2002) ist „die Tatsache, dass dem Zweck und der Aufgabe eines Unternehmens derart selten angemessene Aufmerksamkeit gewidmet wird, möglicherweise der wichtigste Grund für das wirtschaftliche Scheitern." Daher ist es „die erste Pflicht des Managements" die Frage nach der Aufgabe und dem Zweck des Unternehmens zu beantworten. Dieser wird einzig durch den Kunden bestimmt. Gewinn und Rentabilität sind für das Unternehmen zwar bedeutsam, bestimmen jedoch nicht seinen Zweck. Um die Frage nach dem Unternehmenszweck zu beantworten, muss das Management Veränderungen in der Umwelt, die sich auf das Unternehmen auswirken, frühzeitig antizipieren und in der Zielsetzung, den Strategien und der Aufgabenverteilung berücksichtigen. Als wichtigster Trend gilt dabei die Veränderung der Bevöl-

---

[7] Vgl. Kück (2007).
[8] Vgl. Bonini/Mendonca/Oppenheim (2006), S. 21.
[9] Vgl. Dye/Sibony (2007), S. 1 ff.

kerungsstruktur und der Bevölkerungsdynamik.[10] Demnach muss es oberste Priorität des Managements sein, sich mit den Chancen und Risiken auseinanderzusetzen, die der demografische Wandel mit sich bringt. Dies gilt umso mehr für Banken und Finanzdienstleistungsunternehmen, bei denen „das Management von Risiken Bestandteil der unternehmerischen Leistungserstellung ist."[11] Um ihrer unternehmerischen Verantwortung gerecht zu werden, hat die Beschäftigung der Geschäftsleitung mit dem demografischen Wandel und seinen Folgen daher insbesondere aus betriebswirtschaftlichen Gründen und somit unabhängig von rechtlichen Vorgaben zu erfolgen. Im nachfolgenden Exkurs werden das Thema betreffende gesetzliche und aufsichtsrechtliche Rahmenbedingungen dennoch kurz skizziert, da insbesondere aktuelle Entwicklungen hier einen klaren Trend zu einem stärker qualitativ geprägten und zukunftsorientierten Risikomanagement erkennen lassen.

Exkurs: Gesetzliche und aufsichtsrechtliche Vorgaben

Die hohe Bedeutung des Risiko-Controllings/ -managements im Bankenbereich wird auch bei den bereits geltenden gesetzlichen (KonTraG) und aufsichtsrechtlichen Vorgaben (MaRisk) deutlich. In Zukunft werden die Anforderungen womöglich noch umfangreicher:

Die aktuelle MaRisk-Novelle in der Entwurfsfassung vom 16.02.2009 fordert die Geschäftsleitung zur Beurteilung der Wesentlichkeit auf, sich laufend einen Überblick über alle Risiken des Instituts zu verschaffen (Gesamtrisikoprofil) [Abschnitt 2.2]. Für wesentliche Risiken fordert sie zudem Stresstests, die sowohl Sensitivitätsanalysen (Variation eines Faktors) als auch Szenarioanalysen (simultane Variation mehrerer Faktoren) umfassen. Hierzu heißt es im Abschnitt AT 4.3.2 Risikosteuerungs- und -controllingprozesse in den relevanten Textziffern (TZ):

TZ 3: Es sind regelmäßig angemessene Stresstests für die wesentlichen Risiken durchzuführen. Dies hat auf der Basis der für die jeweiligen Risiken identifizierten maßgeblichen Risikofaktoren zu geschehen. Die Stresstests haben insbesondere auch Konzentrationsrisiken und Risiken aus außerbilanziellen Geschäften zu adressieren. Die Stresstests sind auch auf Gesamtbankebene durchzuführen.

TZ 34: Die Stresstests haben nicht nur als wahrscheinlich eingestufte Entwicklungen, sondern auch außergewöhnliche, aber plausibel mögliche Ereignisse abzubilden. Dabei sind sowohl historische als auch hypothetische Szenarien darzustellen. Bei der Festlegung der Stresstests sind die strategische Ausrichtung des Instituts und sein wirtschaftliches Umfeld zu berücksichtigen.

TZ 35: Die Angemessenheit der Stresstests sowie deren zugrunde liegenden Annahmen sind in regelmäßigen, mindestens jährlichen Abständen zu überprüfen.

TZ 36: Die Ergebnisse der Stresstests sind bei der Beurteilung der Risikotragfähigkeit zu berücksichtigen.

---

[10] Vgl. Drucker (2002), S. 35-45.
[11] Vgl. Burger/Buchhart (2002), S. 8.

TZ 47: Die Geschäftsleitung hat sich in angemessenen Abständen über die Risikosituation und die Ergebnisse der Stresstests/Szenariobetrachtungen berichten zu lassen. Die Risikobericht-erstattung ist in nachvollziehbarer, aussagefähiger Art und Weise zu verfassen. Sie hat neben einer Darstellung auch eine Beurteilung der Risikosituation zu enthalten. Insbesondere sind die Auswirkungen der Ergebnisse der Stresstests auf das Gesamtrisikoprofil und die Risikotragfä-higkeit sowie die den Stresstests zugrunde liegenden wesentlichen Annahmen darzustellen. In die Risikoberichterstattung sind bei Bedarf auch Handlungsvorschläge, z. B. zur Risikoredu-zierung, aufzunehmen.[12]

2.3.4 Ein Strategisches Risikomanagementsystem als Lösungsansatz

Die obigen Ausführungen zeigen, welche Chancen und Risiken der demografische Wandel für Banken mit sich bringt und warum sich die Geschäftsführung der Banken stärker mit diesem Thema auseinandersetzen muss. Zudem wurde gezeigt, welche Herausforderungen in ihrem Zusammenspiel Steuerungsmaßnahmen bisher erschwert oder verhindert haben. An dieser Stelle gilt es nun anzusetzen.

Ziel ist es, einen möglichst ressourcenschonenden Planungsprozess zu etablieren, der es der Geschäftsführung ermöglicht, regelmäßig und systematisch Chancen und Risiken zu identifi-zieren, die sich aus dem demografischen Wandel ergeben, um diese angemessen in der Unter-nehmensplanung zu berücksichtigen und so den Fortbestand des Unternehmens zu sichern bzw. Wettbewerbsvorteile zu generieren/zu erhalten.

Die Dr. Peter & Company AG hat hierzu ein Praxis-Modell entwickelt, das auf den Grundla-gen des Risikomanagements/-Controllings basiert, dieses um Elemente der strategischen Pla-nung und Kontrolle erweitert und in einem systematischen Prozess zur integrierten Unterneh-menssteuerung zusammenfasst (siehe Abbildung 1).

Das Modell eines strategischen Risikomanagementsystems umfasst acht Phasen, die anschlie-ßend näher erläutert werden (in Klammern: die zentrale Fragestellung der jeweiligen Phase):

- Strategische Analyse und Prognose (Wie sieht unser Umfeld aus? Was können wir? Wie sind wir betroffen/positioniert?)

- Formulierung/Überprüfung strategischer Ziele (Wer sind wir? Wer wollen/"müssen" wir zukünftig sein? Wie kommen wir dorthin?)

- Identifikation der strategischen Risiken (Wer oder was könnte uns daran hindern?)

- Quantifizierung und Aggregation der strategischen Risiken (Was bedeutet das für uns?)

- Festlegung der Unternehmensstrategie (inkl. Risikostrategie) und operative Umsetzung (Wie reagieren wir auf die Risiken? Wie erreichen wir unsere Ziele?)

- Strategische Kontrolle (Inwiefern haben wir unsere Ziele erreicht/verfehlt?)

---

[12] Vgl. Bundesbank (2009).

- Strategischer Performance-Check/Backtesting (Warum haben wir unsere Ziele erreicht/verfehlt? Wie gut war die Planung?)
- Reporting

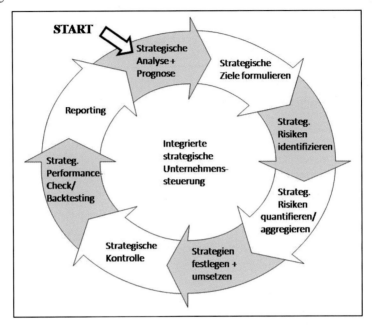

Quelle: Eigene Darstellung.

Abbildung 1: Modell zur integrierten strategischen Unternehmenssteuerung

„Aufgabe von Risikomanagementsystemen ist es, globale Rahmenbedingungen und individuelle Voraussetzungen zu risikoadäquaten Steuerungsimpulsen zu verknüpfen."[13] Während in den Phasen 1-3 die globalen Rahmenbedingungen und individuellen Voraussetzungen miteinander verknüpft werden, werden diese Erkenntnisse in Phase 4 bewertet, so dass in Phase 5 risikoadäquate Steuerungsimpulse in Form einer Strategie mit entsprechenden Maßnahmen abgeleitet werden können. Diese sind anschließend im operativen Geschäft entsprechend umzusetzen. In Phase 6 wird im Sinne eines strategischen Controllings die Zielerreichung dargestellt und analysiert. Diese Analyse wird in Phase 7 um ein strategisches Risikocontrolling ergänzt, indem auch die zu Beginn des Zyklus getroffenen Annahmen über Ursache-Wirkungszusammenhänge und ihr Beitrag zu Planabweichungen analysiert werden. Die Phase 8 rundet schließlich den Zyklus ab, indem die Ergebnisse an das Management und gegebenenfalls weitere Stakeholder berichtet werden.

Bei der Erläuterung dieses strategischen Risikomanagementsystems wird ausschließlich auf die Phasen 1-4, d. h. auf den Prozess von der Analyse bis zur Bewertung und Aggregation strategischer Risiken eingegangen. Zum einen bildet dieser Teil erfahrungsgemäß noch die

---

[13] Vgl. Peter (2008), S. 18.

größte Herausforderung in der Praxis, wenn man sich dem demografischen Wandel als Thema systematisch nähern will. Zum anderen sind die abzuleitenden Strategien und Maßnahmen sehr stark vom Einzelfall abhängig.

2.3.4.1 Phase 1: Strategische Analyse & Prognose

Diese Phase bildet die entscheidende Grundlage des Steuerungsmodells, da hier die Ursachen für Chancen und Risiken näher betrachtet werden. Sie umfasst die aus der strategischen Planung bekannte Umfeldanalyse, die hier mit einer SWOT-Analyse (Strengths – Weaknesses – Opportunities – Threats) kombiniert wird. In der Praxis unterbleibt dieser Schritt oftmals.[14] Dies liegt insbesondere an der Komplexität, der hohen Unsicherheit bezüglich der Ursache-Wirkungszusammenhänge und dem damit verbundenen Aufwand, wenn man versucht, dieses dynamische Umfeld beherrschbar zu machen. Strategische Unternehmensführung erfordert jedoch die angemessene Reaktion auf Änderungen des Umfelds bzw. dessen Gestaltung. Die Analyse des Umfelds und der eigenen Positionierung in einem ersten Schritt ist hierbei unabdingbar. Andernfalls besteht die Gefahr, dass Geschäftsmodelle in der heutigen dynamischen Welt schnell obsolet werden oder dass chancenreiche, erfolgversprechende Trends verpasst werden.

2.3.4.1.1 Frühwarnsystem

Als methodische Basis für die Umfeld- und SWOT-Analyse kann das Frühwarnsystem der Bank dienen. Bei Frühwarnsystemen handelt es sich allgemein um „Instrumente zur Erfassung, Verarbeitung und Kommunikation von Informationen über die Unternehmens- und Umweltentwicklung. Frühwarnsysteme beziehen sich auf das gesamte Unternehmen oder auf Teilbereiche und sind damit typischer Bestandteil sowohl der strategischen als auch der operativen Unternehmensführung. Im Rahmen des Risiko-Controllings werden Frühwarnsysteme insbesondere für eine frühzeitige systematische Erfassung von Risiken genutzt.“[15]

Hier soll insbesondere ein Frühwarnsystem genutzt werden, das nach Burger/Buchhart (2002) auch als „strategisches Radar“ bezeichnet wird. Im Gegensatz zum Frühwarnsystem des Risiko-Controllings ist das Ziel hier, als strategisch wichtig anzusehende Ereignisse und Entwicklungen wahrzunehmen, auch wenn deren Einflüsse auf die Zielsetzungen der Bank nur vage abzuschätzen sind. Das Erfassen schwacher Signale erfolgt durch das so genannte Scanning. Dabei wird das Unternehmensumfeld systematisch nach schwachen Signalen abgesucht. Die laufende Überwachung erfolgt durch das Monitoring, d. h. durch eine laufende Kontrolle der erfassten schwachen Signale und deren Entwicklung. Das Frühwarnsystem umfasst dabei auch Ereignisse und Entwicklungen innerhalb der Bank.

Im Rahmen der Umfeldanalyse werden diese schwachen Signale auf ihre Relevanz für die Bank oder Teilbereiche hin überprüft. Die als relevant eingestuften Signale bilden dann die Grundlage für eine Prognose, die als Grundlage für ein Trend-Szenario und somit für weitere

---

[14] Vgl. Dye/Sibony (2007), S. 1.
[15] Vgl. Burger/Buchhart (2002), S. 71.

Betrachtungen in späteren Phasen dient. Das bestehende Frühwarnsystem im Risiko-Controlling der Banken kann leicht um diese strategische Perspektive erweitert werden. Auf diese Weise werden bereits bestehende Ressourcen genutzt und „unerwartete Konfrontationen mit unternehmensgefährdenden Ereignissen vermieden."[16]

2.3.4.1.2   Umfeldanalyse

Die Umfeldanalyse setzt sich aus der Umwelt- und der Branchenanalyse zusammen:

Zur Umweltanalyse gehört klassisch die strukturierte Betrachtung politischer, wirtschaftlicher, technologischer und sozio-demografischer Entwicklungen (z. B. Änderungen der Bevölkerungsentwicklung und -struktur, Zusammensetzung und Präferenzen einzelner Bevölkerungsgruppen und Haushalte). In diesem speziellen Fall wird im Rahmen der Umweltanalyse „lediglich" die demografische Entwicklung (mit sinkender Geburtenrate, steigender Lebenserwartung und zunehmendem Bevölkerungsanteil mit Migrationshintergrund) betrachtet.

Im nächsten Schritt wird zudem eine Branchenanalyse durchgeführt, in der die Dimensionen Wettbewerbsintensität, Markteintrittsbarrieren, Verhandlungsmacht von Kunden und Dienstleistern sowie Substitutionsprodukte strukturiert betrachtet werden. Als Ergebnis der Branchenanalyse können beispielsweise folgende Auswirkungen des demografischen Wandels auf die deutsche Finanz-Branche identifiziert werden:

Die Wettbewerbsintensität wird durch die schrumpfende deutsche Bevölkerung ceteris paribus weiter steigen. Die Verhandlungsmacht vermögender Kunden wird steigen und somit weiteren Druck auf die Margen ausüben.

2.3.4.1.3   Stärken-Schwächen-Analyse

Anschließend werden im Rahmen der SWOT-Analyse zunächst die Stärken und Schwächen des eigenen Unternehmens analysiert. Um die Funktionsweise des Modells zu verdeutlichen, seien hier einige einfache Beispiele aus der Bankenpraxis genannt (siehe Tabelle 4):

---

[16]   Vgl. Burger/Buchhart (2002), S. 78.

Mögliche Stärken:	Mögliche Schwächen:
Hohe Kundennähe und sehr gute Kenntnis der Kundenbedürfnisse	Bei öffentlich-rechtlichen Instituten/ Genossenschaftsbanken: Beschränkung auf bestimmte Region, Kunden
Hohe Vertriebs- und Beratungskompetenz im Retail Banking	Abschluss-Schwäche im Privatkundenvertrieb
Hohe Kundenbindung und dadurch „überdurchschnittliche" Margen	Niedrige Kundenbindung und „unterdurchschnittliche" Margen
Sehr gutes Image als Arbeitgeber	Eher schwaches Image als Arbeitgeber
Hohe Kompetenz in der Personalentwicklung	Schwächen im Marketing/ Vertrieb
Weltweite Mitarbeiterbasis mit entsprechender Sprach- und Beratungskompetenz	Regional geprägte (deutsche) Mitarbeiterbasis, die nicht über die für bestimmte Kundengruppen notwendigen Sprach- und Kulturkenntnisse verfügt

Quelle: Eigene Darstellung.

Tabelle 4: Beispiele für Stärken und Schwächen in Banken

Die oben genannten Beispiele illustrieren die unterschiedlichen Gegebenheiten, denen Banken ausgesetzt sind. Die Kombination von Entwicklungen im Umfeld mit individuellen Stärken und Schwächen führt unter der Frage „Wie sind wir von den Entwicklungen betroffen? Wie sind wir diesbezüglich positioniert?" beinahe „automatisch" zur Betrachtung von Chancen und Risiken, die sich hieraus, gemessen an den aktuellen Zielsetzungen der Bank, ergeben.

2.3.4.2 Phase 2: Formulierung/ Überprüfung strategischer Ziele

Das Unternehmens-Leitbild bildet „die höchste Verdichtungsstufe der Unternehmenszielsetzung"[17] und gibt sozusagen die „Marschrichtung" des Unternehmens vor, auf die sich die Unternehmensaktivitäten konzentrieren sollen.

Die Formulierung bzw. Überprüfung der strategischen Ziele ist notwendig, da Chancen und Risiken danach bewertet werden, inwiefern sie der Erfüllung eben jenes Zielsystems dienen, bzw. ob sie im Extremfall sogar das Zielsystem an sich gefährden. Nach der Formulierung bzw. Überprüfung dient das Leitbild dann als Maßstab für die Chancen- und Risikobetrachtung.

Das Leitbild erfüllt dabei eine Art „Leuchtturmfunktion" im Meer der Ereignisse und Umfeldentwicklungen mit seinen komplexen Ursache-Wirkungszusammenhängen und Wechselwirkungen. Sind Leitbild und Methoden der Unternehmenssteuerung aufeinander abgestimmt, können die Ressourcen des Unternehmens zielführend eingesetzt und gesteuert werden. Entscheidend für das weitere Vorgehen ist an dieser Stelle wie, d. h. mit welchen Methoden/ Instrumenten die Bank in der Praxis gesteuert wird (z. B. Kennzahlensystem(e), Balanced Scorecard etc.). Denn hinter jedem Steuerungssystem stecken wiederum bestimmte Annahmen über Ursache-Wirkungszusammenhänge. Diese Annahmen prägen das Verständnis des Bankgeschäfts sowie der Funktionsweise des eigenen Unternehmens.

---

[17] Kück (2007).

2.3.4.3 Phase 3: Demografische Risiken identifizieren

In Phase 3 geht es darum, die Risiken zu identifizieren, die sich für Banken aus dem demografischen Wandel ergeben und die strategischen Zielsetzung(en) der Bank bedrohen.

2.3.4.3.1 Klärung des relevanten Risikobegriffs

Der Begriff „Risiko" ist in der Literatur nicht einheitlich definiert. Er kann danach unterschieden werden, ob er von der Ursache her oder von der ökonomischen Wirkung her definiert wird.[18] Risiko von der Ursache her definiert, führt zum Begriff des „demografischen Risikos". Betrachtet man das Risiko von der ökonomischen Wirkung her, so führt dies beispielsweise zu Begriffen wie „Geschäftsrisiko" oder „Strategisches Risiko". Zwar werden diese Begriffe in der Praxis bereits verwendet (im Gegensatz zum demografischen Risiko); allerdings hat die aktuelle Praxis der Banken und Finanzdienstleistungsunternehmen hier bisher noch keine einheitliche Definition ausgebildet.[19]

Unter Geschäftsrisiken verstehen die Autoren des Beitrags das Risiko unerwarteter Ergebnisschwankungen aufgrund geänderter Rahmenbedingungen im Unternehmensumfeld (politische, sozio-demografische, technologische, wirtschaftliche Rahmenbedingungen), im Branchenumfeld (Wettbewerbsintensität, Marktmacht von Kunden/ Dienstleistern, Substitutionsprodukte, Markteintrittsbarrieren) und/oder im Unternehmen (z. B. Vertriebskanäle) verstanden. Geschäftsrisikoinduzierte Ergebnisschwankungen wirken sich vorwiegend über Änderungen des Geschäftsvolumens, der Erlöse und/oder der Kosten auf das Jahresergebnis der Bank aus.

So verstanden ist der demografische Wandel ein spezieller Teilaspekt des Geschäftsrisikos, der sich insbesondere auf den finanzwirtschaftlichen Teil der strategischen Zielsetzungen auswirkt. Abweichungen von qualitativen Zielsetzungen werden aus Vereinfachungsgründen ausgeblendet, können jedoch im Rahmen von Steuerungsmethoden wie z. B. der Balanced Scorecard ebenso berücksichtigt werden. Nicht zuletzt bildet die Rentabilität als finanzwirtschaftliche Zielsetzung jedoch den Kern strategischer Ziele, unabhängig von Rechtsform und Trägerschaft, und somit einen gemeinsamen Nenner für ein allgemein anwendbares Vorgehen.

Um neben den Risiken auch die Chancen in die Betrachtung einzubeziehen, wird in dieser Arbeit von den Autoren folgende symmetrische Risikodefinition verwendet: Risiko ist somit die Gefahr aufgrund zufälliger Störungen von geplanten Zielgrößen abzuweichen. Dabei kann diese Abweichung bezogen auf das Ziel, zumindest den Status quo zu erhalten, sowohl positiv als auch negativ sein. Ersteres bedeutet genutzte Chancen und/oder nicht eingetretene Risiken, Letzteres nicht erreichte Zielgrößen und somit eingetretene Risiken und/oder nicht genutzte Chancen. Auf diese Weise vereint das Risikomanagement beide Konsequenzdimensionen in einer Perspektive und gewährleistet eine ganzheitliche Betrachtung.

---

[18] Vgl. Burger/Buchhart (2002), S. 1.
[19] Vgl. Brienen/Quick (2006), S. 9.

2.3.4.3.2 Die Szenario-Technik als Methode zur Identifizierung demografischer Risiken

Um die demografischen Risiken und ihren Einfluss im Geschäftsrisiko zu identifizieren, sind die möglichen Ergebnisschwankungen darzustellen, die sich aufgrund des demografischen Wandels ergeben:

Hierzu bietet sich vor allem die Szenario-Technik an. Dabei handelt es sich um eine experten-basierte systematische Planung bzw. Simulation alternativer zukünftiger Umwelt- und Unternehmensentwicklungen im Rahmen konsistenter Szenarien.[20] Dabei steht zunächst die Frage im Vordergrund, in welcher Form der demografische Wandel das Ziel der Rentabilität der Bank langfristig bedroht.

Die Szenario-Technik hilft dabei, auf Basis der unterstellten Ursache-Wirkungszusammenhänge, die Verbindung zwischen den in der Analysephase identifizierten Ereignissen/Entwicklungen und den Auswirkungen auf die Bank darzustellen (siehe Abbildung 2).

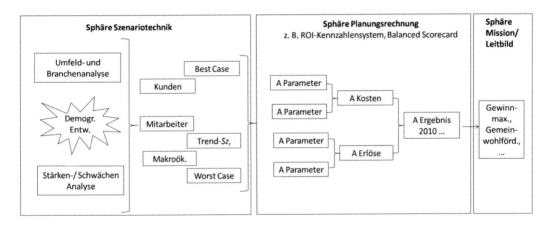

Quelle: Eigene Darstellung.

Abbildung 2: Szenario-Technik und Rentabilitätsbetrachtung

2.3.4.3.3 Entwicklung von Szenarien

In Planungs-Workshops mit der Geschäftsführung und Experten der Bank werden daraufhin drei Szenarien gebildet. Dabei ist der betrachtete Zeithorizont ein entscheidender Faktor, insbesondere bei der Betrachtung demografischer Entwicklungen. Da diese Entwicklungen einen sehr langsamen und unumkehrbaren Prozess darstellen, wird hier ein Zeithorizont von mindestens 20 Jahren empfohlen. Schließlich wird frühestens bei diesem Zeitraum wirklich deutlich wie sich Kundenbasis und -struktur entwickeln. Dann erst werden sämtliche heute bereits vorhandenen Altersgruppen berücksichtigt sein, inkl. der Kohorte der Neugeborenen, die

---

[20] Vgl. Burger/Buchhart (2002), S. 94 f.

erst in knapp 20 Jahren ökonomisch aktiv sein wird. Neben dem Zeithorizont ist außerdem die zu betrachtende Region (das Geschäftsgebiet) festzulegen. Die drei grundsätzlich zu bildenden Szenarien werden im Folgenden kurz erläutert:

Aufbauend auf den Ergebnissen und Prognosen des Frühwarnsystems wird zuerst ein Trend-Szenario gebildet, das eine Fortschreibung der aktuellen Entwicklungen darstellt. Im nächsten Schritt wird ein worst case-Szenario gebildet, das durch schlagend werdende Risiken, Strukturbrüche und starke Störereignisse gekennzeichnet ist.[21] Desweiteren wird ein best case-Szenario entwickelt, das weitgehend frei von Störereignissen und Risiken eine positive Entwicklung von Umfeld und Bank darstellt.[22]

Da die Fortschreibung der aktuellen Entwicklungen und Ereignisse am einfachsten ist, wird mit dem Trend-Szenario begonnen. Dabei lässt sich die demografische Entwicklung zunächst noch recht gut prognostizieren. Daten hierzu finden sich z. B. bei den verschiedenen Verbänden der deutschen Bankengruppen oder beim Bundesinstitut für Bevölkerungsforschung (BIB). Die Schwierigkeit liegt eher im nächsten Schritt, d. h. in der Darstellung und Bewertung der Auswirkungen des demografischen Wandels auf die betrachtete Bank.

Auf Basis der Ergebnisse aus der Umfeldanalyse werden zunächst Szenarien gebildet, die eine Fortschreibung der aktuellen Entwicklungen und Ereignisse abbilden. Hierzu muss jede Bank für sich unter anderem folgende Fragen beantworten:

Wie sieht der demografische Wandel in unserem Geschäftsgebiet aus? Wie entwickelt sich unsere Kundenstruktur?

Wie entwickelt sich der durchschnittliche Deckungsbeitrag je Kundengruppe? Wie entwickelt sich die Vermögensverteilung in unseren Kundengruppen?

Wie entwickelt sich unser Marktanteil?

Welche Vertriebskanäle werden von den Kundengruppen derzeit/in Zukunft genutzt? Wie entwickeln sich die Bedürfnisse unserer Kunden nach Kundengruppen? Welche Produkte/Beratungsleistungen bieten wir derzeit an? Wie hoch sind die Deckungsbeiträge je Produkt?

Welche Mitarbeiterstruktur liegt derzeit vor? Welche Mitarbeiterqualifikationen/-profile benötigen wir zukünftig? Wie und wo sind diese verfügbar?

Als Hilfestellung können hier die in Kapitel 2 dargestellten Auswirkungen in der Kunden- und Mitarbeiterdimension sowie der makroökonomischen Dimension herangezogen werden. Dabei ist darauf zu achten, dass Annahmen über mögliche zukünftige Entwicklungen und Zusammenhänge so dokumentiert werden, dass diese in späteren Phasen oder bei erneutem Durchlauf des Zyklus auf ihre Stimmigkeit hin überprüft werden können (Backtesting). Diese Dokumentationsfunktion sollte von einer unabhängigen Instanz wie beispielsweise dem Risikocontrolling wahrgenommen werden. Auf diese Weise wird zum einen sichergestellt, dass

---

[21] Vgl. Burger/Buchhart (2002), S. 94.
[22] Vgl. Burger/Buchhart (2002), S. 94.

Transparenz bezüglich der später zu treffenden Entscheidungen für die Strategie und entsprechenden Maßnahmen herrscht. Zum anderen bietet sich hier eine Möglichkeit für Lerneffekte hinsichtlich der Umfeldentwicklungen und der Funktionsweise des eigenen Geschäftsmodells.

2.3.4.4 Phase 4: Quantifizierung und Aggregation demografischer Risiken

2.3.4.4.1 Quantifizierung und Aggregation der Szenarien

Wie stark eine Bank vom demografischen Wandel betroffen sein wird, hängt vom individuellen Umfeld und der individuellen Anpassungsfähigkeit ab. Um die Szenarien und ihre Auswirkungen quantifizieren zu können, sind die Antworten auf die oben genannten Fragen daher anschließend mit den Stärken und Schwächen des Instituts zu kombinieren. Einige Beispiele der in Tabelle 4 genannten Stärken/Schwächen verdeutlichen diesen Schritt:

Eine hohe Kundenbindung hilft, den Marktanteil zu halten und mit überdurchschnittlichen Margen dem allgemeinen Margendruck besser standzuhalten.

Ein sehr gutes Image als Arbeitgeber hilft, gut ausgebildete Talente in die Bank zu holen und dort zu halten. Auch eine hohe Kompetenz in der Personalentwicklung hilft, gute Fach- und Führungskräfte zu binden.

Abschlussschwächen im Vertrieb können in Zuzugsregionen zu einer relativ schlechteren Realisierung der Wachstumspotenziale führen als theoretisch möglich. In Fortzugsregionen verschlechtert diese Schwäche ceteris paribus die Cost-Income-Ratio und erschwert somit profitables Wirtschaften.

Ein schwaches Arbeitgeber-Image führt zu überdurchschnittlicher Mitarbeiter-Fluktuation, erschwert die Suche nach geeigneten Fach- und Führungskräften und verteuert den Recruiting-Prozess.

Auf diese Weise entsteht eine Vielzahl an Szenarien, die den demografischen Wandel und seine Auswirkungen auf die Bank, d. h. die betroffenen Funktionsbereiche der Bank darstellen. Um diese weiter quantifizieren zu können, muss nun unter Berücksichtigung der Stärken und Schwächen der Zusammenhang mit der Rentabilität der Bank als wesentliche Zielgröße hergestellt werden. An dieser Stelle ist es notwendig zu wissen, wie, d. h. mit welchen Instrumenten, die Bank im Bezug auf ihre Zielsetzung gesteuert wird. Dabei existiert eine Vielzahl an Steuerungssystemen, die mit unterschiedlich hohem Aufwand zur Bewertung verwendet werden können. Genannt seien hier mit Kennzahlensystemen wie dem ROI-Kennzahlensystem oder Varianten der Balanced Scorecard nur einige der möglichen Steuerungsinstrumente. Im weiteren Verlauf wird das Vorgehen anhand der „ROI-Analyse auf Basis interner Daten der Einzelgeschäftskalkulation"[23] näher erläutert, da sich dieses Kennzahlensystem am besten zur Darstellung und Bewertung der Auswirkungen des demografischen Wandels auf die Rentabilität der Bank eignet.

---

[23] Vgl. Schierenbeck (2003), S. 422-465.

2.3.4.4.2 Überführung der Szenarien in die Rentabilitätsrechnung der Bank

Zunächst wird an dieser Stelle kurz auf die in diesem Beitrag verwandten Komponenten der einzelgeschäftsbezogenen Ergebnissystematik nach Schierenbeck eingegangen (siehe Abbildung 3), die die Grundlage für die weiteren Rentabilitätsbetrachtungen, d. h. für die Bewertungen der entwickelten Szenarien bildet. Anschließend werden anhand von Beispiel-Szenarien mögliche Auswirkungen auf die Rentabilität von Banken dargestellt.

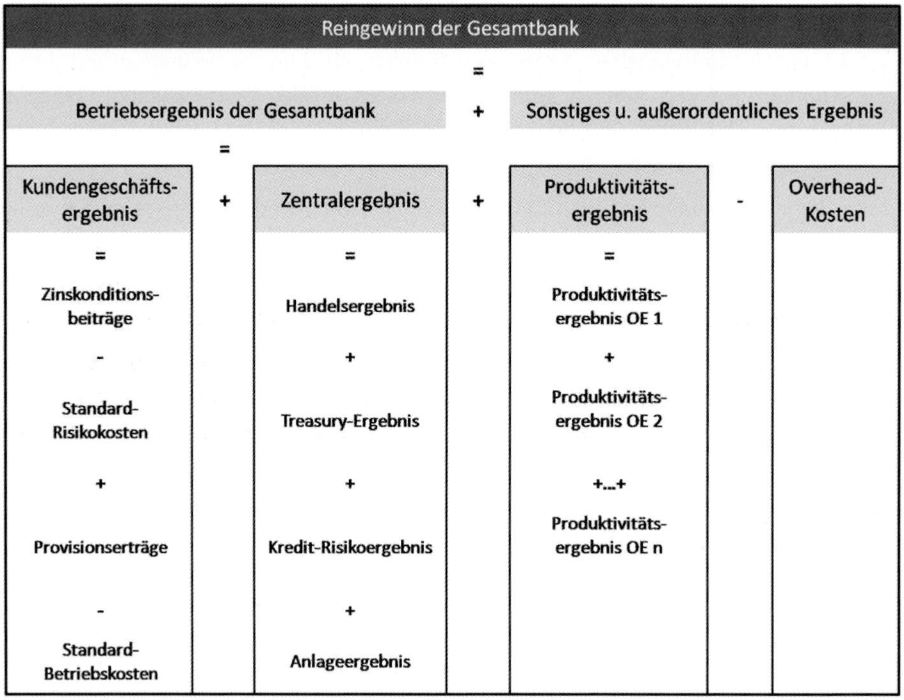

Reingewinn der Gesamtbank				
=				
Betriebsergebnis der Gesamtbank	+	**Sonstiges u. außerordentliches Ergebnis**		
=				
Kundengeschäfts-ergebnis +	**Zentralergebnis** +	**Produktivitäts-ergebnis** -	**Overhead-Kosten**	
=	=	=		
Zinskonditions-beiträge	Handelsergebnis	Produktivitäts-ergebnis OE 1		
-	+	+		
Standard-Risikokosten	Treasury-Ergebnis	Produktivitäts-ergebnis OE 2		
+	+	+...+		
Provisionserträge	Kredit-Risikoergebnis	Produktivitäts-ergebnis OE n		
-	+			
Standard-Betriebskosten	Anlageergebnis			

Quelle: Eigene Darstellung in Anlehnung an Schierenbeck (2003), S. 411.

Abbildung 3: Einzelgeschäftsbezogene Ergebnissystematik

Der Reingewinn einer Bank setzt sich gemäß dieser Ergebnissystematik aus dem Betriebergebnis sowie sonstigen und außerordentlichen Ergebnissen zusammen. Letztere werden zur Vereinfachung nicht weiter betrachtet.

Im Rahmen des Betriebsergebnisses stellt das Kundengeschäftsergebnis als Summe der aggregierten Marktergebnisse einzelner Kundengeschäfte eine und in vielen Banken die zentrale Erfolgsquelle dar. Es setzt sich aus der Summe der Zinskonditionsbeiträge und Provisionserträge, abzüglich der Standard-Betriebskosten sowie der standardisierten Risikokosten (sofern erforderlich) zusammen (= Summe der Deckungsbeiträge II).

Den zweiten zentralen Bestandteil des Betriebsergebnisses bildet das Zentralergebnis (auch Risikoergebnis genannt), das sich aus der Summe von Handelsergebnis, Treasury-Ergebnis,

Kredit-Risiko-Ergebnis und Anlageergebnis (jeweils netto) ergibt. Mit Ausnahme des Kredit-Risikoergebnisses (= Standard-Risikokosten - Ist-Risikokosten - direkte Kosten Kreditportfoliomanagement) errechnen sich diese Komponenten jeweils aus ihren Ergebnisbeiträgen abzüglich ihrer direkten Kosten.

Als dritter Bestandteil des Betriebsergebnisses stellt das Produktivitätsergebnis die Ergebnisse von Organisationseinheiten dar, deren Leistungen mindestens teilweise als Standard-Betriebskosten auf Einzelgeschäfte verrechnet werden. Dabei werden in den betroffenen Organisationseinheiten die Standard-Betriebskosten den Ist-Betriebskosten gegenübergestellt.

Nachdem in den bisherigen drei Komponenten des Betriebsergebnisses sämtliche Erfolgsquellen berücksichtigt sind, die im Zuge der Einzelkostenrechnung der einzelgeschäftsbezogenen Ergebnissystematik direkt zurechenbar waren, verbleiben nun noch die Gemeinkosten, die nicht mehr zurechenbar sind, aber dennoch von der Bank erwirtschaftet werden müssen. Dieser Gemeinkostenblock bildet als Overhead-Kosten den vierten Bestandteil des Betriebsergebnisses.

Der auf diese Weise ermittelte Reingewinn der Gesamtbank kann anschließend auf das Eigenkapital (= Return on Equity, ROE) oder das Geschäftsvolumen (= Return on Investment, ROI) bezogen werden und gibt so die Rentabilität bezogen auf das eingesetzte Kapital wieder.[24]

Die im Planungsworkshop entwickelten und dokumentierten Szenarien werden nun daraufhin untersucht, an welcher Stelle der Ergebnissystematik Auswirkungen für die Bank zu spüren sein werden. Folgende Szenario-Beispiele verdeutlichen das Vorgehen (Kennzahl der Ergebnissystematik in Klammern):

Kunden-Dimension

- Weniger Berufstätige und junge Kunden → weniger Darlehen → weniger Zinserträge (Kundengeschäftsergebnis)

- Veränderte Kundenpräferenzen → mehr Information/ Aufklärung/ Beratung → höhere Standard-Betriebskosten (Kundengeschäftsergebnis)

- Veränderte Altersstruktur, Vereinsamung → steigender Gesprächsbedarf der „Älteren" → höhere Standard-Betriebskosten (Kundengeschäftsergebnis)

- Veränderte Kundenbedürfnisse durch „neue" Kundengruppen (z. B. Kunden mit Migrationshintergrund) → Modifikation bestehender Produkte → höhere Betriebskosten in unterstützenden Organisationseinheiten (Produktivitätsergebnis von Organisationseinheiten wie Produktentwicklung, Marketing und Vertrieb)

---

[24] Vgl. Schierenbeck (2003), S. 422-465.

Personal-Dimension

- Steigende Kosten für Personal (-beschaffung, -bindung, -verwaltung etc.) → steigende Gemeinkosten (Overhead-Kosten)

- Veränderte Produkte, sinkende Rentabilität → steigende Anforderungen an Controlling → steigende Gemeinkosten (Overhead-Kosten)

Makro-Dimension

- Wettbewerb oder Asset-Melt-Down → Reduzierung der Kundeneinlagen → teurere Refinanzierung → sinkendes Treasury-Ergebnis

2.3.4.4.3   Bestimmung des demografischen Risikos

Bei der Quantifizierung der Szenarien obliegt es den Experten des Planungs-Workshops aus der Vielzahl entwickelter Szenarien zunächst die wesentlichen Szenarien auszuwählen und diese anschließend in das ROI-Kennzahlensystem zu überführen. Bei der Betrachtung des Kundengeschäftsergebnisses helfen z. B. ABC-Analysen, die dank der einzelgeschäftsbezogenen Datenbasis nach den Dimensionen Kundengruppen, Produktarten und Vertriebswege bzw. Regionen flexibel ausgewertet werden können. Die Betrachtung der Ergebnisbeiträge nach Kundengruppen und Geschäftsstellen kann hier beispielsweise wertvolle Informationen liefern.

Was in diesem Schritt als „wesentlich" gelten soll, ergibt sich im Rahmen des Workshops und ist je nach Institut verschieden. Bei der Quantifizierung der Auswirkungen der wesentlichen Szenarien spielen die Ergebnisse der Analysephase als Grundlage eine wichtige Rolle. Sowohl die prognostizierten Entwicklungen (globale Rahmenbedingungen) als auch die Stärken- und Schwächen der Bank (individuelle Voraussetzungen) haben Einfluss darauf, wie stark die Bank von einem entwickelten Szenario betroffen sein wird. Der Vorteil der Szenario-Technik ist an dieser Stelle, dass sowohl kompensatorische als auch verstärkende Effekte implizit berücksichtigt werden. Zudem bietet die dargestellte Ergebnissystematik aufgrund ihrer konsistenten Überführung einzelner Ergebnisbestandteile in den Reingewinn der Bank (oder anschließend in Kennzahlen wie den ROI) die Möglichkeit, relativ leicht Sensitivitätsanalysen durchzuführen und auf diese Weise verschiedene Entwicklungen auf ihre Wirkung hin zu überprüfen.

Haben sich die Experten zunächst auf ein Trend-Szenario geeignet, wird das eben beschriebene Vorgehen auch zur Entwicklung des best case- und des worst case-Szenarios genutzt. Dabei werden die zugrunde gelegten Annahmen derart variiert, dass im worst case beispielsweise Fortzüge von Bevölkerungs- bzw. Kundengruppen unterstellt werden, die hohe Deckungsbeiträge liefern; während im best case Zuzüge dieser Ertrag versprechenden Kundengruppen unterstellt werden könnten.

Das grundsätzliche Vorgehen bei der Quantifizierung wird nachfolgend am Beispiel des Kundengeschäftsergebnisses als zentraler Erfolgsquelle der Bank dargestellt. Die übrigen Komponenten des Betriebsergebnisses werden aus Vereinfachungsgründen nicht betrachtet.

2.3.4.4.4 Das Trend-Szenario am Beispiel des Kundengeschäftsergebnisses

Unsere Beispielbank operiert deutschlandweit und hat ihre 50.000 Kunden in 3 Gruppen eingeteilt (Junge Kunden, Berufstätige und (Früh-)Rentner). Zur Vereinfachung sei angenommen, der Marktanteil sei stabil. Die Anteile der Kundengruppen entsprechen den Untergrenzen der Prognosen für die bundesweiten Bevölkerungsanteile. Die Bevölkerung schrumpft demnach bis zum Jahr 2030 um 6%, bis zum Jahr 2050 um 14,6%.[25]

Kundengruppe	Anzahl Kunden	Anteil an Gesamtkundenzahl	Ø DB II je Kundengruppe [in GE]	Summe der DB II je Kundengruppe
Junge Kunden (0-19 Jahre)	9.150	18,30%	10	91.500
Berufstätige (20-64 Jahre)	30.600	61,20%	50	1.530.000
(Früh-)Rentner (≥ 65 Jahre)	10.250	20,50%	100	1.025.000
Insgesamt:	50.000	100%	--	2.646.500

Quelle: Eigene Darstellung.

Tabelle 5: Deutsche Beispielbank - Ausgangssituation: Ertragslage im Jahr 2010

Allein durch die demografische Entwicklung verändert sich die Ertragslage bis zum Jahr 2030 ceteris paribus wie folgt: Demnach steigen die Erträge bis zum Jahr 2030 sogar um 2,6% gegenüber heute an, da der zunehmende Anteil an (Früh-)Rentnern mit den höchsten Deckungsbeiträgen in der Bank zunächst zunimmt und den Schrumpfungsprozess der Kundenbasis insgesamt überkompensiert. Diese Situation ändert sich unter ansonsten gleichen Voraussetzungen allerdings: Bis zum Jahr 2050 schrumpfen die Erträge allein aufgrund des demografischen Wandels um 2,3%. Diese Entwicklung trifft jede Bank, die unter ähnlichen Voraussetzungen bundesweit operiert. Nachdem hier ausschließlich der Effekt der veränderten Altersstruktur dargestellt wurde, werden im Folgenden ergänzende Annahmen getroffen, die den bestehenden Trend fortsetzen.

Als Auswirkungen der demografischen Entwicklung auf das Marktergebnis werden in einem weiteren Schritt außerdem, durch allgemein steigende Wettbewerbsintensität, veränderte Altersstrukturen sowie Kundenpräferenzen, zunehmender Druck auf die Margen und ansteigende Standard-Betriebskosten angenommen. Geht man nun davon aus, dass hierdurch die Deckungsbeiträge II je Kundengruppe um 10% sinken, ergibt sich für die Beispielbank folgendes Bild für die Jahre 2030 und 2050:

---

[25] Vgl. Dorbritz/Ette/Gärtner/Grünheid/Mai/Micheel/Naderi (2008), S. 16.

Kundengruppe	Anzahl Kunden	Anteil an Gesamtkundenzahl	Ø DB II je Kundengruppe [in GE]	Summe der DB II je Kundengruppe
Junge Kunden (0-19 Jahre)	7.708	16,40%	9	69.372
Berufstätige (20-64 Jahre)	25.803	54,90%	45	1.161.135
(Früh-)Rentner (≥ 65 Jahre)	13.489	28,70%	90	1.214.010
Insgesamt:	47.000	100%		2.444.517
Veränderung insgesamt gegenüber 2010:	- 6%	--	--	- 7,6%

Quelle: Eigene Darstellung.

Tabelle 6: Ertragslage im Jahr 2030 (demografischer Wandel; DB II -10%)

Kundengruppe	Anzahl Kunden	Anteil an Gesamtkundenzahl	Ø DB II je Kundengruppe [in GE]	Summe der DB II je Kundengruppe
Junge Kunden (0-19 Jahre)	6.448	15,10%	9	58.032
Berufstätige (20-64 Jahre)	22.076	51,70%	45	993.420
(Früh-)Rentner (≥ 65 Jahre)	14.176	33,20%	90	1.275.840
Insgesamt:	42.700	100%		2.327.292
Veränderung insgesamt gegenüber 2010:	- 14,6%	--	--	- 12,1%

Quelle: Eigene Darstellung.

Tabelle 7: Ertragslage im Jahr 2050 (demografischer Wandel; DB II -10%)

Durch die sinkenden Deckungsbeiträge ist nun bereits im Jahr 2030 ein um 7,6% geringerer Ertrag im Kundengeschäftsergebnis zu beobachten, im Jahr 2050 ein um 12,1% geringerer Ertrag. Der langfristige Negativ-Effekt des demografischen Wandels wird durch sinkende Deckungsbeiträge je Kunde also deutlich verstärkt. Dabei wurde in beiden Fällen ein konstanter Marktanteil unterstellt sowie weitgehend konstante Deckungsbeiträge zwischen den Jahren 2030 und 2050. Inwiefern diese Annahmen realistisch sind, hängt in der Realität nicht zuletzt sowohl von Binnenwanderungsbewegungen als auch vielen weiteren Faktoren wie beispielsweise der Rentenentwicklung ab. Möglicherweise sind Rentner in 40 Jahren im Durchschnitt deutlich weniger vermögend als die heutige Rentnergeneration.

2.3.4.4.5 Das worst case-Szenario am Beispiel des Kundengeschäftsergebnisses

Das worst case Szenario trifft, verglichen mit dem Trend-Szenario, zusätzliche Annahmen über Strukturbrüche, Störereignisse. In diesem Beispiel wird eine verstärkte Abwanderung von Kundengruppen unterstellt, so wie sie für einige deutsche Regionen in ähnlicher Form prognostiziert wird (siehe Kapitel 3.2.2 des Beitrags). In diesen Regionen könnte das hier dargestellte worst case-Szenario sogar das Trend-Szenario bilden. Dabei wird im ersten Schritt angenommen, dass sich die Deckungsbeiträge II in den nächsten 20 Jahren aufgrund steigender Wettbewerbsintensität über alle Kundengruppen hinweg um 10% reduzieren. Zusätzlich wird davon ausgegangen, dass in den nächsten 20 Jahren 20% der Familien (Berufstätigen) mit durchschnittlich einem Kind unter 20 Jahren und beiden Eltern (jeweils Renter) aus beruflichen Gründen fortziehen. Die Auswirkungen dieses Szenarios sehen dann für das Jahr 2030 wie folgt aus:

Kundengruppe	Anzahl Kunden	Anteil an Ge-samt-kunden-zahl	Ø DB II je Kunden-gruppe [in GE]	Summe der DB II je Kundengruppe
Junge Kunden (0-19 Jahre)	6.937	18,08%	9	62.433
Berufstätige (20-64 Jahre)	20.643	53,80%	45	928.935
(Früh-)Rentner (≥ 65 Jahre)	10.791	28,12%	90	971.190
Insgesamt:	38.371	100%		1.962.558
Veränderung insgesamt gegenüber 2010:	- 23,3%	--	--	- 25,8%

Quelle: Eigene Darstellung

Tabelle 8: Worst case des Kundengeschäftsergebnisses im Jahr 2030

Im Ergebnis führt dieses Szenario zu einem Kundenschwund von insgesamt 23,2% und einer Ertragseinbuße, allein im Kundengeschäftsergebnis, von 25,8% gegenüber dem Jahr 2010.

Im zweiten Schritt wird der Worst Case für das Jahr 2050 betrachtet. Hierbei wird angenommen, dass zusätzlich zu den Entwicklungen bis zum Jahr 2030, außerdem weitere 10% der Kunden in der Kundengruppe „Berufstätige" aus dem Geschäftsgebiet abwandern. Zudem sinken die Margen für die Kundengruppen „Junge Kunden" und „Berufstätige" um weitere 5%. Die Margen für die Kundengruppe „(Früh-)Rentner sinkt aufgrund des dann hart umkämpften Wettbewerbs um die verbliebenen vermögenden Kunden um weitere 10%. Das Ergebnis dieses Szenarios ist in Tabelle 9 abgebildet:

Kundengruppe	Anzahl Kunden	Anteil an Ge-samt-kunden-zahl	Ø DB II je Kunden-gruppe [in GE]	Summe der DB II je Kundengruppe
Junge Kunden (0-19 Jahre)	5.803	17,80%	8,5	49.326
Berufstätige (20-64 Jahre)	15.453	47,41%	42,5	656.753
(Früh-)Rentner (≥ 65 Jahre)	11.341	34,79%	80	907.280
Insgesamt:	32.597	100,00%		1.613.358
Veränderung insgesamt gegenüber 2010:	- 34,8%	--	--	- 39,0%

Quelle: Eigene Darstellung.

Tabelle 9: Worst case des Kundengeschäftsergebnisses im Jahr 2050

In diesem worst case-Szenario für das Jahr 2050 reduziert sich die Kundenbasis gegenüber dem Jahr 2010 durch demografischen Wandel und Abwanderung um insgesamt 34,8%; das Kundengeschäftsergebnis bricht sogar um 39,0% von ursprünglich knapp 2,6 Millionen Euro im Jahr 2010 auf circa 1,6 Millionen Euro im Jahr 2050 ein. Das Vorgehen bei der Entwicklung des best case-Szenarios funktioniert analog. Gleiches gilt für die Quantifizierung der Auswirkungen auf die übrigen Komponenten des Betriebsergebnisses, die an dieser Stelle nicht berücksichtigt sind.

2.3.4.4.6 Ergebnisdarstellung und nächste Schritte

Die oben dargestellten Beispiele zeigen, wie sich die Auswirkungen des demografischen Wandels auf die zentrale Zielsetzung, d. h. die Rentabilitätsrechnung, mit Hilfe der Szenario-Technik darstellen und quantifizieren lassen.

Um das demografische Risiko bis zu den Jahren 2030 und 2050 kenntlich zu machen, können beispielsweise Zielkorridore um eine konstante Fortschreibung der Ist-Ertragssituation festgelegt werden, die von der Unternehmensführung als akzeptabel angesehen werden (z. B. +/- 3% des aktuellen Reingewinns). Mit Hilfe der Schwellenwerte des Zielkorridors kann somit ein Ampel-System etabliert werden, dass bei größeren Abweichungen des Trend-Szenarios vom Status quo (z. B. +/- 3% bis 10%) zunächst auf gelb und bei noch größeren Abweichungen (z. B. > +/-10%) auf rot schaltet und erforderliche Anpassungen der Strategien und Maßnahmen erforderlich macht. Die Funktionsweise wird in Abbildung 4 anhand des im vorangegangenen Kapitel dargestellten Trend-Szenarios verdeutlicht:

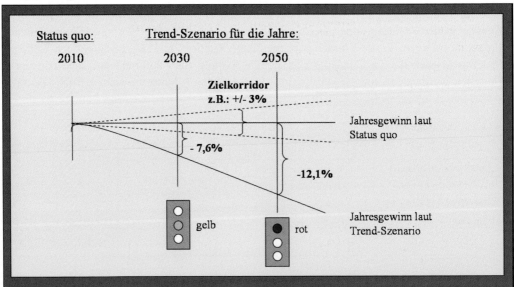

Quelle: Eigene Darstellung.

Abbildung 4: Ampel-Darstellung des demografischen Risikos anhand eines moderaten Trend-Szenarios

In der nächsten Phase werden auf Basis der bisherigen Betrachtungen Strategien und Maßnahmen durch die Unternehmensführung festgelegt, die dazu dienen, die identifizierten Chancen zu nutzen und die Risiken zu steuern. Dabei können die demografischen Risiken grundsätzlich akzeptiert, begrenzt oder vermieden werden.

2.3.5 Zusammenfassung

In diesem Beitrag wurde aufgezeigt, wie sich der demografische Wandel in Deutschland vollzieht und welche Auswirkungen dieser auf Banken haben wird. Drauf basierend wurde ein strategisches Risikomanagementsystem entwickelt, das den Banken die Möglichkeit bietet, einen ressourcenschonenden Planungsprozess zu etablieren. Dieser ermöglicht es der Geschäftsführung, regelmäßig und systematisch Chancen und Risiken, die sich aus dem demografischen Wandel ergeben, zu identifizieren, um diese angemessen in der Unternehmensplanung zu berücksichtigen.

Zusammenfassend bietet das oben beschriebene Modell folgende Vorteile:

- Das dargestellte System stellt eine Verbesserung und Systematisierung des strategischen Planungsprozesses dar, indem unter Ausnutzung vorhandener Ressourcen und Methoden ein regelmäßiger, strukturierter und konsistenter Prozess etabliert wird. Dabei wird – anstelle einer reinen Fortschreibung bisheriger Budgets – insbesondere die Rentabilität der Gesamtbank, die die Grundlage interner Kapitalallokation darstellt, berücksichtigt.

- Ein geschlossener Regelkreislauf ist bisher im Risikomanagement am stärksten verbreitet und bildet somit eine solide Basis für den dargestellten Planungsprozess.

- Das bestehende Frühwarnsystem kann mit leichten Anpassungen als Basis für das Trend-Szenario dienen. Somit können Synergien genutzt werden.

- Im Rahmen des dargestellten strategischen Risikomanagementsystems werden Synergien zwischen Funktionsbereichen genutzt. Zudem sind viele der benötigten Daten bereits vorhanden, wenn auch an verschiedenen Stellen in der Bank.

- Die empfohlene Szenario-Technik ist im Risikomanagement gängige Praxis und auch aus der strategischen Planung bereits bekannt. Sie kann somit leicht angewandt werden.

- Die Überlegungen im Rahmen der Szenario-Entwicklung helfen der Geschäftsführung das Verständnis von Erfolgsfaktoren, Einflussgrößen und Ursache-Wirkungszusammenhängen weiter zu erhöhen.

- Die Szenario-Technik berücksichtigt auch qualitative Faktoren. Im Modell werden diese dennoch in quantitative Aussagen überführt, da diese in der Regel einfacher zu handhaben sind und somit eine angemessene Steuerung der Geschäftsführung erleichtern.

- Die Szenario-Workshops bieten eine Gelegenheit, die Transparenz hinsichtlich des Geschäftsmodells und dessen Tragfähigkeit (Nachhaltigkeit) zu erhöhen und somit angemessen auf den demografischen Wandel zu reagieren. Dadurch wird die Existenz der Bank gesichert, Wettbewerbsvorteile werden generiert und/oder nachhaltig erhalten.

- Ein solches ressourcenschonendes Risikomanagementsystem kann einige der Herausforderungen in der Praxis wie beispielsweise die Sorge, zu viele Ressourcen im Planungsprozess einzusetzen, entkräften. Ebenso kann das Manko der bloßen Finanz- und Budgetprognose behoben werden, indem zukünftig zunächst die Höhe des insgesamt verfügbaren Budgets überprüft wird. Die vier Phasen des Modells, die sich an die Bewertung und Aggregation der demografischen Risiken und die Strategieentwicklung anschließen, bieten darüber hinaus weitere Möglichkeiten, die im Folgenden kurz skizziert werden:

- Andere Umfeldentwicklungen können auf Wunsch problemlos in das dargestellte strategische Risikomanagementsystem integriert werden.

- Eine Ausbaustufe des dargestellten Modells, die das Risiko in Form eines Value-at-Risk quantifiziert, ermöglicht die integrierte Rendite-Risiko-Steuerung im Sinne wertorientierter Unternehmensführung.

- Die Dokumentation von Annahmen und unterstellten Ursache-Wirkungszusammenhängen ermöglicht das „Tracking" strategischer Initiativen sowie eine strategische Performance-Messung, die zudem mit Bestandteilen der Management-Vergütung verknüpft werden kann.

- Das dargestellte Modell eines strategischen Risikomanagementsystems unterstützt die Erfüllung der Anforderungen, die möglicherweise auch im Rahmen aufsichtsrechtlicher Novellen auf die Banken zukommen.

Literatur

BONINI, S., MENDONCA, L. und OPPENHEIM, M. (2006): „When social issues become strategic", McKinsey Quarterly, 2006.

BOOS, K. und WENDLER, T. (2006): „Demografieatlas Deutschland – Auswirkungen des demografischen Wandels auf Wirtschaft, Finanzen und Immobilienmarkt", Bundesverband Öffentlicher Banken (Hrsg.), 2006.

BRIENEN, T. und QUICK, M. (2006): „Identifizierung, Bewertung und Steuerung von Geschäftsrisiken", Risiko Manager, Ausgabe 25/26/2006, S. 8-13.

BUNDESANSTALT FÜR FINANZDIENSTLEISTUNGSAUFSICHT (2007): „Mindestanforderungen an das Risikomanagement", Rundschreiben 5/2007 (BA), 30.10.2007, Bonn/Frankfurt am Main.

BUNDESBANK (2009): „Entwurf der MaRisk in der Fassung vom 16.02.2009".
http://www.bundesbank.de/download/bankenaufsicht/pdf/marisk/20090216_kon 0309_MaRis k_Entwurf_der_Neufassung.pdf

BURGER, A. und BUCHHART, A. (2002): „Risikocontrolling", Eichstätt/Ingolstadt 2002.

DÖRNER, D. (2006): „Die Logik des Misslingens – Strategisches Denken in komplexen Situationen", 5. Auflage, Hamburg 2006.

DORBRITZ, J., ETTE. A., GÄRTNER, K., GRÜNHEID, E., MAI, R., MICHEEL, F. und NADERI. R. (2008): „Daten, Fakten, Trends zum demografischen Wandel in Deutschland", Bundesinstitut für Bevölkerungsforschung in Zusammenarbeit mit dem Statistischen Bundesamt, Bevölkerung (Hrsg.) 2008.

DRUCKER, P. (2002): „Was ist Management? Das Beste aus 50 Jahren", 1. Auflage, München 2002.

DYE, R. und SIBONY, O. (2007): „How to improve strategic planning", McKinsey on Finance, Nr. 25, 2007.

FORSTMOSER, P. und BRUGGER, E. (2007): „Demografic Change and Financial Services: a Short-list of Threats – a long-list of Opportunities", Swiss Re Center for global dialogue, 8th International Sustainability Leadership Symposium, Zürich 2007.

KOCH, S. und NIETERT, B. (2008): „Blitzumfrage zur Vorbereitung von Banken auf den demografischen Wandel", unveröffentlichtes Arbeitspapier, Philipps-Universität Marburg, Marburg 2009.

KÜCK, U. (2007): „Strategisches Controlling".
http://pc167.wi.fh-koeln.de/strcon/

PETER, A. (2008): „Schönwetter-Modelle bewahren nicht vor Katastrophen", Immobilien Zeitung vom 23.10.2008.

SCHIERENBECK, H. (2003): „Ertragsorientiertes Bankmanagement, Band 1, Grundlagen, Marktzinsmethode und Rentabilitätscontrolling", 8. Auflage, Basel 2003.

SCHMITZ; S. (2007): „Demografic Change, Bank Strategy and Financial Stability", Österreichische Nationalbank (Hrsg.), Financial Stability Report 13, Wien.

TAUER, R. (2005): „Der demografische Wandel in Deutschland – Bestandsaufnahme und Prognosen", KfW-Research, Ausgabe 32, (2005).

Guido Hunke

Geschäftsführer A.GE Bodensee, Agentur für Generationen-Marketing

Andreas Reidl

Geschäftsführer A.GE Bodensee, Agentur für Generationen-Marketing

3 Innovative Marketing- und Vertriebsansätze

3.1 Einleitung

Worum es in unserem Beitrag geht? Um die Marktmacht der Älteren und ihre vorteilhafte Nutzung für Banken. Bekannt ist, dass die Lebensphase zwischen 50 und 70 Jahren die Phase ist, in der der höchste Mittelzufluss stattfindet. Ausbezahlte Lebensversicherungen, Erbschaften etc., sind die Ursache. Im Marketing gilt, dass dort, wo die finanzielle Potenz ist, der Markt ist. Weniger bekannt ist, dass die Älteren ihre Marktmacht in der Wahl ihrer Bankverbindungen bereits nutzen. Im Jahr 2007 hatte die Gesellschaft für Konsumforschung (GfK) im Rahmen ihres Finanzmarktpanels bereits erhoben, dass die 50- bis 59-Jährigen durchschnittlich 3,6 Bankverbindungen unterhalten.[1]

Übrigens ist diese Altersgruppe damit Spitzenreiter bei der Zahl der Bankverbindungen. Und auch die Gruppe 60plus verfügt noch über durchschnittlich drei Bankverbindungen. Die Zeiten, in der der Spruch galt: „Die Älteren haben wir sowieso", ist endgültig vorbei. Sie haben sie möglicherweise, aber Wettbewerber eben auch. Kundenbindungsmaßnahmen, Marketinginvestitionen in Marken werden immer entscheidender für den Erfolg vor allem bei dieser Kundengruppe. Bei schrumpfenden Märkten gilt: Die Wertschöpfungspotenziale müssen im Kundenbestand ausgeschöpft werden. Gewinnen werden die stärksten Vertrauensmarken, denn ihnen gelingt die Kundenbindung.

Und damit sind wir in der Zukunft angelangt. In Zukunft sind die Märkte alt und nicht mehr jung. Das soll nicht heißen, dass sie nicht modern sein müssen. Ältere Kunden wollen moderne Produkte, moderne Dienstleister, moderne Filialen und moderne Ansprachekonzepte. Aber: Die Zukunft ist demografiegetrieben; Ältere werden mehr und Jüngere werden weniger.

3.2 Kundenbindungsstrategien

Einige Unternehmen haben die Zeichen der Zeit bereits früh erkannt – die Hypo-Bank gehörte dazu. Der erste Kompetenz-Kongress zum Thema Senioren als Kundengruppe fand 1996 statt. Leider fand das Konzept nicht nachhaltig Niederschlag in der Geschäftspolitik. Oder nehmen wir die Postbank, mittlerweile Deutschlands größte Privatkundenbank – oder wie im TV-Spot so schön gesagt wird „... eigentlich müssten wir Deutschland-Bank heißen". Die Postbank hat sich sehr intensiv und sehr erfolgreich mit den Kunden 60plus beschäftigt. Deshalb gibt es bei

---

[1] Vgl. GfK (2007).

der Postbank auch einen Kundenbeirat 60plus, eine Idee, die wir initiiert haben. Den 21 Mitgliedern – Kundentypen der 4,3 Millionen Postbankkunden 60plus – hört auch der Vorstand zu.

Das macht Sinn, denn ein Großteil der Bankprodukte wie Kredite für Hausbau und Konsum ist auf jüngere Zielgruppen zugeschnitten. Was dies bedeuten kann, zeigt das folgende Beispiel: Die Gruppe der 30- bis 45-Jährigen – Kernzielgruppe für Immobilienkredite – sinkt von 2006 bis 2015 um 3,5 Millionen Personen. Die Gruppe 75plus nimmt im gleichen Zeitraum um 2,2 Millionen zu. Nur leider bekommt diese Altersgruppe – zumindest in Deutschland – keinen Kredit zur Immobilienfinanzierung.

Ganz anders in Großbritannien. Dort hat ein 102 Jahre alter Mann einen Hypothekenvertrag mit 25 Jahren Laufzeit bekommen. Das Institut Mortgages for Business habe dem Mann aus East Sussex in England 200.000 Pfund geliehen und für die Rückzahlung 25 Jahre vereinbart, berichtete 2007 der „Daily Mirror". Der Pensionär wollte den Angaben zufolge mit dem Geld Eigentum kaufen und dieses vermieten. In Großbritannien bekommen Menschen, die älter als 70 Jahre alt sind, immer häufiger Kredite. Um weiterhin Wachstum und stabile Erträge zu generieren, sollten sich Kreditinstitute und Versicherer auf ein verändertes Nachfrageverhalten ihrer älteren Kunden einlassen.

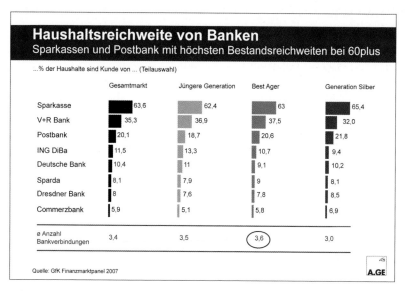

Quelle: GfJ-Finanmarktpanel (2007), Eigene Darstellung.

Abbildung 1: Haushaltsreichweite von Banken

Marketing ist gefordert, wenn es darum geht, Kundenbindung zu betreiben. Gewinnen werden die, die ihre älteren Kunden besser verstehen. Eine Anpassung des Produkt- und Serviceangebots ist nicht zwingend erforderlich. Manchmal kann es sinnvoll sein und neue Märkte öffnen. Sicher ist: Auf die veränderten Zielgruppenpräferenzen muss sich der Vertrieb und die Weiterbildung einstellen. Dieses Kundensegment braucht Vertriebs- und Betreuungsansätze mit Ansprechpartnern, die die Lebensphasen Rente und Hochaltrigkeit verstehen.

In schrumpfenden Märkten Wachstum zu generieren wird immer schwieriger. Es ist nicht grundsätzlich unmöglich. Immer weniger Kunden bedeuten eben auch, dass man mit den wenigen Kunden mehr Umsatz und Ertrag generieren muss. Die Potenziale hierfür stecken eindeutig bei der Generation 50plus. Kundenbindungs- und Wertschöpfungsstrategien sind die Schlüssel für weiteres Wachstum. Es gilt, die Wertschöpfungspotenziale im Kundenbestand auszuschöpfen und mehr in die Kundenbindung und in den Aufbau von Vertrauensmarken zu investieren. Warum mit zunehmendem Alter die Marke mehr Gewicht bekommt, lässt sich schlüssig erläutern. Die Markenorientierung hat etwas mit der verbleibenden Rest-Lebensdauer zu tun. Wenn ich mich als 67-Jähriger entscheide, eine neue Bankverbindung einzugehen, dann werde ich mir überlegen, wie oft ich dies noch machen werde. Einen Flop kann man sich also nicht erlauben.

Ein zentrales, fast geflügeltes und in der heutigen Zeit oft verwendetes Wort, heißt Vertrauen. Das Vertrauen der Kunden drückt die Glaubwürdigkeit Ihrer Marke aus. Vertrauen macht das Leben einfacher. Denn Stress entsteht durch Misstrauen. Misstrauen ist anstrengend und erfordert permanente Kontrolle. Jede Marke, die es schafft, bei dieser Generation zur Vertrauensmarke zu werden, ist im Markenolymp der 50-plus-Generation angekommen.

Aber: Ältere Kunden bleiben ihrer Marke nur treu, so lange keine andere Marke ihre Bedürfnisse und Themen besser befriedigt.

3.3 Kommunikationsstrategien

Kommunikation mit älteren Zielgruppen ist Kommunikation mit erfahrenen Zielgruppen. 30-, 40-, 50-, manchmal 60-Jahre Bankerfahrung machen sie zu sehr, sehr kompetenten Kunden. Einige Banken, vor allem aber die Versicherungskonzerne, haben die Chancen im Seniorenmarkt entdeckt. Sie entwickeln Kommunikationskonzepte, um die ältere Klientel zu gewinnen. Aus den Erkenntnissen unserer Beratungstätigkeiten, aus nun fast zwei Jahrzehnten Marktbeobachtung und nicht zuletzt aus vielen Beratungsprojekten, haben wir vier grundsätzliche Marketing- und Kommunikationsstrategien abgeleitet.

3.3.1 Die Altersstrategie

Die Altersstrategie stellt wie selbsterklärend das Alter in den Vordergrund. Es handelt sich dabei um die altersbezogene Abgrenzung nach unten. Das Produkt oder die Dienstleistung ist für eine bestimmte Altersgruppe definiert und bietet aus diesem Grund zusätzliche Vorteile. Ein Positivbeispiel ist die Allianz Unfallversicherung 60-plus, welche die Altersabgrenzung bereits im Produktnamen trägt.

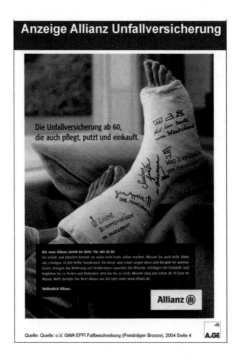

Quelle: GWA EFFI (2004), S. 4.

Abbildung 2: Anzeige Allianz-Unfallversicherung

Diese 60-plus-Versicherung des Allianz Konzerns startete zum 1. Juli 2004. Das Ziel, im Jahreszeitraum 100.000 Policen zu verkaufen, wurde von der Allianz bereits im August übertroffen. Bis zum Jahresende zählte man 130.114 verkaufte Policen. „30% mehr als ursprünglich geplant."[2]

Die Beschreibung der physiognomischen Charakteristiken war für die Kampagne eine wichtige Erkenntnis und Grundlage. Die Älteren wirken äußerlich jung und geben sich lebensfroh. Dennoch weiß man aus vielen Untersuchungen, dass es altersbedingte Veränderungen gibt. Diese wiederum haben Einfluss auf die Wahrnehmung, auf das Hören und auf die Informationsverarbeitung. Wir wissen, dass die fluide Intelligenz (Analyse von Aufgaben, angeborene Leistungsfähigkeit) im Alter abnimmt, die kristalline Intelligenz (Ausführung einer Arbeit, das Lösen einer Aufgabe – das gespeicherte Wissen, die bisherigen Lernprozesse treten in den Vordergrund) hingegen steigt an. Die Zielgruppe 60plus hat eine Schwäche für Erinnerungen. Der Hitchcock-Klassiker „Das Fenster zum Hof" war der Ideengeber für den Allianz Werbespot. Diese Erinnerung sollte das kristalline Gedächtnis der Zielgruppe aktivieren. Das Ende des „Krimis" war geschickt gewählt. Die vermeintliche Mörderin war eine der ausgelobten 10.000 Helferinnen und Helfer. Die Kommunikationsidee war aus unserer Sicht deshalb so erfolgreich, weil man sich auf die Zielgruppe eingelassen und weil man sich mit der Zielgruppe intensiv auseinandergesetzt hat.

---

[2] Vgl. GWA EFFI (2004), S. 6.

Quelle: GWA EFFI (2004), S. 9.

Abbildung 3: TV-Spot Allianz „Unfall 60 Aktiv"

1.3.2 Die Kompetenzstrategie

In der gerontologischen Forschung unterscheidet man den Kompetenz- und den Defizitansatz.[3]

Der Defizitansatz orientiert sich am Abbau wichtiger Funktionen und am Nachlassen der Sinne und der Gedächtnisleistung. Vielleicht war und ist ein generalisiertes Bild des alten Menschen, das mit Krankheit, Gebrechlichkeit, Vergesslichkeit, Armut und sozialer Isolation verbunden wird, viel stärker bei den Experten zu finden, weil dieses Bild oft in den Medien bemüht wird. Die Kompetenzstrategie im Sinne des Marketings stellt die Kompetenzen, nicht die Defizite, in den Vordergrund. Ein sehr schönes Beispiel hierfür sind die bereits einige Jahre alten Kampagnen der Sparkassen-Organisation. Ein Sparkassen-Spot zeigt bei seiner phantastischen Werbung Altersbilder und Kompetenzen in seiner schönsten Form. Die über 60-jährigen Protagonisten, die einen Straßenkreuzer mit quietschenden Reifen, um die Ecke steuern, bei McDonald´s am Drive In-Schalter das „Abendessen" holen und sportlich einparken, lassen die Jungen Baseballkappenträger ganz schön alt aussehen. Solche Älteren verkörpern ein Alters-

---

[3]   Vgl. Lehr (2003), S. 47.

bild, das wohl jeder anstrebt. Ältere wollen weder von Produkten noch von Dienstleistungen überfordert werden. Aus unserer Sicht ist es ein elementarer Grundpfeiler für den Marketing-erfolg ältere Konsumenten als kompetent zu zeigen und als kompetent zu erachten. Dies gilt besonders für den Finanzdienstleistungsbereich und seine Fachtermini. Sehr leicht fühlen sich ältere Kunden als „unwissend" und inkompetent stigmatisiert, nur weil sie die Fachsprache nicht beherrschen.

3.3.3 Die Lifestylestrategie

Die Lifestylestrategie setzt auf das positive Lebensgefühl Älterer. Damit trifft er vor allem die mobile, aktive und konsumorientierte Generation. Lifestyle bezieht sich dabei nicht nur auf die Trendorientierten, sondern gilt grundsätzlich für die jeweilige Lebenssituation der anzusprechenden Zielgruppe. Der Lebensstil ist der Ausdruck der Persönlichkeit, also somit die umfassendste Form des Selbstausdrucks. Eben die Art, „wie man sich gibt". Der Lebensstil der 50plus-Generation ist die Summe vieler Prägungen, Erfahrungen und der persönlichen Verarbeitung. Der Lebensstil manifestiert sich in der Sprechweise (Dialekt), dem Auftreten, den Umgangsformen, der Kleidung, dem Automobil, der Wohneinrichtung, der Bildung, der Kultur. Beeinflusst wird der Lebensstil auch von Geschmacksvorlieben, Konsumgewohnheiten (Wo kaufe ich?) und Marken. Der Lebensstil eines Menschen wird sichtbar in seiner Art zu leben, in der Produkt- und Markenwelt. Das größte Lob für diese Generation ist wohl die Aussage: „Der/die hat Stil." Und nichts ist wohl schlimmer als „stillos" bezeichnet zu werden. Würde man als stillos bezeichnet, so hätte man von seinen eigenen Wert- und Geschmacksurteilen Abstand genommen.

Welche Lebensstile gibt es bei der Generation 50plus? Und welche Lebensstil-Typen lassen sich erkennen? Fragen über Fragen und nur wenige Antworten. Aus diesem Grunde haben wir uns aufgemacht, dieses Thema zu erforschen. Unsere 1.300 Senior-Scouts sind dafür eine sehr gute Plattform. Mittels einer Zufallsstichprobe haben wir bei unseren Senior-Scouts 100 Personen ausgewählt, die an unserer Lifestyle-Studie 50plus teilgenommen haben. Lassen Sie uns exemplarisch die Lebensphase von 60 bis 75 Jahren, das sogenannte 3. Alter herausgreifen.

Das ist eine sehr aktive Phase für viele. Die großen Kostenpositionen – Schuldentilgung fürs Haus und Finanzierung der Ausbildung der Kinder – sind weitestgehend in dieser Lebensphase nicht mehr vorhanden. Der Blick geht nach vorne, aber auch zurück. Einerseits will man genießen, andererseits hat man vielleicht gerade erlebt, wie die Mutter ins Pflegeheim musste, weil es einfach nicht mehr anders ging. Diese Lebensphase ist geprägt durch: Wissen wollen, Lernen, Veränderungen, Reisen, Kultur, Umbau. Man verändert seine Einstellung zur Situation Pflege, wenn man sie erlebt hat. Man verändert seine Einstellung zum Thema Gesundheit, denn man will die gewonnen Jahre noch lange auskosten. Man verändert seinen Kleidungsstil – Berufskleidung ist passé. Oft passen sich Mütter dem Kleidungsstil ihrer Töchter an. Väter gehen gemeinsam mit den Söhnen zu den Rolling Stones oder ins Abba- Musical. Man verändert sein Auto, leistet sich das lange ersehnte Cabrio oder seine erste Harley. Die Vermögensverhältnisse werden neu geordnet – unnötige Versicherungen gekündigt und neue Anlageformen gesucht. Das geerbte Elternhaus muss renoviert werden. Die Ferieneigentumswohnung soll verkauft werden. Sein erworbenes Vermögen möchte man in jeder Hinsicht schützen. Vieles ändert sich in dieser Lebensphase. Der Lebensstil ist geprägt von Veränderung, Erlebnis und Sicherheit. Diese Lebensphase liefert unzählige Ansprache- und Vertriebsanlässe für eine Bank. Auch hier liefert uns die Sparkassen-Organisation mit einem LBS-Spot ein sehr schönes Anschauungsbeispiel. Sicher erinnern Sie sich an die Werbung mit den in die Jahre gekommenen Bikern. Sie haben ihren Kleidungsstil nicht verändert. Verändert hat sich aber die Wohnsituation im Reihenhäuschen und die Zahl der Kinder, die dafür sorgt, dass man fürs Alter vorsorgt. Lifestyle wunderbar in Szene gesetzt, denn viele der Mit-Fünfziger erleben Ihre Jugend noch einmal, genießen die Freiheit im Kopf und fühlen sich geschmeichelt, richtig gehandelt zu haben mit der LBS.

3.3.4 Die Generationenstrategie

„Die Jugend von heute liebt den Luxus, hat schlechte Manieren und verachtet die Autorität. Sie widersprechen ihren Eltern, legen die Beine übereinander und tyrannisieren ihre Lehrer". So hat es Sokrates bereits vor 2000 Jahren formuliert.

Die Bande zwischen den Generationen tragen heute gut. Egal, ob der Opa Geschenke fürs Enkelkind kauft oder der Vater die Bürgschaft für den Hauskredit des Sohnes übernimmt. Der Kunde so um die 60 ist ein Vier-Generationen-Kunde und aus unserer Sicht der spannendste Kunde, den es heute überhaupt gibt. Nicht nur wegen den schönen Cross-Selling-Potenzialen. Der Kunde um die 60 interessiert sich für die Ausbildung der Enkelkinder, für die Karriere der Kinder, für die Vorsorge für seinen Partner und oft auch für die eigenen Eltern oder einen Elternteil.

Das familiäre Leben wird sich in Zukunft stärker in Beziehungen zwischen erwachsenen Kindern und Eltern, als durch Familien in der Gründungsphase abspielen. In Patchworkfamilien kommen auf ein Enkelkind oft sechs und mehr Omas und Opas. Auch die silbernen Hochzeiten werden mehr Menschen feiern als die erste Hochzeit und dies trotz Zunahme der Scheidungsraten im Alterssegment 50plus. Das ist auch leicht nachvollziehbar: Im Jahr 2007 feierten diejenigen Silberne Hochzeit, die 1982 geheiratet haben. 1990 gab es mit 516.388 die meisten Hochzeiten. 2015 wird ein Teil davon – mindestens 350.000, bei etwa 160.000 Scheidungen – die Silberne Hochzeit feiern. Im Jahr 2000 gab es rund 100.000 weniger Hochzeiten, dafür ist die Scheidungsrate deutlich gestiegen.[4]

Ergo: weniger erste Hochzeitsfeiern, andere finanzielle Bedürfnisse Es geht weniger um die Finanzierung der ersten Wohnung, sondern immer öfter um die Finanzierung von Modernisierungsmaßnahmen der 25 Jahre alten Einfamilienhäuser.

Einen Generationenansatz hat die Allianz bei der Enkelpolice gewählt. Audi hat den Generationenansatz in einer Hommage an den Filmklassiker „Die Reifeprüfung" eingesetzt. In dem TV-Spot von Audi rettet der 68-jährige Dustin Hoffmann diesmal seine Tochter vor dem falschen Mann. Sie steht bereits vor dem Traualtar, als er sie in letzter Sekunde überzeugt, auf ihr Gefühl zu hören und ihm zu folgen (und natürlich in einem Audi A6 davonzubrausen). Der

---

[4]   Vgl. Statistisches Bundesamt (2008).

Kernsatz der Kampagne lautet: nach eigenen Regeln zu handeln. Die Käufer des Audi A6 sind übrigens im Schnitt 50plus. Und bitte bedenken Sie: Wer sagt denn, dass das Enkelchen immer nette 5 Jahre alt sein muss. Warum kann der Enkel nicht auch mal 20 sein und mit seinem Opa eine gemeinsame Anlagestrategie fahren. Getreu dem Slogan: „Früher haben wir ein Sparbuch eröffnet, heute investieren wir gemeinsam in generationenfreundliche Fonds".

3.4 Vertriebsstrategien

„Über Geld spricht man nicht, man hat es." Das ist einer der Aussprüche, den wir von Älteren nur zu gut kennen.

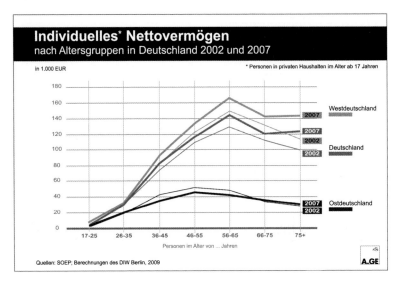

Quelle: Deutsches Institut für Wirtschaftsforschung (2009).

Abbildung 4: Individuelles Nettovermögen nach Altersgruppen

Zu keiner Zeit wurde soviel Geld vererbt, angelegt, gespendet, gestiftet und von den Versicherungen ausbezahlt wie in diesen und in den kommenden Jahren. Die aus unserer Sicht interessantesten Vertriebsanlässe skizzieren wir nachfolgend.

3.4.1 Erben und Vererben

Interessant ist, dass 2007 rund 800.000 Menschen gestorben sind.[5] Die meisten von Ihnen haben etwas vererbt. Rund 150 bis 200 Milliarden Euro beträgt das jährliche Erbvolumen.[6]

Im Vergleich: Der weltweite Umsatz des VW Konzerns erreichte 2008 ein Rekordhoch. Er betrug fast 114 Milliarden Euro. Daimler erzielte 2008 einen Umsatz von 96 Milliarden Euro.

---

[5] Vgl. Statistisches Bundesamt (2008).
[6] Vgl. Postbank Research Spezial (2007).

Der Umsatz dieser beiden Anbieter entspricht in etwa dem jährlichen Erbvolumen. Und die Erben werden, bedingt durch die gestiegene Lebenserwartung, immer älter.

Geschätztes Erbschaftsvolumen
im Zeitraum 2006 bis 2015

		Nettogeld-vermögen	Verkehrswert Immobilien	Gebrauchs-vermögen	SUMME 2006-15	pro Jahr
Erbschaftsvolumen in den Jahren 2006 bis 2015* darunter:	Mrd. EUR	1.042	1.100	220	2.361	236
Volumen ohne die 2% einkommensreichsten Haushalte	Mrd. EUR	647	939	188	1.773	177
darunter: generationenübergreifende Erbschaften	Mrd. EUR	455	661	132	1.249	125
generationenübergreifende Erbschaften						
... pro Erbfall	EUR	58.591	85.145	17.029	160.766	16.077
... pro Erbe	EUR	31.165	45.290	9.058	85.514	8.551
nachrichtl.: Anzahl Erben	Tsd.				14.604	1.460

Anmerkung: Erbschaften unter Ehepaaren gehören nicht zu den generationenübergreifenden Erbschaften
alle Angaben in Preisen und Werten des Jahres 2005
Quelle: Aktualisierung der empirica-Studie „Erben in Deutschland"

A.GE

Quelle: Eigene Darstellung.

Abbildung 5: Geschätztes Erbschaftsvolumen

Verteilung der generationenübergreifend
vererbten Vermögen im Zeitraum 2006 bis 2015

Geldvermögen (abzgl. ausstehender Konsumenten-/Baukredite)

früheres Bundesgebiet			neue Bundesländer		
Volumen	Tsd. Erbfälle	Anteil Erbfälle	Volumen	Tsd. Erbfälle	Anteil Erbfälle
0 EUR	1.121	18%	0 EUR	186	12%
0-25 Tsd. EUR	1.675	27%	0-25 Tsd. EUR	570	38%
25-150 Tsd. EUR	2.656	42%	25-150 Tsd. EUR	687	46%
>150 Tsd. EUR	815	13%	>150 Tsd. EUR	52	3%
Summe	6.267	100%	Summe	1.501	100%

Immobilien (Verkehrswert)

früheres Bundesgebiet			neue Bundesländer		
Volumen	Tsd. Erbfälle	Anteil Erbfälle	Volumen	Tsd. Erbfälle	Anteil Erbfälle
0 EUR	3.864	62%	0 EUR	1.145	76%
0-150 Tsd. EUR	899	14%	0-150 Tsd. EUR	276	18%
150-300 Tsd. EUR	994	16%	150-300 Tsd. EUR	69	5%
>300 Tsd. EUR	510	8%	>300 Tsd. EUR	11	1%
Summe	6.267	100%	Summe	1.501	100%

Anmerkung: alle Angaben in Preisen und Werten des Jahres 2005
Quelle: Aktualisierung der empirica-Studie „Erben in Deutschland"

A.GE

Quelle: Eigene Darstellung.

Abbildung 6: Verteilung des vererbten Vermögens

Allerdings ist es nicht leicht, Ältere als Kunden zu gewinnen: 40 und 50 Jahre Bankerfahrung machen Ältere zu kritischen Kunden. Sowohl beim Produkt – ein guter Ansatz ist die HVB Erbschaftspolice – als auch bei der Kommunikation und nicht zu vergessen bei der Gestaltung der Filiale. Es geht von der Auswahl der Sitzmöbel, von den Beleuchtungskonzepten bis hin zu der Kaffeetasse. Die Chancen im Anlagebereich dürften allein durch die Volumina aus Erbschaften und ausbezahlten Lebensversicherungen einleuchtend sein. Die Kreditnachfrage hat heute noch einen untergeordneten Stellenwert. Dies kann sich aber in Zukunft durchaus verändern. insbesondere in Hinblick auf die Finanzierung und Erfüllung von Lebensträumen und vor allem zur Abwendung von Risiken. In wenigen Fällen geht es nicht um die Träume, sondern ums Überleben. In den hochpreisigen Seniorenresidenzen wurden die ersten Privatinsolvenzen bekannt. Und auch die Kosten fürs Pflegeheim werden immer unkalkulierbarer.

Bank- und Versicherungsprodukte sind austauschbar. Nur mit bedarfsgerechten Angeboten und mit ehrlichen emotionalen Beziehungen besteht Chance der Kundengewinnung. Und auch nur dann, wenn die „älteren" Kunden diese nicht beim Wettbewerber erhalten. Wertschätzung und Interesse an der Lösung der Fragestellungen, die in der jeweiligen Lebensphase auftreten, schaffen Nachfrage und generieren eine nachhaltige Kundenbindung. Schöner Nebeneffekt: Vertrauen und Wertschätzung reduziert die Zinsempfindlichkeit und ermöglicht mehr Erträge.

Der demografische Wandel lässt sich in der Kundenstruktur der meisten Banken und Sparkassen heute bereits ablesen. So wie bei dem Sparkassenvorstand bei dem wir kürzlich saßen. Die Hälfte seiner Kunden ist über 50 Jahre. Sie halten 75% der gesamten Einlagen und die Erträge, die die Sparkasse macht, sind mit dieser Zielgruppe am höchsten. Hegen und pflegen ist angesagt. Die Attraktivität der Generation 50-plus lockt aber in großem Ausmaß nicht nur die traditionellen Wettbewerber an, sondern in immer stärkerem Maße auch die freien Finanzdienstleister, so wie beispielsweise AWD.

3.4.2 Beginn des Ruhestandes

Dies betrifft rund 900.000 Menschen jährlich. 2006 waren es 916.708 Neuzugänge und 2007 genau 865.976.[7]

Geht man davon aus, dass sich die potenziellen Rentner zwei bis drei Jahre vor der Rente mit finanziellen Fragen beschäftigen, so ergibt das ein Potenzial von 2 bis 3 Millionen Personen, die grundsätzlich für finanzielle Fragen, die die Rente betreffen, ansprechbar sind. Es wird zwar wieder etwas länger gearbeitet und später in Rente gegangen. Der Wunsch früher zu gehen ist aber nach wie vor ungebrochen. Eine Umfrage bei Führungskräften belegt, dass jeder zweite in der Gruppe der 46 bis 55-Jährigen vorzeitig in Rente gehen möchte.

---

[7] Vgl. Bundesministerium für Arbeit und Soziales (2008), S. 17.

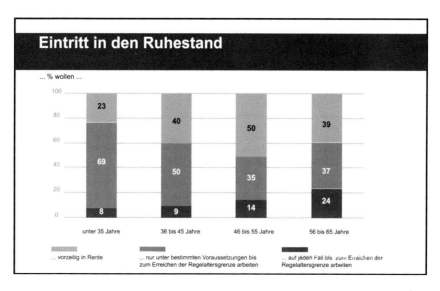

Quelle: Deutscher Führungskräfteverband (2008), S. 1

Abbildung 7: Eintritt in den Ruhestand

Der aktuelle Rentenversicherungsbericht 2008 wartet mit einigen interessanten Zahlen auf. Danach verfügten im Jahr 2007 in den alten Ländern Ehepaare mit Bezugspersonen ab 65 Jahren über ein monatliches Nettoeinkommen von 2.350 Euro, alleinstehende Männer von 1.568 Euro und alleinstehende Frauen von 1.201 Euro je Monat. In den neuen Ländern verfügten im Jahr 2007 Ehepaare über ein Nettoeinkommen von durchschnittlich 1.937 Euro, alleinstehende Männer über ein Nettoeinkommen von 1.188 Euro und alleinstehende Frauen über ein Nettoeinkommen von 1.152 Euro je Monat.[8]

Allerdings ist die reine Rentenbetrachtung in vielen Fällen nur eine sehr einseitige Betrachtung. Zum einen bleiben die Vermögenspositionen außen vor. Und zum anderen liefert der Rentenzahlbetrag hin und wieder auch ein völlig falsches Bild. So gibt es Haushalte von Ehepaaren, die eine durchschnittliche Bruttorente von 382 Euro beziehen. Das Haushaltsbruttoeinkommen bei diesen Paaren beträgt jedoch im Durchschnitt 3.346 Euro.

---

[8] Vgl. Bundesministerium für Arbeit und Soziales (2008), S. 23.

Anteil der GRV-Rente* am Bruttoeinkommen
nach Rentengrößenklassen von Personen im Alter 65 Jahre in 2007

Rentengrößenklassen von ... bis unter ... EUR/Monat	Anteil an den jeweiligen Rentenbeziehern in v.H.	Durchschnittliche Bruttorente EUR/Monat	Durchschnittliches Haushaltsbruttoeinkommen EUR/Monat	Anteil der Rente am Gesamteinkommen in v.H.
Haushalte von Ehepaaren				
unter 250	3	151	2.755	5
250 – 500	4	382	3.346	11
500 – 750	5	628	3.210	20
750 – 1.000	6	879	2.412	36
1.000 und mehr	82	1.816	2.517	72
Gesamt	100	1.593	2.588	62

Anmerkung: * eigene und/oder abgeleitete Bruttorente der GRV;
Personen im Alter ab 65 Jahre ohne Heimbewohner in Deutschland

Quelle: Eigene Darstellung.

Abbildung 8: Haushaltseinkommen von Rentnern

Die Erwerbstätigenquoten 60- bis 64-jähriger Männer stieg erfreulicherweise im Zeitraum von 2000 bis 2007 auf 42% an. Die Erwerbstätigenquote 60- bis 64-jähriger Frauen erreichte 2007 immerhin 25%. Sie hat sich damit seit dem Jahr 2000 mehr als verdoppelt. Insgesamt lagen die Erwerbstätigenquoten der 60- bis 64-Jährigen im Jahr 2007 bei 33%. Nur jeder Dritte in diesem Alter arbeitet somit noch, die Mehrzahl der über 60-Jährigen ist nicht mehr im Arbeitsprozess anzutreffen. Die Zeit vor 60 ist also die beste Zeit, um eine Mehrzahl künftiger Rentner zu erreichen. Für die Marketingplanung und für die aktive Ansprache eine entscheidende Lebensphase.

3.4.3 Enkelkinder

Trotz Abnahme der Geburten gibt es die Chance, mit weniger Kindern mehr Geschäft zu machen: Die Zahl der Geburten bei miteinander verheirateten deutschen Eltern ist seit 1991 um 43% von 584.000 auf 335.000 zurückgegangen. Die Zahl der Geburten in gemischtnationalen Ehen hat sich dagegen von 39.000 auf 81.000 im Jahr 2006 mehr als verdoppelt. Die Geburten der nicht verheirateten deutschen Mütter stiegen zwischen 1991 bis 2006 von 117.000 auf rund 183.000 (+ 57%).

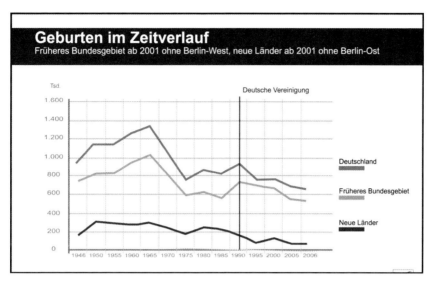

Quelle: Statistisches Bundesamt (2007), S. 9.

Abbildung 9: Geburten im Zeitverlauf

Ein kleines Phänomen ist daran Schuld: Das Phänomen, das wir meinen, ist der sprunghafte Anstieg der Ehescheidungen. Mittlerweile betrifft jede fünfte Scheidung Ehepaare, die 21 Jahre und länger verheiratet sind. Ergo: weniger Kinder, aber mehr Großeltern. In Zeiten von Patchworkfamilien gibt es eben nicht nur vier Großeltern, sondern manchmal sechs oder sogar acht Omas und Opas. Demografische Entwicklungen sind spannend, wenn man sie zu deuten weiß und die Chancen erkennt. Hier noch ein kleines Indiz: Knapp 700.000 Babys sind letztes Jahr in Deutschland zur Welt gekommen. Aber 900.000 Ältere sind im gleichen Jahr in Rente gegangen. Und trotz „Rente mit 67" wird die Zahl derer, die jährlich in Rente geht, demografisch bedingt steigen. Bis zum Höhepunkt des geburtenstärksten Jahrgangs 1964. Dies ist dann der Jahrgang, den die Rente mit 67 als erstes voll trifft. 1,4 Millionen Geburten waren es 1964. Danach wurden es immer weniger.[9]

3.4.4 Bauen & Wohnen

„Von den 39 Millionen Wohnungen in der Bundesrepublik sind lediglich etwa 250.000 mit einem altersgerechten Standard ausgestattet. Aufgrund der dramatischen Überalterung unserer Gesellschaft benötigen wir mittelfristig 12 bis 13 Millionen altersgerechte Wohnungen im Neubau und Bestand. Aufgrund der rückläufigen Neubautätigkeit im Mietwohnungsbau und der dramatischen Zunahme von pflegebedürftigen Bevölkerungsgruppen stellt die Umstrukturierung des Wohnungsbestandes das zentrale Arbeitsfeld für die Wohnungs- und Immobilienwirtschaft der nächsten 10 bis 15 Jahre dar."[10]

---

[9] Vgl. Statistisches Bundesamt (2007), S. 12.
[10] BfW (2007), S. 1.

Dies haben die Experten der in der Aktion „Impulse für den Wohnungsbau" zusammengeschlossenen Verbände der Bau- und Wohnungswirtschaft sowie der IG BAU zum seniorengerechten Bauen in einem Positionspapier formuliert. Der Bundesverband Freier Immobilien- und Wohnungsunternehmen (BFW) Berlin hat mit seiner Studie illustriert, dass Deutschland bis 2020 rund 800.000 Seniorenwohnungen benötigt. Dies sind 3% des Bestandes. Die Befragung wurde unter Branchenverbänden aus zwölf europäischen Staaten mit insgesamt rund 30.000 Immobilien- und Wohnungsunternehmen durchgeführt. Das Investitionsvolumen liegt jährlich bei rund 10 bis 15 Milliarden Euro. Anlass genug für die KfW zum 1. April 2009 ein neues, wie wir meinen wegweisendes, Förderprogramm aufzulegen. Gefördert wird mit 50.000 Euro je Einheit der barrierearme Umbau der Wohnung (KfW Programm 155). Dies betrifft die Wohnungsunternehmen ebenso wie den Einzeleigentümer.

Ein weiteres Geschäftspotenzial bieten die Älteren, die im Alter noch einmal umziehen. Die LBS hat kürzlich eine Studie mit verblüffenden Zahlen veröffentlicht. Untersucht wurden die zukünftigen Veränderungspotenziale der Generation 50plus. Die Feststellung: rund 800.000 50plus ziehen jährlich um.[11]

Und die Autoren schrieben weiter. Selbst wenn sich die Bevölkerung auf längere Sicht rückläufig entwickeln sollte, wird die Nachfrage nach Wohnungen bis zum Jahr 2015 (Ostdeutschland) beziehungsweise 2020 (Westdeutschland) steigen. In Folge der Haushaltsverkleinerung ergibt sich eine Zunahme der Wohnung nachfragenden Haushalte um circa 2 Millionen (2020). Allerdings wird sich der Zuwachs ausschließlich bei den älteren Haushalten abspielen. Die Zahl der Haushalte mit einem Haushaltsvorstand unter 50 Jahren nimmt kontinuierlich ab, während insgesamt die Zahl der über 50-jährigen Haushalte im Bundesgebiet um knapp 5 Millionen wächst (2004 bis 2020). Das Ergebnis der LBS sollte hellhörig machen. Die LBS stellt fest, dass zwei Drittel der 31 Millionen 50plus veränderungsbereit sind. 10,6 Millionen sind Bestandsoptimierer und 9,4 Millionen. werden umziehen. Jährlich setzen 900.000 eine größere Bestandsoptimierung (10.000 Euro und mehr) um. Und 800.000 ziehen eben jährlich um. Hauptgrund: Ein altersgerechter Standort fehlt![12]

Die 50-Jährigen und Älteren sind somit zukünftig die relevante Gruppe für den Wohnungsmarkt.

3.4.5 Pflege

Bewusst ist den Älteren, dass sie zur Absicherung ihres Lebensstandards im Alter Kapital benötigen. Es hat sich herumgesprochen, dass das Leben im Alter teuer ist, das Leben im hohen Alter sogar sehr teuer. Das gravierendste Risiko bei Finanzentscheidungen ist für ältere Menschen die Ungewissheit über die Restlebensdauer. Die Einnahmen im Alter sind ziemlich fix, die Ausgaben können jedoch mit zunehmender Pflegebedürftigkeit drastisch steigen. Neben

---

[11] Vgl. LBS Empirica (2006), S. 3.
[12] Vgl. LBS Empirica (2006), S. 8.

allgemeinen Bedrohungen sind es eben vor allem spezielle Risiken, die den Lebensabschnitt der Rente gefährden. [13]

Beispiel Oberschenkelhalsbruch: Rund 100.000 Bundesbürger erleiden jährlich solch einen Bruch. Vor allem Frauen sind betroffen. Die 79-Jährige, die nach einem Oberschenkelhalsbruch stark gehbehindert ist, muss ihre Mietwohnung im 3. Obergeschoss verlassen und in eine andere Wohnung ziehen. Nur weil ihre Wohnung keinen Lift hat. Für die Unterstützung im Haushalt, wöchentliche Einkäufe und Reinigung der Wohnung benötigt sie externe Hilfe. Ihr Mehraufwand beträgt rund 400 Euro im Monat. Jährlich werden rund 300.000 Menschen mit altersbedingten Brüchen in deutschen Kliniken akut behandelt. Häufigste Brüche bei den über 60-Jährigen sind Hüftgelenksfrakturen, wozu auch der gefürchtete Oberschenkelhalsbruch gehört. Frakturbehandlungen von über 65-Jährigen kosteten im Jahr 2002 etwa 4,2 Milliarden Euro, 2030 werden es nach Schätzungen bereits 6,7 Milliarden Euro sein. Altersbedingte Brüche könnten bald Hauptursache für den Bettenbedarf in Krankenhäusern sein. Damit hätten sie dann Herzinfarkte und Schlaganfälle abgelöst. Experten sprechen davon, dass die Frakturen eine schlummernde Volkskrankheit sind. Begründet wird dies mit der Tatsache, dass die Patienten älter werden und damit die Zahl der Fälle steigen wird.

Ein anderes Beispiel ist der 82-jährige Herr, der nach einem Unfall mobilitätseingeschränkt in sein Haus zurückkehrt. Dieses musste vorher barrierefrei angepasst werden. Die Kosten hierfür betrugen 35.000 Euro. Die ambulante Versorgung trägt sein Versicherer, denn er hatte eine Unfallversicherung, die diese Leistung beinhaltete. Der Gesundheitssektor und Hilfeleistungen für Senioren sind für Assistance-Anbieter ein zukunftsträchtiges Feld. Dies war eines der zentralen Ergebnisse des Assistance Barometers 2007. Das Assistance Barometer 2007 zeigt:[14]

Die Deutschen versichern gerne ihre Gesundheit. 75% der Befragten sind bereit, für gesundheitliche Zusatzversicherungen zu bezahlen. Für das Auto würden nur 35% extra Geld ausgeben. Für 86% ist die unmittelbare Hilfe bei einem Unfall mit Personenschäden die attraktivste Gesundheits-Assistance. Bei den befragten Versicherungsunternehmen sahen 90% eine gute Chance für Senioren-Assistance-Produkte. Bei den befragten Banken waren es 83%.

Eine Besonderheit im Rahmen der Pflegethematik betrifft das Thema Personalpolitik. Nach den vom Bundesgesundheitsministerium veröffentlichen Daten gibt es in Deutschland aktuell rund 2,1 Millionen Pflegebedürftige. Fast 70% von Ihnen werden zu Hause versorgt, davon rund zwei Drittel – also etwa eine Million – ausschließlich von Angehörigen, die in der Regel erwerbstätig sind und auch Kinder haben. Für das Jahr 2020 werden 2,9 Millionen und für 2030 insgesamt 3,5 Millionen Pflegebedürftige prognostiziert. Dabei steigt insbesondere der Anteil an demenziell Erkrankten und Schwerstpflegebedürftigen mit höheren Betreuungsanforderungen. Gleichzeitig verlängert sich die Lebensarbeitszeit. Dies allein belegt die Dimension des Themas, mit dem sich Unternehmen heute und in den nächsten Jahren auseinandersetzen müssen. Trotzdem haben nach einer Untersuchung der gemeinnützigen Hertie-Stiftung aktuell nur 7% der deutschen Firmen tragfähige Lösungen,[15] die den Belangen der Pflegenden

---

[13] Vgl. Robert Koch Institut (2006), S. 35.
[14] Vgl. Europ Assistance (2007), S. 6.
[15] Vgl. Bundesministerium für Gesundheit (2009), S. 14.

und den Anforderungen der Unternehmen Rechnung tragen. Die Vereinbarkeit von Pflege und Erwerbstätigkeit ist eine große Herausforderung in der Personalpolitik. Bereits heute sind etwa ein Viertel der Hauptpflegepersonen berufstätig, davon die Hälfte in einer Vollzeitbeschäftigung. Die Belastung durch die geleistete Pflege ist hoch. Trotzdem gibt kaum einer der Betroffenen seine berufliche Tätigkeit auf, sondern versucht – so gut es geht – beruflichen Alltag und Pflege unter einen Hut zu bekommen. Die Folgen einer Überlastung durch Beruf und Pflege werden für das Unternehmen in Form von Arbeitsausfällen, geringerer Produktivität und vermehrten Krankheitstagen, im Extremfall den Verlust qualifizierter Beschäftigter, deutlich.

Auch der Gesetzgeber hat der zunehmenden Zahl Pflegebedürftiger Rechnung getragen. Damit Angehörige diese Pflege organisieren und übernehmen können, wurde im Jahr 2008 das Pflegezeitgesetz überarbeitet. Es fördert die häusliche Pflege naher Angehöriger und schafft einen Rechtsanspruch für Beschäftigte, die einen nahen Angehörigen zu Hause pflegen wollen. Das Gesetz unterscheidet zwei Formen der Freistellung: die kurzzeitige Arbeitsverhinderung (§ 2 Pflege ZG) von bis zu 10 Arbeitstagen bezahlten „Pflege-Sonderurlaubs" und die Pflegezeit (§ 3 ff. Pflege ZG) als Verpflichtung für das Unternehmen, eine unbezahlte Freistellung von der Arbeit für die Dauer von sechs Monaten für Mitarbeiter zu gewähren, die „nahe Angehörige" pflegen müssen. Allein dieses Gesetz stellt Unternehmen vor eine große – nicht zuletzt monetäre – Herausforderung hinsichtlich der Neuorganisation von Arbeit.

Neben flexiblen Arbeitszeitmodellen oder dem Angebot von „Home-Office-Lösungen" sind für Mitarbeiter, die – oft plötzlich – mit einer Pflegesituation konfrontiert sind, vor allem der Zugang zu Informationen und Beratung wichtig. Oftmals ist man alleine in einer derartigen Extremsituation mit einer schnellen Entscheidung überfordert. Die Vielzahl an zu klärenden Fragen sowie der Angebote führt zu Unsicherheit. Unbekannte Finanzierungsstrukturen von Hilfeleistungen sowie die Möglichkeiten der Inanspruchnahme finanzieller Hilfen überfordern oft den Einzelnen.

Für Unternehmen und deren Beschäftigte hat sich in den letzten Jahren ein Beratungsangebot im Bereich „Eldercare" entwickelt. Kompetente Dienstleister, wie der SeniorenService AWO stehen in diesen Fällen mit Rat und Tat zur Seite. Der SeniorenService AWO ist einer der wenigen bundesweit tätigen Beratungs- und Vermittlungsdienstleister, die ihre Kompetenz bei der Begleitung und Beratung von Mitarbeitern mit pflegebedürftigen Angehörigen anbieten.

Für ein Unternehmen zahlen sich Angebote zum Thema „Vereinbarkeit von Beruf und Pflege" aus. Neben der Vermeidung eines Leistungseinbruchs beim Mitarbeiter führt eine höhere Mitarbeiterzufriedenheit, die aus der Vorhaltung eines entsprechenden Angebotes resultiert, zu einer stärkeren Bindung an das Unternehmen, eine Eigenschaft, die gerade in Zeiten von Fachkräftemangel und Nachwuchsproblemen von großer Wichtigkeit ist. Eine positive Selbstdarstellung und ein Image als familienfreundliches Unternehmen können zu nicht unerheblichen Wettbewerbsvorteilen, unter anderen bei der Gewinnung neuer Mitarbeiter, führen.

3.5 Fazit

Für die Finanzdienstleistungsbranche werden die Älteren zu einem Eckpfeiler für deren Wachstums- und Wertschöpfungsperspektiven. Die älteren Kunden werden sozusagen zur Herausforderung für die Anlageberater, die Kreditsachbearbeiter und für die Strategen.

Für die Finanzdienstleistungsbranche werden die Älteren zu einem Eckpfeiler für deren Wachstums- und Wertschöpfungsperspektiven. Die älteren Kunden werden sozusagen zur Herausforderung für die Anlageberater, die Kreditsachbearbeiter und für die Strategen. Entscheidend sind weniger neue Produkte, als vielmehr Kundenbindungs-, Kommunikations- und Vertriebsstrategien zur Neukundengewinnung.

Besser als es der Bundesminister für Wirtschaft und Technologie, Dr. Karl-Theodor Freiherr zu Guttenberg am 26. Februar 2009 formuliert hat, könnten wir es wohl auch nicht:

„Der demografische Wandel wirkt sich zunehmend auf unsere wirtschaftliche Leistungsfähigkeit und unseren Wohlstand aus. Die Wirtschaftspolitik muss diese Herausforderung offensiv annehmen, um Wachstum und Wettbewerbsfähigkeit der deutschen Wirtschaft nachhaltig zu sichern. Um das langfristige Wachstumspotenzial zu stärken, ist es absolut erforderlich, Chancen und Risiken des demografischen Wandels frühzeitig zu erkennen und Erfolg versprechende einzel- und gesamtwirtschaftliche Anpassungsstrategien zu identifizieren."

Literatur

BFW (2007): „Positionspapier der im Rahmen der Aktion „Impulse für den Wohnungsbau" zusammengeschlossenen Verbände der Bau- und Wohnungswirtschaft sowie der IG BAU zum seniorengerechten Bauen", Berlin 2007.

BUNDESMINISTERIUM FÜR ARBEIT UND SOZIALES (2008): „Rentenversicherungsbericht der Bundesrepublik Deutschland", Berlin 2008.

BUNDESMINISTERIUM FÜR GESUNDHEIT (2009): „Zahlen und Fakten zur Pflegeversicherung 01/2009", Berlin 2009.

DEUTSCHER FÜHRUNGSKRÄFTEVERBAND (2008): „Manager Monitor", Oktober 2008.

DEUTSCHES INSTITUT FÜR WIRTSCHAFTSFORSCHUNG (2009): „Sozio-ökonomisches Panel", Berlin 2009.

EUROP ASSISTANCE: „Barometer 2007", München 2007.

GfK (2007): „Finanzmarktpanel 2007", Nürnberg 2007.

GWA EFFI (2004): „Fallbeschreibung (Preisträger Bronze)", Frankfurt am Main 2004.

LBS EMPIRICA (2006): „Studie 'Die Generation 50plus Wohnsituation, Potenziale und Perspektiven'", 2006.

LEHR, U. (2003): „Psychologie des Alterns", 10. Auflage, Wiebelsheim 2003.

POSTBANK RESEARCH SPEZIAL (2007): „Erbschaften – kein Ersatz für die private Altersversorgung", Bonn 2007.

ROBERT KOCH INSTITUT (2006): „Gesundheitsberichterstattung des Bundes", Berlin 2006.

STATISTISCHES BUNDESAMT (2007): „Geburten in Deutschland", Wiesbaden 2007.

Autorenverzeichnis